René Guénon

SYMBOLES DE LA SCIENCE SACRÉE

René Guénon
(1886-1951)

Symboles de la Science Sacrée

Première édition en 1962
par *Gallimard*, Paris

Publié par
Omnia Veritas Ltd

www.omnia-veritas.com

PREMIÈRE PARTIE 11
LE SYMBOLISME TRADITIONNNEL ET QUELQUES-UNES DE SES APPLICATIONS GÉNÉRALES 11

CHAPITRE I 12
LA RÉFORME DE LA MENTALITÉ MODERNE 12

CHAPITRE II 18
LE VERBE ET LE SYMBOLE 18

CHAPITRE III 24
LE SACRÉ-CŒUR ET LA LÉGENDE DU SAINT-GRAAL 24
ADDENDUM *31*

CHAPITRE IV 34
LE SAINT GRAAL 34

CHAPITRE V 49
TRADITION ET « INCONSCIENT » 49

CHAPITRE VI 54
LA SCIENCE DES LETTRES (ILMUL-HURÛF) 54

CHAPITRE VII 62
LA LANGUE DES OISEAUX 62

DEUXIÈME PARTIE 67
SYMBOLES DU CENTRE ET DU MONDE 67

CHAPITRE VIII 68
L'IDÉE DU CENTRE DANS LES TRADITIONS ANTIQUES 68

CHAPITRE IX 80
LES FLEURS SYMBOLIQUES 80

CHAPITRE X 86
LA TRIPLE ENCEINTE DRUIDIQUE 86

CHAPITRE XI 93
LES GARDIENS DE LA TERRE SAINTE 93

CHAPITRE XII 104
LA TERRE DU SOLEIL 104

CHAPITRE XIII 111
    LE ZODIAQUE ET LES POINTS CARDINAUX 111

CHAPITRE XIV 116
    LA TÉTRAKTYS ET LE CARRÉ DE QUATRE. 116

CHAPITRE XV 122
    UN HIÉROGLYPHE DU PÔLE 122

CHAPITRE XVI 126
    LES « TÊTES NOIRES » 126

CHAPITRE XVII 130
    LA LETTRE G ET LE SWASTIKA 130

TROISIÈME PARTIE 136
    SYMBOLES DE LA MANIFESTATION CYCLIQUE 136

CHAPITRE XVIII 137
    QUELQUES ASPECTS DU SYMBOLISME DE JANUS 137

CHAPITRE XIX 146
    L'HIÉROGLYPHE DU CANCER 146

CHAPITRE XX 152
    SHETH 152

CHAPITRE XXI 158
    SUR LA SIGNIFICATION DES FÊTES « CARNAVALESQUES » 158

CHAPITRE XXII 164
    QUELQUES ASPECTS DU SYMBOLISME DU POISSON 164

CHAPITRE XXIII 171
    LES MYSTÈRES DE LA LETTRE NÛN 171

CHAPITRE XXIV 177
    LE SANGLIER ET L'OURSE 177

QUATRIÈME PARTIE 185
    QUELQUES ARMES SYMBOLIQUES 185

CHAPITRE XXV 186
    LES PIERRES DE FOUDRE 186

CHAPITRE XXVI 192
LES ARMES SYMBOLIQUES 192

CHAPITRE XXVII 199
SAYFUL-ISLAM 199

CHAPITRE XXVIII 205
LE SYMBOLISME DES CORNES 205

CINQUIÈME PARTIE 211
SYMBOLISME DE LA FORME COSMIQUE 211

CHAPITRE XXIX 212
LA CAVERNE ET LE LABYRINTHE 212

CHAPITRE XXX 222
LE CŒUR ET LA CAVERNE 222

CHAPITRE XXXI 227
LA MONTAGNE ET LA CAVERNE 227

CHAPITRE XXXII 232
LE CŒUR ET L'ŒUF DU MONDE 232

CHAPITRE XXXIII 236
LA CAVERNE ET L'ŒUF DU MONDE 236

CHAPITRE XXXIV 241
LA SORTIE DE LA CAVERNE 241

CHAPITRE XXXV 245
LES PORTES SOLSTICIALES 245

CHAPITRE XXXVI 251
LE SYMBOLISME DU ZODIAQUE CHEZ LES PYTHAGORICIENS 251

CHAPITRE XXXVII 257
LE SYMBOLISME SOLSTICIAL DE JANUS 257

CHAPITRE XXXVIII 262
À PROPOS DES DEUX SAINTS JEAN 262

SIXIÈME PARTIE 267
SYMBOLISME CONSTRUCTIF 267

CHAPITRE XXXIX 268
    LE SYMBOLISME DU DÔME 268

CHAPITRE XL 274
    LE DÔME ET LA ROUE 274

CHAPITRE XLI 279
    LA PORTE ÉTROITE 279

CHAPITRE XLII 284
    L'OCTOGONE 284

CHAPITRE XLIII 289
    LA « PIERRE ANGULAIRE » 289

CHAPITRE XLIV 305
    « LAPSIT EXILLIS » 305

CHAPITRE XLV 311
    « EL-ARKÂN » 311

CHAPITRE XLVI 316
    « RASSEMBLER CE QUI EST ÉPARS » 316

CHAPITRE XLVII 321
    LE BLANC ET LE NOIR 321

CHAPITRE XLVIII 325
    PIERRE NOIRE ET PIERRE CUBIQUE 325

CHAPITRE XLIX 330
    PIERRE BRUTE ET PIERRE TAILLÉE 330

SEPTIÈME PARTIE 334
    SYMBOLISME AXIAL ET SYMBOLISME DU PASSAGE 334

CHAPITRE L 335
    LE SYMBOLISME DE L'ANALOGIE 335

CHAPITRE LI 340
    L'ARBRE DU MONDE 340

CHAPITRE LII 346
    L'ARBRE ET LE VAJRA 346

CHAPITRE LIII 349
    L'ARBRE DE VIE ET LE BREUVAGE D'IMMORTALITÉ 349

CHAPITRE LIV 353
    LE SYMBOLISME DE L'ÉCHELLE 353

CHAPITRE LV 358
    LE « TROU DE L'AIGUILLE » 358

CHAPITRE LVI 362
    LE PASSAGE DES EAUX 362

CHAPITRE LVII 366
    LES SEPT RAYONS ET L'ARC-EN-CIEL 366

CHAPITRE LVIII 372
    JANUA CAELI 372

CHAPITRE LIX 378
    KÂLA-MUKHA 378

CHAPITRE LX 384
    LA LUMIÈRE ET LA PLUIE 384

CHAPITRE LXI 389
    LA CHAÎNE DES MONDES 389

CHAPITRE LXII 400
    LES « RACINES DES PLANTES » 400

CHAPITRE LXIII 406
    LE SYMBOLISME DU PONT 406

CHAPITRE LXIV 411
    LE PONT ET L'ARC-EN-CIEL 411

CHAPITRE LXV 416
    LA CHAÎNE D'UNION 416

CHAPITRE LXVI 420
    ENCADREMENTS ET LABYRINTHES 420

CHAPITRE LXVII 426
    LE « QUATRE DE CHIFFRE » 426

CHAPITRE LXVIII **431**
    LIEN ET NŒUDS 431
HUITIÈME PARTIE **436**
    SYMBOLISME DU CŒUR 436
CHAPITRE LXIX **437**
    LE CŒUR RAYONNANT ET LE CŒUR ENFLAMMÉ 437
CHAPITRE LXX **444**
    CŒUR ET CERVEAU 444
CHAPITRE LXXI **455**
    L'EMBLÈME DU SACRÉ-CŒUR DANS UNE SOCIÉTÉ SECRÈTE AMÉRICAINE
.... 455
CHAPITRE LXXII **462**
    L'ŒIL QUI VOIT TOUT 462
CHAPITRE LXXIII **466**
    LE GRAIN DE SÉNEVÉ 466
CHAPITRE LXXIV **476**
    L'ÉTHER DANS LE CŒUR 476
CHAPITRE LXXV **485**
    LA CITÉ DIVINE 485
DÉJÀ PARUS **491**

PREMIÈRE PARTIE

LE SYMBOLISME TRADITIONNNEL ET QUELQUES-UNES DE SES APPLICATIONS GÉNÉRALES

Chapitre I

LA RÉFORME DE LA MENTALITÉ MODERNE [1]

La civilisation moderne apparaît dans l'histoire comme une véritable anomalie : de toutes celles que nous connaissons, elle est la seule qui se soit développée dans un sens purement matériel, la seule aussi qui ne s'appuie sur aucun principe d'ordre supérieur. Ce développement matériel qui se poursuit depuis plusieurs siècles déjà, et qui va en s'accélérant de plus en plus, a été accompagné d'une régression intellectuelle qu'il est fort incapable de compenser. Il s'agit en cela, bien entendu, de la véritable et pure intellectualité, que l'on pourrait aussi appeler spiritualité, et nous nous refusons à donner ce nom à ce à quoi les modernes se sont surtout appliqués : la culture des sciences expérimentales, en vue des applications pratiques auxquelles elles sont susceptibles de donner lieu. Un seul exemple pourrait permettre de mesurer l'étendue de cette régression : la *Somme théologique* de saint Thomas d'Aquin était, dans son temps, un manuel à l'usage des étudiants ; où sont aujourd'hui les étudiants qui seraient capables de l'approfondir et de se l'assimiler ?

La déchéance ne s'est pas produite d'un seul coup ; on pourrait en suivre les étapes à travers toute la philosophie moderne. C'est la perte ou l'oubli de la véritable intellectualité qui a rendu possibles ces deux erreurs qui ne s'opposent qu'en apparence, qui sont en réalité corrélatives et complémentaires : rationalisme et sentimentalisme. Dès lors qu'on niait ou qu'on ignorait toute connaissance purement intellectuelle, comme on l'a fait depuis Descartes, on

---

[1] Publié dans *Reg.*, juin 1926. [On trouvera la liste des abréviations à la Table des matières, *N.d.E.*]

devait logiquement aboutir, d'une part, au positivisme, à l'agnosticisme et à toutes les aberrations « scientistes », et, d'autre part, à toutes les théories contemporaines qui, ne se contentent pas de ce que la raison peut donner, cherchent autre chose, mais le cherchent du côté du sentiment et de l'instinct, c'est-à-dire au-dessous de la raison et non au-dessus, et en arrivent, avec William James par exemple, à voir dans la subconscience le moyen par lequel l'homme peut entrer en communication avec le Divin. La notion de la vérité, après avoir été rabaissée à n'être plus qu'une simple représentation de la réalité sensible, est finalement identifiée par le pragmatisme à l'utilité, ce qui revient à la supprimer purement et simplement ; en effet, qu'importe la vérité dans un monde dont les aspirations sont uniquement matérielles et sentimentales ?

Il n'est pas possible de développer ici toutes les conséquences d'un semblable état de choses ; bornons-nous à en indiquer quelques-unes, parmi celles qui se rapportent plus particulièrement au point de vue religieux. Et, tout d'abord, il est à noter que le mépris et la répulsion que les autres peuples, les Orientaux surtout, éprouvent à l'égard des Occidentaux, viennent en grande partie de ce que ceux-ci leur apparaissent en général comme des hommes sans tradition, sans religion, ce qui est à leurs yeux une véritable monstruosité. Un Oriental ne peut admettre une organisation sociale qui ne repose pas sur des principes traditionnels ; pour un musulman, par exemple, la législation tout entière n'est qu'une simple dépendance de la religion. Autrefois, il en a été ainsi en Occident également ; que l'on songe à ce que fut la Chrétienté au moyen âge ; mais aujourd'hui, les rapports sont renversés. En effet, on envisage maintenant la religion comme un simple fait social ; au lieu que l'ordre social tout entier soit rattaché à la religion, celle-ci au contraire, quand on consent encore à lui faire une place, n'est plus regardée que comme l'un quelconque des éléments qui constituent l'ordre social ; et combien de catholiques, hélas acceptent cette façon de voir sans la moindre difficulté ! Il est grand temps de réagir contre cette tendance, et, à cet égard l'affirmation du Règne social du Christ est une manifestation particulièrement opportune ; mais, pour en faire une réalité c'est toute la mentalité actuelle qu'il faut réformer.

Il ne faut pas se le dissimuler, ceux mêmes qui se croient être sincèrement religieux n'ont, pour la plupart, de la religion qu'une idée fort amoindrie ; elle n'a guère d'influence effective sur leur pensée ni sur leur façon d'agir ; elle est comme séparée de tout le reste de leur existence. Pratiquement, croyants et incroyants se comportent à peu près de la même façon ; pour beaucoup de catholiques, l'affirmation du surnaturel n'a qu'une valeur toute théorique, et ils seraient fort gênés d'avoir à constater un fait miraculeux. C'est là ce qu'on pourrait appeler un matérialisme pratique, un matérialisme du fait ; n'est-il pas plus dangereux encore que le matérialisme avéré, précisément parce que ceux qu'il atteint n'en ont même pas conscience ?

D'autre part, pour le plus grand nombre, la religion n'est qu'affaire de sentiment, sans aucune portée intellectuelle ; on confond la religion avec une vague religiosité, on la réduit à une morale ; on diminue le plus possible la place de la doctrine qui est pourtant tout l'essentiel, ce dont tout le reste ne doit être logiquement qu'une conséquence. Sous ce rapport, le protestantisme, qui aboutit à n'être plus qu'un « moralisme » pur et simple, est très représentatif des tendances de l'esprit moderne ; mais on aurait grand tort de croire que le catholicisme lui-même n'est pas affecté par ces mêmes tendances, non dans son principe, certes, mais dans la façon dont il est présenté d'ordinaire : sous prétexte de le rendre acceptable à la mentalité actuelle, on fait les concessions les plus fâcheuses, et on encourage ainsi ce qu'il faudrait au contraire combattre énergiquement. N'insistons pas sur l'aveuglement de ceux qui, sous prétexte de « tolérance », se font les complices inconscients de véritables contrefaçons de la religion, dont ils sont loin de soupçonner l'intention cachée. Signalons seulement en passant, à ce propos, l'abus déplorable qui est fait trop fréquemment du mot même de « religion » : n'emploie-t-on pas à tout instant des expressions comme celles de « religion de la patrie », de « religion de la science », de « religion du devoir » ? Ce ne sont pas là de simples négligences de langage, ce sont des symptômes de la confusion qui est partout dans le monde moderne, car le langage ne fait en somme que représenter fidèlement l'état des esprits ; et de telles expressions sont incompatibles avec le vrai sens religieux.

Mais venons-en à ce qu'il y a de plus essentiel : nous voulons parler de l'affaiblissement de l'enseignement doctrinal, presque entièrement remplacé par de vagues considérations morales et sentimentales, qui plaisent peut-être davantage à certains, mais qui, en même temps, ne peuvent que rebuter et éloigner ceux qui ont des aspirations d'ordre intellectuel, et, malgré tout, il en est encore à notre époque. Ce qui le prouve, c'est que certains, plus nombreux même qu'on ne pourrait le croire, déplorent ce défaut de doctrine ; et nous voyons un signe favorable, en dépit des apparences, dans le fait qu'on paraît, de divers côtés, s'en rendre compte davantage aujourd'hui qu'il y a quelques années. On a certainement tort de prétendre, comme nous l'avons souvent entendu, que personne ne comprendrait un exposé de pure doctrine ; d'abord, pourquoi vouloir toujours se tenir au niveau le plus bas, sous prétexte que c'est celui du plus grand nombre, comme s'il fallait considérer la quantité plutôt que la qualité ? N'est-ce pas là une conséquence de cet esprit démocratique qui est un des aspects caractéristiques de la mentalité moderne ? Et, d'autre part, croit-on que tant de gens seraient réellement incapables de comprendre, si on les avait habitués à un enseignement doctrinal ? Ne faut-il pas penser même que ceux qui ne comprendraient pas tout en retireraient cependant un certain bénéfice peut-être plus grand qu'on ne le suppose ?

Mais ce qui est sans doute l'obstacle le plus grave, c'est cette sorte de défiance que l'on témoigne, dans trop de milieux catholiques, et même ecclésiastiques, à l'égard de l'intellectualité en général, nous disons le plus grave, parce que c'est une marque d'incompréhension jusque chez ceux-là mêmes à qui incombe la tâche de l'enseignement. Ils ont été touchés par l'esprit moderne au point de ne plus savoir, pas plus que les philosophes auxquels nous faisions allusion tout à l'heure, ce qu'est l'intellectualité vraie, au point de confondre parfois intellectualisme avec rationalisme, faisant ainsi involontairement le jeu des adversaires. Nous pensons précisément que ce qui importe avant tout, c'est de restaurer cette véritable intellectualité, et avec elle le sens de la doctrine et de la tradition ; il est grand temps de montrer qu'il y a dans la religion autre chose qu'une affaire de dévotion sentimentale, autre chose aussi que des préceptes moraux ou des consolations à l'usage des esprits affaiblis par la souffrance, qu'on peut y trouver la « nourriture solide » dont parle saint Paul dans l'*Épître aux Hébreux*.

Nous savons bien que cela a le tort d'aller contre certaines habitudes prises et dont on s'affranchit difficilement ; et pourtant il ne s'agit pas d'innover, loin de là, il s'agit au contraire de revenir à la tradition dont on s'est écarté, de retrouver ce qu'on a laissé se perdre. Cela ne vaudrait-il pas mieux que de faire à l'esprit moderne les concessions les plus injustifiées, celles par exemple qui se rencontrent dans tant de traités d'apologétique, où l'on s'efforce de concilier le dogme avec tout ce qu'il y a de plus hypothétique et de moins fondé dans la science actuelle, quitte à tout remettre en question chaque fois que ces théories soi-disant scientifiques viennent à être remplacées par d'autres ? Il serait pourtant bien facile de montrer que la religion et la science ne peuvent entrer réellement en conflit, pour la simple raison qu'elles ne se rapportent pas au même domaine. Comment ne voit-on pas le danger qu'il y a à paraître chercher, pour la doctrine qui concerne les vérités immuables et éternelles, un point d'appui dans ce qu'il y a de plus changeant et de plus incertain ? Et que penser de certains théologiens catholiques qui sont affectés de l'esprit « scientiste » au point de se croire obligés de tenir compte, dans une mesure plus ou moins large, des résultats de l'exégèse moderne et de la « critique des textes », alors qu'il serait si aisé, à la condition d'avoir une base doctrinale un peu sûre, d'en faire apparaître l'inanité ? Comment ne s'aperçoit-on pas que la prétendue « science des religions », telle qu'elle est enseignée dans les milieux universitaires, n'a jamais été en réalité autre chose qu'une machine de guerre dirigée contre la religion et, plus généralement, contre tout ce qui peut subsister encore de l'esprit traditionnel, que veulent naturellement détruire ceux qui dirigent le monde moderne dans un sens qui ne peut aboutir qu'à une catastrophe ?

Il y aurait beaucoup à dire sur tout cela, mais nous n'avons voulu qu'indiquer très sommairement quelques-uns des points sur lesquels une réforme serait nécessaire et urgente ; et, pour terminer par une question qui nous intéresse tout spécialement ici, pourquoi rencontre-t-on tant d'hostilité plus ou moins avouée à l'égard du symbolisme ? Assurément, parce qu'il y a là un mode d'expression qui est devenu entièrement étranger à la mentalité moderne, et parce que l'homme est naturellement porté à se méfier de ce qu'il ne comprend pas. Le symbolisme est le moyen le mieux adapté à l'enseignement des vérités d'ordre supérieur, religieuses et métaphysiques, c'est-à-dire de tout ce que repousse ou néglige l'esprit moderne ; il est tout le contraire de ce qui convient au rationalisme, et tous ses adversaires se comportent, certains sans le savoir, en véritables rationalistes ; Pour nous, nous pensons que, si le symbolisme est aujourd'hui incompris, c'est une raison de plus pour y insister, en exposant aussi complètement que possible la signification réelle des symboles traditionnels, en leur restituant toute leur portée intellectuelle, au lieu d'en faire simplement le thème de quelques exhortations sentimentales pour lesquelles, du reste, l'usage du symbolisme est chose fort inutile.

Cette réforme de la mentalité moderne, avec tout ce qu'elle implique : restauration de l'intellectualité vraie et de la tradition doctrinale, qui pour nous ne se séparent pas l'une de l'autre, c'est là, certes, une tâche considérable ; mais est-ce une raison pour ne pas l'entreprendre ? Il nous semble, au contraire, qu'une telle tâche constitue un des buts les plus hauts et les plus importants que l'on puisse proposer à l'activité d'une société comme celle du Rayonnement intellectuel du Sacré-Cœur, d'autant plus que tous les efforts accomplis en ce sens seront nécessairement orientés vers le Cœur du Verbe incarné, Soleil spirituel et Centre du Monde, « en lequel sont cachés tous les trésors de la sagesse et de la science », non de cette vaine science profane qui est seule connue de la plupart de nos contemporains, mais de la véritable science sacrée, qui ouvre, à ceux qui l'étudient comme il convient, des horizons insoupçonnés vraiment illimités.

René Guénon

Chapitre II

LE VERBE ET LE SYMBOLE [2]

Nous avons déjà eu l'occasion de parler de l'importance de la forme symbolique dans la transmission des enseignements doctrinaux d'ordre traditionnel. Nous revenons sur ce sujet pour apporter quelques précisions complémentaires et montrer encore plus explicitement les différents points de vue sous lesquels il peut être envisagé.

D'abord, le symbolisme nous apparaît comme tout spécialement adapté aux exigences de la nature humaine, qui n'est pas une nature purement intellectuelle, mais qui a besoin d'une base sensible pour s'élever vers les sphères supérieures. Il faut prendre le composé humain tel qu'il est, un et multiple à la fois dans sa complexité réelle ; c'est ce qu'on a trop souvent tendance à oublier, depuis que Descartes a prétendu établir entre l'âme et le corps une séparation radicale et absolue. Pour une pure intelligence, assurément, nulle forme extérieure, nulle expression n'est requise pour comprendre la vérité, ni même pour communiquer à d'autres pures intelligences ce qu'elle a compris dans la mesure où cela est communicable ; mais il n'en est pas ainsi pour l'homme. Au fond, toute expression, toute formulation, quelle qu'elle soit, est un symbole de la pensée qu'elle traduit extérieurement ; en ce sens, le langage lui-même n'est pas autre chose qu'un symbolisme. Il ne doit donc pas y avoir opposition entre l'emploi des mots et celui des symboles figuratifs ; ces deux modes d'expression seraient plutôt complémentaires l'un de l'autre (et d'ailleurs, en fait, ils peuvent se combiner, puisque l'écriture est primitivement idéographique et que parfois même comme en Chine, elle a toujours conservé ce caractère). D'une façon générale, la forme du langage est analytique, « discursive » comme la raison

---

2 Publié dans *Reg.*, janv. 1926.

humaine dont il est l'instrument propre et dont il suit ou reproduit la marche aussi exactement que possible ; au contraire, le symbolisme proprement dit est essentiellement synthétique, et par là même « intuitif » en quelque sorte, ce qui le rend plus apte que le langage à servir de point d'appui à l'« intuition intellectuelle » qui est au-dessus de la raison, et qu'il faut bien se garder de confondre avec cette intuition inférieure à laquelle font appel divers philosophes contemporains. Par conséquent, si l'on ne se contente pas de constater une différence et si l'on veut parler de supériorité, celle-ci sera, quoi qu'en prétendent certains, du côté du symbolisme synthétique, qui ouvre des possibilités de conception véritablement illimitées, tandis que le langage, aux significations plus définies et plus arrêtées, pose toujours à l'entendement des bornes plus ou moins étroites.

Qu'on n'aille donc pas dire que la forme symbolique n'est bonne que pour le vulgaire ; c'est plutôt le contraire qui serait vrai ; ou, mieux encore, elle est également bonne pour tous parce qu'elle aide chacun à comprendre plus ou moins complètement, plus ou moins profondément la vérité qu'elle représente, selon la mesure de ses propres possibilités intellectuelles. C'est ainsi que les vérités les plus hautes, qui ne seraient aucunement communicables ou transmissibles par tout autre moyen, le deviennent jusqu'à un certain point lorsqu'elles sont, si l'on peut dire, incorporées dans des symboles qui les dissimuleront sans doute pour beaucoup, mais qui les manifesteront dans tout leur éclat aux yeux de ceux qui savent voir.

Est-ce à dire que l'usage du symbolisme soit une nécessité ? Ici, il faut faire une distinction : en soi et d'une façon absolue, aucune forme extérieure n'est nécessaire ; toutes sont également contingentes et accidentelles par rapport à ce qu'elles expriment ou représentent. C'est ainsi que, suivant l'enseignement des Hindous, une figure quelconque, par exemple une statue symbolisant tel ou tel aspect de la Divinité, ne doit être considéré que comme un « support », un point d'appui pour la méditation ; c'est donc un simple « adjuvant », et rien de plus. Un texte védique donne à cet égard une comparaison qui éclaire parfaitement ce rôle des symboles et des formes extérieures en général : ces formes sont comme le cheval qui permet à un homme d'accomplir un voyage plus rapidement et avec beaucoup moins de peine que s'il devait le faire par ses propres moyens. Sans doute, si cet homme n'avait pas de cheval à sa disposition, il pourrait malgré tout parvenir à son but, mais combien plus difficilement ! S'il peut se servir d'un cheval, il aurait grand tort de s'y refuser sous prétexte qu'il est plus digne de lui de ne recourir à aucune aide ; n'est-ce pas précisément ainsi qu'agissent les détracteurs du symbolisme ? Et même si le voyage est long et pénible, bien qu'il n'y ait jamais une impossibilité absolue de le faire à pied, il peut néanmoins y avoir une véritable impossibilité pratique d'en venir à bout. Il en est ainsi des rites et des symboles : ils ne sont pas nécessaires d'une nécessité absolue, mais ils le sont en quelque sorte d'une nécessité de convenance, eu égard aux conditions de la nature humaine.

Mais il ne suffit pas de considérer le symbolisme du côté humain comme nous venons de le faire jusqu'ici ; il convient, pour en pénétrer toute la portée, de l'envisager également du côté divin, s'il est permis de s'exprimer ainsi. Déjà si l'on constate que le symbolisme a son fondement dans la nature même des êtres et des choses, qu'il est en parfaite conformité avec les lois de cette nature, et si l'on réfléchit que les lois naturelles ne sont en somme qu'une expression et comme une extériorisation de la Volonté divine, cela n'autorise-t-il pas à affirmer que ce symbolisme est d'origine « non humaine », comme disent les Hindous, ou, en d'autres termes, que son principe remonte plus loin et plus haut que l'humanité ?

Ce n'est pas sans raison qu'on a pu rappeler à propos de symbolisme les premiers mots de l'Evangile de saint Jean : « Au commencement était le Verbe. » Le Verbe, le *Logos*, est à la fois Pensée et Parole : en soi, Il est l'Intellect divin, qui est le « lieu des possibles » ; par rapport à nous, Il se manifeste et s'exprime par la Création, où se réalisent dans l'existence actuelle certains de ces mêmes possibles qui, en tant qu'essences, sont contenus en Lui de toute éternité. La Création est l'œuvre du Verbe ; elle est aussi, et par là même, sa manifestation, son affirmation extérieure ; et c'est pourquoi le monde est comme un langage divin pour ceux qui savent le comprendre : *Cæli enarrant gloriam Dei* (*Ps.* XIX, 2). Le philosophe Berkeley n'avait donc pas tort lorsqu'il disait que le monde est « le langage que l'Esprit infini parle aux esprits finis » ;

mais il avait tort de croire que ce langage n'est qu'un ensemble de signes arbitraires, alors qu'en réalité il n'est rien d'arbitraire même dans le langage humain, toute signification devant avoir à l'origine son fondement dans quelque convenance ou harmonie naturelle entre le signe et la chose signifiée. C'est parce que Adam avait reçu de Dieu la connaissance de la nature de tous les êtres vivants qu'il put leur donner leurs noms (*Genèse*, II, 19-20) ; et toutes les traditions anciennes s'accordent pour enseigner que le véritable nom d'un être ne fait qu'un avec sa nature ou son essence même.

Si le Verbe est Pensée à l'intérieur et Parole à l'extérieur, et si le monde est l'effet de la Parole divine proférée à l'origine des temps, la nature entière peut être prise comme un symbole de la réalité surnaturelle. Tout ce qui est, sous quelque mode que ce soit, ayant son principe dans l'Intellect divin, traduit ou représente ce principe à sa manière et selon son ordre d'existence ; et, ainsi, d'un ordre à l'autre, toutes choses s'enchaînent et se correspondent pour concourir à l'harmonie universelle et totale, qui est comme un reflet de l'Unité divine elle-même. Cette correspondance est le véritable fondement du symbolisme et c'est pourquoi les lois d'un domaine inférieur peuvent toujours être prises pour symboliser les réalités d'un ordre supérieur, où elles ont leur raison profonde, qui est à la fois leur principe et leur fin. Signalons à cette occasion l'erreur des modernes interprétations « naturalistes » des antiques doctrines traditionnelles, interprétations qui renversent purement et simplement la hiérarchie des rapports entre les différents ordres de réalités : par exemple, les symboles ou les mythes n'ont jamais eu pour rôle de représenter le mouvement des astres, mais la vérité est qu'on y trouve souvent des figures inspirées de celui-ci et destinées à exprimer analogiquement tout autre chose, parce que les lois de ce mouvement traduisent physiquement les principes métaphysiques dont elles dépendent. L'inférieur peut symboliser le supérieur, mais l'inverse est impossible ; d'ailleurs, si le symbole n'était plus rapproché de l'ordre sensible que ce qu'il représente, comment pourrait-il remplir la fonction à laquelle il est destiné ? Dans la nature, le sensible peut symboliser le suprasensible ; l'ordre naturel tout entier peut, à son tour, être un symbole de l'ordre divin ; et d'autre part, si l'on considère plus particulièrement l'homme, n'est-il pas légitime de dire que lui aussi est un symbole par là même qu'il est « créé à l'image de Dieu » (*Genèse*, I, 26-27). Ajoutons encore que la nature n'acquiert toute sa signification que si on la regarde comme nous fournissant un moyen pour nous élever à la connaissance des vérités divines, ce qui est précisément aussi le rôle essentiel que nous avons reconnu au symbolisme [3].

Ces considérations pourraient être développées presque indéfiniment ; mais nous préférons laisser à chacun le soin de faire ce développement par un effort de réflexion personnelle, car rien ne saurait être plus profitable ; comme les symboles qui en sont le sujet, ces notes ne doivent être qu'un point de départ pour la méditation. Les mots, d'ailleurs, ne peuvent rendre que bien imparfaitement ce dont il s'agit ; pourtant, il est encore un aspect de la question, et non des moins importants, que nous essayerons de faire comprendre ou tout au moins pressentir par une brève indication.

Le Verbe divin s'exprime dans la Création, disions-nous, et ceci est comparable, analogiquement et toutes proportions gardées, à la pensée s'exprimant dans des formes (il n'y a plus lieu ici de faire une distinction entre le langage et les symboles proprement dits) qui la voilent et la manifestent tout à la fois. La Révélation primordiale, œuvre du Verbe comme la Création, s'incorpore pour ainsi dire, elle aussi, dans des symboles qui se sont transmis d'âge en âge depuis les origines de l'humanité ; et ce processus est encore analogue, dans son ordre, à celui de la Création elle-même. D'autre part, ne peut-on pas voir, dans cette incorporation symbolique de la tradition « non-humaine » une sorte d'image anticipée, de « préfiguration » de l'Incarnation du Verbe ? Et cela ne permet-il pas aussi d'apercevoir, dans une certaine mesure,

---

[3] Il n'est peut-être pas inutile de faire observer que ce point de vue, suivant lequel la nature est considérée comme un symbole du surnaturel, n'est aucunement nouveau, et qu'il a été au contraire envisagé très couramment au moyen âge ; il a été notamment celui de l'école franciscaine, et en particulier de saint Bonaventure. — Notons aussi que l'analogie, au sens thomiste de ce mot, qui permet de remonter de la connaissance des créatures à celle de Dieu, n'est pas autre chose qu'un mode d'expression symbolique basé sur la correspondance de l'ordre naturel avec le surnaturel.

le mystérieux rapport existant entre la Création et l'Incarnation qui en est le couronnement ?

Nous terminerons par une dernière remarque relative à l'importance du symbole universel du Cœur et plus particulièrement de la forme qu'il revêt dans la tradition chrétienne, celle du Sacré-Cœur. Si le symbolisme est dans son essence, strictement conforme au « plan divin », et si le Sacré-Cœur est le centre de l'être, réellement et symboliquement tout ensemble, ce symbole du Cœur, par lui-même ou par ses équivalents, doit occuper dans toutes les doctrines issues plus ou moins directement de la tradition primordiale, une place proprement centrale ; c'est ce que nous essayerons de montrer dans certaines des études qui suivent.

Chapitre III

LE SACRÉ-CŒUR ET LA LÉGENDE DU SAINT-GRAAL [4]

Dans son article *Iconographie ancienne du Cœur de Jésus*, M. Charbonneau-Lassay signale très justement, comme se rattachant à ce qu'on pourrait appeler la « préhistoire du Cœur eucharistique de Jésus », la légende du Saint Graal, écrite au XIIe siècle, mais bien antérieure par ses origines, puisqu'elle est en réalité une adaptation chrétienne de très anciennes traditions celtiques. L'idée de ce rapprochement nous était déjà venue à l'occasion de l'article antérieur, extrêmement intéressant au point de vue où nous nous plaçons, intitulé *Le Cœur humain et la notion du Cœur de Dieu dans la religion de l'ancienne Égypte*, et dont nous rappellerons le passage suivant : « Dans les hiéroglyphes, écriture sacrée où souvent l'image de la chose représente le mot même qui la désigne, le cœur ne fut cependant figuré que par un emblème : le *vase*. Le cœur de l'homme n'est-il pas en effet le vase où sa vie s'élabore continuellement avec son sang ? » C'est ce vase, pris comme symbole du cœur et se substituant à celui-ci dans l'idéographie égyptienne, qui nous avait fait penser immédiatement au Saint Graal, d'autant plus que dans ce dernier, outre le sens général du symbole (considéré d'ailleurs à la fois sous ses deux aspects divin et humain), nous voyons encore une relation spéciale et beaucoup plus directe avec le Cœur même du Christ.

En effet, le Saint Graal est la coupe qui contient le précieux sang du Christ, et qui le contient même deux fois, puisqu'elle servit d'abord à la Cène, et qu'ensuite Joseph d'Arimathie y recueillit le sang et l'eau qui s'échappaient de la blessure ouverte par la lance du centurion au flanc du Rédempteur. Cette

---

[4] Publié dans *Reg.*, août-sept. 1925.

coupe se substitue donc en quelque sorte au Cœur du Christ comme réceptacle de son sang, elle en prend pour ainsi dire la place et en devient comme un équivalent symbolique ; et n'est-il pas encore plus remarquable, dans ces conditions, que le vase ait été déjà anciennement un emblème du cœur ? D'ailleurs, la coupe, sous une forme ou sous une autre, joue, aussi bien que le cœur lui-même, un rôle fort important dans beaucoup de traditions antiques ; et sans doute en était-il ainsi notamment chez les Celtes, puisque c'est de ceux-ci qu'est venu ce qui constitua le fond même ou tout au moins la trame de la légende du Saint Graal. Il est regrettable qu'on ne puisse guère savoir avec précision quelle était la forme de cette tradition antérieurement au christianisme, ainsi qu'il arrive du reste pour tout ce qui concerne les doctrines celtiques, pour lesquelles l'enseignement oral fut toujours l'unique mode de transmission usité ; mais il y a d'autre part assez de concordance pour qu'on puisse du moins être fixé sur le sens des principaux symboles qui y figuraient, et c'est là ce qu'il y a en somme de plus essentiel.

Mais revenons à la légende sous la forme où elle nous est parvenue ; ce qu'elle dit de l'origine même du Graal est fort digne d'attention : cette coupe aurait été taillée par les anges dans une émeraude tombée du front de Lucifer lors de sa chute. Cette émeraude rappelle d'une façon frappante l'*urnâ*, la perle frontale qui, dans l'iconographie hindoue, tient souvent la place du troisième œil de Shiva, représentant ce qu'on peut appeler le « sens de l'éternité ». Ce rapprochement nous semble plus propre que tout autre à éclairer parfaitement le symbolisme du Graal ; et l'on peut même y saisir une relation de plus avec le cœur, qui est, pour la tradition hindoue comme pour bien d'autres, mais peut-être plus nettement encore, le centre de l'être intégral, et auquel, par conséquent, ce « sens de l'éternité » doit être directement rattaché.

Il est dit ensuite que le Graal fut confié à Adam dans le Paradis terrestre, mais que, lors de sa chute, Adam le perdit à son tour, car il ne put l'emporter avec lui lorsqu'il fut chassé de l'Éden ; et cela encore devient fort clair avec le sens que nous venons d'indiquer. L'homme, écarté de son centre originel par sa propre faute, se trouvait désormais enfermé dans la sphère temporelle ; il ne pouvait plus rejoindre le point unique d'où toutes choses sont contemplées sous l'aspect de l'éternité. Le Paradis terrestre, en effet, était véritablement le « Centre du Monde », partout assimilé symboliquement au Cœur divin ; et ne peut-on dire qu'Adam, tant qu'il fut dans l'Éden, vivait vraiment dans le Cœur de Dieu ?

Ce qui suit est plus énigmatique : Seth obtint de rentrer dans le Paradis terrestre et put ainsi recouvrer le précieux vase ; or, Seth est une des figures du Rédempteur, d'autant plus que son nom même exprime les idées de fondement, de stabilité, et annonce en quelque façon la restauration de l'ordre primordial détruit par la chute de l'homme. Il y avait donc dès lors tout au moins une restauration partielle, en ce sens que Seth et ceux qui après lui possédèrent le Graal pouvaient par là même établir, quelque part sur la terre, un centre spirituel qui était comme une image du Paradis perdu. La légende, d'ailleurs, ne dit pas où ni par qui le Graal fut conservé jusqu'à l'époque du Christ, ni comment fut assurée sa transmission, mais l'origine celtique qu'on lui reconnaît doit probablement laisser entendre que les druides y eurent une part et doivent être comptés parmi les conservateurs réguliers de la tradition primordiale. En tout cas, l'existence d'un tel centre spirituel, ou même de plusieurs, simultanément ou successivement, ne paraît pas pouvoir être mise en doute, quoi qu'il faille penser de leur localisation ; ce qui est à noter, c'est qu'on rattacha partout et toujours à ces centres, entre autres désignations, celle de « Cœur du Monde », et que, dans toutes les traditions, les descriptions qui s'y rapportent sont basées sur un symbolisme identique, qu'il est possible de suivre jusque dans les détails les plus précis. Cela ne montre-t-il pas suffisamment que le Graal, ou ce qui est ainsi représenté, avait déjà, antérieurement au christianisme, et même de tout temps, un lien des plus étroits avec le Cœur divin et avec l'*Emmanuel,* nous voulons dire avec la manifestation, virtuelle ou réelle selon les âges, mais toujours présente, du Verbe éternel au sein de l'humanité terrestre ?

Après la mort du Christ, le Saint Graal fut, d'après la légende, transporté en Grande-Bretagne par Joseph d'Arimathie et Nicodème ; alors commence à se dérouler l'histoire des Chevaliers de la Table ronde et de leurs exploits, que nous n'entendons pas suivre ici. La Table ronde était destinée à recevoir le Graal lorsqu'un des chevaliers serait parvenu à le conquérir et l'aurait apporté de

Grande-Bretagne en Armorique ; et cette table est aussi un symbole vraisemblablement très ancien, un de ceux qui furent associés à l'idée de ces centres spirituels auxquels nous venons de faire allusion. La forme circulaire de la table est d'ailleurs liée au « cycle zodiacal » (encore un symbole qui mériterait d'être étudié plus spécialement) par la présence autour d'elle de douze personnages principaux, particularité qui se retrouve dans la constitution de tous les centres dont il s'agit. Cela étant, ne peut-on voir dans le nombre des douze Apôtres une marque, parmi une multitude d'autres, de la parfaite conformité du christianisme avec la tradition primordiale, à laquelle le nom de « préchristianisme » conviendrait si exactement ? Et d'autre part, à propos de la Table ronde, nous avons remarqué une étrange concordance dans les révélations symboliques faites à Marie des Vallées [5], et où est mentionnée « une table ronde de jaspe, qui représente le Cœur de Notre-Seigneur », en même temps qu'il y est question d'« un jardin qui est le Saint Sacrement de l'autel », et qui, avec ses « quatre fontaines d'eau vive », s'identifie mystérieusement au Paradis terrestre ; n'est-ce pas là encore une confirmation assez étonnante et inattendue des rapports que nous signalions plus haut ?

Naturellement, ces notes trop rapides ne sauraient avoir la prétention de constituer une étude complète sur une question aussi peu connue ; nous devons nous borner pour le moment à donner de simples indications, et nous nous rendons bien compte qu'il y a là des considérations qui, au premier abord, sont susceptibles de surprendre quelque peu ceux qui ne sont pas familiarisés avec les traditions antiques et avec leurs modes habituels d'expression symbolique ; mais nous nous réservons de les développer et de les justifier plus amplement par la suite, dans des articles où nous pensons pouvoir aborder également bien d'autres points qui ne sont pas moins dignes d'intérêt.

En attendant, nous mentionnerons encore, en ce qui concerne la légende du Saint Graal, une étrange complication dont nous n'avons pas tenu compte jusqu'ici : par une de ces assimilations verbales qui jouent souvent dans le

---

5 Voir *Reg.*, nov. 1924.

symbolisme un rôle non négligeable, et qui d'ailleurs ont peut-être des raisons plus profondes qu'on ne se l'imaginerait à première vue, le Graal est à la fois un vase (*grasale*) et un livre (*gradale* ou *graduale*). Dans certaines versions, les deux sens se trouvent même étroitement rapprochés, car le livre devient alors une inscription tracée par le Christ ou par un ange sur la coupe elle-même. Nous n'entendons actuellement tirer de là aucune conclusion, bien qu'il y ait des rapprochements faciles à faire avec le « Livre de Vie » et avec certains éléments du symbolisme apocalyptique.

Ajoutons aussi que la légende associe au Graal d'autres objets, et notamment une lance, qui, dans l'adaptation chrétienne, n'est autre que la lance du centurion Longin ; mais ce qui est bien curieux, c'est la préexistence de cette lance ou de quelqu'un de ses équivalents comme symbole en quelque sorte complémentaire de la coupe dans les traditions anciennes. D'autre part, chez les Grecs, la lance d'Achille passait pour guérir les blessures qu'elle avait causées ; la légende médiévale attribue précisément la même vertu à la lance de la Passion. Et ceci nous rappelle une autre similitude du même genre : dans le mythe d'Adonis (dont le nom, du reste, signifie « le Seigneur »), lorsque le héros est frappé mortellement par le boutoir d'un sanglier (remplaçant ici la lance), son sang, en se répandant à terre, donne naissance à une fleur ; or, M. Charbonneau a signalé dans *Regnabit*[6] « un fer à hosties, du XIIe siècle, où l'on voit le sang des plaies du Crucifié tomber en gouttelettes qui se transforment en roses, et le vitrail du XIIIe siècle de la cathédrale d'Angers où le sang divin, coulant en ruisseaux, s'épanouit aussi sous forme de roses ». Nous aurons tout à l'heure à reparler du symbolisme floral, envisagé sous un aspect quelque peu différent ; mais, quelle que soit la multiplicité des sens que présentent presque tous les symboles, tout cela se complète et s'harmonise parfaitement, et cette multiplicité même, loin d'être un inconvénient ou un défaut, est au contraire, pour qui sait la comprendre, un des avantages principaux d'un langage beaucoup moins étroitement limité que le langage ordinaire.

---

6 Voir *Reg.*, janv. 1925.

Pour terminer ces notes, nous indiquerons quelques symboles qui, dans diverses traditions, se substituent parfois à celui de la coupe, et qui lui sont identiques au fond ; ce n'est pas là sortir de notre sujet, car le Graal lui-même, comme on peut facilement s'en rendre compte par tout ce que nous venons de dire, n'a pas à l'origine une autre signification que celle qu'a généralement le vase sacré partout où il se rencontre, et qu'a notamment, en Orient, la coupe sacrificielle contenant le *Soma* védique (ou le *Haoma* mazdéen), cette extraordinaire « préfiguration » eucharistique sur laquelle nous reviendrons peut être en quelque autre occasion. Ce que figure proprement le *Soma*, c'est le « breuvage d'immortalité » (l'*Amrita* des Hindous l'*Ambroisie* des Grecs, deux mots étymologiquement semblables), qui confère ou restitue, à ceux qui le reçoivent avec les dispositions requises, ce « sens de l'éternité » dont il a été question précédemment.

Un des symboles dont nous voulons parler est le triangle dont la pointe est dirigée vers le bas ; c'est comme une sorte de représentation schématique de la coupe sacrificielle, et il se rencontre à ce titre dans certains *yantras* ou symboles géométriques de l'Inde. D'autre part, ce qui est très remarquable à notre point de vue, c'est que la même figure est également un symbole du cœur, dont elle reproduit d'ailleurs la forme en la simplifiant ; le « triangle du cœur » est une expression courante dans les traditions orientales. Cela nous amène à une observation qui a aussi son intérêt : c'est que la figuration du cœur inscrit dans un triangle ainsi disposé n'a en soi rien que de très légitime, qu'il s'agisse du cœur humain ou du Cœur divin, et qu'elle est même assez significative quand on la rapporte aux emblèmes usités par certain hermétisme chrétien du moyen âge, dont les intentions furent toujours pleinement orthodoxes. Si l'on a voulu parfois, dans les temps modernes, attacher à une telle représentation un sens blasphématoire, c'est qu'on a, consciemment ou non, altéré la signification première des symboles, jusqu'à renverser leur valeur normale ; il y a là un phénomène dont on pourrait citer maints exemples, et qui trouve d'ailleurs son explication dans le fait que certains symboles sont effectivement susceptibles d'une double interprétation et ont comme deux faces opposées. Le serpent, par exemple, et aussi le lion, ne signifient-ils pas à la fois, et suivant les cas, le Christ et Satan ? Nous ne pouvons songer à exposer ici à ce sujet une théorie générale qui nous entraînerait bien loin ; mais on comprendra qu'il y a là quelque chose qui rend très délicat le maniement des symboles, et aussi que ce point requiert une attention toute spéciale lorsqu'il s'agit de découvrir le sens réel de certains emblèmes et de les traduire correctement.

Un autre symbole qui équivaut fréquemment à celui de la coupe, est un symbole floral : la fleur, en effet, n'évoque-t-elle pas par sa forme l'idée d'un « réceptacle », et ne parle-t-on pas du « calice » d'une fleur ? En Orient, la fleur symbolique par excellence est le lotus ; en Occident, c'est le plus souvent la rose qui joue le même rôle. Bien entendu, nous ne voulons pas dire que ce soit là l'unique signification de cette dernière non plus que du lotus, puisque, au contraire, nous en indiquions nous-même une autre précédemment ; mais nous la verrions volontiers dans le dessin brodé sur ce canon d'autel de l'abbaye de Fontevrault9, où la rose est placée au pied d'une lance le long de laquelle pleuvent des gouttes de sang. Cette rose apparaît là associée à la lance exactement comme la coupe l'est ailleurs, et elle semble bien recueillir les gouttes de sang plutôt que provenir de la transformation de l'une d'elles ; mais, du reste, les deux significations se complètent bien plus qu'elles ne s'opposent, car ces gouttes, en tombant sur la rose, la vivifient et la font s'épanouir. C'est la « rosée céleste », suivant la figure si souvent employée en relation avec l'idée de la Rédemption, ou avec les idées connexes de régénération et de résurrection ; mais cela encore demanderait de longues explications quand bien même nous nous bornerions à faire ressortir la concordance des différentes traditions à l'égard de cet autre symbole.

D'autre part, puisqu'il a été question de la Rose-Croix à propos du sceau de Luther, nous dirons que cet emblème hermétique fut d'abord spécifiquement chrétien, quelles que soient les fausses interprétations plus ou moins « naturalistes » qui en ont été données à partir du XVIIIe siècle ; et n'est-il pas remarquable que la rose y occupe, au centre de la croix, la place même du Sacré-Cœur ? En dehors des représentations où les cinq plaies du Crucifié sont figurées par autant de roses, la rose centrale, lorsqu'elle est seule, peut fort bien s'identifier au Cœur lui-même, au vase qui contient le sang, qui est le centre de la vie et aussi le centre de l'être tout entier.

Il y a encore au moins un autre équivalent symbolique de la coupe : c'est le croissant lunaire ; mais celui-ci, pour être convenablement expliqué, exigerait des développements qui seraient tout à fait en dehors du sujet de la présente étude ; nous ne le mentionnons donc que pour ne négliger entièrement aucun côté de la question.

De tous les rapprochements que nous venons de signaler, nous tirerons déjà une conséquence que nous espérons pouvoir rendre encore plus manifeste par la suite : lorsqu'on trouve partout de telles concordances, n'y a-t-il pas là plus qu'un simple indice de l'existence d'une tradition primordiale ? Et comment expliquer que, le plus souvent, ceux mêmes qui se croient obligés d'admettre en principe cette tradition primordiale n'y pensent plus ensuite et raisonnent en fait exactement comme si elle n'avait jamais existé, ou tout au moins comme si rien ne s'en était conservé au cours des siècles ? Si l'on veut bien réfléchir à ce qu'il y a d'anormal dans une telle attitude, on sera peut-être moins disposé à s'étonner de certaines considérations, qui, à la vérité, ne paraissent étranges qu'en vertu des habitudes mentales propres à notre époque. D'ailleurs, il suffit de chercher un peu, à la condition de n'y apporter aucun parti pris, pour découvrir de tous côtés les marques de cette unité doctrinale essentielle, dont la conscience a pu parfois s'obscurcir dans l'humanité, mais qui n'a jamais entièrement disparu ; et, à mesure qu'on avance dans cette recherche, les points de comparaison se multiplient comme d'eux-mêmes et des preuves nouvelles apparaissent à chaque instant ; certes, le *Querite et invenietis* de l'Évangile n'est pas un vain mot.

ADDENDUM [7]

---

7 Publié dans *Reg.*, déc. 1925.

Nous tenons à dire quelques mots d'une objection qui nous a été adressée à propos des rapports que nous avons envisagés entre le Saint Graal et le Sacré-Cœur, bien que, à vrai dire, la réponse qui y a été faite en même temps nous paraisse pleinement satisfaisante.

Peu importe, en effet, que Chrestien de Troyes et Robert de Boron n'aient pas vu, dans l'antique légende dont ils n'ont été que les adaptateurs, toute la signification qui y était contenue ; cette signification ne s'y trouvait pas moins réellement, et nous prétendons n'avoir fait autre chose que de la rendre explicite, sans introduire quoi que ce soit de « moderne » dans notre interprétation. Du reste, il est bien difficile de dire au juste ce que les écrivains du XIIe siècle voyaient ou ne voyaient pas dans la légende ; et, étant donné qu'ils ne jouaient en somme qu'un simple rôle de « transmetteurs », nous accordons très volontiers qu'ils ne devaient sans doute pas y voir tout ce qu'y voyaient leurs inspirateurs, nous voulons dire les véritables détenteurs de la doctrine traditionnelle.

D'autre part, pour ce qui est des Celtes, nous avons eu soin de rappeler quelles précautions s'imposent lorsqu'on veut en parler, en l'absence de tout document écrit ; mais pourquoi voudrait-on supposer, en dépit des indices contraires que nous avons malgré tout, qu'ils aient été moins favorisés que les autres peuples anciens ? Or nous voyons partout, et non pas seulement en Égypte, l'assimilation symbolique établie entre le cœur et la coupe ou le vase ; partout, le cœur est envisagé comme le centre de l'être, centre à la fois divin et humain dans les applications multiples auxquelles il donne lieu ; partout aussi la coupe sacrificielle représente le Centre ou le Cœur du Monde, le « séjour d'immortalité » [8] ; que faut-il de plus ? Nous savons bien que la coupe et la

---

[8] Nous aurions pu rappeler aussi l'*athanor* hermétique, le vase où s'accomplit le « Grand Œuvre », et dont le nom, suivant certains, serait dérivé du grec *athanatos*, « immortel » ; le feu invisible qui y est entretenu perpétuellement correspond à la chaleur vitale qui réside dans le cœur. Nous aurions pu également faire des rapprochements avec un autre symbole fort répandu, celui de l'œuf, qui signifie résurrection et immortalité, et sur lequel nous aurons peut-être quelque occasion de revenir. — Signalons d'autre part, au moins à titre de curiosité,

lance, ou leurs équivalents, ont eu encore d'autres significations que celles que nous avons indiquées, mais, sans nous y attarder, nous pouvons dire que toutes ces significations, si étranges que certaines puissent paraître aux yeux des modernes, sont parfaitement concordantes entre elles, et qu'elles expriment en réalité les applications d'un même principe à des ordres divers, suivant une loi de correspondance sur laquelle se fonde l'harmonieuse multiplicité des sens qui sont inclus en tout symbolisme.

Maintenant, que non seulement le Centre du Monde s'identifie effectivement au Cœur du Christ, mais que cette identité ait été nettement indiquée dans les doctrines antiques, c'est ce que nous espérons pouvoir montrer dans d'autres études. Évidemment, l'expression de « Cœur du Christ », en ce cas doit être prise en un sens qui n'est pas précisément celui que nous pourrions appeler le sens « historique » ; mais encore faut-il dire que les faits historiques eux-mêmes, comme tout le reste, traduisent selon leur mode propre les réalités supérieures et se conforment à cette loi de correspondance à laquelle nous venons de faire allusion, loi qui seule permet de s'expliquer certaines « préfigurations ». Il s'agit, si l'on veut, du Christ principe, c'est-à-dire du Verbe manifesté au point central de l'Univers ; mais qui oserait prétendre que le Verbe éternel et sa manifestation historique, terrestre et humaine, ne sont pas réellement et substantiellement un seul et même Christ sous deux aspects différents ? Nous touchons encore ici aux rapports du temporel et de l'intemporel ; peut-être ne convient-il pas d'y insister davantage, car ces choses sont justement de celles que le symbolisme seul permet d'exprimer dans la mesure où elles sont exprimables. En tout cas, il suffit de savoir lire les symboles pour y trouver tout ce que nous y trouvons nous-même ; mais malheureusement, à notre époque surtout, tout le monde ne sait pas les lire.

---

que la *coupe* du Tarot (dont l'origine est du reste bien mystérieuse) a été remplacée par le cœur dans les cartes à jouer ordinaires, ce qui est encore un indice de l'équivalence des deux symboles.

René Guénon

Chapitre IV

LE SAINT GRAAL [9]

M. Arthur Edward Waite a fait paraître un ouvrage sur les légendes du Saint Graal [10], imposant par ses dimensions et par la somme de recherches qu'il représente, et dans lequel tous ceux qui s'intéressent à cette question pourront trouver un exposé très complet et méthodique du contenu des multiples textes qui s'y rapportent, ainsi que des diverses théories qui ont été proposées pour expliquer l'origine et la signification de ces légendes fort complexes, parfois même contradictoires dans certains de leurs éléments. Il faut ajouter que M. Waite n'a pas entendu faire uniquement œuvre d'érudition, et il convient de l'en louer également, car nous sommes entièrement de son avis sur le peu de valeur de tout travail qui ne dépasse pas ce point de vue, et dont l'intérêt ne peut être en somme que « documentaire » ; il a voulu dégager le sens réel et « intérieur » du symbolisme du Saint Graal et de la « queste ». Malheureusement, nous devons dire que ce côté de son œuvre est celui qui nous paraît le moins satisfaisant ; les conclusions auxquelles il aboutit sont même plutôt décevantes, surtout si l'on songe à tout le labeur accompli pour y parvenir ; et c'est là-dessus que nous voudrions formuler quelques observations qui se rattacheront d'ailleurs tout naturellement à des questions que nous avons déjà traitées en d'autres occasions.

Ce n'est pas faire injure à M. Waite, croyons-nous, que de dire que son ouvrage est quelque peu *one-sighted* ; devons-nous traduire en français par « partial » ? Ce ne serait peut-être pas rigoureusement exact, et, en tout cas, nous n'entendons pas dire par là qu'il le soit de façon voulue ; il y aurait plutôt

---

9 Publié dans *V.I.*, février et mars 1934.
10 *The Holy Grail, its legend and symbolism*, Rider and Co., London, 1933.

là quelque chose du défaut si fréquent chez ceux qui, s'étant « spécialisés » dans un certain ordre d'études, sont portés à tout y ramener ou à négliger ce qui ne s'y laisse pas réduire. Que la légende du Graal soit chrétienne, ce n'est certes pas contestable et M. Waite a raison de l'affirmer ; mais cela empêche-t-il nécessairement qu'elle soit aussi autre chose en même temps ? Ceux qui ont conscience de l'unité fondamentale de toutes les traditions ne verront là aucune incompatibilité ; mais M. Waite pour sa part, ne veut voir en quelque sorte que ce qui est spécifiquement chrétien, s'enfermant ainsi dans une forme traditionnelle particulière, dont les rapports qu'elle a avec les autres, précisément par son côté « intérieur », semblent dès lors lui échapper. Ce n'est pas qu'il nie l'existence d'éléments d'une autre provenance, probablement antérieurs au christianisme, car ce serait aller contre l'évidence ; mais il ne leur accorde qu'une bien médiocre importance, et il paraît les considérer comme « accidentels », comme étant venus s'ajouter à la légende « du dehors », et simplement du fait du milieu où elle s'est élaborée. Aussi ces éléments sont-ils regardés par lui comme relevant de ce qu'on est convenu d'appeler le *folk-lore* non pas toujours par dédain comme le mot lui-même pourrait le faire supposer, mais plutôt pour satisfaire à une sorte de « mode » de notre époque, et sans toujours se rendre compte des intentions qui s'y trouvent impliquées ; et il n'est peut-être pas inutile d'insister un peu sur ce point.

La conception même du *folk-lore*, tel qu'on l'entend habituellement, repose sur une idée radicalement fausse, l'idée qu'il y a des « créations populaires », produits spontanés de la masse du peuple ; et l'on voit tout de suite le rapport étroit de cette façon de voir avec les préjugés « démocratiques ». Comme on l'a dit très justement, « l'intérêt profond de toutes les traditions dites populaires réside surtout dans le fait qu'elles ne sont pas populaires d'origine [11] » ; et nous ajouterons que, s'il s'agit, comme c'est presque toujours le cas, d'éléments traditionnels au vrai sens de ce mot, si déformés, amoindris ou fragmentaires qu'ils puissent être parfois, et de choses ayant une valeur symbolique réelle, tout cela, bien loin d'être d'origine populaire, n'est même pas d'origine humaine. Ce

---

11 Luc Benoist, *La Cuisine des Anges, une esthétique de la pensée*, p. 74.

qui peut être populaire, c'est uniquement le fait de la « survivance » quand ces éléments appartiennent à des formes traditionnelles disparues ; et, à cet égard, le terme de *folk-lore* prend un sens assez proche de celle de « paganisme », en ne tenant compte que de l'étymologie de ce dernier, et avec l'intention « polémique » et injurieuse en moins. Le peuple conserve ainsi, sans les comprendre, les débris de traditions anciennes, remontant même parfois à un passé si lointain qu'il serait impossible de le déterminer, et qu'on se contente de rapporter, pour cette raison, au domaine obscur de la « préhistoire » ; il remplit en cela la fonction d'une sorte de mémoire collective plus ou moins « subconsciente », dont le contenu est manifestement venu d'ailleurs [12]. Ce qui peut sembler le plus étonnant, c'est que, lorsqu'on va au fond des choses, on constate que ce qui est ainsi conservé contient surtout, sous une forme plus ou moins voilée, une somme considérable de données d'ordre ésotérique, c'est-à-dire précisément tout ce qu'il y a de moins populaire par essence ; et ce fait suggère de lui-même une explication que nous nous bornerons à indiquer en quelques mots. Lorsqu'une forme traditionnelle est sur le point de s'éteindre, ses derniers représentants peuvent fort bien confier volontairement, à cette mémoire collective dont nous venons de parler, ce qui autrement se perdrait sans retour ; c'est en somme le seul moyen de sauver ce qui peut l'être dans une certaine mesure ; et, en même temps, l'incompréhension naturelle de la masse est une suffisante garantie que ce qui possédait un caractère ésotérique n'en sera pas dépouillé pour cela, mais demeurera seulement, comme une sorte de témoignage du passé, pour ceux qui, en d'autres temps, seront capables de le comprendre.

Cela dit, nous ne voyons pas pourquoi on attribuerait au *folk-lore*, sans plus ample examen, tout ce qui appartient à des traditions autres que le christianisme, celui-ci seul faisant exception ; telle semble être l'intention de M. Waite, lorsqu'il accepte cette dénomination pour les éléments « préchrétiens »,

---

12 C'est là une fonction essentiellement « lunaire », et il est à remarquer que, suivant l'astrologie, la masse populaire correspond effectivement à la lune, ce qui, en même temps, indique bien son caractère purement passif, incapable d'initiative ou de spontanéité.

et particulièrement celtiques, qui se rencontrent dans les légendes du Graal. Il n'y a pas, sous ce rapport, de formes traditionnelles privilégiées ; la seule distinction à faire est celle des formes disparues et de celles qui sont actuellement vivantes ; et, par conséquent, toute la question reviendrait à savoir si la tradition celtique avait réellement cessé de vivre lorsque se constituèrent les légendes dont il s'agit. Cela est au moins contestable : d'une part, cette tradition peut s'être maintenue plus longtemps qu'on ne le croit d'ordinaire, avec une organisation plus ou moins cachée, et, d'autre part, ces légendes elles-mêmes peuvent être plus anciennes que ne le pensent les « critiques », non pas qu'il y ait eu forcément des textes aujourd'hui perdus, auxquels nous ne croyons guère plus que M. Waite, mais parce qu'elles peuvent avoir été d'abord l'objet d'une transmission orale qui peut avoir duré plusieurs siècles, ce qui est loin d'être un fait exceptionnel. Nous voyons là, pour notre part, la marque d'une « jonction » entre deux formes traditionnelles, l'une ancienne et l'autre nouvelle alors, la tradition celtique et la tradition chrétienne, jonction par laquelle ce qui devait être conservé de la première fut en quelque sorte incorporé à la seconde, en se modifiant sans doute jusqu'à un certain point, quant à la forme extérieure, par adaptation et assimilation, mais non point en se transposant sur un autre plan, comme le voudrait M. Waite, car il y a des équivalences entre toutes les traditions régulières ; il y a donc là bien autre chose qu'une simple question de « sources », au sens où l'entendent les érudits. Il serait peut-être difficile de préciser exactement le lieu et la date où cette jonction s'est opérée, mais cela n'a qu'un intérêt secondaire et presque uniquement historique ; il est d'ailleurs facile de concevoir que ces choses sont de celles qui ne laissent pas de traces dans des « documents » écrits. Peut-être l'« Église celtique » ou « culdéenne » mérite-t-elle, à cet égard, plus d'attention que M. Waite ne semble disposé à lui en accorder ; sa dénomination même pourrait le donner à entendre ; et il n'y a rien d'invraisemblable à ce qu'il y ait eu derrière elle quelque chose d'un autre ordre, non plus religieux, mais initiatique, car, comme tout ce qui se rapporte aux liens existant entre les différentes traditions, ce dont il s'agit ici relève nécessairement du domaine initiatique ou ésotérique. L'exotérisme, qu'il soit religieux ou autre, ne va jamais au-delà des limites de la forme traditionnelle à laquelle il appartient en propre ; ce qui dépasse ces limites ne peut appartenir à une « Église » comme telle, mais celle-ci peut seulement en être le « support » extérieur ; et c'est là une remarque sur laquelle nous aurons l'occasion de revenir par la suite.

Une autre observation, concernant plus particulièrement le symbolisme, s'impose également ; il y a des symboles qui sont communs aux formes traditionnelles les plus diverses et les plus éloignées les unes des autres, non pas par suite « d'emprunts » qui, dans bien des cas, seraient tout à fait impossibles, mais parce qu'ils appartiennent en réalité à la tradition primordiale dont ces formes sont toutes issues directement ou indirectement. Ce cas est précisément celui du vase ou de la coupe ; pourquoi ce qui s'y rapporte ne serait-il que du *folk-lore* quand il s'agit de traditions « préchrétiennes », alors que, dans le christianisme seul, elle serait un symbole essentiellement « eucharistique » ?

Ce ne sont pas les assimilations envisagées par Burnouf ou par d'autres qui sont ici à rejeter, mais bien les interprétations « naturalistes » qu'ils ont voulu étendre au christianisme comme à tout le reste, et qui, en réalité, ne sont valables nulle part. Il faudrait donc faire ici exactement le contraire de ce que fait M. Waite, qui, s'arrêtant à des explications extérieures et superficielles, qu'il accepte de confiance tant qu'il ne s'agit pas du christianisme, voit des sens radicalement différents et sans rapport entre eux là où il n'y a que les aspects plus ou moins multiples d'un même symbole ou ses diverses applications ; sans doute en eût-il été autrement s'il n'avait été gêné par son idée préconçue d'une sorte d'hétérogénéité du christianisme par rapport aux autres traditions. De même, M. Waite repousse fort justement, en ce qui concerne la légende du Graal, les théories qui font appel à de prétendus « dieux de la végétation » ; mais il est regrettable qu'il soit beaucoup moins net à l'égard des mystères antiques, qui n'eurent jamais rien de commun non plus avec ce « naturalisme » d'invention toute moderne ; les « dieux de la végétation » et autres histoires du même genre n'ont jamais existé que dans l'imagination de Frazer et de ses pareils, dont les intentions antitraditionnelles ne sont d'ailleurs pas douteuses.

À la vérité, il semble bien aussi que M. Waite soit plus ou moins influencé par un certain « évolutionnisme » ; cette tendance se trahit notamment lorsqu'il déclare que ce qui importe, c'est beaucoup moins l'origine de la légende que le dernier état auquel elle est parvenue par la suite ; et il paraît croire qu'il a dû y avoir, de l'une à l'autre, une sorte de perfectionnement progressif. En réalité, s'il s'agit de quelque chose qui a un caractère vraiment traditionnel, tout doit au contraire s'y trouver dès le commencement, et les développements ultérieurs ne font que le rendre plus explicite, sans adjonction d'éléments nouveaux et venus de l'extérieur.

M. Waite paraît admettre une sorte de « spiritualisation », par laquelle un sens supérieur aurait pu venir se greffer sur quelque chose qui ne le comportait pas tout d'abord ; en fait, c'est plutôt l'inverse qui se produit généralement ; et cela rappelle un peu trop les vues profanes des « historiens des religions ». Nous trouvons, à propos de l'alchimie, un exemple très frappant de cette sorte de renversement : M. Waite pense que l'alchimie matérielle a précédé l'alchimie spirituelle, et que celle-ci n'a fait son apparition qu'avec Kuhnrath et Jacob Bœhme ; s'il connaissait certains traités arabes bien antérieurs à ceux-ci, il serait obligé, même en s'en tenant aux documents écrits, de modifier cette opinion ; et en outre, puisqu'il reconnaît que le langage employé est le même dans les deux cas, nous pourrions lui demander comment il peut être sûr que, dans tel ou tel texte, il ne s'agit que d'opérations matérielles. La vérité est qu'on n'a pas toujours éprouvé le besoin de déclarer expressément qu'il s'agissait d'autre chose, qui devait même au contraire être voilé précisément par le symbolisme mis en usage ; et, s'il est arrivé par la suite que certains l'aient déclaré, ce fut surtout en présence de dégénérescences dues à ce qu'il y avait dès lors des gens qui, ignorants de la valeur des symboles, prenaient tout à la lettre et dans un sens exclusivement matériel : c'étaient les « souffleurs », précurseurs de la chimie moderne. Penser qu'un sens nouveau peut être donné à un symbole qui ne le possédait pas par lui-même, c'est presque nier le symbolisme, car c'est en faire quelque chose d'artificiel, sinon d'entièrement arbitraire, et en tout cas de purement humain ; et, dans cet ordre d'idées, M. Waite va jusqu'à dire que chacun trouve dans un symbole ce qu'il y met lui-même, si bien que sa signification changerait avec la mentalité de chaque époque ; nous reconnaissons là les théories « psychologiques » chères à bon nombre de nos contemporains ; et n'avions-nous pas raison de parler d'« évolutionnisme » ?

Nous l'avons dit souvent, et nous ne saurions trop le répéter : tout véritable symbole porte ses multiples sens en lui-même, et cela dès l'origine, car il n'est pas constitué comme tel en vertu d'une convention humaine, mais en vertu de la « loi de correspondance » qui relie tous les mondes entre eux ; que, tandis que certains voient ces sens, d'autres ne les voient pas ou n'en voient qu'une partie, ils n'y sont pas moins réellement contenus, et l'« horizon intellectuel » de chacun fait toute la différence ; le symbolisme est une science exacte, et non pas une rêverie où les fantaisies individuelles peuvent se donner libre cours.

Nous ne croyons donc pas, dans les choses de cet ordre, aux « inventions des poètes », auxquelles M. Waite semble disposé à faire une grande part ; ces inventions, loin de porter sur l'essentiel, ne font que le dissimuler, volontairement ou non, en l'enveloppant des apparences trompeuses d'une « fiction » quelconque ; et parfois elles ne le dissimulent que trop bien, car, lorsqu'elles se font trop envahissantes, il finit par devenir presque impossible de découvrir le sens profond et originel ; n'est-ce pas ainsi que, chez les Grecs, le symbolisme dégénéra en « mythologie » ? Ce danger est surtout à craindre lorsque le poète lui-même n'a pas conscience de la valeur réelle des symboles, car il est évident que ce cas peut se présenter ; l'apologue de « l'âne portant des reliques » s'applique ici comme en bien d'autres choses ; et le poète, alors, jouera en somme un rôle analogue à celui du peuple profane conservant et transmettant à son insu des données initiatiques, ainsi que nous le disions plus haut. La question se pose ici tout particulièrement : les auteurs des romans du Graal furent-ils dans ce dernier cas ou, au contraire, furent-ils conscients, à un degré ou à un autre, du sens profond de ce qu'ils exprimaient ? Il n'est certes pas facile d'y répondre avec certitude, car, là encore, les apparence peuvent faire illusion : en présence d'un mélange d'élément insignifiants et incohérents, on est tenté de penser que l'auteur ne savait pas de quoi il parlait ; pourtant, il n'en est pas forcément ainsi, car il est arrivé souvent que les obscurités et même les contradictions soient parfaitement voulues, et que les détails inutiles aient expressément pour but d'égarer l'attention des profanes, de la même façon qu'un symbole peut être dissimulé intentionnellement dans un motif d'ornementation plus ou moins compliqué ; au moyen âge surtout, les exemples de ce genre abondent, ne serait-ce que chez Dante et les « Fidèles d'Amour ». Le fait que le sens supérieur transparaît moins chez Chrestien de Troyes par exemple, que chez Robert de Borron, ne prouve donc pas nécessairement que le premier en ait été moins conscient que le second ; encore moins faudrait-il en conclure que ce sens est absent de ses écrits, ce qui serait une erreur comparable à celle qui consiste à attribuer aux anciens alchimistes des préoccupations d'ordre uniquement matériel, pour la seule raison qu'ils n'ont pas jugé à propos d'écrire en toutes lettres que leur science était en réalité de nature spirituelle [13]. A surplus, la question de l'« initiation » des auteurs des romans a peut-être moins d'importance qu'on ne pourrait le croire au premier abord, puisque, de toutes façons, elle ne change rien aux apparences sous lesquelles le sujet est présenté ; dès lors qu'il s'agit d'une « extériorisation » de données ésotériques, mais qui ne saurait en aucune façon être une « vulgarisation », il est facile de comprendre qu'il doive en être ainsi. Nous irons plus loin : un profane peut même, pour une telle « extériorisation », avoir servi de « porte-parole » à une organisation initiatique, qui l'aura choisi à cet effet simplement pour ses qualités de poète ou d'écrivain, ou pour toute autre raison contingente. Dante écrivait en parfaite connaissance de cause ; Chrestien de Troyes, Robert de Borron et bien d'autres furent probablement beaucoup moins conscients de ce qu'ils exprimaient, et peut-être même certains d'entre eux ne le furent-ils pas du tout ; mais peu importe au fond, car, s'il y avait derrière eux une organisation initiatique, quelle qu'elle fût d'ailleurs, le danger d'une déformation due à leur incompréhension se trouvait par là même écarté, cette organisation pouvant les guider constamment sans même qu'ils s'en doutent, soit par l'intermédiaire de certains de ses membres leur fournissant les éléments à mettre en œuvre, soit par des suggestions ou des influences d'un autre genre, plus subtiles et moins « tangibles », mais non moins réelles pour cela ni moins

---

13 Si M. Waite croit, comme il le semble bien, que certaines choses sont trop « matérielles » pour être compatibles avec l'existence d'un sens supérieur dans les textes où elles se rencontrent, nous pourrions lui demander ce qu'il pense, par exemple, de Rabelais et de Boccace.

efficaces. On comprendra sans peine que ceci n'a rien à voir avec la soi-disant « inspiration » poétique, telle que les modernes l'entendent, et qui n'est en réalité que de l'imagination pure et simple, ni avec la « littérature », au sens profane de ce mot ; et nous ajouterons tout de suite qu'il ne s'agit pas davantage de « mysticisme » ; mais ce dernier point touche directement à d'autres questions que nous devons envisager maintenant plus spécialement.

Il ne nous paraît pas douteux que les origines de la légende du Graal doivent être rapportées à la transmission d'éléments traditionnels, d'ordre initiatique, du druidisme au christianisme, cette transmission ayant été opérée régulièrement, et quelles qu'en aient été d'ailleurs les modalités, ces éléments firent dès lors partie intégrante de l'ésotérisme chrétien ; nous sommes bien d'accord avec M. Waite sur ce second point, mais nous devons dire que le premier semble lui avoir échappé. L'existence de l'ésotérisme chrétien au moyen âge est une chose absolument certaine ; les preuves de tout genre en abondent, et les dénégations dues à l'incompréhension moderne, qu'elles proviennent d'ailleurs de partisans ou d'adversaires du christianisme, ne peuvent rien contre ce fait ; nous avons eu assez souvent l'occasion de parler de cette question pour qu'il ne soit pas nécessaire d'y insister ici. Mais, parmi ceux mêmes qui admettent l'existence de cet ésotérisme, il en est beaucoup qui s'en font une conception plus ou moins inexacte, et tel nous paraît être aussi le cas de M. Waite, à en juger par ses conclusions ; il y a, là encore, des confusions et des malentendus qu'il importe de dissiper.

Tout d'abord, qu'on remarque bien que nous disons « ésotérisme chrétien » et non « christianisme ésotérique » ; il ne s'agit point, en effet, d'une forme spéciale de christianisme, il s'agit du côté « intérieur » de la tradition chrétienne ; et il est facile de comprendre qu'il y a là plus qu'une simple nuance. En outre, lorsqu'il y a lieu de distinguer ainsi dans une forme traditionnelle deux faces, l'une exotérique et l'autre ésotérique, il doit être bien entendu qu'elles ne se rapportent pas au même domaine, si bien qu'il ne peut y avoir entre elles de conflit ou d'opposition d'aucune sorte ; en particulier, lorsque l'exotérisme revêt le caractère spécifiquement religieux, comme c'est ici le cas, l'ésotérisme correspondant, tout en y prenant sa base et son support, n'a en lui-même rien à voir avec le domaine religieux et se situe dans un ordre totalement différent. Il résulte immédiatement de là que cet ésotérisme ne peut en aucun cas être représenté par des « Églises » ou des « sectes » quelconques qui, par définition même, sont toujours religieuses, donc exotériques ; c'est là encore un point que nous avons déjà traité en d'autres circonstances, et qu'il nous suffit donc de rappeler sommairement. Certaines « sectes » ont pu naître d'une confusion entre les deux domaines, et d'une « extériorisation » erronée de données ésotériques mal comprises et mal appliquées ; mais les organisations initiatiques véritables, se maintenant strictement sur leur terrain propre, demeurent forcément étrangères à de telles déviations, et leur « régularité » même les oblige à ne reconnaître que ce qui présente un caractère d'orthodoxie, fût-ce dans l'ordre exotérique. On est donc assuré par là que ceux qui veulent rapporter à des « sectes » ce qui concerne l'ésotérisme ou l'initiation font fausse route et ne peuvent que s'égarer ; point n'est besoin d'un plus ample examen pour écarter toute hypothèse de ce genre ; et, si l'on trouve dans quelques « sectes » des éléments qui paraissent être de nature ésotérique, il faut en conclure, non point qu'ils ont eu là leur origine, mais, tout au contraire, qu'ils y ont été détournés de leur véritable signification.

Cela étant, certaines difficultés apparentes se trouvent aussitôt résolues, ou, pour mieux dire, on s'aperçoit qu'elles sont inexistantes : ainsi, il n'y a point lieu de se demander quelle peut être la situation, par rapport à l'orthodoxie chrétienne entendue au sens ordinaire, d'une ligne de transmission en dehors de la « succession apostolique », comme celle dont il est question dans certaines versions de la légende du Graal ; s'il s'agit là d'une hiérarchie initiatique, la hiérarchie religieuse ne saurait en aucune façon être affectée par son existence, que d'ailleurs elle n'a point à connaître « officiellement » si l'on peut dire, puisqu'elle-même n'exerce de juridiction légitime que dans le domaine exotérique. De même, lorsqu'il est question d'une formule secrète en relation avec certains rites, il y a, disons-le franchement, une singulière naïveté à se demander si la perte ou l'omission de cette formule ne risque pas d'empêcher que la célébration de la messe puisse être regardée comme valable ; la messe, telle qu'elle est, est un rite religieux, et il s'agit là d'un rite initiatique ; chacun vaut dans son ordre et, même si l'un et l'autre ont en commun un caractère « eucharistique », cela ne change rien à cette distinction essentielle, pas plus que le fait qu'un même symbole peut être interprété à la fois aux deux points de vue exotérique et ésotérique n'empêche ceux-ci d'être entièrement distincts et de se rapporter à des domaines totalement différents ; quelles que puissent être parfois les ressemblances extérieures, qui s'expliquent d'ailleurs par certaines correspondances, la portée et le but des rites initiatiques sont tout autres que ceux des rites religieux. À plus forte raison, il n'y a pas à rechercher si la formule mystérieuse dont il s'agit ne pourrait pas être identifiée avec une formule en usage dans telle ou telle Église possédant un rituel plus ou moins spécial ; d'abord, tant qu'il s'agit d'Églises orthodoxes, les variantes du rituel sont tout à fait secondaires et ne peuvent aucunement porter sur quelque chose d'essentiel ; ensuite, ces divers rituels ne peuvent jamais être autres que religieux, et, comme tels, ils sont parfaitement équivalents, la considération de l'un ou de l'autre ne nous rapprochant pas davantage du point de vue initiatique ; que de recherches et de discussions inutiles on s'épargnerait si l'on était, avant toutes choses, bien fixé sur les principes !

Maintenant, que les écrits concernant la légende du Graal soient émanés, directement ou indirectement, d'une organisation initiatique, cela ne veut point dire qu'ils constituent un rituel d'initiation, comme certains l'ont supposé assez bizarrement ; et il est curieux de noter qu'on n'a jamais émis une semblable hypothèse, à notre connaissance du moins, pour des œuvres qui pourtant décrivent beaucoup plus manifestement un processus initiatique, comme *La Divine Comédie* ou *Le Roman de la Rose* ; il est bien évident que tous les écrits qui présentent un caractère ésotérique ne sont pas pour cela des rituels. M. Waite, qui rejette avec juste raison cette supposition, en fait ressortir les invraisemblances : tel est, notamment, le fait que le prétendu récipiendaire aurait une question à poser, au lieu d'avoir au contraire à répondre aux questions de l'initiateur, ainsi que cela a lieu généralement ; et nous pourrions ajouter que les divergences qui existent entre les différentes versions sont incompatibles avec le caractère d'un rituel, qui a nécessairement une forme fixe et bien définie ; mais en quoi tout cela empêche-t-il que la légende se rattache, à quelque autre titre, à ce que M. Waite appelle *Instituted Mysteries*, et que nous appelons plus simplement les organisations initiatiques ? C'est qu'il se fait de celles-ci une idée beaucoup trop étroite, et inexacte par plus d'un côté : d'une part, il semble les concevoir comme quelque chose de presque exclusivement « cérémoniel », ce qui, remarquons-le en passant, est une façon de voir assez typiquement anglo-saxonne ; d'autre part, suivant une erreur très répandue et sur laquelle nous avons déjà bien souvent insisté, il se les représente comme étant plus ou moins des « sociétés », alors que, si quelques-unes d'entre elles en sont arrivées à prendre une telle forme, ce n'est là que l'effet d'une sorte de dégénérescence toute moderne. Il a sans doute, connu par expérience directe, un bon nombre de ces associations pseudo-initiatiques qui pullulent de nos jours en Occident, et s'il paraît en avoir été plutôt déçu, il n'en est pas moins demeuré, en un certain sens, influencé par ce qu'il a vu : nous voulons dire que, faute de percevoir nettement la différence de l'initiation authentique et de la pseudo-initiation, il attribue à tort aux véritables organisations initiatiques des caractères comparables à ceux des contrefaçons avec lesquelles il s'est trouvé en contact ; et cette méprise entraîne encore d'autres conséquences, affectant directement, comme nous allons le voir, les conclusions positives de son étude.

Il est évident, en effet, que tout ce qui est d'ordre initiatique ne saurait en aucune façon rentrer dans un cadre aussi étroit que le serait celui de « sociétés » constituées à la manière moderne ; mais précisément, là où M. Waite ne retrouve plus rien qui ressemble de près ou de loin à ses « sociétés », il se perd, et il en arrive à admettre la supposition fantastique d'une initiation pouvant exister en dehors de toute organisation et de toute transmission régulière ; nous ne pouvons mieux faire ici que de renvoyer aux études que nous avons consacrées précédemment à cette question. C'est que, en dehors desdites « sociétés » il ne voit apparemment pas d'autre possibilité que celle d'une chose vague et indéfinie qu'il appelle « Église secrète » ou « Église intérieure », suivant des expressions empruntées à des mystiques tels qu'Eckartshausen et Lopoukine, et dans lesquelles le mot même d'« Église » indique qu'on se trouve, en réalité, ramené purement et simplement au point de vue religieux, fût-ce par quelqu'une de ces variétés plus ou moins aberrantes en lesquelles le mysticisme tend spontanément à se développer dès qu'il échappe au contrôle d'une orthodoxie rigoureuse. Effectivement, M. Waite est encore de ceux, malheureusement si nombreux aujourd'hui, qui, pour des raisons diverses, confondent mysticisme et initiation ; et il en arrive à parler en quelque sorte indifféremment de l'une ou de l'autre de ces deux choses, incompatibles entre elles, comme si elles étaient à peu près synonymes. Ce qu'il croit être l'initiation se résout, en définitive, en une simple « expérience mystique » ; et nous nous demandons même si, au fond, il ne conçoit pas cette « expérience » comme quelque chose de « psychologique », ce qui nous ramènerait encore à un niveau inférieur à celui du mysticisme entendu dans son sens propre, car les véritable états mystiques échappent déjà entièrement au domaine de la psychologie, en dépit de toutes les théories modernes du genre de celle dont le représentant le plus connu est William James. Quant aux états intérieurs dont la réalisation relève de l'ordre initiatique, ils ne sont ni des états psychologiques ni même des états mystiques ; ils sont quelque chose de beaucoup plus profond, et, en même temps ils ne sont point de ces choses dont on ne peut dire ni d'où elles viennent ni ce qu'elles sont au juste, mais ils impliquent au contraire une connaissance exacte et une technique précise ; la sentimentalité et l'imagination n'ont plus ici la moindre part. Transposer les vérités de l'ordre religieux dans l'ordre initiatique, ce n'est point les dissoudre dans les nuées d'un « idéal » quelconque ; c'est au contraire en pénétrer le sens le plus profond et le plus « positif » tout à la fois, en écartant toutes les nuées qui arrêtent et bornent la vue intellectuelle de l'humanité ordinaire. À vrai dire, dans une conception comme celle de M. Waite, ce n'est pas de transposition qu'il s'agit, mais tout au plus, si l'on veut, d'une sorte de prolongement ou d'extension dans le sens « horizontal », puisque tout ce qui est mysticisme est inclus dans le domaine religieux et ne va pas au-delà ; et, pour aller effectivement au-delà, il faut autre chose que l'agrégation à une « Église » qualifiée d'« intérieure » surtout, à ce qu'il semble, parce qu'elle n'a qu'une existence simplement « idéale », ce qui, traduit en termes plus nets, revient à dire qu'elle n'est, en fait, qu'une organisation de rêve.

Là ne saurait être véritablement le « secret du Saint Graal », non plus d'ailleurs qu'aucun autre secret initiatique réel ; si l'on veut savoir où se trouve ce secret, il faut se reporter à la constitution très « positive » des centres spirituels, ainsi que nous l'avons indiqué assez explicitement dans notre étude sur *Le Roi du Monde*. Nous nous bornerons, à cet égard, à remarquer que M. Waite touche parfois à des choses dont la portée semble lui échapper : c'est ainsi qu'il lui arrive de parler, à diverses reprises, de choses « substituées », qui peuvent être des paroles ou des objets symboliques ; or, ceci peut se référer soit aux divers centres secondaires en tant qu'ils sont des images ou des reflets du Centre suprême, soit aux phases successives de l'« obscuration » qui se produit graduellement, en conformité avec les lois cycliques, dans la manifestation de ces mêmes centres par rapport au monde extérieur. D'ailleurs, le premier de ces deux cas rentre d'une certaine façon dans le second, car la constitution même des centres secondaires, correspondant aux formes traditionnelles particulières, quelles qu'elles soient, marque déjà un premier degré d'obscuration vis-à-vis de la tradition primordiale ; en effet, le Centre suprême, dès lors, n'est plus en contact direct avec l'extérieur et le lien n'est maintenu que par l'intermédiaire de centres secondaires. D'autre part, si l'un de ceux-ci vient à disparaître, on peut dire qu'il est en quelque sorte résorbé dans le Centre suprême, dont il n'était qu'une émanation ; ici encore, du reste, il y a des degrés à observer : il peut se faire qu'un tel centre devienne seulement plus caché et plus fermé, et ce fait peut être représenté par le même symbolisme que sa disparition complète, tout éloignement de l'extérieur étant en même temps, et dans une mesure équivalente, un retour vers le Principe. Nous voulons faire ici allusion au symbolisme de la disparition finale du Graal : que celui-ci ait été enlevé au Ciel, suivant certaines versions, ou qu'il ait été transporté dans le « Royaume du prêtre Jean », suivant certaines autres, cela signifie exactement la même chose, ce dont M. Waite ne semble guère se douter [14].

---

14 De ce qu'une lettre attribuée au prêtre Jean est manifestement apocryphe, M. Waite prétend en conclure à son inexistence, ce qui est une argumentation pour le moins singulière ; la question des rapports de la légende du Graal avec l'ordre du Temple est traitée par lui

Il s'agit toujours là de ce même retrait de l'extérieur vers l'intérieur, en raison de l'état du monde à une certaine époque, ou, pour parler plus exactement, de cette portion du monde qui est en rapport avec la forme traditionnelle considérée ; ce retrait ne s'applique d'ailleurs ici qu'au côté ésotérique de la tradition, le côté exotérique étant, dans le cas du christianisme, demeuré sans changement apparent ; mais, c'est précisément par le côté ésotérique que sont établis et maintenus les liens effectifs et conscients avec le Centre suprême. Que quelque chose en subsiste cependant, mais en quelque sorte invisiblement, tant que cette forme traditionnelle demeure vivante, cela doit être nécessairement ; s'il en était autrement, cela reviendrait à dire que l'« esprit » s'en est entièrement retiré et qu'il ne reste plus qu'un corps mort. Il est dit que le Graal ne fut plus vu comme auparavant, mais il n'est pas dit que personne ne le vit plus ; assurément, en principe, tout au moins, il est toujours présent pour ceux qui sont « qualifiés » ; mais, en fait, ceux-là sont devenus de plus en plus rares, au point de ne plus constituer qu'une infime exception ; et, depuis l'époque où l'on dit que les Rose-Croix se retirèrent en Asie, qu'on l'entende littéralement ou symboliquement, quelles possibilités de parvenir à l'initiation effective peuvent-ils encore trouver ouvertes devant eux dans le monde occidental ?

---

d'une façon qui n'est guère moins sommaire ; il semble qu'il ait, inconsciemment sans doute, une certaine hâte d'écarter ces choses trop significatives et inconciliables avec son « mysticisme » ; et, d'une façon générale, les versions allemandes de la légende nous paraissent mériter plus de considérations qu'il ne leur en accorde.

Chapitre V

TRADITION ET « INCONSCIENT » [15]

Nous avons déjà exposé ailleurs le rôle de la psychanalyse dans l'œuvre de subversion qui, succédant à la « solidification » matérialiste du monde, constitue la seconde phase de l'action anti-traditionnelle caractéristique de l'époque moderne tout entière [16]. Il nous faut encore revenir sur ce sujet, car, depuis quelque temps, nous constatons que l'offensive psychanalyste va toujours de plus en plus loin, en ce sens que, s'attaquant directement à la tradition sous prétexte de l'expliquer, elle tend maintenant à en déformer la notion même de la façon la plus dangereuse. À cet égard, il y a lieu de faire une distinction entre des variétés inégalement « avancées » de la psychanalyse : celle-ci, telle qu'elle avait été conçue tout d'abord par Freud, se trouvait encore limitée jusqu'à un certain point par l'attitude matérialiste qu'il entendit toujours garder ; bien entendu, elle n'en avait pas moins déjà un caractère nettement « satanique », mais du moins cela lui interdisait-il de prétendre aborder certains domaines, ou, même si elle le prétendait cependant, elle n'en atteignait en fait que des contrefaçons assez grossière, d'où des confusions qu'il était encore relativement facile de dissiper. Ainsi, quand Freud parlait de « symbolisme », ce qu'il désignait abusivement ainsi n'était en réalité qu'un simple produit de l'imagination humaine, variable d'un individu à l'autre, et n'ayant véritablement rien de commun avec l'authentique symbolisme traditionnel. Ce n'était là qu'une première étape, et il était réservé à d'autres psychanalystes de modifier les théories de leur « maître » dans le sens d'une fausse spiritualité afin de pouvoir, par une confusion beaucoup plus subtile, les appliquer à une interprétation du symbolisme

---

15 Publié dans É. T., juill.-août 1949.
16 Voir Le Règne de la Quantité et les Signes des Temps, ch. XXXIV.

traditionnel lui-même. Ce fut surtout le cas de C.G. Jung, dont les premières tentatives dans ce domaine datent d'assez longtemps déjà [17] ; il est à remarquer, car cela est très significatif, que, pour cette interprétation, il partit d'une comparaison qu'il crut pouvoir établir entre certains symboles et des dessins tracés par des malades ; et il faut reconnaître qu'en effet ces dessins présentent parfois, avec les symboles véritables, une sorte de ressemblance « parodique » qui ne laisse pas d'être plutôt inquiétante quant à la nature de ce qui les inspire.

Ce qui aggrava beaucoup les choses, c'est que Jung, pour expliquer ce dont les facteurs purement individuels ne paraissaient pas pouvoir rendre compte, se trouva amené à formuler l'hypothèse d'un soi-disant « inconscient collectif », existant d'une certaine façon dans ou sous le psychisme de tous les individus humains, et auquel il crut pouvoir rapporter à la fois et indistinctement l'origine des symboles eux-mêmes et celle de leurs caricatures pathologiques. Il va de soi que ce terme d'« inconscient » est tout à fait impropre, et que ce qu'il sert à désigner, dans la mesure où il peut avoir quelque réalité, relève de ce que les psychologues appellent plus habituellement le « subconscient », c'est-à-dire l'ensemble des prolongements inférieurs de la conscience. Nous avons déjà fait remarquer ailleurs la confusion qui est commise constamment entre le « subconscient » et le « superconscient » : celui-ci échappant complètement par sa nature même au domaine sur lequel portent les investigations des psychologues, ils ne manquent jamais, quand il leur arrive d'avoir connaissance de quelques-unes de ses manifestations, de les attribuer au « subconscient ». C'est précisément cette confusion que nous retrouvons encore ici : que les productions des malades observés par les psychiatres procèdent du « subconscient », c'est là une chose qui assurément n'est pas douteuse ; mais, par contre, tout ce qui est d'ordre traditionnel, et notamment le symbolisme, ne peut être rapporté qu'au « superconscient », c'est-à-dire à ce par quoi s'établit une communication avec le supra-humain, tandis que le « subconscient » tend au contraire vers l'infra-humain. Il y a donc là une véritable inversion qui est tout à fait caractéristique du genre d'explication dont

---

17 Voir à ce sujet A. Préau, *La Fleur d'or et le Taoïsme sans Tao*.

il s'agit ; et ce qui lui donne une apparence de justification, c'est qu'il arrive que, dans des cas comme celui que nous avons cité, le « subconscient », grâce à son contact avec des influences psychiques de l'ordre le plus inférieur, « singe » effectivement le « superconscient » ; c'est là ce qui, pour ceux qui se laissent prendre à ces contrefaçons et sont incapables d'en discerner la véritable nature, donne lieu à l'illusion qui aboutit à ce que nous avons appelé une « spiritualité à rebours ».

Par la théorie de l'« inconscient collectif », on croit pouvoir expliquer le fait que le symbole est « antérieur à la pensée individuelle » et qu'il la dépasse ; la véritable question, qu'on ne semble même pas se poser, serait de savoir dans quelle direction il la dépasse, si c'est par en bas comme paraîtrait l'indiquer cet appel au prétendu « inconscient », ou par en haut comme l'affirment au contraire expressément toutes les doctrines traditionnelles. Nous avons relevé dans un article récent une phrase où cette confusion apparaît aussi clairement que possible : « L'interprétation des symboles... est la porte ouverte sur le Grand Tout, c'est-à-dire le chemin qui conduit vers la lumière totale à travers le dédale des bas-fonds obscurs de notre individu. » Il y a malheureusement bien des chances pour que, en s'égarant dans ces « bas-fonds obscurs », on arrive à tout autre chose qu'à la « lumière totale » ; remarquons aussi la dangereuse équivoque du « Grand Tout », qui, comme la « conscience cosmique » dans laquelle certains aspirent à se fondre, ne peut être ici rien de plus ni d'autre que le psychisme diffus des régions les plus inférieures du monde subtil ; et c'est ainsi que l'interprétation psychanalytique des symboles et leur interprétation traditionnelle conduisent en réalité à des fins diamétralement opposées.

Il y a lieu de faire encore une autre remarque importante : parmi les choses très diverses que l'« inconscient collectif » est censé expliquer, il faut naturellement compter le « folklore », et c'est un des cas où la théorie peut présenter quelque apparence de vérité. Pour être plus exact, il faudrait parler là d'une sorte de « mémoire collective », qui est comme une image ou un reflet, dans le domaine humain, de cette « mémoire cosmique » qui correspond à un des aspects du symbolisme de la lune. Seulement, vouloir conclure de la nature du « folklore » à l'origine même de la tradition, c'est commettre une erreur toute semblable à celle, si répandue de nos jours, qui fait considérer comme « primitif » ce qui n'est que le produit d'une dégénérescence. Il est évident en effet que le « fol-klore », étant essentiellement constitué par des éléments appartenant à des traditions éteintes, représente inévitablement un état de dégénérescence par rapport à celle-ci ; mais c'est d'ailleurs le seul moyen par lequel quelque chose peut en être sauvé. Il faudrait aussi se demander dans quelles conditions la conservation de ces éléments a été confiée à la « mémoire collective » ; comme nous avons déjà eu l'occasion de le dire, nous ne pouvons y voir que le résultat d'une action parfaitement consciente des derniers représentants d'anciennes formes traditionnelles qui étaient sur le point de disparaître. Ce qui est bien certain, c'est que la mentalité collective, pour autant qu'il existe quelque chose qui peut être appelé ainsi, se réduit proprement à une mémoire, ce qui s'exprime en termes de symbolisme astrologique, en disant qu'elle est de nature lunaire ; autrement dit, elle peut remplir une certaine fonction de conservation, en quoi consiste précisément le « folklore », mais elle est totalement incapable de produire ou d'élaborer quoi que ce soit, et surtout des choses d'ordre transcendant comme toute donnée traditionnelle l'est par définition même.

L'interprétation psychanalytique vise en réalité à nier cette transcendance de la tradition, mais d'une façon nouvelle, pourrait-on dire, et différente de celles qui avaient eu cours jusque là : il ne s'agit plus, comme avec le rationalisme sous toutes ses formes, soit d'une négation brutale, soit d'une ignorance pure et simple de l'existence de tout élément « non-humain ». On semble au contraire admettre que la tradition a effectivement un caractère « non-humain », mais en détournant complètement la signification de ce terme ; c'est ainsi que, à la fin de l'article que nous avons déjà cité plus haut, nous lisons ceci : « Nous reviendrons peut-être sur ces interprétations psychanalytiques de notre trésor spirituel, dont la « constante » à travers temps et civilisations diverses démontre bien le caractère traditionnel, non humain, si l'on prend le mot "humain" dans un sens de séparatif, d'individuel. » C'est peut-être là ce qui montre le mieux quelle est, au fond, la véritable intention de tout cela, intention qui, d'ailleurs, nous voulons le croire, n'est pas toujours consciente chez ceux qui écrivent des choses de ce genre, car il doit être bien entendu que ce qui est en cause à cet égard, ce n'est pas telle ou telle individualité, fût-ce même celle d'un « chef d'école » comme Jung, mais l'« inspiration » des plus suspectes dont procèdent ces interprétations. Il n'est pas besoin d'être allé bien loin dans l'étude des doctrines traditionnelles pour savoir que, quand il est question d'un élément « non-humain », ce qu'on entend par là, et qui appartient essentiellement aux états supra-individuels de l'être, n'a absolument rien à voir avec un facteur « collectif » qui, en lui-même, ne relève en réalité que du domaine individuel humain, tout aussi bien que ce qui est qualifié ici de « séparatif », et qui de plus, par son caractère « subconscient », ne peut en tout cas ouvrir une communication avec d'autres états que dans la direction de l'infra-humain. On saisit donc ici, d'une façon immédiate, le procédé de subversion qui consiste, en s'emparant de certaines notions traditionnelles, à les retourner en quelque sorte en substituant le « subconscient » au « superconscient » l'infra-humain au supra-humain. Cette subversion n'est-elle pas bien autrement dangereuse encore qu'une simple négation, et pensera-t-on que nous exagérons en disant qu'elle contribue à préparer la voie à une véritable « contre-tradition », destinée à servir de véhicule à cette « spiritualité à rebours », dont, vers la fin du cycle actuel, le « règne de l'anté-christ » doit marquer le triomphe apparent et passager ?

Chapitre VI

LA SCIENCE DES LETTRES [18]
(ILMUL-HURÛF)

Dans les préliminaires d'une étude sur « La Théodicée de la Kabbale », M. Warrain, après avoir dit que « l'hypothèse kabbalistique est que la langue hébraïque est la langue parfaite enseignée par Dieu au premier homme », croit devoir faire des réserves sur « la prétention illusoire de détenir les éléments purs de la langue naturelle, alors qu'on n'en possède que des bribes et des déformations ». Il n'en admet pas moins qu'« il reste probable que les langues anciennes découlent d'une langue hiératique composée par des inspirés », qu'« il doit donc y avoir des mots exprimant l'essence des choses et leurs rapports numériques », et qu'« on peut en dire autant pour les arts divinatoires ». Nous pensons qu'il sera bon d'apporter quelques précisions sur cette question ; mais nous tenons à faire remarquer tout d'abord que M. Warrain s'est placé à un point de vue que l'on peut dire surtout philosophique, tandis que nous entendons nous tenir ici strictement, comme nous le faisons toujours d'ailleurs, sur le terrain initiatique et traditionnel.

Un premier point sur lequel il importe d'attirer l'attention est celui-ci : l'affirmation d'après laquelle la langue hébraïque serait la langue même de la révélation primitive semble bien n'avoir qu'un caractère tout exotérique et ne pas être au fond même de la doctrine kabbalistique, mais, en réalité, recouvrir simplement quelque chose de beaucoup plus profond. La preuve en est que la même chose se rencontre également pour d'autres langues, et que cette affirmation de « primordialité », si l'on peut dire, ne saurait, prise à la lettre,

---

18 Publié dans le *V. I.*, févr. 1931.

être justifiée dans tous les cas, puisqu'il y aurait là une contradiction évidente. Il en est ainsi notamment pour la langue arabe, et c'est même une opinion assez communément répandue, dans les pays où elle est en usage, que celle d'après laquelle elle aurait été la langue originelle de l'humanité ; mais ce qui est remarquable, et ce qui nous a fait penser que le cas doit être le même en ce qui concerne l'hébreu, c'est que cette opinion vulgaire est si peu fondée et si dépourvue d'autorité qu'elle est en contradiction formelle avec le véritables enseignement traditionnel de l'Islam, suivant lequel la langue « adamique » était la « langue syriaque », *loghah sûryâniyah*, qui n'a d'ailleurs rien à voir avec le pays désigné actuellement sous le nom de Syrie, non plus qu'avec aucune des langues plus ou moins anciennes dont les hommes ont conservé le souvenir jusqu'à nos jours. Cette *loghah sûryâniyah* est proprement, suivant l'interprétation qui est donnée de son nom, la langue de l'« illumination solaire », *shems-ishrâqyah* ; en fait, *Sûryâ* est le nom sanscrit du Soleil, et ceci semblerait indiquer que sa racine *sur*, une de celles qui désignent la lumière, appartenait elle-même à cette langue originelle. Il s'agit donc de cette Syrie primitive dont Homère parle comme d'une île située « au-delà d'Ogygie », ce qui l'identifie à la *Tula* hyperboréenne, et « où sont les révolutions du Soleil ». D'après Josèphe, la capitale de ce pays s'appelait Héliopolis, « ville du Soleil [19] », nom donné ensuite à la ville d'Égypte appelée aussi *On*, de même que Thèbes aurait été tout d'abord un des noms de la capitale d'Ogygie. Les transferts successifs de ces noms et bien d'autres encore seraient particulièrement intéressants à étudier en ce qui concerne la constitution des centres spirituels secondaires de diverses périodes, constitution qui est en étroit rapport avec celle même des langues destinées à servir de « véhicules » aux formes traditionnelles correspondantes. Ces langues sont celles auxquelles on peut donner proprement le nom de « langues sacrées » ; et c'est précisément sur la distinction qui doit être faite entre ces langues sacrées et les langues vulgaires ou profanes que

---

19 Cf. *La Citadelle solaire* des Rose-Croix, *La Cité du soleil* de Campanella, etc. C'est à cette première Héliopolis que devrait en réalité être rapporté le symbolisme cyclique du Phénix.

repose essentiellement la justification des méthodes kabbalistiques, ainsi que des procédés similaires qui se rencontrent dans d'autres traditions.

Nous pouvons dire ceci : de même que tout centre spirituel secondaire est comme une image du Centre suprême et primordial, ainsi que nous l'avons expliqué dans notre étude sur *Le Roi du Monde*, toute langue sacrée, ou « hiératique » si l'on veut, peut être regardée comme une image ou un reflet de la langue originelle, laquelle est la langue sacrée par excellence ; celle-ci est la « Parole perdue », ou plutôt cachée pour les hommes de l'« âge sombre », de même que le Centre suprême est devenu pour eux invisible et inaccessible. Mais il ne s'agit point là « de bribes et de déformations » ; il s'agit au contraire d'adaptations régulières nécessitées par les circonstances de temps et de lieux, c'est-à-dire en somme par le fait que, suivant ce qu'enseigne Seyidi Mohyiddin ibn Arabi au début de la seconde partie d'*El-Futûhâtul-Mekkiyah*, chaque prophète ou révélateur devait forcément employer un langage susceptible d'être compris de ceux à qui il s'adressait, donc plus spécialement approprié à la mentalité de tel peuple et de telle époque. Cette raison est celle de la diversité même des formes traditionnelles, et c'est cette diversité qui entraîne, comme conséquence immédiate, celle des langues, qui doivent leur servir de moyens d'expression respectifs ; ce sont donc toutes les langues sacrées qui doivent être regardées comme étant véritablement l'œuvre d'« inspirés » sans quoi elles ne sauraient être aptes au rôle auquel elles sont essentiellement destinées. Pour ce qui est de la langue primitive, son origine devait être « non-humaine », comme celle de la tradition primordiale elle-même ; et toute langue sacrée participe encore de ce caractère en ce qu'elle est, dans sa structure (*el-mabâni*) et dans sa signification (*el-maâni*), un reflet de cette langue primitive. Ceci peut d'ailleurs se traduire de différentes façons, qui n'ont pas la même importance dans tous les cas, car la question d'adaptation intervient ici encore : telle est par exemple la forme symbolique des signes employés pour l'écriture [20] ; telle est aussi et plus

---

20 Cette forme peut d'ailleurs avoir subi des modifications correspondant à des réadaptations traditionnelles ultérieures, ainsi que cela eut lieu pour l'hébreu après la captivité de Babylone ; nous dirons qu'il s'agit d'une réadaptation, car il est invraisemblable que l'ancienne

particulièrement pour l'hébreu et l'arabe, la correspondance des nombres avec les lettres, et par conséquent avec les mots qui sont composés de celles-ci.

Il est assurément difficile aux Occidentaux de se rendre compte de ce que sont vraiment les langues, sacrées, car, dans les conditions actuelles tout au moins, ils n'ont de contact direct avec aucune d'entre elles ; et nous pouvons rappeler à ce propos ce que nous avons dit plus généralement en d'autres occasions de la difficulté d'assimilation des « sciences traditionnelles », beaucoup plus grande que celle des enseignements d'ordre purement métaphysique, en raison de leur caractère spécialisé qui les attache indissolublement à telle ou telle forme déterminée, et qui ne permet pas de les transporter telles quelles d'une civilisation à une autre, sous peine de les rendre entièrement inintelligibles, ou bien de n'avoir qu'un résultat tout illusoire, sinon même complètement faux. Ainsi, pour comprendre effectivement toute la portée du symbolisme des lettres et des nombres, il faut le vivre, en quelque sorte, dans son application jusqu'aux circonstances mêmes de la vie courante, ainsi que cela est possible dans certains pays orientaux ; mais il serait absolument chimérique de prétendre introduire des considérations et des applications de ce genre dans les langues européennes, pour lesquelles elles ne sont point faites, et où la valeur numérique des lettres, notamment, est une chose inexistante. Les essais que certains ont voulu tenter dans cet ordre d'idées, en dehors de toute donnée traditionnelle, sont donc erronés dès leur point de départ ; et, si on a parfois obtenu cependant quelques résultats justes, par exemple au point de vue « onomantique », ceci ne prouve pas la valeur et la légitimité des procédés, mais seulement l'existence d'une sorte de faculté « intuitive » (qui, bien entendu, n'a rien de commun avec la véritable intuition

---

écriture se soit réellement perdue dans une courte période de soixante-dix ans, et il est même étonnant qu'on semble généralement ne pas s'en apercevoir. Des faits du même genre ont dû, à des époques plus ou moins éloignées, se produire également pour d'autres écritures, notamment pour l'alphabet sanscrit et, dans une certaine mesure, pour les idéogrammes chinois.

intellectuelle) chez ceux qui les ont mis en œuvre, ainsi qu'il arrive d'ailleurs fréquemment dans les « arts divinatoires [21] ».

Pour exposer le principe métaphysique de la « science des lettres » (en arabe *ilmul-hurûf*), Seyidi Mohyiddin, dans *El Futû-hâtul-Mekkiyah*, envisage l'univers comme symbolisé par un livre : c'est le symbole bien connu du *Liber Mundi* des Rose-Croix, et aussi du *Liber Vitæ* apocalyptique [22]. Les caractères de ce livre sont, en principe, tous écrits simultanément et indivisiblement par la « plume divine » (*El-Qalamul-ilâhi*) ; ces « lettres transcendantes » sont les essences éternelles ou les idées divines ; et, toute lettre étant en même temps un nombre, on remarquera l'accord de cet enseignement avec la doctrine pythagoricienne. Ces mêmes « lettres transcendantes », qui sont toutes les créatures, après avoir été condensées principiellement dans l'omniscience divine, sont, par le souffle divin, descendues aux lignes inférieures, et ont composé et formé l'Univers manifesté. Un rapprochement s'impose ici avec le rôle que jouent également les lettres dans la doctrine cosmogonique du *Sepher Ietsirah* ; la « science des lettres » a d'ailleurs une importance à peu près égale dans la Kabbale hébraïque et dans l'ésotérisme islamique [23].

---

[21] Il semble qu'on puisse en dire autant, en dépit de l'apparence « scientifique » des méthodes, en ce qui concerne les résultats obtenus par l'astrologie moderne, si éloignée de la véritable astrologie traditionnelle ; celle-ci, dont les clefs semblent bien perdues, était d'ailleurs tout autre chose qu'un simple « art divinatoire », bien qu'évidemment susceptible d'applications de cet ordre, mais à titre tout à fait secondaire et « accidentel ».

[22] Nous avons déjà eu l'occasion de signaler le rapport qui existe entre ce symbolisme du « Livre de Vie » et celui de l'« Arbre de Vie » : les feuilles de l'arbre et les caractères du livre représentent pareillement tous les êtres de l'univers (les « dix mille êtres » de la tradition extrême-orientale).

[23] Il faut encore remarquer que le « Livre du Monde » est en même temps le « Message divin » (*Er-Risâlatul-ilâ-hiyah*), archétype de tous les Livres sacrés ; les écritures traditionnelles n'en sont que des traductions en langage humain. Cela est affirmé expressément du *Véda* et du *Qorân* ; l'idée de l'« Évangile éternel » montre aussi que cette même conception n'est pas entièrement étrangère au christianisme, ou que du moins elle ne l'a pas toujours été.

Partant de ce principe, on comprendra sans peine qu'une correspondance soit établie entre les lettres et les différentes parties de l'Univers manifesté, et plus particulièrement de notre monde ; l'existence des correspondances planétaires et zodiacales est, à cet égard, assez connue pour qu'il soit inutile d'y insister davantage, et il suffit de noter que ceci met la « science des lettres » en rapport étroit avec l'astrologie envisagée comme science « cosmologique [24] ». D'autre part, en vertu de l'analogie constitutive du « microcosme » (*el-kawnus-seghir*) avec le « macrocosme » (*el-kawnul-kebir*), ces mêmes lettres correspondent également aux différentes parties de l'organisme humain ; et, à ce propos, nous signalerons en passant qu'il existe une application thérapeutique de la « science des lettres », chaque lettre étant employée d'une certaine façon pour guérir les maladies qui affectent spécialement l'organe correspondant.

Il résulte aussi de ce qui vient d'être dit que la « science des lettres » doit être envisagée dans des ordres différents, que l'on peut en somme rapporter aux « trois mondes » : entendue dans son sens supérieur, c'est la connaissance de toutes choses dans le principe même, en tant qu'essences éternelles au-delà de toute manifestation ; dans un sens que l'on peut dire moyen c'est la cosmogonie, c'est-à-dire la connaissance de la production ou de la formation du monde manifesté ; enfin, dans le sens inférieur, c'est la connaissance des vertus des noms et des nombres, en tant qu'ils expriment la nature de chaque être, connaissance permettant, à titre d'application, d'exercer par leur moyen, et en raison de cette correspondance, une action d'ordre « magique » sur les êtres eux-mêmes et sur les événements qui les concernent. En effet, suivant ce qu'expose Ibn Khaldûn, les formules écrites, étant composées des mêmes éléments qui constituent la totalité des êtres, ont, par là, la faculté d'agir sur ceux-ci ; et c'est aussi pourquoi la connaissance du nom d'un être, expression de sa nature propre, peut donner un pouvoir sur lui ; c'est cette application de

---

[24] Il y a aussi d'autres correspondances, avec les éléments, les qualités sensibles, les sphères célestes, etc. ; les lettres de l'alphabet arabe, étant au nombre de vingt-huit, sont également en relation avec les mansions lunaires.

la « science des lettres » qui est habituellement désignée par le nom de *sîmîâ* [25]. Il importe de remarquer que ceci va beaucoup plus loin qu'un simple procédé « divinatoire » : on peut tout d'abord, au moyen d'un calcul (*hisâb*) effectué sur les nombres correspondant aux lettres et aux noms, arriver à la prévision de certains événements [26] ; mais ceci ne constitue en quelque sorte qu'un premier degré, le plus élémentaire de tous, et il est possible d'effectuer ensuite, sur les résultats de ce calcul, des mutations qui devront avoir pour effet d'amener une modification correspondante dans les événements eux-mêmes.

Ici encore, il faut d'ailleurs distinguer des degrés bien différents, comme dans la connaissance elle-même dont ceci n'est qu'une application et une mise en œuvre : quand cette action s'exerce seulement dans le monde sensible, ce n'est que le degré le plus inférieur, et c'est dans ce cas qu'on peut parler proprement de « magie » ; mais il est facile de concevoir qu'on a affaire à quelque chose d'un tout autre ordre quand il s'agit d'une action ayant une répercussion dans les mondes supérieurs. Dans ce dernier cas on est évidemment dans l'ordre « initiatique » au sens le plus complet de ce mot ; et seul peut opérer activement dans tous les mondes celui qui est parvenu au degré du « soufre rouge » (*el-Kebrîtul-ahmar*), désignation indiquant une assimilation, qui pourra paraître à certains quelque peu inattendue de la « science des lettres » avec l'alchimie [27]. En effet, ces deux sciences, entendues dans leur sens profond, n'en sont qu'une en réalité ; et ce qu'elles expriment l'une et l'autre, sous des apparences très différentes, n'est rien d'autre que le processus même de l'initiation, qui reproduit d'ailleurs rigoureusement le processus cosmogonique, la réalisation totale des possibilités d'un être

---

25 Ce mot *sîmîâ* ne semble pas purement arabe ; il vient vraisemblablement du grec *sêmeia*, « signes », ce qui en fait à peu près l'équivalent du nom de la *gematria* kabbalistique, mot d'origine grecque également, et dérivé non de *geometria* comme on le dit le plus souvent, mais de *grammateia* (de *grammata*, « lettre »).
26 On peut aussi, dans certains cas, obtenir par un calcul du même genre la solution de questions d'ordre doctrinal ; et cette solution se présente parfois sous une forme symbolique des plus remarquables.
27 Seyidi Mohyiddin est appelé *Es-Sheikhul-akbar wa el-Kebrîtul-ahmar*.

s'effectuant nécessairement en passant par les mêmes phases que celle de l'Existence universelle [28].

---

[28] Il est au moins curieux de remarquer que le symbolisme maçonnique lui-même, dans lequel la « Parole perdue » et sa recherche jouent d'ailleurs un rôle important, caractérise les degrés initiatiques par des expressions manifestement empruntées à la « science des lettres » : épeler, lire, écrire. Le « Maître » qui a parmi ses attributs la « planche à tracer », s'il était vraiment ce qu'il doit être, serait capable, non seulement de lire, mais aussi d'écrire au « Livre de Vie », c'est-à-dire de coopérer consciemment à la réalisation du plan du « Grand Architecte de l'Univers » ; on peut juger par là de la distance qui sépare la possession nominale de ce grade de sa possession effective !

Chapitre VII

LA LANGUE DES OISEAUX [29]

> *Wa eç-çâffâti çaffan,*
> *Faz-zâjirâti zajran,*
> *Fat-tâliyâti dhikran...*
> (« Par ceux qui sont rangés en ordre,
> Et qui chassent en repoussant,
> Et qui récitent l'invocation... »)
> (*Qorân*, XXXVII, 1-3).

Il est souvent question, dans diverses traditions, d'un langage mystérieux appelé « langue des oiseaux » : désignation évidemment symbolique, car l'importance même qui est attribuée à la connaissance de ce langage, comme prérogative d'une haute initiation, ne permet pas de la prendre littéralement. C'est ainsi qu'on lit dans le *Qorân* : « Et Salomon fut l'héritier de David ; et il dit : O hommes ! nous avons été instruit du langage des oiseaux (*ullimna mantiqat-tayri*) et comblé de toutes choses... » (XXVII, 15.) Ailleurs, on voit des héros vainqueurs du dragon, comme Siegfried dans la légende nordique, comprendre aussitôt le langage des oiseaux ; et ceci permet d'interpréter aisément le symbolisme dont il s'agit. En effet, la victoire sur le dragon a pour conséquence immédiate la conquête de l'immortalité, figurée par quelque objet dont ce dragon défendait l'approche ; et cette conquête de l'immortalité implique essentiellement la réintégration au centre de l'état humain, c'est-à-dire au point où s'établit la communication avec les états supérieurs de l'être. C'est cette communication qui est représentée par la

---

[29] Publié dans le *V. I.*, nov. 1931.

compréhension du langage des oiseaux ; et, en fait, les oiseaux sont pris fréquemment comme symbole des anges, c'est-à-dire précisément des états supérieurs. Nous avons eu l'occasion de citer ailleurs [30] la parabole évangélique où il est question, en ce sens, des « oiseaux du ciel » qui viennent se reposer sur les branches de l'arbre, de ce même arbre qui représente l'axe passant par le centre de chaque état d'être et reliant tous les états entre eux [31].

Dans le texte qorânique que nous avons reproduit ci-dessus, le terme *eç-çaffât* est considéré comme désignant littéralement les oiseaux, mais comme s'appliquant symboliquement aux anges (*el-malaïkah*) ; et ainsi le premier verset signifie la constitution des hiérarchies célestes ou spirituelles [32]. Le second verset exprime la lutte des anges contre les démons, des puissances célestes contre les puissances infernales, c'est-à-dire l'opposition des états supérieurs et des états inférieurs [33] ; c'est, dans la tradition hindoue, la lutte des *Dêvas* contre les *Asuras*, et aussi, suivant un symbolisme tout à fait semblable à celui auquel nous avons affaire ici, le combat du *Garuda* contre le *Nâga*, dans lequel nous retrouvons du reste le serpent ou le dragon dont il a été question tout à l'heure ; le Garuda est l'aigle, et, ailleurs, il est remplacé par d'autres oiseaux tels que

---

30 *L'Homme et son devenir selon le Vêdânta*, ch. III.
31 Dans le symbole médiéval du *Peri-dexion* (corruption de *Paradision*), on voit les oiseaux sur les branches de l'arbre et le dragon à son pied (voir *Le Symbolisme de la Croix* ch. IX). — Dans une étude sur le symbolisme de l'« oiseau de paradis » (*Le Rayonnement intellectuel*, mai-juin 1930), M. L. Charbonneau-Lassay a reproduit une sculpture où cet oiseau est figuré avec seulement une tête et des ailes, forme sous laquelle sont souvent représentés les anges.
32 Le mot *çaff*, « rang », est un de ceux, d'ailleurs nombreux, dans lesquels certains ont voulu trouver l'origine des termes *çûfî* et *taçawwuf* ; bien que cette dérivation ne semble pas acceptable au point de vue purement linguistique, il n'en est pas moins vrai que, de même que plusieurs autres du même genre, elle représente une des idées contenues réellement dans ces termes, car les « hiérarchies spirituelles » s'identifient essentiellement aux degrés de l'initiation.
33 Cette opposition se traduit en tout être par celle des deux tendances ascendante et descendante, appelées *sattwa* et *tamas* par la doctrine hindoue. C'est aussi ce que le Mazdéisme symbolise par l'antagonisme de la lumière et des ténèbres, personnifiées respectivement en *Ormuzd* et *Ahriman*.

l'ibis, la cigogne, le héron, tous ennemis, et destructeurs des reptiles [34]. Enfin, dans le troisième verset, on voit les anges récitant le *dhikr*, ce qui, dans l'interprétation la plus habituelle, est considéré comme devant s'entendre de la récitation du *Qorân*, non pas, bien entendu, du *Qorân* exprimé en langage humain, mais de son prototype éternel inscrit sur la « table gardée » (*el-lawhul-mahfûz*), qui s'étend des cieux à la terre comme l'échelle de Jacob, donc à travers tous les degrés de l'Existence universelle [35]. De même, dans la tradition hindoue, il est dit que les *Dêvas*, dans leur lutte contre les *Asuras*, se protégèrent (*achhan dayan*) par la récitation des hymnes du *Vêda*, et que c'est pour cette raison que les hymnes reçurent le nom de *chhandas*, mot qui désigne proprement le « rythme ». La même idée est d'ailleurs contenue dans le mot *dhikr*, qui, dans l'ésotérisme islamique, s'applique à des formules rythmées correspondant exactement aux mantras hindous, formules dont la répétition a pour but de produire une harmonisation des divers éléments de l'être, et de déterminer des vibrations susceptibles, par leur répercussion à travers la série des états, en hiérarchie indéfinie, d'ouvrir une communication avec les états supérieurs, ce qui est d'ailleurs, d'une façon générale, la raison d'être essentielle et primordiale de tous les rites.

Nous sommes ainsi ramené directement, comme on le voit, à ce que nous disions au début sur la « langue des oiseaux » que nous pouvons appeler aussi « langue angélique », et dont l'image dans le monde humain est le langage rythmé, car c'est sur la « science du rythme », qui comporte d'ailleurs de

---

34 Voir, à ce sujet, les remarquables travaux de M. Charbonneau-Lassay sur les symboles animaux du Christ. Il importe de remarquer que l'opposition symbolique de l'oiseau et du serpent ne s'applique que lorsque ce dernier est envisagé sous son aspect maléfique ; au contraire, sous son aspect bénéfique, il s'unit parfois à l'oiseau, comme dans la figure du *Quetzalcohuatl* des anciennes traditions américaines ; par ailleurs, on retrouve aussi au Mexique le combat de l'aigle contre le serpent. On peut, pour le cas de l'association de l'oiseau et du serpent, rappeler le texte évangélique : « Soyez doux comme des colombes et prudents comme des serpents » (*Saint Matthieu*, X, 16).

35 Sur le symbolisme du Livre, auquel ceci se rapporte directement, voir *Le Symbolisme de la Croix*, ch.XIV.

multiples applications, que se basent en définitive tous les moyens qui peuvent être mis en œuvre pour entrer en communication avec les états supérieurs. C'est pourquoi une tradition islamique dit qu'Adam, dans le Paradis terrestre, parlait en vers, c'est-à-dire en langage rythmé ; il s'agit ici de cette « langue syriaque » (*loghah sûryâniyah*) dont nous avons parlé dans notre précédente étude sur la « science des lettres », et qui doit être regardée comme traduisant directement l'« illumination solaire » et « angélique » telle qu'elle se manifeste au centre de l'état humain. C'est aussi pourquoi les Livres sacrés sont écrits en langage rythmé, ce qui, on le voit, en fait tout autre chose que les simples « poèmes » au sens purement profane que veut y voir le parti pris antitraditionnel des « critiques » modernes ; et d'ailleurs la poésie, originairement, n'était point cette vaine « littérature » qu'elle est devenue par une dégénérescence qu'explique la marche descendante du cycle humain, et elle avait un véritable caractère sacré [36]. On peut en retrouver les traces jusqu'à l'antiquité occidentale classique, où la poésie était encore appelée « langue des Dieux », expression équivalente à celles que nous avons indiquées puisque les « Dieux », c'est-à-dire les Dêvas [37], sont, comme les anges, la représentation des états supérieurs. En latin, les vers étaient appelés *carmina*, désignation qui se rapportait à leur usage dans l'accomplissement des rites, car le mot *carmen* est identique au sanscrit *Karma*, qui doit être pris ici dans son sens spécial d'« action rituelle » [38] ; et le poète lui-même, interprète de la « langue sacrée » à travers laquelle transparaît le Verbe divin, était *vates*, mot qui le caractérisait comme doué d'une inspiration en quelque sorte prophétique. Plus tard, par une autre dégénérescence, le *vates* ne

---

36 On peut dire d'ailleurs, d'une façon générale, que les arts et les sciences ne sont devenus profanes que par une telle dégénérescence, qui les a dépouillés de leur caractère traditionnel et, par suite, de toute signification d'ordre supérieur ; nous nous sommes expliqués sur ce sujet dans *L'Ésotérisme de Dante*, ch. II, et dans *La Crise du monde moderne*, ch. IV.
37 Le sanscrit *Dêva* et le latin *Deus* ne sont qu'un seul et même mot.
38 Le mot « poésie » dérive aussi du verbe grec *poiein*, qui a la même signification que la racine sanscrite *Kri*, d'où vient *Karma*, et qui se retrouve dans le verbe latin *creare* entendu dans son acception primitive ; à l'origine, il s'agissait donc de tout autre chose que de la simple production d'une œuvre artistique ou littéraire, au sens profane qu'Aristote semble avoir eu uniquement en vue en parlant de ce qu'il a appelé « sciences poétiques ».

fut plus qu'un vulgaire « devin [39] », et le *carmen* (d'où le mot français « charme ») un « enchantement », c'est-à-dire une opération de basse magie ; c'est là encore un exemple du fait que la magie, voire même la sorcellerie, est ce qui subsiste comme dernier vestige des traditions disparues.

Ces quelques indications suffiront, pensons-nous, à montrer combien ont tort ceux qui se moquent des récits où il est question de la « langue des oiseaux » ; il est vraiment trop facile et trop simple de traiter dédaigneusement de « superstitions » tout ce qu'on ne comprend pas ; mais les anciens, eux, savaient fort bien ce qu'ils disaient quand ils employaient le langage symbolique. La véritable « superstition », au sens strictement étymologique (*quod superstat*), c'est ce qui se survit à soi-même, c'est-à-dire, en un mot, la « lettre morte » ; mais cette conservation même, si peu digne d'intérêt qu'elle puisse sembler, n'est pourtant pas chose si méprisable, car l'esprit, qui « souffle où il veut » et quand il veut, peut toujours venir revivifier les symboles et les rites, et leur restituer, avec leur sens perdu, la plénitude de leur vertu originelle.

---

[39] Le mot « devin » lui-même n'est pas moins dévié de son sens, car étymologiquement, il n'est pas autre chose que *divinus*, signifiant ici « interprète des dieux ». Les « auspices » (de *aves spicere*, « observer les oiseaux »), présages tirés du vol et du chant des oiseaux, sont plus spécialement à rapprocher de la « Langue des oiseaux », entendue alors au sens le plus matériel, mais pourtant identifiée encore à la « langue des dieux » puisque ceux-ci étaient regardés comme manifestant leur volonté par ces présages, et les oiseaux jouaient ainsi un rôle de « messagers » analogue à celui qui est généralement attribué aux anges (d'où leur nom même, puisque c'est là précisément le sens propre du mot grec *angelos*), bien que pris sous un aspect très inférieur.

DEUXIÈME PARTIE

SYMBOLES DU CENTRE ET DU MONDE

Chapitre VIII

L'IDÉE DU CENTRE
DANS LES TRADITIONS ANTIQUES [40]

Nous avons déjà eu l'occasion de faire allusion au « Centre du Monde » et aux divers symboles qui le représentent ; il nous faut revenir sur cette idée du Centre, qui a la plus grande importance dans toutes les traditions antiques, et indiquer quelques-unes des principales significations qui s'y attachent. Pour les modernes, en effet, cette idée n'évoque plus immédiatement tout ce qu'y voyaient les anciens ; là comme en tout ce qui touche au symbolisme, bien des choses ont été oubliées, et certaines façons de penser semblent devenues totalement étrangères à la grande majorité de nos contemporains ; il convient donc d'y insister d'autant plus que l'incompréhension est plus générale et plus complète à cet égard.

Le Centre est, avant tout, l'origine, le point de départ de toutes choses ; c'est le point principiel, sans forme et sans dimensions, donc indivisible, et, par suite, la seule image qui puisse être donnée de l'Unité primordiale. De lui, par son irradiation, toutes choses sont produites, de même que l'Unité produit tous les nombres, sans que son essence en soit d'ailleurs modifiée ou affectée en aucune façon. Il y a ici un parallélisme complet entre deux modes d'expression : le symbolisme géométrique et le symbolisme numérique, de telle sorte qu'on peut les employer indifféremment et qu'on passe même de l'un à l'autre de la façon la plus naturelle. Il ne faut pas oublier, du reste, que, dans un cas aussi bien que dans l'autre, c'est toujours de symbolisme qu'il s'agit : l'unité arithmétique n'est pas l'Unité métaphysique, elle n'en est qu'une figure, mais une figure dans laquelle il n'y a rien d'arbitraire, car il existe entre l'une et l'autre une relation

---

40 Publié dans *Reg.*, mai 1926.

analogique réelle, et c'est cette relation qui permet de transposer l'idée de l'Unité au-delà du domaine de la quantité, dans l'ordre transcendantal. Il en est de même de l'idée du Centre ; celle-ci est susceptible d'une semblable transposition, par laquelle elle se dépouille de son caractère spatial, qui n'est plus évoqué qu'à titre de symbole : le point central, c'est le Principe, c'est l'Être pur ; et l'espace qu'il emplit de son rayonnement, et qui n'est que par ce rayonnement même (le *Fiat Lux* de la *Genèse*), sans lequel cet espace ne serait que « privation » et néant, c'est le Monde au sens le plus étendu de ce mot, l'ensemble de tous les êtres et de tous les états d'existence qui constituent la manifestation universelle.

La représentation la plus simple de l'idée que nous venons

Fig. 1   *Fig. 2*

de formuler, c'est le point au centre du cercle (fig. 1) : le point est l'emblème du Principe, le cercle est celui du Monde. Il est impossible d'assigner à l'emploi de cette figuration une origine quelconque dans le temps, car on la rencontre fréquemment sur des objets préhistoriques ; sans doute faut-il y voir un des signes qui se rattachent directement à la tradition primordiale. Parfois, le point est entouré de plusieurs cercles concentriques qui semblent représenter les différents états ou degrés de l'existence manifestée, se disposant hiérarchiquement selon leur plus ou moins grand éloignement du Principe primordial. Le point au centre du cercle a été pris aussi, et probablement dès une époque fort ancienne, comme une figure du soleil, parce que celui-ci est véritablement, dans l'ordre physique, le Centre ou le « Cœur du Monde » ; et cette figure est demeurée jusqu'à nos jours comme signe astrologique et astronomique usuel du soleil. C'est peut-être pour cette raison que la plupart des archéologues, partout où ils rencontrent ce symbole, prétendent lui assigner une signification exclusivement « solaire », alors qu'il a en réalité un sens bien autrement vaste et profond ; ils oublient, ou ils ignorent que le soleil, au point de vue de toutes les traditions antiques, n'est lui-même qu'un symbole, celui du véritable « Centre du Monde » qui est le Principe divin.

Le rapport qui existe entre le centre et la circonférence, ou entre ce qu'ils représentent respectivement, est déjà indiqué assez clairement par le fait que la circonférence ne saurait exister sans son centre, tandis que celui-ci est absolument indépendant de celle-là. Ce rapport peut être marqué d'une façon plus nette encore et plus explicite, par des rayons issus du centre et aboutissant à la circonférence ; ces rayons peuvent évidemment être figurés en nombre variable, puisqu'ils sont réellement en multitude indéfinie comme les points de la circonférence qui en sont les extrémités ; mais, en fait, on a toujours choisi, pour les figurations de ce genre, des nombres qui ont par eux-mêmes une valeur symbolique particulière. Ici, la forme la plus simple est celle qui présente seulement quatre rayons divisant la circonférence en parties égales, c'est-à-dire deux diamètres rectangulaires formant une croix à l'intérieur de cette circonférence (fig. 2). Cette nouvelle figure a la même signification générale que la première, mais il s'y attache en outre certaines significations secondaires qui viennent la compléter : la circonférence, si on se la représente comme parcourue dans un certain sens, est l'image d'un cycle de manifestation, tel que ces cycles cosmiques dont la doctrine hindoue, notamment, donne une théorie extrêmement développée. Les divisions déterminées sur la circonférence par les extrémités des branches de la croix correspondent alors aux différentes périodes ou phases en lesquelles se partage le cycle ; et une telle division peut être envisagée, pour ainsi dire, à des échelles diverses, suivant qu'il s'agira de cycles plus ou moins étendus : on aura ainsi par exemple, et pour nous en tenir au seul ordre de l'existence terrestre, les quatre moments principaux de la journée, les quatre phases de la lunaison, les quatre saisons de l'année, et aussi, suivant la conception que nous trouvons aussi bien dans les traditions de l'Inde et de l'Amérique centrale que dans celles de l'antiquité gréco-latine, les quatre âges de l'humanité. Nous ne faisons ici qu'indiquer sommairement ces considérations, pour donner une idée d'ensemble de ce qu'exprime le symbole dont il s'agit ; elles sont d'ailleurs reliées plus directement à ce que nous aurons à dire par la suite.

Parmi les figures qui comportent un plus grand nombre de rayons, nous devons mentionner spécialement les roues ou « rouelles », qui en ont le plus habituellement six ou huit (fig. 3 et 4). La « rouelle » celtique, qui s'est perpétuée à travers presque

Fig. 3   Fig. 4

tout le moyen âge, se présente sous l'une et l'autre de ces deux formes ; ces mêmes figures, et surtout la seconde, se rencontrent très souvent dans les pays orientaux, notamment en Chaldée et en Assyrie, dans l'Inde (où la roue est appelée *chakra*) et au Thibet. D'autre part, il y a une étroite parenté entre la roue à six rayons et le chrisme, qui n'en diffère en somme qu'en ce que la circonférence à laquelle appartiennent les extrémités des rayons n'y est pas tracée d'ordinaire ; or, la roue, au lieu d'être simplement un signe « solaire » comme on l'enseigne communément à notre époque, est avant tout un symbole du Monde, ce qu'on pourra comprendre sans difficulté. Dans le langage symbolique de l'Inde, on parle constamment de la « roue des choses » ou de la « roue de la vie », ce qui correspond nettement à cette signification ; il y est aussi question de la « roue de la Loi », expression que le bouddhisme a empruntée, comme bien d'autres, aux doctrines antérieures, et qui, originairement tout au moins, se réfère surtout aux théories cycliques. Il faut encore ajouter que le Zodiaque est représenté aussi sous la forme d'une roue, à douze rayons naturellement, et que d'ailleurs le nom qui lui est donné en sanscrit signifie littéralement « roue des signes » ; on pourrait aussi le traduire par « roue des nombres », suivant le sens premier du mot *râshi* qui sert à désigner les signes du Zodiaque [41].

Il y a, en outre, une certaine connexion entre la roue et divers symboles floraux ; nous aurions même pu, pour certains cas tout au moins, parler d'une véritable équivalence [42]. Si l'on considère une fleur symbolique telle que le lotus, le lis ou la rose [43], son épanouissement représente, entre autres choses (car ce sont là des symboles à significations multiples), et par une similitude très compréhensible, le développement de la manifestation ; cet épanouissement est d'ailleurs un rayonnement autour du Centre, car, ici encore, il s'agit de figures « centrées », et c'est ce qui justifie leur assimilation avec la roue [44]. Dans la tradition hindoue, le Monde est parfois représenté sous la forme d'un lotus au centre duquel s'élève le *Mêru*, la Montagne sacrée qui symbolise le Pôle.

Mais revenons aux significations du Centre, car, jusqu'ici, nous n'avons en somme exposé que la première de toutes, celle qui en fait l'image du Principe ; nous allons en trouver une autre dans le fait que le Centre est proprement le « milieu », le point équidistant de tous les points de la circonférence, et qui

---

41 Notons également que la « roue de la Fortune », dans le symbolisme de l'antiquité occidentale, a des rapports très étroits avec la « roue de la Loi », et aussi, quoique cela n'apparaisse peut-être pas aussi clairement à première vue, avec la roue zodiacale.

42 Entre autres indices de cette équivalence, en ce qui concerne le moyen âge, nous avons vu la roue à huit rayons et une fleur à huit pétales figurées l'une en face de l'autre sur une même pierre sculptée, encastrée dans la façade de l'ancienne église Saint-Mexme de Chinon, et qui date très probablement de l'époque carolingienne.

43 Le lis a six pétales ; le lotus, dans les représentations du type le plus courant, en a huit ; les deux formes correspondent donc aux roues à six et huit rayons. Quant à la rose, elle est figurée avec un nombre de pétales variable qui peut en modifier la signification ou du moins lui donner des nuances diverses. — Sur le symbolisme de la rose, voir le très intéressant article de M. Charbonneau-Lassay (*Reg.*, mars 1926).

44 Dans la figure du chrisme à la rose, d'époque mérovingienne, qui a été reproduite par M. Charbonneau-Lassay (*Reg.*, mars 1926, p. 298), la rose centrale a six pétales qui sont orientés suivant les branches du chrisme ; de plus, celui-ci est enfermé dans un cercle, ce qui fait apparaître aussi nettement que possible son identité avec la roue à six rayons.

partage tout diamètre en deux parties égales. Dans ce qui précède, le Centre était considéré en quelque sorte avant la circonférence, qui n'a de réalité que par son rayonnement ; maintenant, il est envisagé par rapport à la circonférence réalisée, c'est-à-dire qu'il s'agit de l'action du Principe au sein de la création. Le milieu entre les extrêmes représentés par des points opposés de la circonférence, c'est le lieu où les tendances contraires, aboutissant à ces extrêmes, se neutralisent pour ainsi dire et sont en parfait équilibre. Certaines écoles d'ésotérisme musulman, qui attribuent à la croix une valeur symbolique de la plus grande importance, appellent « station divine » (*el-maqâmul-ilâhî*) le centre de cette croix, qu'elles désignent comme le lieu où s'unifient tous les contraires, où se résolvent toutes les oppositions. L'idée qui s'exprime plus particulièrement ici, c'est donc l'idée d'équilibre, et cette idée ne fait qu'une avec celle d'harmonie ; ce ne sont pas deux idées différentes mais seulement deux aspects d'une même idée. Il est encore un troisième aspect de celle-ci, plus spécialement lié au point de vue moral (bien que susceptible de recevoir aussi d'autres significations), et c'est l'idée de justice ; on peut, par là, rattacher à ce que nous disons ici la conception platonicienne suivant laquelle la vertu consiste dans un juste milieu entre deux extrêmes. À un point de vue beaucoup plus universel, les traditions extrême-orientales parlent sans cesse de l'« Invariable Milieu » qui est le point où se manifeste l'« Activité du Ciel » et, suivant la doctrine hindoue, au centre de tout être, comme de tout état de l'existence cosmique, réside un reflet du Principe suprême.

L'équilibre lui-même, d'ailleurs, n'est à vrai dire que le reflet, dans l'ordre de la manifestation, de l'immutabilité absolue du Principe ; pour envisager les choses sous ce nouveau rapport, il faut regarder la circonférence comme étant en mouvement autour de son centre, qui seul ne participe pas à ce mouvement. Le nom même de la roue (*rota*) évoque immédiatement l'idée de rotation ; et cette rotation est la figure du changement continuel auquel sont soumises toutes choses manifestées ; dans un tel mouvement, il n'y a qu'un point unique qui demeure fixe et immuable, et ce point est le Centre. Ceci nous ramène aux conceptions cycliques dont nous avons dit quelques mots précédemment : le parcours d'un cycle quelconque, ou la rotation de la circonférence, est la succession, soit sous le mode temporel, soit sous tout autre mode ; la fixité du Centre est l'image de l'éternité, où toutes choses sont présentes en parfaite simultanéité. La circonférence ne peut tourner qu'autour d'un centre fixe ; de même, le changement, qui ne se suffit pas à lui-même, suppose nécessairement un principe qui est en dehors du changement : c'est le « moteur immobile » d'Aristote, qui est encore représenté par le Centre. Le Principe immuable est donc en même temps, et par là même que tout ce qui existe, tout ce qui change ou se meut, n'a de réalité que par lui et dépend totalement de lui, il est, disons-nous, ce qui donne au mouvement son impulsion première, et aussi ce qui ensuite le gouverne et le dirige, ce qui lui donne sa loi, la conservation de l'ordre du Monde n'étant en quelque sorte qu'un prolongement de l'acte créateur. Il est, suivant une expression hindoue, l'« ordonnateur interne » (*anta-ryâmî*), car il dirige toutes choses de l'intérieur, résidant lui-même au point le plus intérieur de tous, qui est le Centre.

Au lieu de la rotation d'une circonférence autour de son centre, on peut aussi envisager celle d'une sphère autour d'un axe fixe ; la signification symbolique en est exactement la même. C'est pourquoi les représentations de l'« Axe du Monde » sont si nombreuses et si importantes dans toutes les traditions anciennes ; et le sens général en est au fond le même que celui des figures du « Centre du Monde », sauf peut-être en ce qu'elles évoquent plus directement le rôle du Principe immuable à l'égard de la manifestation universelle que les autres rapports sous lesquels le Centre peut être également considéré. Lorsque la sphère, terrestre ou céleste, accomplit sa révolution autour de son axe, il y a sur cette sphère deux points qui demeurent fixes : ce sont les pôles, qui sont les extrémités de l'axe ou ses points de rencontre avec la surface de la sphère ; et c'est pourquoi l'idée du Pôle est encore un équivalent de l'idée du Centre. Le symbolisme qui se rapporte au Pôle, et qui revêt parfois des formes très complexes, se retrouve aussi dans toutes les traditions, et il y tient même une place considérable ; si la plupart des savants modernes ne s'en sont pas aperçus, c'est là encore une preuve que la vraie compréhension des symboles leur fait entièrement défaut.

Une des figures les plus frappantes, dans lesquelles se résument les idées que nous venons d'exposer, est celle du *swastika* (fig. 5 et 6), qui est essentiellement le « signe du Pôle » ; nous pensons d'ailleurs que, dans l'Europe moderne, on n'en a jamais fait connaitre jusqu'ici la vraie signification. On a vainement cherché à expliquer ce symbole par les théories les plus fantaisistes ; on a été jusqu'à y voir le schéma d'un instrument primitif destiné à la production du feu ; à la vérité, s'il a bien parfois un certain rapport avec le feu, c'est pour de tout autres raisons ; Le plus souvent, on en fait un signe « solaire », qu'il n'a pu devenir qu'accidentellement et d'une façon assez détournée ; nous pourrions répéter ici ce que nous disions plus haut à propos de la roue et du point au centre du cercle. Ceux qui ont été le plus près de la vérité sont ceux qui ont regardé le *swastika* comme un symbole du mouvement, mais cette

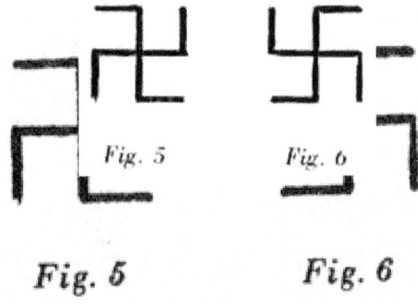

Fig. 5   Fig. 6

interprétation est encore insuffisante, car il ne s'agit pas d'un mouvement quelconque, mais d'un mouvement de rotation qui s'accomplit autour d'un centre ou d'un axe immuable ; et c'est précisément le point fixe qui est l'élément essentiel auquel se rapporte directement le symbole en question. Les autres significations que comporte la même figure sont toutes dérivées de celle-là : le Centre imprime à toutes choses le mouvement et, comme le mouvement représente la vie, le *swastika* devient par là un symbole de la vie, ou, plus exactement, du rôle vivifiant du Principe par rapport à l'ordre cosmique.

Si nous comparons le *swastika* à la figure de la croix inscrite dans la circonférence, nous pouvons nous rendre compte que ce sont là, au fond, deux symboles équivalents ; mais la rotation, au lieu d'être représentée par le tracé de la circonférence, est seulement indiqué dans le *swastika* par les lignes ajoutées aux extrémités des branches de la croix et formant avec celles-ci des angles droits ; ces lignes sont des tangentes à la circonférence, qui marquent la direction du mouvement aux points correspondants. Comme la circonférence représente le Monde, le fait qu'elle est pour ainsi dire sous-entendue indique très nettement que le *swastika* n'est pas une figure du Monde, mais bien de l'action du Principe à l'égard du Monde [45].

Si l'on rapporte le *swastika* à la rotation d'une sphère telle que la sphère céleste autour de son axe, il faut le supposer tracé dans le plan équatorial, et alors le point central sera la projection de l'axe sur ce plan qui lui est perpendiculaire. Quant au sens de la rotation indiquée par la figure, l'importance n'en est que secondaire ; en fait, on trouve l'une et l'autre des deux formes que nous avons reproduites ci-dessus [46], et cela sans qu'il faille y voir toujours une intention d'établir entre elles une opposition quelconque [47]. Nous savons bien que, dans certains pays et à certaines époques, il a pu se produire des schismes dont les partisans ont volontairement donné à la figure une orientation contraire à celle qui était en usage dans le milieu dont ils se séparaient, pour affirmer leur antagonisme par une manifestation extérieure ;

---

[45] La même remarque vaudrait également pour le chrisme comparé à la roue.

[46] Le mot *swastika* est, en sanscrit, le seul qui serve dans tous les cas à désigner le symbole en question ; le terme *sauwastika*, que certains ont appliqué à l'une des deux formes pour la distinguer de l'autre (qui seule serait alors le véritable *swastika*), n'est en réalité qu'un adjectif dérivé de *swasti-ka*, et indiquant ce qui se rapporte à ce symbole ou à ses significations.

[47] La même remarque pourrait être faite pour d'autres symboles, et notamment pour le chrisme constantinien, dans lequel le P est parfois inversé ; on a quelquefois pensé qu'il fallait alors le considérer comme un signe de l'Anté-christ ; cette intention peut effectivement avoir existé dans certains cas, mais il en est d'autres où il est manifestement impossible de l'admettre (dans les catacombes par exemple). De même, le « quatre de chiffre » corporatif, qui n'est d'ailleurs qu'une modification de ce même P du chrisme (voir ch. LXVII) est indifféremment tourné dans l'un ou l'autre sens, sans qu'on puisse même attribuer ce fait à une rivalité entre corporations diverses ou à leur désir de se distinguer entre elles, puisqu'on trouve les deux formes dans des marques appartenant à une même corporation.

mais cela ne touche en rien à la signification essentielle du symbole, qui demeure la même dans tous les cas.

Le *swastika* est loin d'être un symbole exclusivement oriental comme on le croit parfois ; en réalité, il est un de ceux qui sont le plus généralement répandus, et on le rencontre à peu près partout, de l'Extrême-Orient à l'Extrême-Occident, car il existe jusque chez certains peuples indigènes de l'Amérique du Nord. À l'époque actuelle, il est conservé surtout dans l'Inde et dans l'Asie centrale et orientale, et il n'y a probablement que dans ces régions qu'on sache encore ce qu'il signifie ; mais pourtant, en Europe même, il n'a pas entièrement disparu [48]. En Lithuanie et en Courlande, les paysans tracent encore ce signe dans leurs maisons ; sans doute n'en connaissent-ils plus le sens et n'y voient-ils qu'une sorte de talisman protecteur ; mais ce qui est peut-être le plus curieux, c'est qu'ils lui donnent son nom sanscrit de *swastika* [49]. Dans l'antiquité, nous trouvons ce signe, en particulier chez les Celtes et dans la Grèce préhellénique [50] ; et, en Occident encore, comme M. Charbonneau-Lassay l'a dit [51], il fut anciennement un des emblèmes du Christ, et il demeura même en usage comme tel jusque vers la fin du moyen âge. Comme le point au centre du cercle et comme la roue, ce signe remonte incontestablement aux époques préhistoriques ; et, pour notre part, nous y voyons encore, sans aucune hésitation, un des vestiges de la tradition primordiale.

---

48 Nous ne faisons pas allusion ici à l'usage tout artificiel du *swastika*, notamment par certains groupements politiques allemands, qui en ont fait très arbitrairement un signe d'antisémitisme, sous prétexte que cet emblème serait propre à la soi-disant « race aryenne » ; c'est là de la pure fantaisie.
49 Le lithuanien est d'ailleurs, de toutes les langues européennes, celle qui a le plus de ressemblance avec le sanscrit.
50 Il existe diverses variantes du *swastika*, par exemple une forme à branches courbes (ayant l'apparence de deux S croisés), que nous avons vue notamment sur une monnaie gauloise. D'autre part, certaines figures qui n'ont gardé qu'un caractère purement décoratif, comme celle à laquelle on donne le nom de « grecque », sont d'origine dérivées du *swastika*.
51 *Reg.*, mars 1926, pp 302-303.

Nous n'avons pas encore fini d'indiquer toutes les significations du Centre : s'il est d'abord un point de départ, il est aussi un point d'aboutissement ; tout est issu de lui, et tout doit finalement y revenir. Puisque toutes choses n'existent que par le Principe et ne sauraient subsister sans lui, il doit y avoir entre elles et lui un lien permanent, figuré par les rayons joignant au centre tous les points de la circonférence ; mais ces rayons peuvent être parcourus en deux sens opposés : d'abord du centre à la circonférence, et ensuite de la circonférence en retour vers le centre. Il y a là comme deux phases complémentaires, dont la première est représentée par un mouvement centrifuge et la seconde par un mouvement centripète ; ces deux phases peuvent être comparées à celle de la respiration suivant un symbolisme auquel se réfèrent souvent les doctrines hindoues ; et, d'autre part, il s'y trouve aussi une analogie non moins remarquable avec la fonction physiologique du cœur. En effet, le sang part du cœur, se répand dans tout l'organisme qu'il vivifie, puis revient au cœur ; le rôle de celui-ci comme centre organique est donc vraiment complet et correspond entièrement à l'idée que nous devons, d'une façon générale nous faire du Centre dans la plénitude de sa signification.

Tous les êtres, dépendant de leur Principe en tout ce qu'ils sont, doivent, consciemment ou inconsciemment, aspirer à retourner vers lui ; cette tendance au retour vers le Centre a aussi, dans toutes les traditions, sa représentation symbolique. Nous voulons parler de l'orientation rituelle, qui est proprement la direction vers un centre spirituel, image terrestre sensible du véritable « Centre du Monde » ; l'orientation des églises chrétiennes n'en est au fond qu'un cas particulier et se rapporte essentiellement à la même idée, qui est commune à toutes les religions. Dans l'Islam, cette orientation (*qibla*) est comme la matérialisation, si l'on peut s'exprimer ainsi, de l'intention (*niyya*) par laquelle toutes les puissances de l'être doivent être dirigées vers le Principe divin [52] ; et l'on pourrait facilement trouver bien d'autres exemples. Il y aurait beaucoup à dire sur cette question ; sans doute aurons-nous quelques occasions d'y revenir

---

52 Le mot « intention » doit être pris ici dans son sens strictement étymologique (de *in-tendere*, tendre vers).

dans la suite de ces études, et c'est pourquoi nous nous contentons, pour le moment, d'indiquer plus brièvement le dernier aspect du symbolisme du Centre.

En résumé, le Centre est à la fois le principe et la fin de toutes choses ; il est, suivant un symbolisme bien connu, l'*alpha* et l'*omega*. Mieux encore, il est le principe, le milieu et la fin ; et ces trois aspects sont représentés par les trois éléments du monosyllabe *Aum*, auquel M. Charbonneau-Lassay avait fait allusion en tant qu'emblème du Christ et dont l'association au *swastika*, parmi les signes du monastère des Carmes de Loudun, nous semble particulièrement significative. En effet, ce symbole, beaucoup plus complet que l'*alpha* et l'*omega*, et susceptible de sens qui pourraient donner lieu à des développements presque indéfinis, est, par une des concordances les plus étonnantes que l'on puisse rencontrer, commun à l'antique tradition hindoue et à l'ésotérisme chrétien du moyen âge ; et, dans l'un et l'autre cas, il est également et par excellence, un symbole du Verbe, qui est bien réellement le véritable « Centre du Monde ».

René Guénon

Chapitre IX

LES FLEURS SYMBOLIQUES [53]

L'usage des fleurs dans le symbolisme est, comme on le sait, très répandu et se retrouve dans la plupart des traditions ; il est aussi très complexe, et notre intention ne peut être ici que d'en indiquer quelques-unes des significations les plus générales. Il est évident en effet que, suivant que telle ou telle fleur est prise comme symbole, le sens doit varier, tout au moins dans ses modalités secondaires, et aussi que, comme il arrive généralement dans le symbolisme, chaque fleur peut avoir elle-même une pluralité de significations, d'ailleurs reliées entre elles par certaines correspondances.

Un des sens principaux est celui qui se rapporte au principe féminin ou passif de la manifestation, c'est-à-dire à *Prakriti*, la substance universelle ; et, à cet égard, la fleur équivaut à un certain nombre d'autres symboles, parmi lesquels un des plus importants est la coupe. Comme celle-ci, en effet, la fleur évoque par sa forme même l'idée d'un « réceptacle », ce qu'est *Prakriti* pour les influences émanées de *Purusha*, et l'on parle aussi couramment du « calice » d'une fleur. D'autre part, l'épanouissement de cette même fleur représente en même temps le développement de la manifestation elle-même, considérée comme une production de *Pra-kriti* ; et ce double sens est particulièrement net dans un cas comme celui du lotus, qui est en Orient la fleur symbolique par excellence, et qui a pour caractère spécial de s'épanouir à la surface des eaux, laquelle, ainsi que nous l'avons expliqué ailleurs, représente toujours le domaine d'un certain état de manifestation, ou le plan de réflexion du « Rayon céleste » qui exprime l'influence de *Purusha* s'exerçant sur ce domaine pour réaliser les

---

[53] Publié dans *É. T.*, avril 1936.

possibilités qui y sont contenues potentiellement, enveloppées dans l'indifférenciation primordiale de *Prakriti* [54].

Le rapprochement que nous venons d'indiquer avec la coupe doit naturellement faire penser au symbolisme du Graal dans les traditions occidentales ; et il y a lieu de faire précisément, à ce sujet, une remarque qui est très digne d'intérêt. On sait que, parmi les divers autres objets que la légende associe au Graal, figure notamment une lance qui, dans l'adaptation chrétienne, n'est autre que la lance du centurion Longin, par laquelle fut ouverte au flanc du Christ la blessure d'où s'échappèrent le sang et l'eau que Joseph d'Arimathie recueillit dans la coupe de la Cène ; mais il n'en est pas moins vrai que cette lance ou quelqu'un de ses équivalents existait déjà, comme symbole en quelque sorte complémentaire de la coupe, dans les traditions antérieures au christianisme [55]. La lance, lorsqu'elle est placé verticalement, est une des figures de l'« Axe du Monde », qui s'identifie au « Rayon céleste » dont nous parlions tout à l'heure, et l'on peut rappeler aussi, à ce propos, les fréquentes assimilations du rayon solaire à des armes telles que la lance ou la flèche, sur lesquelles ce n'est pas le lieu d'insister davantage ici. D'un autre côté, dans certaines représentations, des gouttes de sang tombent de la lance elle-même dans la coupe ; or ces gouttes de sang ne sont ici autre chose, dans la signification principielle, que l'image des influences émanées de *Purusha*, ce qui évoque d'ailleurs le symbolisme védique du sacrifice de *Purusha* à l'origine de la manifestation [56] ; et ceci va nous ramener directement à la question du symbolisme floral, dont nous ne nous sommes éloigné qu'en apparence par ces considérations.

---

54 Voir *Le Symbolisme de la Croix*, ch. XXIV.
55 Cf. *Le Roi du Monde*, ch. V. On pourrait relater, entre les différents cas où la lance est employée comme symbole, de curieuses similitudes jusqu'en des points de détail : ainsi, chez les Grecs, la lance d'Achille passait pour guérir les blessures qu'elle avait causées ; la légende médiévale attribue la même vertu à la lance de la Passion.
56 On pourrait aussi, à certains égards, faire ici un rapprochement avec le symbolisme bien connu du pélican.

Dans le mythe d'Adonis (dont le nom, du reste, signifie « le Seigneur »), lorsque le héros est frappé mortellement par le boutoir d'un sanglier, qui joue ici le même rôle que la lance, son sang, en se répandant à terre, donne naissance à une fleur ; et l'on trouverait sans doute assez facilement d'autres exemples similaires. Or ceci se retrouve également dans le symbolisme chrétien : c'est ainsi que M. Charbonneau-Lassay a signalé « un fer à hosties, du XIIe siècle, où l'on voit le sang des plaies du Crucifié tomber en gouttelettes qui se transforment en roses, et le vitrail du XIIIe siècle de la cathédrale d'Angers où le sang divin, coulant en ruisseaux, s'épanouit aussi sous forme de roses [57] ». La rose est en Occident, avec le lis, un des équivalents les plus habituels de ce qu'est le lotus en Orient ; ici, il semble d'ailleurs que le symbolisme de la fleur soit rapporté uniquement à la production de la manifestation [58], et que *Prakriti* soit plutôt représentée par le sol même que le sang vivifie ; mais il est aussi des cas où il semble en être autrement. Dans le même article que nous venons de citer, M. Charbonneau-Lassay reproduit un dessin brodé sur un canon d'autel de l'abbaye de Fontevrault, datant de la première moitié du XVIe siècle et conservé aujourd'hui au musée de Naples, où l'on voit la rose placée au pied d'une lance dressée verticalement et le long de laquelle pleuvent des gouttes de sang. Cette rose apparaît là associée à la lance exactement comme la coupe l'est ailleurs, et elle semble bien recueillir des gouttes de sang plutôt que provenir de la transformation de l'une d'elles ; du reste, il est évident que les deux significations ne s'opposent nullement, mais qu'elles se complètent bien plutôt, car ces gouttes, en tombant sur la rose, la vivifient aussi et la font s'épanouir ; et il va sans dire que ce rôle symbolique du sang a, dans tous les cas, sa raison dans le rapport direct de celui-ci avec le principe vital, transposé ici dans l'ordre cosmique. Cette pluie de sang équivaut aussi à la « rosée céleste » qui, suivant

---

57 *Reg.*, janv. 1925. Signalons aussi, comme se rapportant à un symbolisme connexe, la figuration des cinq plaies du Christ par cinq roses, l'une placée au centre de la croix et les quatre autres entre ses branches, ensemble qui constitue également un des principaux symboles rosicruciens.

58 Il doit être bien entendu, pour que cette interprétation ne puisse donner lieu à aucune objection, qu'il y a une relation très étroite entre « Création » et « Rédemption », qui ne sont en somme que deux aspects de l'opération du Verbe divin.

la doctrine kabbalistique, émane de l'« Arbre de Vie », autre figure de l'« Axe du Monde », et dont l'influence vivifiante est principalement rattachée aux idées de régénération et de résurrection, manifestement connexes de l'idée chrétienne de la Rédemption ; et cette même rosée joue également un rôle important dans le symbolisme alchimique et rosicrucien [59].

Lorsque la fleur est considérée comme représentant le développement de la manifestation, il y a aussi équivalence entre elle et d'autres symboles, parmi lesquels il faut noter tout spécialement celui de la roue, qui se rencontre à peu près partout, avec des nombres de rayons variables suivant les figurations, mais qui ont toujours par eux-mêmes une valeur symbolique particulière. Les types les plus habituels sont les roues à six et huit rayons ; la « rouelle » celtique, qui s'est perpétuée à travers presque tout le moyen âge occidental, se présente sous l'une et l'autre de ces deux formes ; ces mêmes figures, et surtout la seconde, se rencontrent très souvent dans les pays orientaux, notamment en Chaldée et en Assyrie, dans l'Inde et au Thibet. Or, la roue est toujours, avant tout, un symbole du Monde ; dans le langage symbolique de la tradition hindoue, on parle constamment de la « roue des choses » ou de la « roue de vie », ce qui correspond nettement à cette signification ; et les allusions à la « roue cosmique » ne sont pas moins fréquentes dans la tradition extrême-orientale. Cela suffit à établir l'étroite parenté de ces figures avec les fleurs symboliques, dont l'épanouissement est d'ailleurs également un rayonnement autour du centre, car elles sont, elles aussi, des figures « centrées » ; et l'on sait que, dans la tradition hindoue, le Monde est parfois représenté sous la forme d'un lotus au centre duquel s'élève le *Mêru*, la « montagne polaire ». Il y a d'ailleurs des correspondances manifestes, renforçant encore cette équivalence, entre le nombre des pétales de certaines de ces fleurs et celui des rayons de la roue :

---

59 Cf. *Le Roi du Monde*, ch. III. La similitude qui existe entre le nom de la rosée (*ros*) et celui de la rose (*rosa*) ne peut d'ailleurs manquer d'être remarquée par ceux qui savent combien est fréquent l'emploi d'un certain symbolisme phonétique.

ainsi, le lis a six pétales, et le lotus, dans les représentations du type le plus commun, en a huit, de sorte qu'ils correspondent respectivement aux roues à six et huit rayons dont nous venons de parler [60]. Quant à la rose, elle est figurée avec un nombre de pétales variable ; nous ferons seulement remarquer à ce sujet que, d'une façon générale, les nombres cinq et six se rapportent respectivement au « microcosme » et au « macrocosme » ; en outre, dans le symbolisme alchimique, la rose à cinq pétales, placée au centre de la croix qui représente le quaternaire des éléments, est aussi, comme nous l'avons déjà signalé dans une autre étude, le symbole de la « quintessence », qui joue d'ailleurs, relativement à la manifestation corporelle, un rôle analogue à celui de *Prakriti* [61]. Enfin, nous mentionnerons encore la parenté des fleurs à six pétales et de la roue à six rayons avec certains autres symboles non moins répandus, tels que celui du « chrisme », sur lesquels nous nous proposons de revenir en une autre occasion [62]. Pour cette fois, il nous suffira d'avoir montré les deux similitudes les plus importantes des symboles floraux, avec la coupe en tant qu'ils se rapportent à *Prakriti*, et avec la roue en tant qu'ils se rapportent à la manifestation cosmique, le rapport de ces deux significations étant d'ailleurs, en somme, un rapport de principe à conséquence, puisque *Prakriti* est la racine même de toute manifestation.

---

60 Nous avons noté, comme exemple très net d'une telle équivalence au moyen âge, la roue à huit rayons et une fleur à huit pétales figurées l'une en face de l'autre sur une même pierre sculptée, encastrée dans la façade de l'ancienne église Saint-Mexme de Chinon, et qui date très probablement de l'époque carolingienne. La roue se trouve d'ailleurs très souvent figurée sur les églises romanes, et la rosace gothique elle-même, que son nom assimile aux symboles floraux, semble bien en être dérivée, de sorte qu'elle se rattacherait ainsi, par une filiation ininterrompue, à l'antique « rouelle » celtique.
61 *La Théorie hindoue des cinq éléments*
62 M. Charbonneau-Lassay a signalé l'association de la rose elle-même avec le chrisme (*Reg.*, numéro de mars 1926) dans une figure de ce genre qu'il a reproduite d'après une brique mérovingienne ; la rose centrale a six pétales qui sont orientés suivant les branches du chrisme ; de plus, celui-ci est enfermé dans un cercle, ce qui fait apparaître aussi nettement que possible son identité avec la roue à six rayons.

Symboles de la Science Sacrée

Chapitre X

LA TRIPLE ENCEINTE DRUIDIQUE [63]

M. Paul Le Cour a signalé, dans *Atlantis*, (juillet-août 1928), un curieux symbole tracé sur une pierre druidique découverte vers 1800 à Suèvres (Loir-et-Cher), et qui avait été étudiée précédemment par M. E.-C. Florance, président de la Société d'Histoire naturelle et d'Anthropologie du Loir-et-Cher. Celui-ci pense même que la localité où fut retrouvée cette pierre pourrait avoir été le lieu de la réunion annuelle des druides, situé, d'après César, aux confins du pays des Carnutes [64]. Son attention fut attirée par le fait

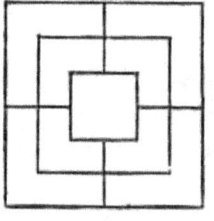

Fig. 7

que le même signe se rencontre sur un cachet d'oculiste gallo-romain, trouvé vers 1870 à Villefranche-sur-Cher (Loir-et-Cher) ; et il émit l'idée que ce

---

63 Publié dans le *V. I.*, juin 1929.
64 César dit : *in finibus Carnutum* ; l'interprétation nous semble prêter à quelque doute, car *fines* ne signifie pas toujours « confins », mais désigne souvent le pays lui-même. D'autre part, il ne semble pas qu'on ait trouvé à Suèvres rien qui rappelle l'*Omphalos*, qui, dans le *Mediolanon* ou *Medionemeton* de la Gaule, devait, suivant l'usage des peuples celtiques, être figuré par un menhir.

qu'il représentait pouvait être une triple enceinte sacrée. Ce symbole est en effet formé de trois carrés concentriques, reliés entre eux par quatre lignes à angle droit (fig. 7).

Au moment même où paraissait l'article d'*Atlantis*, on signalait à M. Florance le même symbole gravé sur une grosse pierre de soubassement d'un contrefort de l'église de Sainte-Gemme (Loir-et-Cher), pierre qui paraît d'ailleurs avoir une provenance antérieure à la construction de cette église, et qui pourrait même remonter également au druidisme. Il est certain, du reste, que, comme beaucoup d'autres symboles celtiques, et notamment celui de la roue, cette figure est demeurée en usage jusqu'au moyen âge, puisque M. Charbonneau-Lassay l'a relevée parmi les « graffiti » du donjon de Chinon [65], conjointement avec une autre non moins

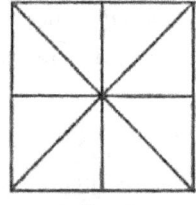

Fig. 8

ancienne, formée de huit rayons et circonscrite par un carré (fig. 8), qui se trouve sur le « bétyle » de Kermaria étudié par M. J. Loth [66] et auquel nous avons eu déjà l'occasion de faire allusion ailleurs [67]. M. Le Cour indique que le symbole du triple carré se trouve aussi à Rome, dans le cloître de San-Paolo, datant du XIIIᵉ siècle, et que, d'autre part, il était connu dans l'antiquité ailleurs que chez les Celtes, puisque lui-même l'a relevé plusieurs fois à l'Acropole d'Athènes, sur les dalles du Parthénon et sur celles de l'Erechthéion.

---

[65] *Le Cœur rayonnant du donjon de Chinon.*
[66] *L'« Omphalos » chez les Celtes*, dans la *Revue des Études anciennes*, juil.-sept. 1915.
[67] *Le Roi du Monde*, ch. IX ; *L'« Omphalos », symbole du Centre*, dans *Reg.*, juin 1926.

L'interprétation du symbole en question comme figurant une triple enceinte nous paraît fort juste ; et M. Le Cour, à ce propos, établit un rapprochement avec ce que dit Platon, qui, parlant de la métropole des Atlantes, décrit le palais de Poséidon comme édifié au centre de trois enceintes concentriques reliées entre elles par des canaux, ce qui forme en effet une figure analogue à celle dont il s'agit, mais circulaire au lieu d'être carrée.

Maintenant, quelle peut être la signification de ces trois enceintes ? Nous avons tout de suite pensé qu'il devait s'agir de trois degrés d'initiation, de telle sorte que leur ensemble aurait été en quelque sorte la figure de la hiérarchie druidique ; et le fait que cette même figure se retrouve ailleurs que chez les Celtes indiquerait qu'il y avait, dans d'autres formes traditionnelles, des hiérarchies constituées sur le même modèle, ce qui est parfaitement normal. La division de l'initiation en trois grades est d'ailleurs la plus fréquente et, pourrions-nous dire, la plus fondamentale ; toutes les autres ne représentent en somme, par rapport à celle-là, que des subdivisions ou des développements plus ou moins compliqués. Ce qui nous a donné cette idée, c'est que nous avons eu autrefois connaissance de documents qui, dans certains systèmes maçonniques de hauts grades, décrivent précisément ces grades comme autant d'enceintes successives tracées autour d'un point central [68] ; assurément, ces documents sont incomparablement moins anciens que les monuments dont il est ici question, mais on peut néanmoins y trouver un écho de traditions qui leur sont fort antérieures, et en tout cas, ils nous fournissaient en la circonstance un point de départ pour d'intéressants rapprochements.

Il faut bien remarquer que l'explication que nous proposons ainsi n'est nullement incompatible avec certaines autres, comme celle qu'envisage M. Le Cour, et qui rapporterait les trois enceintes aux trois cercles de l'existence reconnus par la tradition celtique ; ces trois cercles, qui se retrouvent sous une autre forme dans le christianisme, sont d'ailleurs la même chose que les « trois

---

68 M Le Cour note que le point central est marqué sur la plupart des figures qu'il a vues à l'Acropole d'Athènes.

mondes » de la tradition hindoue. Dans celle-ci d'autre part, les cercles célestes sont parfois représentés comme autant d'enceintes concentriques entourant le *Mêru*, c'est-à-dire la Montagne sacrée qui symbolise le « Pôle » ou l'« Axe du Monde », et c'est là encore une concordance des plus remarquables. Loin de s'exclure, les deux explications s'harmonisent parfaitement, et l'on pourrait même dire qu'elles coïncident en un certain sens, car, s'il s'agit d'initiation réelle, ses degrés correspondent à autant d'états de l'être, et ce sont ces états qui, dans toutes les traditions, sont décrits comme autant de mondes différents, car il doit être bien entendu que la « localisation » n'a qu'un caractère purement symbolique. Nous avons déjà expliqué, à propos de Dante, que les cieux sont proprement des « hiérarchies spirituelles », c'est-à-dire des degrés d'initiation [69] ; et il va de soi qu'ils se rapportent en même temps aux degrés de l'existence universelle, car, comme nous le disions alors [70], en vertu de l'analogie constitutive du Macrocosme et du Microcosme, le processus initiatique reproduit rigoureusement le processus cosmogonique. Nous ajouterons que, d'une façon générale, le propre de toute interprétation vraiment initiatique est de n'être jamais exclusive, mais, au contraire de comprendre synthétiquement en elle-même toutes les autres interprétations possibles ; c'est d'ailleurs pourquoi le symbolisme, avec ses sens multiples et superposés, est le moyen d'expression normal de tout véritable enseignement initiatique.

Avec cette même explication, le sens des quatre lignes disposées en forme de croix et reliant les trois enceintes devient immédiatement fort clair : ce sont bien des canaux, par lesquels l'enseignement de la doctrine traditionnelle se communique de haut en bas, à partir du grade suprême qui en est le dépositaire et se répartit hiérarchiquement aux autres degrés. La partie centrale de la figure correspond donc à la « fontaine d'enseignement » dont parlent Dante et les

---

69 *L'Ésotérisme de Dante*, ch. II.
70 *Ibid.*, ch. VI.

« Fidèles d'Amour [71] », et la disposition cruciale des quatre canaux qui en partent identifie ceux-ci aux quatre fleuves du *Pardes*.

À ce propos, il convient de noter qu'il y a, entre les deux formes circulaire et carrée de la figure des trois enceintes, une nuance importante à observer : elles se rapportent respectivement au symbolisme du Paradis terrestre et à celui de la Jérusalem céleste, suivant ce que nous avons expliqué dans un de nos ouvrages [72]. En effet, il y a toujours analogie et correspondance entre le commencement et la fin d'un cycle quelconque, mais, à la fin, le cercle est remplacé par le carré, et ceci indique la réalisation de ce que les hermétistes désignaient symboliquement comme la « quadrature du cercle » [73] : la sphère, qui représente le développement des possibilités par l'expansion du point primordial et central, se transforme en un cube lorsque ce développement est achevé et que l'équilibre final est atteint pour le cycle considéré [74]. Pour appliquer plus spécialement ces considérations à la question qui nous occupe présentement, nous dirons que la forme circulaire doit représenter le point de départ d'une tradition, ce qui est bien le cas en ce qui concerne l'Atlantide [75], et la forme carrée son point d'aboutissement, correspondant à la constitution

---

71 Voir notre article dans *V.I.*, févr. 1929.
72 *Le Roi du Monde*, ch. XI ; sur les rapports du Paradis terrestre et de la Jérusalem céleste, voir aussi *L'Ésotérisme de Dante*, ch. VIII.
73 Cette quadrature ne peut être obtenue dans le « devenir » ou dans le mouvement même du cycle, puisqu'elle exprime la fixation résultant du « passage à la limite » ; et, tout mouvement cyclique étant proprement indéfini, la limite ne peut être atteinte en parcourant successivement et analytiquement tous les points correspondant à chaque moment du développement de la manifestation.
74 Il serait facile de faire ici un rapprochement avec le symbole maçonnique de la « pierre cubique », qui se rapporte également à l'idée d'achèvement et de perfection, c'est-à-dire à la réalisation de la plénitude des possibilités impliquées dans un certain état.
75 Il faut d'ailleurs bien préciser que la tradition atlantéenne n'est cependant pas la tradition primordiale pour le présent Manvantara, et qu'elle n'est elle-même que secondaire par rapport à la tradition hyperboréenne ; ce n'est que relativement qu'on peut la prendre comme point de départ, en ce qui concerne une certaine période qui n'est qu'une des subdivisions du Manvantara.

d'une forme traditionnelle dérivée. Dans le premier cas, le centre de la figure serait alors la source de la doctrine, tandis que, dans le second, il en serait plus proprement le réservoir, l'autorité spirituelle ayant surtout ici un rôle de conservation ; mais, naturellement, le symbolisme de la « fontaine d'enseignement » s'applique à l'un et l'autre cas [76].

Au point de vue du symbolisme numérique, il faut encore remarquer que l'ensemble des trois carrés forme le duodénaire. Disposés autrement (fig. 9), ces trois carrés, auxquels s'adjoignent encore quatre lignes en croix, constituent la figure suivant laquelle les anciens astrologues inscrivaient le zodiaque [77] ; cette figure était d'ailleurs regardée comme celle de la Jérusalem céleste avec ses douze portes, trois sur chacun des côtés, et il y a là un rapport évident avec la signification que nous venons d'indiquer pour la

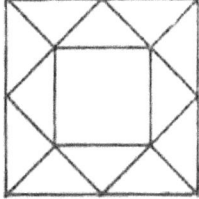

Fig. 9

forme carrée. Sans doute y aurait-il encore bien d'autres rapprochements à envisager, mais nous pensons que ces quelques notes, si incomplètes soient-

---

[76] L'autre figure que nous avons reproduite plus haut (fig. 8) se présente souvent aussi sous la forme circulaire : c'est alors une des variétés les plus habituelles de la roue, et cette roue à huit rayons est à certains égards un équivalent du lotus à huit pétales, plus particulier aux traditions orientales, de même que la roue à six rayons équivaut au lis qui a six pétales (voir nos articles sur *Le Chrisme et le Cœur dans les anciennes marques corporatives* et sur *L'idée du Centre dans les traditions antiques*, dans *Reg.*, nov. 1925 et mai 1926).

[77] Les quatre lignes en croix sont alors placées diagonalement par rapport aux deux carrés extrêmes, et l'espace compris entre ceux-ci se trouve divisé en douze triangles rectangles égaux.

elles, contribueront déjà à apporter quelque lumière sur la mystérieuse question de la triple enceinte druidique.

Chapitre XI

LES GARDIENS
DE LA TERRE SAINTE [78]

Parmi les attributions des ordres de chevalerie, et plus particulièrement des Templiers, une des plus connues, mais non des mieux comprises en général, est celle de « gardiens de la Terre sainte ». Assurément, si l'on s'en tient au sens le plus extérieur, on trouve une explication immédiate de ce fait dans la connexion qui existe entre l'origine de ces Ordres et les Croisades, car, pour les Chrétiens comme pour les Juifs, il semble bien que la « Terre sainte » ne désigne rien d'autre que la Palestine. Pourtant, la question devient plus complexe lorsqu'on s'aperçoit que diverses organisations orientales, dont le caractère initiatique n'est pas douteux, comme les Assacis et les Druses, ont pris également ce même titre de « gardiens de la Terre sainte ». Ici, en effet, il ne peut plus s'agir de la Palestine ; et il est d'ailleurs remarquable que ces organisations présentent un assez grand nombre de traits communs avec les ordres de chevalerie occidentaux, que même certaines d'entre elles aient été historiquement en relation avec ceux-ci. Que faut-il donc entendre en réalité par la « Terre sainte », et en quoi correspond exactement ce rôle de « gardiens » qui semble attaché à un genre d'initiation déterminé, que l'on peut appeler l'initiation « chevaleresque » en donnant à ce terme une extension plus grande qu'on ne le fait d'ordinaire, mais que les analogies existant entre les différentes formes de ce dont il s'agit suffiraient amplement à légitimer ?

Nous avons déjà montré ailleurs, et notamment dans notre étude sur *Le Roi du Monde*, que l'expression de « Terre sainte » a un certain nombre de

---

[78] Publié dans le *V. I.*, août-sept. 1929.

synonymes : « Terre pure », « Terre des Saints », « Terre des Bienheureux », « Terre des Vivants », « Terre d'Immortalité », que ces désignations équivalentes se rencontrent dans les traditions de tous les peuples, et qu'elles s'appliquent toujours essentiellement à un centre spirituel dont la localisation dans une région déterminée peut d'ailleurs, suivant les cas, être entendue littéralement ou symboliquement, ou à la fois dans l'un et l'autre sens. Toute « Terre sainte » est encore désignée par des expressions comme celles de « Centre du Monde » ou de « Cœur du Monde », et ceci demande quelques explications, car ces désignations uniformes, quoique diversement appliquées, pourraient facilement entraîner à certaines confusions.

Si nous considérons par exemple la tradition hébraïque, nous voyons qu'il est parlé, dans le *Sepher Ietsirah*, du « saint Palais » ou « Palais intérieur », qui est le véritable « Centre du Monde », au sens cosmogonique de ce terme ; et nous voyons aussi que ce « saint Palais » a son image dans le monde humain par la résidence en un certain lieu de la *Shekinah*, qui est la « présence réelle » de la Divinité [79]. Pour le peuple d'Israël, cette résidence de la *Shekinah* était le Tabernacle (*Mishkan*), qui, pour cette raison, était considéré par lui comme le « Cœur du Monde », parce qu'il était effectivement le centre spirituel de sa propre tradition. Ce centre, d'ailleurs, ne fut pas tout d'abord un lieu fixe ; quand il s'agit d'un peuple nomade, comme c'était le cas, son centre spirituel doit se déplacer avec lui, tout en demeurant cependant toujours le même au cours de ce déplacement. « La résidence de la *Shekinah*, dit M. Vulliaud, n'eut de fixité que le jour où le Temple fut construit, pour lequel David avait préparé l'or, l'argent, et tout ce qui était nécessaire à Salomon pour parachever l'ouvrage [80]. Le Tabernacle de la Sainteté de *Jehovah*, la résidence de la *Shekinah*, est le Saint des Saints qui est le cœur du Temple, qui est lui-même le centre de

---

[79] Voir nos articles sur *Le Cœur du Monde dans la Kabbale hébraïque* et *La Terre sainte et le Cœur du Monde*, dans la revue *Reg.*, juill-août et sept.-oct., 1926.
[80] Il est bon de noter que les expressions qui sont employées ici évoquent l'assimilation qui a été fréquemment établie entre la construction du Temple, envisagée dans sa signification idéale, et le « Grand Œuvre » des hermétistes.

Sion (Jérusalem), comme la sainte Sion est le centre de la Terre d'Israël, comme la Terre d'Israël est le centre du monde [81]. » On peut remarquer qu'il y a ici une série d'extensions donnée graduellement à l'idée du centre dans les applications qui en sont faites successivement, de sorte que l'appellation de « Centre du Monde » ou de « Cœur du Monde » est finalement étendue à la Terre d'Israël tout entière, en tant que celle-ci est considérée comme la « Terre sainte » ; et il faut ajouter que, sous le même rapport, elle reçoit aussi, entre autres dénominations, celle de « Terre des Vivants ». Il est parlé de la « Terre des Vivants comprenant sept terres », et M. Vulliaud observe que « cette Terre est Chanaan dans lequel il y avait sept peuples [82] », ce qui est exact au sens littéral, bien qu'une interprétation symbolique soit également possible. Cette expression de « Terre des Vivants » est exactement synonyme de « séjour d'immortalité », et la liturgie catholique l'applique au séjour céleste des élus, qui était en effet figuré par la Terre promise, puisque Israël, en pénétrant dans celle-ci, devait voir la fin de ses tribulations. À un autre point de vue encore, la Terre d'Israël, en tant que centre spirituel, était une image du Ciel, car, selon la tradition judaïque, « tout ce que font les Israélites sur terre est accompli d'après les types de ce qui se passe dans le monde céleste [83] ».

Ce qui est dit ici des Israélites peut être dit pareillement de tous les peuples possesseurs d'une tradition véritablement orthodoxe ; et, en fait, le peuple d'Israël n'est pas le seul qui ait assimilé son pays au « Cœur du Monde » et qui l'ait regardé comme une image du Ciel, deux idées qui, du reste, n'en font qu'une en réalité. L'usage du même symbolisme se retrouve chez d'autres peuples qui possédaient également une « Terre sainte », c'est-à-dire un pays où était établi un centre spirituel ayant pour eux un rôle comparable à celui du Temple de Jérusalem pour les Hébreux. À cet égard, il en est de la « Terre

---

81 *La Kabbale juive*, t. I, p. 509.
82 *La Kabbale*, t. II, p. 116.
83 *Ibid.*, t. I, p. 501.

sainte » comme de l'*Omphalos*, qui était toujours l'image visible du « Centre du Monde » pour le peuple habitant la région où il était placé [84].

Le symbolisme dont il s'agit se rencontre notamment chez les anciens Égyptiens ; en effet, suivant Plutarque, « les Égyptiens donnent à leur contrée le nom de *Chémia* [85], et la comparent à un cœur [86] ». La raison qu'en donne cet auteur est assez étrange : « Cette contrée est chaude en effet, humide, contenue dans les parties méridionales de la terre habitée, étendue au Midi, comme dans le corps de l'homme le cœur s'étend à gauche », car « les Égyptiens considèrent l'Orient comme le visage du monde, le Nord comme étant la droite et le Midi, la gauche [87] ». Ce ne sont là que des similitudes assez superficielles, et la vraie raison doit être tout autre, puisque la même comparaison avec le cœur a été appliquée également à toute terre à laquelle était attribué un caractère sacré et « central » au sens spirituel, quelle que soit sa situation géographique. D'ailleurs, au rapport de Plutarque lui-même, le cœur, qui représentait l'Égypte, représentait en même temps le Ciel : « Les Égyptiens, dit-il, figurent le Ciel, qui ne saurait vieillir puisqu'il est éternel, par un cœur posé sur un brasier dont la flamme entretient l'ardeur [88]. » Ainsi, tandis que le cœur est lui-même figuré par un vase qui n'est autre que celui que les légendes du moyen âge occidental

---

[84] Voir notre article sur *Les pierres de foudre*.

[85] *Kêmi*, en langue égyptienne, signifie « terre noire », désignation dont l'équivalent se retrouve aussi chez d'autres peuples ; de ce mot est venu celui d'alchimie (*al* n'étant que l'article en arabe), qui désignait originairement la science hermétique, c'est-à-dire la science sacerdotale de l'Égypte.

[86] *Isis et Osiris*, 33 ; traduction Mario Meunier, p. 116.

[87] *Ibid.*, 32, p. 112. Dans l'Inde, c'est au contraire le Midi qui est désigné comme le « côté de la droite » (*dak-shina*) ; mais, en dépit des apparences, cela revient au même, car il faut entendre par là le côté qu'on a à sa droite quand on tourne vers l'Orient, et il est facile de se représenter le côté gauche du monde comme s'étendant vers la droite de celui qui le contemple, et inversement, ainsi que cela a lieu pour deux personnes placées l'une en face de l'autre.

[88] *Isis et Osiris*, 10, p. 49. On remarquera que ce symbole, avec la signification qui lui est donnée ici, semble pouvoir être rapproché de celui du phénix.

devaient désigner comme le « Saint Graal », il est à son tour, et simultanément, l'hiéroglyphe de l'Égypte et celui du Ciel.

La conclusion à tirer de ces considérations, c'est qu'il y autant de « Terres saintes » particulières qu'il existe de formes traditionnelles régulières, puisqu'elles représentent les centres spirituels qui correspondent respectivement à ces différentes formes ; mais, si le même symbolisme s'applique uniformément à toutes ces « Terres saintes », c'est que ces centres spirituels ont tous une constitution analogue, et souvent jusque dans des détails très précis, parce qu'ils sont autant d'images d'un même centre unique et suprême, qui seul est vraiment le « Centre du Monde », mais dont ils prennent les attributs comme participant de sa nature par une communication directe, en laquelle réside l'orthodoxie traditionnelle, et comme le représentant effectivement, d'une façon plus ou moins extérieure, pour des temps et des lieux déterminés. En d'autres termes, il existe une « Terre sainte » par excellence, prototype de toutes les autres, centre spirituel auquel tous les autres sont subordonnés, siège de la tradition primordiale dont toutes les traditions particulières sont dérivées par adaptation à telles ou telles conditions définies qui sont celles d'un peuple ou d'une époque. Cette « Terre sainte » par excellence, c'est la « contrée suprême » suivant le sens du terme sanscrit *Paradêsha*, dont les Chaldéens ont fait *Pardes* et les Occidentaux *Paradis* ; c'est en effet le « Paradis terrestre », qui est bien le point de départ de toute tradition, ayant en son centre la source unique d'où partent les quatre fleuves coulant vers les quatre points cardinaux [89], et qui est aussi le « séjour d'immortalité » comme il est facile de s'en rendre compte en se reportant aux premiers chapitres de la *Genèse* [90].

---

[89] Cette source est identique à la « fontaine d'enseignement » à laquelle nous avons eu précédemment l'occasion de faire ici même différentes allusions.
[90] C'est pourquoi la « fontaine d'enseignement » est en même temps la « fontaine de jouvence » (*fons juventutis*), parce que celui qui y boit est affranchi de la condition temporelle ; elle est d'ailleurs située au pied de l'« Arbre de Vie » (voir notre étude sur *Le Langage secret*

Nous ne pouvons songer à revenir ici sur toutes les questions concernant le Centre suprême et que nous avons déjà traitées ailleurs plus au moins complètement : sa conservation d'une façon plus ou moins cachée suivant les périodes, du commencement à la fin du cycle, c'est-à-dire depuis le « Paradis terrestre » jusqu'à la « Jérusalem céleste » qui en représentent les deux phases extrêmes ; les noms multiples sous lesquels il est désigné, comme ceux de *Tula*, de *Luz*, de *Salem*, d'*Agartha* ; les différents symboles qui le figurent, comme la montagne, la caverne, l'île et bien d'autres encore, en relation immédiate, pour la plupart, avec le symbolisme du « Pôle » ou de l'« Axe du Monde ». À ces figurations, nous pouvons joindre aussi celles qui en font une ville, une citadelle, un temple ou un palais, suivant l'aspect sous lequel on l'envisage plus spécialement ; et c'est ici l'occasion de rappeler, en même temps que le Temple de Salomon qui se rattache plus directement à notre sujet, la triple enceinte dont nous avons parlé récemment comme représentant la hiérarchie initiatique de certains centres traditionnels [91], et aussi le mystérieux labyrinthe, qui, sous une forme plus complexe, se rattache à une conception similaire, avec cette différence que ce qui y est mis surtout en évidence est l'idée d'un « cheminement » vers le centre caché [92].

---

de Dante et des « *Fidèles d'Amour* » dans le *V. I.*, févr. 1929) et ses eaux s'identifient évidemment à l' « élixir de longue vie » des hermétistes (l'idée de « longévité » ayant ici la même signification que dans les traditions orientales) ou au « breuvage d'immortalité », dont il est partout question sous des noms divers.

91 Voir notre article sur *La triple enceinte druidique* ; nous y avons signalé précisément le rapport de cette figure, sous ses deux formes circulaire et carrée, avec le symbolisme du « Paradis terrestre » et de la « Jérusalem céleste ».

92 Le labyrinthe crétois était le palais de *Minos*, nom identique à celui de *Manu*, donc désignant le législateur primordial. D'autre part, on peut comprendre, par ce que nous disons ici, la raison pour laquelle le parcours du labyrinthe tracé sur le dallage de certaines églises, au moyen âge, était regardé comme remplaçant le pèlerinage en Terre Sainte pour ceux qui ne pouvaient l'accomplir ; il faut se souvenir que le pèlerinage est précisément une des figures de l'initiation, de sorte que le « pèlerinage en Terre Sainte » est, au sens ésotérique, la même chose que la « recherche de la Parole perdue » ou la « queste du Saint Graal ».

Nous devons maintenant ajouter que le symbolisme de la « Terre sainte » a un double sens : qu'il soit rapporté au Centre suprême ou à un centre subordonné, il représente non seulement ce centre lui-même, mais aussi, par une association qui est d'ailleurs toute naturelle, la tradition qui en émane ou qui y est conservée, c'est-à-dire, dans le premier cas, la tradition primordiale, et, dans le second, une certaine forme traditionnelle particulière [93]. Ce double sens se retrouve pareillement, et d'une façon très nette, dans le symbolisme du « Saint Graal » qui est à la fois un vase (*grasale*) et un livre (*gradale* ou *graduale*) ; ce dernier aspect désigne manifestement la tradition, tandis que l'autre concerne plus directement l'état correspondant à la possession effective de cette tradition, c'est-à-dire l'« état édénique » s'il s'agit de la tradition primordiale ; et celui qui est parvenu à cet état est, par là même, réintégré dans le *Pardes*, de telle sorte qu'on peut dire que sa demeure est désormais dans le « Centre du Monde » [94].

Ce n'est pas sans motif que nous rapprochons ici ces deux symbolismes, car leur étroite similitude montre que, lorsqu'on parle de la « chevalerie du Saint Graal » ou des « gardiens de la Terre sainte », ce qu'on doit entendre par ces deux expressions est exactement la même chose ; il nous reste à expliquer, dans

---

93 Analogiquement, au point de vue cosmogonique, le « Centre du Monde » est le point originel d'où est proféré le Verbe créateur, et il est aussi le Verbe lui-même.

94 Il importe de se rappeler, à ce propos, que, dans toutes les traditions, les lieux symbolisent essentiellement des états. D'autre part, nous ferons remarquer qu'il y a une parenté évidente entre le symbolisme du vase ou de la coupe et celui de la fontaine dont il a été question plus haut ; on a vu aussi que, chez les Égyptiens, le vase était l'hiéroglyphe du cœur, centre vital de l'être. Rappelons enfin ce que nous avons déjà dit en d'autres occasions au sujet du vin comme substitut du *soma* védique et comme symbole de la doctrine cachée ; en tout cela, sous une forme ou sous une autre, il s'agit toujours du « breuvage d'immortalité » et de la restauration de l'« état primordial ».

la mesure du possible, en quoi consiste proprement la fonction de ces « gardiens », fonction qui fut en particulier celle des Templiers [95].

Pour bien comprendre ce qu'il en est, il faut distinguer entre les détenteurs de la tradition, dont la fonction est de la conserver et de la transmettre, et ceux qui en reçoivent seulement, à un degré ou à un autre, une communication et, pourrions nous dire, une participation.

Les premiers, dépositaires et dispensateurs de la doctrine, se tiennent à la source, qui est proprement le centre même ; de là, la doctrine se communique et se répartit hiérarchiquement aux divers degrés initiatiques, suivant les courants représentés par les fleuves du *Pardès*, ou, si l'on veut reprendre la figuration que nous avons étudiée ici récemment, par les canaux qui, allant de l'intérieur vers l'extérieur, relient entre elles les enceintes successives qui correspondent à ces divers degrés.

Tous ceux qui participent à la tradition ne sont donc pas parvenus au même degré et ne remplissent pas la même fonction ; il faudrait même faire une distinction entre ces deux choses, qui, bien que se correspondant généralement d'une certaine façon, ne sont pourtant pas strictement solidaires, car il peut se faire qu'un homme soit intellectuellement qualifié pour atteindre les degrés les plus élevés, mais ne soit pas apte par là même à remplir toutes les fonctions dans l'organisation initiatique. Ici, ce sont seulement les fonctions que nous avons à envisager ; et, à ce point de vue, nous dirons que les « gardiens » se tiennent à la limite du centre spirituel, pris dans son sens le plus étendu, ou à la dernière enceinte, celle par laquelle ce centre est à la fois séparé du « monde extérieur » et mis en rapport avec celui-ci. Par conséquent, ces « gardiens » ont une double fonction : d'une part, ils sont proprement les défenseurs de la

---

[95] Saint-Yves d'Alveydre emploie, pour désigner les « gardiens » du Centre suprême, l'expression de « Templiers de l'*Agartha* » ; les considérations que nous exposons ici feront voir la justesse de ce terme, dont lui-même n'aurait peut-être pas saisi pleinement toute la signification.

« Terre sainte », en ce sens qu'ils en interdisent l'accès à ceux qui ne possèdent pas les qualifications requises pour y pénétrer, et ils constituent ce que nous avons appelé sa « couverture extérieure », c'est-à-dire qu'ils la cachent aux regards profanes ; d'autre part, ils assurent pourtant aussi certaines relations régulières avec le dehors, ainsi que nous l'expliquerons par la suite.

Il est évident que le rôle de défenseur est, pour parler le langage de la tradition hindoue, une fonction de Kshatriyas ; et, précisément, toute initiation « chevaleresque » est essentiellement adaptée à la nature propre des hommes qui appartiennent à la caste guerrière, c'est-à-dire des Kshatriyas. De là viennent les caractères spéciaux de cette initiation, le symbolisme particulier dont elle fait usage, et notamment l'intervention d'un élément affectif, désigné très explicitement par le terme d'« Amour » ; nous nous sommes déjà suffisamment expliqué là-dessus pour n'avoir pas à nous y arrêter davantage [96]. Mais, dans le cas des Templiers, il y a quelque chose de plus à considérer : bien que leur initiation ait été essentiellement « chevaleresque », ainsi qu'il convenait à leur nature et à leur fonction, ils avaient un double caractère, à la fois militaire et religieux ; et il devait en être ainsi s'ils étaient, comme nous avons bien des raisons de le penser, parmi les « gardiens » du Centre suprême, où l'autorité spirituelle et le pouvoir temporel sont réunis dans leur principe commun, et qui communique la marque de cette réunion à tout ce qui lui est rattaché directement. Dans le monde occidental, où le spirituel prend la forme spécifiquement religieuse, les véritables « gardiens de la Terre sainte », tant qu'ils y eurent une existence en quelque sorte « officielle », devaient être des chevaliers, mais des chevaliers qui fussent des moines en même temps ; et, effectivement, c'est bien là ce que furent les Templiers.

Ceci nous amène directement à parler du second rôle des « gardiens » du Centre suprême, rôle qui consiste, disions-nous tout à l'heure, à assurer certaines relations extérieures, et surtout, ajouterons-nous, à maintenir le lien entre la tradition primordiale et les traditions secondaires et dérivées. Pour qu'il

---

96 Voir *Le Langage secret de Dante et des « Fidèles d'Amour »*, dans le *V. I.*, févr. 1929.

puisse en être ainsi, il faut qu'il y ait, pour chaque forme traditionnelle, une ou plusieurs organisations constituées dans cette forme même, selon toutes les apparences, mais composées d'hommes ayant la conscience de ce qui est au-delà de toutes les formes, c'est-à-dire de la doctrine unique qui est la source et l'essence de toutes les autres, et qui n'est pas autre chose que la tradition primordiale.

Dans le monde de tradition judéo-chrétienne, une telle organisation devait assez naturellement prendre pour symbole le Temple de Salomon ; celui-ci, d'ailleurs, ayant depuis longtemps cessé d'exister matériellement, ne pouvait avoir alors qu'une signification tout idéale, comme étant une image du Centre suprême, ainsi que l'est tout centre spirituel subordonné ; et l'étymologie même du nom de Jérusalem indique assez clairement qu'elle n'est qu'une image visible de la mystérieuse *Salem* de Melchissédec. Si tel fut le caractère des Templiers, ils devaient pour remplir le rôle qui leur était assigné et qui concernait une certaine tradition déterminée, celle de l'Occident, demeurer attachés extérieurement à la forme de cette tradition ; mais, en même temps, la conscience intérieure de la véritable unité doctrinale devait les rendre capables de communiquer avec les représentants des autres traditions [97] : c'est ce qui explique leurs relations avec certaines organisations orientales, et surtout, comme il est naturel, avec celles qui jouaient par ailleurs un rôle similaire au leur.

D'autre part, on peut comprendre, dans ces conditions, que la destruction de l'ordre du Temple ait entraîné pour l'Occident la rupture des relations régulières avec le « Centre du Monde » ; et c'est bien au XIVe siècle qu'il faut

---

[97] Ceci se rapporte à ce qu'on a appelé symboliquement le « don des langues » ; sur ce sujet, nous renverrons à notre article contenu dans le numéro spécial du *V. I.* consacré aux Rose-Croix.

faire remonter la déviation qui devait inévitablement résulter de cette rupture, et qui est allée en s'accentuant graduellement jusqu'à notre époque.

Ce n'est pas à dire pourtant que tout lien ait été brisé d'un seul coup ; pendant assez longtemps, des relations purent être maintenues dans une certaine mesure, mais seulement d'une façon cachée, par l'intermédiaire d'organisations comme celle de la *Fede Santa* ou des « Fidèles d'Amour », comme la « Massenie du Saint-Graal » et sans doute bien d'autres encore, toutes héritières de l'esprit de l'ordre du Temple, et pour la plupart rattachées à lui par une filiation plus ou moins directe. Ceux qui conservèrent cet esprit vivant et qui inspirèrent ces organisations sans jamais se constituer eux-mêmes en aucun groupement défini, ce furent ceux qu'on appela, d'un nom essentiellement symbolique, les Rose-Croix ; mais un jour vint où ces Rose-Croix eux-mêmes durent quitter l'Occident, dont les conditions étaient devenues telles que leur action ne pouvait plus s'y exercer, et, dit-on, ils se retirèrent alors en Asie, résorbés en quelque sorte vers le Centre suprême dont ils étaient comme une émanation. Pour le monde occidental, il n'y a plus de « Terre Sainte » à garder, puisque le chemin qui y conduit est entièrement perdu désormais ; combien de temps cette situation durera-t-elle encore, et faut-il même espérer que la communication pourra être rétablie tôt ou tard ? C'est là une question à laquelle il ne nous appartient pas d'apporter une réponse ; outre que nous ne voulons risquer aucune prédiction, la solution ne dépend que de l'Occident lui-même, car c'est en revenant à des conditions normales et en retrouvant l'esprit de sa propre tradition, s'il en a encore en lui la possibilité, qu'il pourra voir s'ouvrir de nouveau la voie qui mène au « Centre du Monde ».

Chapitre XII

LA TERRE DU SOLEIL [98]

Parmi les localités, souvent difficiles à identifier, qui jouent un rôle dans la légende du Saint Graal, certains attachent une importance toute spéciale à Glastonbury, qui serait le lieu où s'établit Joseph d'Arimathie après sa venue en Grande-Bretagne, et où l'on a voulu voir beaucoup d'autres choses encore, comme nous le dirons par la suite. Sans doute, il y a là des assimilations plus ou moins contestables, et dont certaines paraissent impliquer de véritables confusions ; mais il se peut cependant qu'il y ait, à ces confusions mêmes, quelques raisons, qui ne soient pas dépourvues d'intérêt au point de vue de la « géographie sacrée » et des localisations successives de certains centres traditionnels. C'est ce que tendraient à indiquer les singulières découvertes exposées dans un ouvrage anonyme publié récemment [99], dont certains points appelleraient peut-être des réserves, par exemple en ce qui concerne l'interprétation de noms de lieux dont, plus vraisemblablement, l'origine est assez récente, mais dont la partie essentielle, avec les cartes qui l'appuient, pourrait difficilement être considérée comme purement fantaisiste. Glastonbury et la région avoisinante du Somerset auraient constitué, à une époque fort reculée et qui peut être dite « préhistorique », un immense « temple stellaire », déterminé par le tracé sur le sol d'effigies gigantesques représentant les constellations et disposées en une figure circulaire qui est comme une image de la voûte céleste projetée sur la surface de la terre. Il y aurait là un ensemble de travaux qui rappelleraient en somme ceux des anciens mound-builders de l'Amérique du Nord ; la disposition naturelle des rivières et des collines aurait

---

98 Publié dans *É. T.*, janv. 1936.
99 *A Guide to Glastonbury's Temple of the Stars, its giant effigies described from air views, maps, and from « The Hight History of the Holy Graal »* (John M. Watkins, London).

d'ailleurs pu suggérer ce tracé, ce qui indiquerait que l'emplacement ne fut pas choisi arbitrairement, mais bien en vertu d'une certaine « prédétermination » ; il n'en est pas moins vrai qu'il fallut, pour compléter et parfaire le dessin, ce que l'auteur appelle « un art fondé sur les principes de la Géométrie [100] ». Si ces figures ont pu se conserver de façon à être encore reconnaissables de nos jours, c'est, suppose-t-on, que les moines de Glastonbury, jusqu'à l'époque de la Réforme, les entretinrent soigneusement, ce qui implique qu'ils devaient avoir gardé la connaissance de la tradition héritée de leurs lointains prédécesseurs, les druides, et sans doute d'autres encore avant ceux-ci, car, si les déductions tirées de la position des constellations représentées sont exactes, l'origine de ces figures remonterait à près de trois mille ans avant l'ère chrétienne [101].

Dans son ensemble, la figure circulaire dont il s'agit est un immense Zodiaque, dans lequel l'auteur veut voir le prototype de la « Table ronde » ; et, en fait, celle-ci, autour de laquelle siègent douze personnages principaux, est bien réellement liée à une représentation du cycle zodiacal ; mais ceci ne veut point dire que ces personnages ne soient pas autre chose que les constellations, interprétation trop « naturaliste », car la vérité est que les constellations elles-mêmes ne sont que des symboles ; et il convient aussi de rappeler que cette constitution « zodiacale » se retrouve très généralement dans les centres spirituels correspondant à des formes traditionnelles diverses [102]. Aussi nous paraît-il bien douteux que toutes les histoires concernant les « Chevaliers de la Table ronde » et la « queste du Graal » puissent n'être rien de plus qu'une description « dramatisée », si l'on peut dire, des effigies stellaires de

---

100 Cette expression est visiblement destinée à faire entendre que la tradition dont cet art relevait s'est continuée dans ce qui est devenu par la suite la tradition maçonnique.
101 Il semblerait aussi, d'après divers indices, que les Templiers aient eu une certaine part dans cette conservation, ce qui serait conforme à leur connexion supposée avec les « Chevaliers de la Table ronde » et au rôle de « gardiens du Graal » qui leur est attribué. Il est d'ailleurs à remarquer que les établissements des Templiers paraissent avoir été situés fréquemment au voisinage de lieux où se trouvent des monuments mégalithiques ou d'autres vestiges préhistoriques, et peut-être faut-il voir là plus qu'une simple coïncidence.
102 Voir *Le Roi du Monde*, ch. V.

Glastonbury et de la topographie de la contrée ; mais qu'elles présentent une correspondance avec celles-ci, c'est là une chose d'autant moins invraisemblable qu'elle est, au fond, tout à fait conforme aux lois générales du symbolisme ; et il n'y aurait même pas lieu de s'étonner que cette correspondance puisse être assez précise pour se vérifier jusque dans les détails secondaires de la légende, ce que nous ne nous proposons d'ailleurs pas d'examiner ici.

Cela dit, il importe de remarquer que le Zodiaque de Glastonbury présente quelques particularités qui, à notre point de vue, pourraient être regardées comme des marques de son « authenticité » ; et, tout d'abord, il semble bien que le signe de la Balance en soit absent. Or, comme nous l'avons expliqué ailleurs [103], la Balance céleste ne fut pas toujours zodiacale, mais elle fut d'abord polaire, ce nom ayant été appliqué primitivement soit à la Grande Ourse, soit à l'ensemble de la Grande Ourse et de la Petite Ourse, constellations au symbolisme desquelles, par une remarquable coïncidence, le nom d'*Arthur* se rattache directement. Il y aurait lieu d'admettre que cette figure, au centre de laquelle le Pôle est d'ailleurs marqué par une tête de serpent qui se réfère manifestement au « Dragon céleste [104] », doit être rapportée à une période antérieure au transfert de la Balance dans le Zodiaque ; et, d'autre part, ce qui est particulièrement important à considérer, le symbole de la Balance polaire est en rapport avec le nom de *Tula* donné originairement au centre hyperboréen de la tradition primordiale, centre dont le « temple stellaire » dont il s'agit fut sans doute une des images constituées, dans la suite des temps, comme sièges de pouvoirs spirituels émanés ou dérivés plus ou moins directement de cette même tradition [105].

---

103 *Ibid.*, ch. X.
104 Cf. le *Sepher Ietsirah* ; « Le Dragon est au milieu du ciel comme un roi sur son trône. » La « Sagesse du Serpent », à laquelle l'auteur fait allusion à ce propos, pourrait, en un certain sens, s'identifier ici à celle des sept *Rishis* polaires. Il est curieux aussi de noter que le dragon, chez les Celtes, est le symbole du chef, et qu'Arthur est fils d'*Uther Pendragon*.
105 Ceci permet aussi de comprendre certains rapports remarqués par l'auteur entre ce symbolisme du Pôle et celui du « Paradis terrestre », notamment quant à la présence de l'arbre

En une autre occasion [106], nous avons mentionné, en connexion avec la désignation de la langue « adamique » comme la « langue syriaque », la Syrie primitive dont le nom signifie proprement la « terre solaire », et dont Homère parle comme d'une île située « au-delà d'Ogygie », ce qui ne permet de l'identifier qu'à la *Thulé* ou *Tula* hyperboréenne ; et « là sont les révolutions du Soleil », expression énigmatique qui peut naturellement se rapporter au caractère « circumpolaire » de ces révolutions, mais qui, en même temps, peut aussi faire allusion à un tracé du cycle zodiacal sur cette terre elle-même, ce qui expliquerait qu'un semblable tracé ait été reproduit dans une région destinée à être une image de ce centre. Nous touchons ici à l'explication de ces confusions que nous signalions au début, car elles ont pu naître, d'une façon en quelque sorte normale, de l'assimilation de l'image au centre originel ; et, notamment, il est bien difficile de voir autre chose qu'une confusion de ce genre dans l'identification de Glastonbury avec l'île d'Avalon [107]. En effet, une telle identification est incompatible avec le fait que cette île est toujours considérée comme un lieu inaccessible ; et, d'autre part, elle est aussi en contradiction avec l'opinion, beaucoup plus plausible, qui voit dans la même région du Somerset le « royaume de Logres », dont il est dit en effet qu'il était situé en Grande-Bretagne ; et il se peut que ce « royaume de Logres », qui aurait été regardé comme un territoire sacré, ait tiré son nom de celui du Lug celtique, qui évoque à la fois l'idée du « Verbe » et celle de la « Lumière ». Quant au nom d'*Avalon*, il est visiblement identique à celui d'*Ablun* ou *Belen*, c'est-à-dire de l'Apollon celtique et hyperboréen [108], de sorte que l'île d'Avalon n'est encore qu'une autre

---

et du serpent ; en tout cela, c'est toujours de la figuration du centre primordial qu'il s'agit en effet, et les « trois points du triangle » sont aussi en relation avec ce symbolisme.
106 Voir notre étude sur *La Science des lettres*.
107 On a voulu aussi y voir l' « île de verre », dont il est question dans certaines parties de la légende du Graal ; il est probable que, là encore, il s'agit d'une confusion avec quelque autre centre plus caché, ou, si l'on veut, plus éloigné dans l'espace et dans le temps, bien que cette désignation ne s'applique sans doute pas au centre primordial lui-même.
108 On sait que le Mont-Saint-Michel était appelé anciennement Tombelaine, c'est-à-dire le *Tumulus* ou le mont de *Belen* (et non pas la « tombe d'Hélène » suivant une interprétation toute moderne et fantaisiste) ; la substitution du nom de l'archange solaire à celui de *Belen*

désignation de la « terre solaire », qui fut d'ailleurs transportée symboliquement du Nord à l'Ouest à une certaine époque, en correspondance avec un des principaux changements, survenus dans les formes traditionnelles au cours de notre *Manvantara* [109].

Ces considérations nous amènent à d'autres constatations peut-être plus étranges encore : une idée apparemment inexplicable à première vue est celle de rapporter aux Phéniciens l'origine du Zodiaque de Glastonbury ; il est vrai qu'on a coutume d'attribuer à ce peuple beaucoup de choses plus ou moins hypothétiques, mais l'affirmation même de son existence à une époque aussi reculée nous paraît encore plus contestable. Seulement, ce qui est à remarquer, c'est que les Phéniciens habitaient la Syrie « historique » ; le nom du peuple aurait-il été l'objet du même transfert que celui du pays lui-même ? Ce qui donnerait tout au moins à le supposer, c'est sa connexion avec le symbolisme du Phénix ; en effet, d'après Josèphe, la capitale de la Syrie primitive était Héliopolis, la « Cité du Soleil », dont le nom fut donné plus tard à la ville égyptienne d'On ; et c'est à la première Héliopolis, et non pas à celle d'Égypte, que ce symbolisme cyclique du Phénix et de ses renaissances devrait être rapporté en réalité. Or, suivant Diodore de Sicile, un des fils d'*Hélios* ou du soleil, nommé *Actis*, fonda la ville d'Héliopolis ; et il se trouve que ce nom d'*Actis* existe comme nom de lieu au voisinage de Glastonbury, et dans des conditions qui le mettent précisément en rapport avec le Phénix, en lequel, selon d'autres rapprochements, ce « prince d'Héliopolis » lui-même aurait été transformé. Naturellement, l'auteur, trompé par les applications multiples et successives des mêmes noms, croit qu'il s'agit ici de l'Héliopolis d'Égypte,

---

ne change évidemment rien quant au sens ; et, chose curieuse, on trouve aussi « Saint Michaels Hill » dans la région correspondant à l'ancien « royaume de Logres ».
109 Ce transport, comme celui du *sap-ta-riksha* de la Grande Ourse aux Pléiades, correspond notamment à un changement du point de départ de l'année, d'abord solsticial et ensuite équinoxial. La signification de la « pomme » attachée au nom d'*Avalon*, sans doute secondairement dans les langues celtiques, n'est nullement en opposition avec ce que nous venons de dire, car il s'agit alors des pommes d'or du « Jardin des Hespérides », c'est-à-dire des fruits solaires de l'« Arbre du Monde ».

comme il croit pouvoir parler littéralement des Phéniciens « historiques », ce qui est en somme d'autant plus excusable que les anciens, à l'époque « classique », faisaient déjà assez souvent de pareilles confusions ; la connaissance de la véritable origine hyperboréenne des traditions, qu'il ne paraît pas soupçonner, peut seule permettre de rétablir le sens réel de toutes ces désignations.

Dans le Zodiaque de Glastonbury, le signe du Verseau est représenté, d'une façon assez imprévue, par un oiseau en lequel l'auteur pense avec raison reconnaître le Phénix, et qui porte un objet qui n'est autre que la « coupe d'immortalité », c'est-à-dire le Graal lui-même ; et le rapprochement qui est fait à cet égard avec le *Garuda* hindou est certainement très juste [110]. D'autre part, suivant la tradition arabe, le *Rukh* ou Phénix ne se pose jamais à terre en aucun autre lieu que la montagne de *Qâf*, qui est la « montagne polaire » ; et c'est de cette même « montagne polaire », désignée par d'autres noms, que, dans les traditions hindoue et perse, provient le *soma*, qui s'identifie à l'*amrita* ou à l' « ambroisie », breuvage ou nourriture d'immortalité [111].

Il y a aussi la figure d'un autre oiseau qui est plus difficile à interpréter exactement, et qui tient peut-être la place du signe de la Balance, mais dont la position est, en tout cas, beaucoup plus voisine du Pôle que du Zodiaque, puisqu'une de ses ailes correspond même aux étoiles de la Grande Ourse, ce qui, d'après ce que nous avons dit précédemment, ne pourrait en somme que confirmer cette supposition. Quant à la nature de cet oiseau, deux hypothèses sont envisagées : celle d'une colombe, qui pourrait en effet avoir quelque rapport avec le symbolisme du Graal, et celle d'une oie ou, dirions-nous plutôt, d'un cygne couvant l'« Œuf du Monde », c'est-à-dire d'un équivalent du *Hamsa* hindou ; à vrai dire, cette dernière nous paraît bien préférable, le symbole du

---

110 Voir notre étude sur *La Langue des Oiseaux* — Le signe du Verseau est habituellement représenté par Ganymède, dont on connaît la relation avec l'« ambroisie » d'une part, et d'autre part avec l'aigle de Zeus, lui-même identique à *Garuda*.
111 Voir *Le Roi du Monde*, ch. V et VI.

cygne étant étroitement lié à l'Apollon hyperboréen, et même plus spécialement encore sous le rapport que nous avons considéré ici, puisque les Grecs faisaient de *Kyknos* le fils d'Apollon et d'*Hyria*, c'est-à-dire du Soleil et de la « terre solaire », car *Hyria* n'est qu'une autre forme de *Syria*, de sorte que c'est bien toujours de l'« île sacrée » qu'il s'agit, et qu'il serait assez étonnant que le cygne ne se rencontre pas dans sa représentation [112].

Il y aurait encore beaucoup d'autres points qui mériteraient assurément de retenir l'attention, comme, par exemple, le rapprochement du nom de « Somerset » avec celui du « pays des Cimmériens » et avec différents noms de peuples dont la similitude, très probablement, indique beaucoup moins une parenté de race qu'une communauté de tradition ; mais cela nous entraînerait trop loin, et nous en avons dit assez pour montrer l'étendue d'un champ de recherches presque entièrement inexploré encore, et pour faire entrevoir les conséquences qu'on en pourrait tirer en ce qui concerne les liens des traditions diverses entre elles et leur filiation à partir de la tradition primordiale.

---

[112] Le rapprochement des deux figures de *Hamsa* et de *Garuda* est aussi très normal, puisqu'il arrive même qu'elles soient réunies en celle d'un seul oiseau en lequel il semble qu'il faille voir l'origine première de l'aigle héraldique à deux têtes, bien que celui-ci apparaisse plutôt comme un double *Garuda*, l'oiseau *Hamsa-Garuda* ayant naturellement une tête de cygne et une tête d'aigle.

Chapitre XIII

LE ZODIAQUE ET LES POINTS CARDINAUX [113]

Dans un livre sur les castes, M. A. M. Hocart signale le fait que « dans l'organisation de la cité, les quatre groupes sont situés aux différents points cardinaux à l'intérieur de l'enceinte quadrangulaire ou circulaire » ; cette répartition n'est d'ailleurs pas particulière à l'Inde, mais on en trouve de nombreux exemples chez les peuples les plus divers ; et, le plus souvent, chaque point cardinal est mis en correspondance avec un des éléments et une des saisons, ainsi qu'avec une couleur emblématique de la caste qui y était située [114]. Dans l'Inde, les Brahmanes occupaient le Nord, les Ksha-triyas l'Est, les Vaishyas le Sud, et les Shûdras l'Ouest ; on avait ainsi une division en « quartiers » au sens propre de ce mot, qui, à l'origine, désigne évidemment le quart d'une ville, bien que, dans l'usage moderne, cette signification précise paraisse avoir été plus ou moins complètement oubliée. Il va de soi que cette répartition est en étroit rapport avec la question plus générale de l'orientation, qui, pour l'ensemble d'une ville aussi bien que pour chaque édifice en particulier, jouait, comme on le sait, un rôle important dans toutes les anciennes civilisations traditionnelles.

Cependant, M. Hocart est embarrassé pour expliquer la situation propre de chacune des quatre castes [115] ; cet embarras, au fond, provient uniquement de l'erreur qu'il commet en considérant la caste royale, c'est-à-dire celle des Kshatriyas, comme la première ; partant alors de l'Est, il ne peut trouver aucun

---

113 Publié dans *É. T.*, oct.-nov. 1945.
114 *Les Castes*, pp. 46 et 49.
115 *Ibid.*, p. 55.

ordre régulier de succession, et, notamment la situation des Brahmanes au nord devient ainsi tout à fait inintelligible. Au contraire, il n'y a aucune difficulté si l'on observe l'ordre normal, c'est-à-dire si l'on commence par la caste qui est en réalité la première, celle des Brahmanes : il faut alors partir du Nord et, en tournant dans un sens de *pradakshinâ*, on trouve les quatre castes se suivant dans un ordre parfaitement régulier ; il ne reste donc plus qu'à comprendre d'une façon plus complète les raisons symboliques de cette répartition suivant les points cardinaux.

Ces raisons se fondent essentiellement sur le fait que le plan traditionnel de la cité est une image du Zodiaque ; et l'on retrouve immédiatement ici la correspondance des points cardinaux avec les saisons : en effet, comme nous l'avons expliqué ailleurs, le solstice d'hiver correspond au nord, l'équinoxe du printemps à l'est, le solstice d'été au sud et l'équinoxe d'automne à l'ouest. Dans la division en « quartiers », chacun de ceux-ci devra naturellement correspondre à l'ensemble formé par trois des douze signes zodiacaux : un des signes solsticiaux ou équinoxiaux, qu'on peut appeler signes « cardinaux », et les deux signes adjacents à celui-là. Il y aura donc trois signes compris dans chaque « quadrant » si la forme de l'enceinte est circulaire, ou sur chaque côté si elle est quadrangulaire ; cette dernière forme est d'ailleurs plus particulièrement approprié à une ville, parce qu'elle exprime une idée de stabilité qui convient à un établissement fixe et permanent, et aussi parce que ce dont il s'agit n'est pas le Zodiaque céleste lui-même mais seulement une image et comme une sorte de projection terrestre de celui-ci. Nous rappellerons incidemment à ce propos que, sans doute pour des raisons analogues, les anciens astrologues traçaient leurs horoscopes sous une forme carrée, dans laquelle chaque côté était également occupé par trois signes zodiacaux ; nous retrouvons d'ailleurs cette disposition dans les considérations qui vont suivre.

D'après ce qui vient d'être dit, on voit que la répartition des castes dans la cité suit exactement la marche du cycle annuel, celui-ci commençant normalement au solstice d'hiver ; il est vrai que certaines traditions font débuter l'année en un autre point solsticial ou équinoxial, mais il s'agit alors de formes traditionnelles en relation plus particulière avec certaines périodes cycliques secondaires ; la question ne se pose pas pour la tradition hindoue, qui représente la continuation la plus directe de la tradition primordiale, et qui, de plus, insiste tout spécialement sur la division du cycle annuel en ses deux moitiés ascendante et descendante, s'ouvrant respectivement au deux « portes » solsticiales d'hiver et d'été, ce qui est en effet le point de vue qu'on peut dire proprement fondamental à cet égard. D'autre part, le nord, étant considéré comme le point le plus élevé (*uttara*), et marquant aussi le point de départ de la tradition, convient tout naturellement aux Brahmanes ; les Kshatriyas se placent au point qui vient ensuite dans la correspondance cyclique, c'est-à-dire à l'est, côté du soleil levant ; de la comparaison de ces deux positions, on pourrait inférer assez légitimement que, tandis que le caractère du sacerdoce est « polaire », celui de la royauté est « solaire », ce que beaucoup d'autres considérations symboliques confirmeraient encore ; et peut-être même ce caractère « solaire » n'est-il pas sans rapport avec le fait que les *Avatâras* des temps « historiques » sont issus de la caste des Kshatriyas. Les Vaishyas, venant en troisième lieu, prennent place au sud, et avec eux se termine la succession des castes « deux fois nées », il ne reste plus pour les Shûdras que l'ouest, qui est regardé partout comme le côté de l'obscurité.

Tout cela est donc parfaitement logique, à la seule condition qu'il n'y ait pas de méprise sur le point de départ qu'il convient de prendre ; et, pour justifier plus complètement le caractère « zodiacal » du plan traditionnel des villes, nous citerons maintenant quelques faits qui montrent que, si la division de celles-ci répondait principalement à la division quaternaire du cycle, il y a des cas où une subdivision duodénaire était nettement indiquée. Nous en avons un exemple dans la fondation des cités suivant le rite que les Romains avaient reçu des Étrusques : l'orientation était marquée par deux voies rectangulaires, le *cardo*, allant du sud au nord, et le *decumanus* allant de l'ouest à l'est ; aux extrémités de ces deux voies étaient les portes de la ville, qui se trouvaient ainsi exactement situées aux quatre points cardinaux. La ville était partagée de cette façon en quatre quartiers, qui cependant, dans ce cas, ne correspondaient pas précisément aux points cardinaux comme dans l'Inde, mais plutôt aux points intermédiaires ; il va de soi qu'il faut tenir compte de la différence des formes traditionnelles, qui exige des adaptations diverses, mais le principe de la division n'en est pas moins le même. En outre, et c'est là le point qu'il importe de souligner présentement, à cette division en quartiers se superposait une division en « tribus » c'est-à-dire, suivant le sens étymologique de ce mot, une division ternaire ; chacune des trois « tribus » comprenait quatre « curies », réparties dans les quatre quartiers, de sorte qu'on avait ainsi, en définitive, une division duodénaire.

Un autre exemple est celui des Hébreux, qui est donné par M. Hocart lui-même, bien qu'il ne semble pas remarquer l'importance du duodénaire : « Les Hébreux, dit-il [116], connaissaient la division sociale en quatre quartiers ; leurs douze tribus territoriales étaient réparties en quatre groupes de trois tribus, dont une tribu principale : Juda campait à l'est, Ruben au sud, Ephraïm à l'ouest et Dan au nord. Les Lévites formaient un cercle intérieur autour du Tabernacle et étaient aussi divisés en quatre groupes placés aux quatre points cardinaux, la branche principale étant à l'est [117]. » À vrai dire, il ne s'agit pas ici de l'organisation d'une cité, mais de celle d'un camp tout d'abord, et, plus tard, de la répartition du territoire d'un pays tout entier ; mais, évidemment, cela ne fait aucune différence au point de vue où nous nous plaçons ici. La difficulté, pour établir une comparaison exacte avec ce qui existe ailleurs, vient de ce qu'il ne semble pas que des fonctions sociales définies aient jamais été assignées à chacune des tribus, ce qui ne permet pas d'assimiler celles-ci à des castes proprement dites ; cependant, sur un point tout au moins, on peut noter une similitude très nette avec la disposition adoptée dans l'Inde, car la tribu royale, qui était celle de Juda, se trouvait également placée à l'est. D'autre part, il y a aussi une différence remarquable : la tribu sacerdotale, celle de Lévi, qui n'était pas comptée au nombre des douze, n'avait pas de place sur les côtés du quadrilatère, et, par la suite, aucun territoire ne devait lui être assigné en propre ; sa situation à l'intérieur du camp peut s'expliquer par le fait qu'elle était expressément attachée au service d'un sanctuaire unique, qui était

---

116 *Les Castes*, p 127.
117 *Nombres*, II et III.

primitivement le Tabernacle, et dont la position normale était au centre. Quoi qu'il en soit, ce qui importe pour nous présentement, c'est la constatation que les douze tribus étaient réparties par trois sur les quatre côtés d'un quadrilatère, ces côtés étant situés respectivement vers les quatre points cardinaux ; et l'on sait assez généralement qu'il y avait, en fait, une correspondance symbolique entre les douze tribus d'Israël et les douze signes du Zodiaque, ce qui ne laisse aucun doute sur le caractère et la signification de la répartition dont il s'agit ; nous ajouterons seulement que la tribu principale, sur chacun des côtés, correspond manifestement à un des quatre signes « cardinaux », les deux autres correspondant aux deux signes adjacents.

Si maintenant l'on se réfère à la description apocalyptique de la « Jérusalem céleste », il est facile de voir que son plan reproduit exactement celui du camp des Hébreux dont nous venons de parler ; et, en même temps, ce plan est aussi identique à la figure horoscopique carrée que nous avons mentionnée plus haut. La ville, qui est en effet bâtie en carré, a douze portes, sur lesquelles sont écrits les noms des douze tribus d'Israël ; et ces portes sont réparties de la même façon sur les quatre côtés : « trois portes à l'orient, trois au septentrion trois au midi et trois à l'occident ». Il est évident que ces douze portes correspondent encore aux douze signes zodiacaux, les quatre portes principales, c'est-à-dire celles qui sont au milieu des côtés du carré, correspondant aux signes solsticiaux et équinoxiaux ; et les douze aspects du Soleil se rapportant à chacun des signes, c'est-à-dire les douze *Âdityas* de la tradition hindoue, apparaissent sous la forme des douze fruits de l'« Arbre de Vie », qui, placé au centre de la ville, « rend son fruit chaque mois », c'est-à-dire précisément suivant les positions successives du Soleil dans le Zodiaque au cours du cycle annuel. Enfin, cette ville « descendant du ciel en terre » représente assez clairement, dans une de ses significations tout au moins, la projection de l'« archétype » céleste dans la constitution de la cité terrestre ; et nous pensons que tout ce que nous venons d'exposer montre suffisamment que cet « archétype » est symbolisé essentiellement par le Zodiaque.

Chapitre XIV

LA TÉTRAKTYS
ET LE CARRÉ DE QUATRE. [118]

Nous avons été amené, à plusieurs reprises au cours de nos études, à faire allusion à la *Tétraktys* pythagoricienne, et nous en avons indiqué alors la formule numérique : 1 + 2 + 3 + 4 = 10, montrant la relation qui unit directement le dénaire au quaternaire. On sait d'ailleurs l'importance toute particulière qu'y attachaient les Pythagoriciens, et qui se traduisait notamment par le fait qu'ils prêtaient serment « par la sainte *Tétraktys* » ; on a peut-être moins remarqué qu'ils avaient aussi une autre formule de serment, qui était « par le carré de quatre » ; et il y a entre les deux un rapport évident, car le nombre quatre est, pourrait-on dire, leur base commune. On pourrait déduire de là, entre autres conséquences, que la doctrine pythagoricienne devait se présenter avec un caractère plus « cosmologique » que purement métaphysique, ce qui n'est d'ailleurs pas un cas exceptionnel quand on a affaire aux traditions occidentales, puisque nous avons eu déjà l'occasion de faire une remarque analogue en ce qui concerne l'hermétisme. La raison de cette déduction, qui peut sembler étrange à première vue pour qui n'est pas habitué à l'usage du symbolisme numérique, est que le quaternaire est partout et toujours considéré comme étant proprement le nombre de la manifestation universelle ; il marque donc, à cet égard, le point de départ même de la « cosmologie », tandis que les nombres qui le précèdent, c'est-à-dire l'unité, le binaire et le ternaire, se rapportent strictement à l'« ontologie » ; la mise en évidence plus particulière du quaternaire correspond donc bien par là à celle du point de vue « cosmologique » lui-même.

---

118 Publié dans *É. T.*, avril 1937.

Au début des *Rasâïl Ikhwân Eç-Çafâ*, les quatre termes du quaternaire fondamental sont énumérés ainsi : 1° le Principe, qui est désigné comme *El-Bârî*, le « Créateur » (ce qui indique qu'il ne s'agit pas du Principe suprême, mais seulement de l'Être, en tant que principe premier de la manifestation, qui d'ailleurs est bien en effet l'Unité métaphysique) ; 2° l'Esprit universel ; 3° l'Âme universelle ; 4° la *Hylè* primordiale. Nous ne développerons pas actuellement les différents points de vue auxquels ces termes pourraient être envisagés ; on pourrait notamment les faire correspondre respectivement aux quatre « mondes » de la Kabbale hébraïque, qui ont aussi leur exact équivalent dans l'ésotérisme islamique. Ce qui importe pour le moment, c'est que le quaternaire ainsi constitué est regardé comme présupposé par la manifestation, en ce sens que la présence de tous ses termes est nécessaire au développement complet des possibilités que comporte celle-ci ; et, est-il ajouté, c'est pourquoi, dans l'ordre des choses manifestées, on retrouve toujours spécialement la marque (on pourrait dire en quelque sorte la « signature ») du quaternaire : de là, par exemple, les quatre éléments (l'Éther n'étant pas compté ici, car il ne s'agit que des éléments « différenciés »), les quatre points cardinaux (ou les quatre régions de l'espace qui y correspondent, avec les quatre « piliers » du monde), les quatre phases en lesquelles tout cycle se divise naturellement (les âges de la vie humaine, les saisons dans le cycle annuel, les phases lunaires dans le cycle mensuel, etc.), et ainsi de suite ; on pourrait établir ainsi une multitude indéfinie d'applications du quaternaire, toutes reliées entre elles, d'ailleurs, par des correspondances analogiques rigoureuses, car elles ne sont, au fond, qu'autant d'aspects plus ou moins spéciaux d'un même « schéma » général de la manifestation.

Ce « schéma », sous sa forme géométrique, est un des symboles les plus répandus, un de ceux qui sont véritablement communs à toutes les traditions : c'est le cercle divisé en quatre parties égales par une croix formée de deux diamètres rectangulaires, et l'on peut remarquer tout de suite que cette figure exprime précisément la relation du quaternaire et du dénaire, comme l'exprime, sous la forme numérique, la formule que nous rappelions au début. En effet, le quaternaire est représenté géométriquement par le carré, si on l'envisage sous l'aspect « statique », mais, sous l'aspect « dynamique » comme c'est le cas ici, il l'est par la croix ; celle-ci, lorsqu'elle tourne autour de son centre, engendre la circonférence, qui, avec le centre, représente le dénaire, lequel est, comme nous l'avons dit précédemment, le cycle numérique complet. C'est là ce qu'on appelle la « circulature du quadrant », représentation géométrique de ce qu'exprime arithmétiquement la formule $1 + 2 + 3 + 4 = 10$; inversement, le problème hermétique de la « quadrature du cercle » (expression si mal comprise d'ordinaire) n'est pas autre chose que ce que représente la division quaternaire du cercle supposé donné tout d'abord, par deux diamètres rectangulaires et il s'exprimera numériquement par la même formule, mais écrite en sens inverse : $10 = 1 + 2 + 3 + 4$, pour montrer que tout le développement de la manifestation est ainsi ramené au quaternaire fondamental.

Cela dit, revenons au rapport de la *Tétraktys* et du carré de quatre : les nombres 10 et 16 occupent le même rang, le quatrième, respectivement dans la série des nombres triangulaire et dans celle des nombres carrés. On sait que les nombres triangulaires sont les nombres obtenus en faisant la somme des nombres entiers consécutifs depuis l'unité jusqu'à chacun des termes successifs de la série ; l'unité elle-même est le premier nombre triangulaire, comme elle est aussi le premier nombre carré, car, étant le principe et l'origine de la série des nombre entiers, elle doit l'être également de toutes les autres séries qui en sont ainsi dérivées. Le second nombre triangulaire est $1 + 2 = 3$, ce qui montre d'ailleurs que, dès que l'unité produit le binaire par sa propre polarisation, on a immédiatement le ternaire par là même ; et la représentation géométrique en est évidente : 1 correspond au sommet du triangle, 2 aux extrémités de sa base, et le triangle lui-même, dans son ensemble, est naturellement la figure du nombre 3. Si l'on considère ensuite les trois termes du ternaire comme ayant une existence indépendante, leur somme donne le troisième nombre triangulaire : $1 + 2 + 3 = 6$; ce nombre sénaire étant le double du ternaire, on peut dire qu'il implique un nouveau ternaire qui est un reflet du premier, comme dans le symbole bien connu du « sceau de Salomon » ; mais ceci pourrait donner lieu à d'autres considérations qui seraient en dehors de notre sujet. En continuant la série, on a, pour le quatrième nombre triangulaire, 1 +

2 + 3 + 4 = 10, c'est-à-dire la *Tétraktys* ; et l'on voit par là, comme nous l'avons déjà expliqué, que le quaternaire contient d'une certaine façon tous les nombres, puisqu'il contient le dénaire, d'où la formule du *Tao-te-King* que nous avons citée précédemment : « un a produit deux, deux a produit trois, trois a produit tous les nombres », ce qui revient encore à dire que toute la manifestation est comme enveloppée dans le quaternaire, ou, inversement, que celui-ci constitue la base complète de son développement intégral.

La *Tétraktys*, en tant que nombre triangulaire, était naturellement représentée par un symbole qui était dans son ensemble de forme ternaire, chacun de ses côtés extérieurs comprenant quatre éléments ; et ce symbole se composait en tout de dix éléments, figurés par autant de points, dont neuf se trouvaient ainsi sur le périmètre du triangle et un à son centre. On remarquera qu'on retrouve dans cette disposition, malgré la différence des formes géométriques, l'équivalent de ce que nous avons indiqué au sujet de la représentation du dénaire par le cercle, puisque, là également, 1 correspond au centre et 9 à la circonférence. Notons aussi en passant, à ce propos, que c'est parce que 9, et non pas 10, est le nombre de la circonférence, que la division de celle-ci s'effectue normalement suivant des multiples de 9 (90 degrés pour le quadrant, et par suite 360 pour la circonférence entière), ce qui est d'ailleurs en relation directe avec toute la question des « nombres cycliques ».

Fig. 10

Le carré de quatre est, géométriquement, un carré dont les côtés comprennent quatre éléments, comme ceux du triangle dont nous venons de parler ; si l'on considère les côtés eux-mêmes comme mesurés par le nombre de ces éléments, il en résulte que les côtés du triangle et ceux du carré seront égaux. On pourra alors réunir les deux figures en faisant coïncider la base du triangle avec le côté supérieur du carré, comme dans le tracé suivant (où nous avons marqué les points, pour plus de clarté, non sur les côtés mêmes, mais à l'intérieur des figures, ce qui permet de compter distinctement ceux qui appartiennent respectivement au triangle et au carré) ; et l'ensemble ainsi obtenu donne lieu encore à plusieurs remarques importantes. Tout d'abord, si l'on considère seulement le triangle et le carré comme tels, cet ensemble est une représentation géométrique du septénaire, en tant que celui-ci est la somme du ternaire et du quaternaire : 3 + 4 = 7 ; on peut dire plus précisément, d'après la disposition même de la figure, que ce septénaire est formé de l'union d'un ternaire supérieur et d'un quaternaire inférieur, ce qui est susceptible d'applications diverses. Pour nous en tenir à ce qui nous concerne plus spécialement ici, il suffira de dire que, dans la correspondance des nombres triangulaires et des nombres carrés, les premiers doivent être rapportés à un domaine plus élevé que les seconds, d'où l'on peut inférer que, dans le symbolisme pythagoricien, la *Tétraktys* devait avoir un rôle supérieur à celui du carré de quatre ; et en fait, tout ce qu'on en connaît paraît indiquer qu'il en était bien réellement ainsi.

Maintenant, il y a autre chose de plus singulier, et qui, bien que se référant à une forme traditionnelle différente, ne peut certes pas être regardé comme une simple « coïncidence » : les deux nombres 10 et 16, contenus respectivement dans le triangle et dans le carré ont pour somme 26 ; or, ce nombre 26 est la valeur numérique totale des lettres formant le tétragramme hébraïque *iod-hé-vau-hé*. De plus, 10 est la valeur de la première lettre *iod* et 16 est celle de l'ensemble des trois autres lettres *hé-vau-hé* ; cette division du tétragramme est parfaitement normale, et la correspondance de ses deux parties est encore très significative : la *Tétraktys* s'identifie ainsi au *iod* dans le triangle tandis que le reste du tétragramme s'inscrit dans le carré placé au-dessous de celui-ci.

D'autre part, le triangle et le carré contiennent l'un et l'autre quatre lignes de points ; il est à noter, bien que ceci n'ait en somme qu'une importance secondaire, et uniquement pour marquer encore les concordances de différentes sciences traditionnelles, que les quatre lignes de points se retrouvent dans les figures de la géomancie, figures qui d'ailleurs, par les combinaisons quaternaires de 1 et 2, sont au nombre de $16 = 4^2$; et la géomancie, comme son nom l'indique, est en relation spéciale avec la terre, qui, suivant la tradition extrême-orientale, est symbolisée par la forme carrée.

Enfin, si l'on considère les formes solides correspondant, dans la géométrie à trois dimensions, aux figures planes dont il s'agit, au carré correspond un cube, et au triangle une pyramide quadrangulaire ayant pour base la face supérieure de ce cube ; l'ensemble forme ce que le symbolisme maçonnique désigne comme la « pierre cubique à pointe », et qui, dans l'interprétation hermétique, est regardé comme une figure de la « pierre philosophale ». Il y a encore, sur ce dernier symbole, d'autres remarques à faire ; mais, comme elles n'ont plus de rapport avec la question de la *Tétraktys*, il sera préférable de les envisager séparément.

Chapitre XV

UN HIÉROGLYPHE DU PÔLE [119]

Pour revenir sur certaines considérations qui se rapportent à la figure de la « pierre cubique à pointe » à laquelle nous venons de faire allusion, nous dirons tout d'abord que cette figure, dans des anciens documents, est complétée, d'une façon assez inattendue, par l'adjonction d'une hache qui semble posée en équilibre sur le sommet même de la pyramide. Cette particularité a souvent intrigué les spécialistes du symbolisme maçonnique, dont la plupart n'ont pu en donner aucune explication satisfaisante ; cependant, on a suggéré que la hache pourrait bien n'être ici autre chose que l'hiéroglyphe de la lettre hébraïque *qoph*, et c'est là que se trouve en effet la véritable solution ; mais les rapprochements qu'il y a lieu de faire à cet égard sont encore beaucoup plus significatifs si l'on envisage la lettre arabe correspondante *qâf*, et il nous a paru intéressant d'en donner un aperçu, malgré le caractère d'étrangeté que ces choses risquent de revêtir aux yeux du lecteur occidental, qui forcément n'est pas habitué à ce genre de considérations.

Le sens le plus général qui s'attache à la lettre dont il s'agit, que ce soit en hébreu ou en arabe, est celui de « force » ou de « puissance » (en arabe *qowah*), qui peut d'ailleurs, suivant les cas, être d'ordre matériel ou d'ordre spirituel [120] ; et c'est bien à ce sens que correspond, de la façon la plus immédiate, le symbolisme d'une arme telle que la hache. Dans le cas qui nous occupe présentement, c'est évidemment d'une puissance spirituelle qu'il doit être

---

119 Publié dans *É. T.*, mai 1937.
120 La distinction entre ces deux sens est marquée en arabe par une différence dans l'orthographe du mot *qowah* pour le premier et *qowâ* pour le second.

question ; ceci résulte du fait que la hache est mise en rapport direct, non avec le cube, mais avec la pyramide ; et l'on pourra se souvenir ici de ce que nous avons déjà exposé en d'autres occasions sur l'équivalence de la hache avec le *vajra*, qui est bien aussi, avant tout, le signe de la puissance spirituelle. Il y a plus : la hache est placée, non pas en un point quelconque, mais, comme nous l'avons dit, au sommet de la pyramide, sommet qui est souvent considéré comme représentant celui d'une hiérarchie spirituelle ou initiatique ; cette position semble donc indiquer la plus haute puissance spirituelle en action dans le monde, c'est-à-dire ce que toutes les traditions désignent comme le « Pôle » ; ici encore, nous rappellerons le caractère « axial » des armes symboliques en général et de la hache en particulier, qui est manifestement en parfait accord avec une telle interprétation.

Or ce qui est très remarquable, c'est que le nom même de la lettre *qâf* est aussi, dans la tradition arabe, celui de la Montagne sacrée ou polaire [121] ; la pyramide, qui est essentiellement une image de celle-ci, porte donc ainsi, par cette lettre ou par la hache qui la remplace, sa propre désignation comme telle, comme pour ne laisser subsister aucun doute sur la signification qu'il convient de lui reconnaître traditionnellement. De plus, si le symbole de la montagne ou de la pyramide est rapporté à l'« Axe du Monde », son sommet, où est placé cette lettre, s'identifie plus spécialement au Pôle même ; or *qâf* équivaut numériquement à *maqâm* [122], ce qui désigne ce point comme le « Lieu » par

---

121 Certains veulent identifier la montagne de *Qâf* au Caucase (*qâf-qâsiyah*) ; si cette assimilation devait être prise littéralement au sens géographique actuel, elle serait certainement erronée, car elle ne s'accorderait aucunement avec ce qui est dit de la Montagne sacrée, qui ne peut être atteinte « ni par terre ni par mer » (*lâ bil-barr wa lâ bil-bahr*) ; mais il faut remarquer que ce nom de Caucase a été appliqué anciennement à plusieurs montagnes situées en des régions très différentes, ce qui donne à penser qu'il peut bien avoir été originairement une des désignations de la Montagne sacrée, dont les autres Caucases ne seraient alors qu'autant de « localisations » secondaires.

122 *Qâf* = 100 + 1 + 80 = 181 ; *maqâm* = 40 + 100 + 1 + 40 = 181. En hébreu, la même équivalence numérique se retrouve entre *qoph* et *maqom* ; ces mots ne diffèrent d'ailleurs de

excellence, c'est-à-dire l'unique point qui demeure fixe et invariable dans toutes les révolutions du monde.

La lettre *qâf* est, en outre, la première du nom arabe du Pôle, *Qutb*, et, à ce titre encore, elle peut servir à le désigner abréviativement, suivant un procédé dont l'emploi est très fréquent [123] ; mais il y a encore d'autres concordances non moins frappantes. C'est ainsi que le siège (le mot arabe est *markaz*, qui signifie proprement « centre ») du Pôle suprême (appelé *El-Qutb El-Ghawth*, pour le distinguer des sept *Aqtâb* ou Pôles secondaires et subordonnés [124]) est décrit symboliquement comme situé entre ciel et terre, en un point qui est exactement au-dessus de la *Kaabah*, laquelle a précisément la forme d'un cube et est, elle aussi, une des représentations du « Centre du Monde ». On peut donc envisager la pyramide, invisible parce qu'elle est de nature purement spirituelle, comme s'élevant au-dessus de ce cube, qui, lui, est visible parce qu'il se rapporte au monde élémentaire, marqué par le nombre quaternaire ; et, en même temps, ce cube, sur lequel repose ainsi la base de la pyramide ou de la hiérarchie, dont elle est la figure et dont le *Qutb* occupe le sommet, est aussi, par sa forme, un symbole de la stabilité parfaite.

Le *Qutb* suprême est assisté des deux *Imâms* de la droite et de la gauche, et le ternaire ainsi formé se trouve encore représenté, dans la pyramide, par la forme triangulaire qui est celle de chacune de ses faces. D'autre part, l'unité et le binaire qui constituent ce ternaire correspondent aux lettres *alif* et *be* suivant les valeurs numériques respectives de celles-ci. La lettre *alif* présente la forme d'un axe vertical ; sa pointe supérieure et les deux extrémités en opposition horizontale de la lettre *be* forment, selon un schéma dont on pourrait retrouver

---

leurs correspondants arabes que par la substitution de *waw* à *alif*, dont il existe de nombreux autres exemples (*nâr* et *nûr*, *âlam* et *ôlam*, etc.) ; le total est alors 186.

123 C'est ainsi que la lettre *mîm*, par exemple, sert parfois à désigner le *Mahdî* ; Mohyiddin ibn Arabi, notamment, lui donne cette signification dans certains cas.

124 Les sept *Aqtâb* correspondent aux « sept Terres », qui se retrouvent également dans d'autres traditions ; et ces sept Pôles terrestres sont un reflet des sept Pôles célestes, qui président respectivement aux sept Cieux planétaires.

des équivalents dans divers symboles appartenant à d'autres traditions, les trois angles du triangle initiatique, qui en effet doit être considéré proprement comme une des « signatures » du Pôle.

Ajoutons encore, sur ce dernier point, que la lettre *alif* est tout spécialement considérée comme « polaire » (*qutbâniyah*), son nom et le mot *Qutb* sont numériquement équivalents : *alif* = 1 + 30 + 80 = 111 ; *Qutb* = 100 + 9 + 2 = 111. Ce nombre 111 représente l'unité exprimée dans les trois mondes, ce qui convient parfaite-ment pour caractériser la fonction même du Pôle.

Ces remarques auraient sans doute pu être développées davantage, mais nous pensons en avoir dit assez pour que ceux mêmes qui sont les plus étrangers à la science traditionnelle des lettres et des nombres doivent tout au moins reconnaître qu'il serait bien difficile de prétendre ne voir en tout cela qu'un simple ensemble de « coïncidences » !

Chapitre XVI

LES « TÊTES NOIRES » [125]

Le nom des Éthiopiens signifie littéralement « visages brûlés » (*Aithi-ôps* [126]), et par suite « visages noirs » ; on l'interprète communément comme désignant un peuple de race noire, ou tout au moins au teint noir [127]. Cependant, cette explication trop « simpliste » apparaît comme peu satisfaisante dès qu'on remarque que les anciens donnèrent en fait le même nom d'Éthiopie à des pays très divers, et à certains desquels elle ne conviendrait aucunement, puisque notamment l'Atlantide elle-même, dit-on, fut aussi appelée Éthiopie ; par contre, il ne semble pas que cette dénomination ait jamais été appliquée aux pays habités par des peuples appartenant proprement à la race noire. Il doit donc y avoir là autre chose, et cela devient encore plus évident quand on constate ailleurs l'existence de mots ou d'expressions similaires, si bien qu'on est naturellement amené à chercher quelle signification symbolique ils peuvent avoir en réalité.

Les Chinois se désignaient eux-mêmes très anciennement comme le « peuple noir » (*li-min*) ; cette expression se trouve en particulier dans le *Chou-king* (règne de l'empereur *Chouen*, 2317-2208 avant l'ère chrétienne). Beaucoup plus tard, au début de la dynastie *Tsing* (IIIe siècle avant l'ère chrétienne) l'empereur donna à son peuple un autre nom analogue [128], celui de « têtes

---

125 Publié dans *É. T.*, janv.-févr. 1948.
126 C'est de la même racine *aith* que dérive aussi le mot *Aithêr*, l'Éther pouvant être considéré en quelque sorte comme un feu supérieur, celui du « Ciel empyrée ».
127 Les habitants du pays connu actuellement encore sous le nom d'Éthiopie, bien qu'ayant le teint sombre, n'appartiennent pas à la race noire.
128 On sait que, en Chine, l'attribution aux êtres et aux choses de leurs « désignations correctes » faisait traditionnellement partie des fonctions du souverain.

noires » (*kien-cheou*) ; et ce qui est encore singulier, c'est qu'on trouve exactement la même expression en Chaldée (*nishi salmat kakkadi*) mille ans au moins avant cette époque. De plus, il est à remarquer que les caractères *kien* et *he*, signifiant « noir », représentent la flamme ; par là, le sens de cette expression de « têtes noires » se rapproche encore plus étroitement de celui du nom des Éthiopiens. Les orientalistes, qui le plus souvent ignorent de parti pris tout symbolisme, veulent expliquer ces termes de « peuple noir » et de « têtes noires » comme désignant le « peuple aux cheveux noirs » ; malheureusement, si ce caractère convient en effet aux Chinois, il ne saurait en aucune façon les distinguer des peuples voisins, de sorte que cette explication encore apparaît comme tout à fait insignifiante au fond.

D'autre part, certains ont pensé que le « peuple noir » était proprement la masse du peuple, à laquelle la couleur noire aurait été attribuée comme elle l'est dans l'Inde aux Shûdras, et avec le même sens d'indistinction et d'anonymat ; mais il semble bien que ce soit en réalité le peuple chinois tout entier qui ait été ainsi désigné, sans qu'il soit fait à cet égard aucune différence entre la masse et l'élite, et, s'il en est ainsi, le symbolisme dont il s'agit n'est plus valable en pareil cas. Du reste, si l'on songe, non seulement, que les expressions de ce genre ont eu un emploi aussi étendu dans l'espace et dans le temps que nous l'avons indiqué (et il est même très possible qu'il en existe encore d'autres exemples), mais aussi que les anciens Égyptiens, de leur côté, donnaient à leur pays le nom de *Kêmi* ou « terre noire », on se rendra compte qu'il est assurément fort invraisemblable que tant de peuples divers aient adopté, pour eux-mêmes ou pour leur pays, une désignation qui aurait eu un sens péjoratif. Ce n'est donc pas à ce sens inférieur de la couleur noire qu'il convient de se référer ici, mais bien plutôt à son sens supérieur, puisque, comme nous l'avons expliqué en d'autres occasions, elle présente un double symbolisme, tout aussi bien d'ailleurs que l'anonymat, auquel nous faisions allusion tout à l'heure à propos de la masse du peuple, a également deux significations opposées [129].

On sait que, dans son sens supérieur, la couleur noire symbolise essentiellement l'état principiel de non-manifestation, et que c'est ainsi qu'il faut comprendre notamment le nom de *Krishna*, par opposition à celui d'*Arjuna* qui signifie « blanc », l'un et l'autre représentant respectivement le non-manifesté et le manifesté, l'immortel et le mortel, le « Soi » et le « moi », *Paramâtmâ* et *jîvâtmâ* [130]. Seulement, on peut se demander comment un symbole du non-manifesté est applicable à un peuple ou à un pays ; nous devons reconnaître que le rapport n'apparaît pas clairement à première vue, mais pourtant il existe bien réellement dans les cas dont il s'agit. D'ailleurs, ce ne doit pas être sans raison que, dans plusieurs de ces cas, la couleur noire est rapportée plus particulièrement aux « faces » ou aux « têtes », termes dont nous avons déjà indiqué ailleurs la signification symbolique, en connexion avec les idées de « sommet » et de « principe [131] ».

Pour comprendre ce qu'il en est, il faut se souvenir que les peuples dont nous venons de parler sont de ceux qui se considéraient comme occupant une situation « centrale » ; on connaît notamment, à cet égard, la désignation de la Chine comme le « Royaume du Milieu » (*Tchoung-kouo*), ainsi que le fait que l'Égypte était assimilée par ses habitants au « Cœur du Monde ». Cette situation « centrale » est d'ailleurs parfaitement justifiée au point de vue symbolique, car chacune des contrées auxquelles elle était attribuée était effectivement le siège du centre spirituel d'une tradition, émanation et image du centre spirituel suprême, et le représentant pour ceux qui appartenaient à la tradition envisagée, de sorte qu'elle était bien véritablement pour eux le « Centre du Monde [132] ».

---

[129] Sur le double sens de l'anonymat, voir *Le Règne de la quantité et les signes des temps*, ch. IX.
[130] Voir notamment *Le blanc et le noir*.
[131] Voir *La pierre angulaire*.
[132] Voir *La Grande Triade*, ch. XVI.

Or, le centre est, en raison de son caractère principiel, ce qu'on pourrait appeler le « lieu » de la non-manifestation ; comme tel, la couleur noire entendue dans son sens supérieur, lui convient donc réellement. Il faut d'ailleurs remarquer que, par contre, la couleur blanche convient aussi au centre sous un autre rapport, nous voulons dire en tant qu'il est le point de départ d'une « irradiation », assimilée à celle de la lumière [133] ; on pourrait donc dire que le centre est « blanc » extérieurement et par rapport à la manifestation qui procède de lui, tandis qu'il est « noir » intérieurement et en lui-même ; et ce dernier point de vue est naturellement celui des êtres qui, pour une raison telle que celle que nous venons de rappeler, se situent symboliquement dans le centre même.

---

[133] Voir *Les sept rayons et l'arc-en-ciel*.

René Guénon

Chapitre XVII

LA LETTRE G
ET LE SWASTIKA [134]

Dans *La Grande Triade*, à propos du symbolisme polaire et du mot chinois *i* désignant l'unité (l'Étoile polaire est appelée *Tai-i*, c'est-à-dire la « Grande Unité »), nous avons été amené à donner quelques indications sur le symbolisme maçonnique de la lettre G, dont la position normale est également « polaire », et à faire un rapprochement avec la lettre I qui représentait « le premier nom de Dieu » pour les *Fedeli d'Amore* [135]. Ce rapprochement se justifiait par le fait que la lettre G, qui par elle-même ne pourrait pas être considérée comme un véritable symbole en tant qu'elle appartient aux langues modernes qui n'ont rien de sacré ni de traditionnel, mais qui *stands for God* suivant les rituels anglais et est en effet l'initiale du mot *God* lui-même, a été, dans certains cas tout au moins, regardée comme se substituant au *iod* hébraïque, symbole du Principe ou de l'Unité, en vertu d'une assimilation phonétique entre *God* et *iod* [136]. Ces quelques remarques se sont trouvées être le point de départ de recherches qui ont donné

---

134 Publié dans *É. T.*, juill.-août 1950.
135 *La Grande Triade*, ch. XXV.
136 L'auteur d'un ouvrage sur le symbolisme maçonnique a cru devoir nous adresser à ce sujet une critique, formulée même en termes assez peu courtois, comme si nous étions responsables de cette assimilation phonétique ; nous ne le sommes pourtant pas plus que du fait que les maçons anglais ont aussi identifié autrefois les trois lettres du même mot *God* aux initiales des trois mots hébraïques *Gamel, Oz, Dabar* (Beauté, Force, Sagesse) ; qu'on pense ce qu'on voudra de la valeur de tels rapprochements (et il y en a encore d'autres), on est bien obligé, en tout cas, d'en tenir compte au moins historiquement.

lieu à de nouvelles constatations fort intéressantes [137] ; c'est pourquoi nous croyons utile de revenir sur ce sujet pour compléter ce que nous avons déjà dit.

Tout d'abord, il y a lieu de noter que, dans un ancien catéchisme du grade de Compagnon [138], à la question : *What does that G denote* ? il est répondu expressément : *Geometry or the Fifth Science* (c'est-à-dire la science qui occupe le cinquième rang dans l'énumération traditionnelle des « sept arts libéraux », dont nous avons signalé en d'autres occasions la transposition ésotérique dans les initiations du moyen âge) ; cette interprétation ne contredit d'ailleurs aucunement l'affirmation que cette même lettre *stands for God*, Dieu étant spécialement désigné dans ce grade comme le « Grand Géomètre de l'Univers » et, d'autre part, ce qui lui donne toute son importance, c'est que, dans les plus anciens manuscrits connus de la maçonnerie opérative, la « Géométrie » est constamment identifiée à la maçonnerie elle-même ; il y a donc là quelque chose qui ne peut pas être considéré comme négligeable. Il apparaît en outre, ainsi que nous le verrons tout à l'heure, que la lettre G, en tant qu'initiale de *Geometry*, a pris la place de son équivalent grec Γ, ce que justifie suffisamment l'origine même du mot « Géométrie » (et, ici du moins, ce n'est plus à une langue moderne que nous avons affaire) ; en outre, cette lettre Γ présente en elle-même un certain intérêt, au point de vue du symbolisme maçonnique, en raison de sa forme qui est celle d'une équerre [139], ce qui n'est évidemment pas le cas de la lettre latine G [140]. Maintenant, avant d'aller plus loin, on pourrait se

---

137 Marius Lepage, *La Lettre G*, dans *Le Symbolisme*, numéro de nov. 1948 ; article dans le *Speculative Mason*, numéro de juill. 1949, écrit à l'occasion du précédent et d'où est tirée la plus grande partie des informations que nous utilisons ici.

138 Prichard, *Masonry Dissected* (1730).

139 Rappelons que l'équerre à branches inégales, qui est plus précisément la forme de cette lettre, représente les deux côtés de l'angle droit du triangle rectangle 3-4-5, qui a, comme nous l'avons expliqué ailleurs, une importance toute particulière dam la maçonnerie opérative (voir *Parole perdue et mots substitués*, dans *É. T.*, décembre 1948).

140 Toutes les considérations que certains ont voulu tirer de la forme de la lettre G (ressemblance avec la forme d'un nœud, avec celle du symbole alchimique du sel, etc.) ont manifestement un caractère tout à fait artificiel et même plutôt fantaisiste ; elle n'ont pas le moindre

demander si ceci n'est pas en opposition avec l'explication par la substitution au *iod* hébraïque, ou du moins, puisque celle-ci a bien existé aussi, s'il n'y aurait pas lieu de penser, dans ces conditions, qu'elle n'aurait été introduite qu'après coup et plus ou moins tardivement ; en fait, comme elle paraît bien avoir appartenu en propre au grade de maître, il doit en être ainsi pour ceux qui suivent l'opinion la plus courante sur l'origine de celui-ci. Par contre, pour ceux qui, comme nous, se refusent, pour plus d'une raison, à considérer ce grade comme le produit d'une élaboration « spéculative » du XVIIIe siècle, et qui y voient une sorte de « condensation » du contenu de certains grades supérieurs de la maçonnerie opérative, comblant dans la mesure du possible une lacune due à l'ignorance où étaient à l'égard de ceux-ci les fondateurs de la Grande Loge d'Angleterre, la chose apparaît sous un aspect bien différent : il s'agit alors d'une superposition de deux sens différents, mais qui ne s'excluent nullement, ce qui n'a assurément rien d'exceptionnel dans le symbolisme ; de plus, ce que personne ne semble avoir remarqué jusqu'ici, c'est que les deux interprétations, par le grec et l'hébreu respectivement, s'accordent parfaitement avec le caractère propre des deux grades correspondants, « pythagoricien » pour le second et « salomonien » pour le troisième, et peut-être est-ce là surtout, au fond, ce qui permet de comprendre ce qu'il en est réellement.

Cela dit, nous pouvons revenir à l'interprétation « géométrique » du grade de Compagnon, dont ce que nous avons dit n'est pas encore la partie la plus intéressante quant au symbolisme de la maçonnerie opérative. Dans le même catéchisme que nous avons cité plus haut, on trouve aussi cette sorte d'énigme : *By letters four and science five, this G aright doth stand in a due art and proportion* [141] : Ici, *science five* désigne évidemment la « cinquième science »,

---

rapport avec les significations reconnues de cette lettre, et elles ne reposent d'ailleurs sur aucune donnée authentique.

141 Nous ne devons pas oublier de mentionner incidemment que, en réponse à la question *Who does that G denote ?* (*who* et non plus *what* comme précédemment quand il était question de la Géométrie), ce catéchisme contient encore la phrase suivante : *The Grand Architect and contriver of the Universe, or He that was taken up to the Pinnacle of the Holy Temple* ; on

c'est-à-dire la Géométrie ; quant à la signification de *letters four*, on pourrait, à première vue et par symétrie, être tenté de supposer qu'il y a là une faute et qu'il faut lire *letter* au singulier, de sorte qu'il s'agirait de la « quatrième lettre », c'est-à-dire, dans l'alphabet grec, de la lettre Δ, qui est en effet intéressante symboliquement par sa forme triangulaire ; mais, comme cette explication aurait le grand défaut de ne présenter aucun rapport intelligible avec la lettre G, il est beaucoup plus vraisemblable qu'il est réellement question de « quatre lettres », et que l'expression d'ailleurs anormale *science five*, au lieu de *fifth science*, a été mise là intentionnellement pour rendre l'énoncé encore plus énigmatique. Maintenant, le point qui peut paraître le plus obscur est celui-ci : pourquoi est-il parlé de quatre lettres, ou, si c'est bien toujours de l'initiale du mot *Geometry* qu'il s'agit, pourquoi doit-elle être quadruplée *to stand aright in due art and proportion* ? La réponse, qui doit être en rapport avec la position « centrale » ou « polaire » de la lettre G, ne peut être donnée qu'au moyen du symbolisme opératif, et c'est d'ailleurs ici qu'apparaît la nécessité de prendre cette lettre, comme nous l'indiquions plus haut, sous sa forme grecque Γ. En effet, l'assemblage de quatre Γ placés à angles droits les uns par rapport aux autres forme le *swastika*, « symbole, comme l'est aussi la lettre G, de l'Étoile polaire, qui est elle-même le symbole et, pour le maçon opératif, le siège effectif du Soleil central caché de l'Univers, Iah [142] », ce qui rappelle évidemment de très

---

remarquera que le « Grand Architecte de l'Univers » est ici identifié au Christ (donc au *Logos*), mis lui-même en rapport avec le symbolisme de la « pierre angulaire » entendu suivant le sens que nous avons expliqué ; le « pinacle du Temple » (et l'on notera la curieuse ressemblance de ce mot « pinacle » avec l'hébreu *pinnah* qui signifie « angle ») est naturellement le sommet ou le point le plus élevé, et, comme tel, il équivaut à ce qu'est la « clef de voûte » (*Keystone*) dans l'*Arch Masonry*.

142 Dans l'article du *Speculative Mason*, d'où est tirée cette citation, le *swastika* est appelé inexactement *gammadion*, désignation qui, comme nous l'avons signalé à diverses reprises, était en réalité appliquée anciennement à de tout autres figures (voir notamment *El-Arkân*, où nous en avons donné la reproduction), mais il n'en est pas moins vrai que le *swastika*, bien que n'ayant jamais porté ce nom, peut aussi être regardé comme formé par la réunion de quatre gammas, de sorte que cette rectification de terminologie ne change rien pour ce dont il s'agit ici.

près le *Tai-i* de la tradition extrême-orientale [143]. Dans le passage de *La Grande Triade* que nous rappelions au début, nous avions déjà signalé l'existence, dans le rituel opératif, d'un rapport très étroit entre la lettre G et le *swastika* ; cependant, nous n'avions pas eu connaissance alors des informations qui, en faisant intervenir le Γ grec, rendent ce rapport encore plus direct et en complètent l'explication [144]. Il est bon de noter encore que la partie recourbée des branches du *swastika* est considérée ici comme représentant la Grande Ourse, vue dans quatre positions différentes au cours de sa révolution autour de l'Étoile polaire à laquelle correspond naturellement le centre où s'unissent les quatre *gammas*, et que ces quatre positions sont mises en relation avec les quatre points cardinaux et les quatre saisons ; on sait quelle est l'importance de la Grande Ourse dans toutes les traditions où intervient le symbolisme polaire [145]. Si l'on songe que tout cela appartient à un symbolisme qu'on peut dire vraiment « œcuménique » et qui indique par là même un lien assez direct avec la tradition primordiale, on peut comprendre sans peine pourquoi « la

---

[143] Nous ajouterons que le nom divin *Iah*, qui vient d'être mentionné, est mis plus spécialement en rapport avec le premier des trois Grands-Maîtres au septième degré de la maçonnerie opérative.

[144] On pourrait peut-être objecter que la documentation inédite donnée par le *Speculative Mason*, concernant le *swastika*, provient de Clément Stretton, et que celui-ci fut, dit-on, le principal auteur d'une « restauration » des rituels opératifs dans laquelle certains éléments, perdus à la suite de circonstances qui n'ont jamais été complètement éclaircies, auraient été remplacés par des emprunts faits aux rituels spéculatifs et dont rien ne garantit la conformité avec ce qui existait anciennement ; mais cette objection ne vaut pas dans le cas actuel, parce qu'il s'agit précisément de quelque chose dont on ne trouve aucune trace dans la maçonnerie spéculative.

[145] Voir également *La Grande Triade*, ch. XXV, à propos de la « Cité des Saules » et de sa représentation symbolique par un boisseau rempli de riz.

théorie polaire a toujours été un des plus grands secrets des véritables maîtres maçons [146] ».

---

[146] Il peut être intéressant de signaler encore que, dans la Kabbale, le *iod* est considéré comme formé par la réunion de trois points représentant les trois *middoth* suprêmes et disposés en équerre ; celle-ci est d'ailleurs tournée en sens contraire de celle que forme la lettre grecque Γ, ce qui pourrait correspondre aux deux sens de rotation opposés du *swastika*.

TROISIÈME PARTIE

SYMBOLES DE LA MANIFESTATION CYCLIQUE

Chapitre XVIII

QUELQUES ASPECTS DU SYMBOLISME DE JANUS [147]

Nous avons fait à diverses reprises, dans nos ouvrages, des allusions au symbolisme de Janus ; pour développer complètement ce symbolisme, à significations complexes et multiples, et pour signaler tous ses liens avec un grand nombre de figurations analogues qui se rencontrent dans d'autres traditions, il faudrait tout un volume. En attendant, il nous a paru intéressant de réunir quelques données concernant certains aspects du symbolisme en question, et de reprendre notamment, plus complètement que nous n'avions pu le faire jusqu'ici, les considérations qui expliquent le rapprochement établi parfois entre Janus et le Christ, d'une façon qui peut sembler étrange à première vue, mais qui n'en est pas moins parfaitement justifiée.

En effet, un curieux document représentant expressément le Christ sous les traits de Janus a été publié, il y a quelques années, par M. Charbonneau-Lassay dans *Regnabit* [148], et nous l'avons nous-même commenté ensuite dans la même revue [149] (fig. 11.) C'est un cartouche peint sur une page détachée d'un livre manuscrit d'église, datant du XVe siècle et trouvée à Luchon, et terminant le feuillet du mois de janvier sur le calendrier liminaire de ce livre. Au sommet du médaillon intérieur figure le monogramme IHS surmonté d'un cœur ; le reste de ce médaillon est occupé par un buste de *Janus Bifrons*, avec un visage

---

147 Publié dans les *V. I.*, juill. 1929.
148 *Un ancien emblème du mois de janvier*, dans *Regnabit*, mai 1925.
149 *À propos de quelques symboles hermético-religieux*, dans *Reg.*, déc. 1925. [La matière de cet article est reprise dans la présente étude.]

masculin et un visage féminin, ainsi que cela se voit assez fréquemment ; il porte une couronne sur la tête, et tient d'une main un sceptre et de l'autre une clef.

« Sur les monuments romains, écrivait M. Charbonneau-Lassay en reproduisant ce document, Janus se montre, comme sur le cartouche de Luchon, la couronne en tête et le sceptre en la main droite, parce qu'il est roi ; il tient de l'autre main une clef qui ouvre et ferme les époques ; c'est pourquoi, par extension d'idée, les Romains lui consacraient les portes des maisons et des villes... Le Christ aussi, comme le Janus antique, porte le sceptre royal auquel il a droit de par son Père du Ciel et de par ses ancêtres d'ici-bas ; et son autre main tient la clef des secrets éternels, la clef teinte de son sang qui ouvrit à l'humanité perdue la porte de la vie. C'est pourquoi, dans la quatrième des grandes antiennes d'avant Noël, la liturgie sacrée l'acclame ainsi : "*O Clavis David, et Sceptrum domus Israel* !... Vous êtes, ô Christ attendu, la Clef de David et le Sceptre de la maison d'Israël. Vous ouvrez, et personne ne peut fermer, et quand vous fermez, nul ne saurait plus ouvrir" [150]...

Fig. 11

---

150 *Bréviaire romain*, office du 20 décembre.

L'interprétation la plus habituelle des deux visages de Janus est celle qui les considère comme représentant respectivement le passé et l'avenir ; cette interprétation, tout en étant très incomplète, n'en est pas moins exacte à un certain point de vue. C'est pourquoi, dans un assez grand nombre de figurations, les deux visages sont ceux d'un homme âgé et d'un homme jeune ; tel n'est d'ailleurs pas le cas dans l'emblème de Luchon, dont un examen attentif ne permet pas de douter qu'il s'agit du Janus androgyne, ou *Janus*-Jana [151] ; et il est à peine besoin de faire remarquer le rapport étroit de cette forme de Janus avec certains symboles hermétiques tels que le *Rebis* [152].

Au point de vue où le symbolisme de Janus est rapporté au temps, il y a lieu de faire une remarque très importante : entre le passé qui n'est plus et l'avenir qui n'est pas encore, le véritable visage de Janus, celui qui regarde le présent, n'est, dit-on, ni l'un ni l'autre de ceux que l'on peut voir. Ce troisième visage, en effet, est invisible parce que le présent, dans la manifestation temporelle, n'est qu'un instant insaisissable [153] ; mais, lorsqu'on s'élève au-dessus des conditions de cette manifestation transitoire et contingente, le présent contient au contraire toute réalité. Le troisième visage de Janus correspond, dans un autre symbolisme, celui de la tradition hindoue, à l'œil frontal de *Shiva*, invisible aussi, puisqu'il n'est représenté par aucun organe corporel, et qui figure le « sens de l'éternité ». Il est dit qu'un regard de ce troisième œil réduit tout en cendres, c'est-à-dire qu'il détruit toute manifestation ; mais, lorsque la succession est transmuée en simultanéité, toutes choses demeurent dans l'« éternel présent », de sorte que la destruction

---

151 Le nom de *Diana*, la déesse lunaire, n'est qu'une autre forme de *Jana*, l'aspect féminin de *Janus*.
152 La seule différence est que ces symboles sont généralement *Sol-Luna*, sous des formes diverses, tandis qu'il semble que *Janus-Jana* soit plutôt *Lu-nus-Luna*, sa tête étant souvent surmontée du croissant.
153 C'est aussi pour cette raison que certaines langues, comme l'hébreu et l'arabe, n'ont pas de forme verbale correspondant au présent.

apparente n'est véritablement qu'une « transformation », au sens le plus rigoureusement étymologique de ce mot.

Par ces quelques considérations, il est facile de comprendre déjà que Janus représente vraiment Celui qui est, non seulement le « Maître du triple temps » (désignation qui est également appliquée à *Shiva* dans la doctrine hindoue) [154], mais aussi, et avant tout, le « Seigneur de l'Éternité ». Le Christ, écrivait encore à ce propos M. Charbonneau-Lassay, domine le passé et l'avenir ; coéternel avec son Père, il est comme lui l'« Ancien des Jours » : « au commencement était le Verbe », dit saint Jean. Il est aussi le père et le maître des siècles à venir : *Jesu pater futuri sæculi*, répète chaque jour l'Église romaine, et Lui-même s'est proclamé le commencement et l'aboutissement de tout : « Je suis l'*alpha* et l'*oméga*, le principe et la fin ». « C'est le "Seigneur de l'Éternité". »

Il est bien évident, en effet, que le « Maître des temps » ne peut être lui-même soumis au temps, qui a en lui son principe, de même que, suivant l'enseignement d'Aristote, le premier moteur de toutes choses, ou le principe du mouvement universel, est nécessairement immobile. C'est bien le Verbe éternel que les textes bibliques désignent souvent comme l'« Ancien des Jours », le Père des âges ou des cycles d'existence (c'est là le sens propre et primitif du mot latin *sæculum*, aussi bien que du grec *aiôn* et de l'hébreu *ôlam* qu'il sert à traduire) ; et il convient de noter que la tradition hindoue lui donne aussi le titre de *Purâna-Purusha*, dont la signification est strictement équivalente.

Revenons maintenant à la figuration que nous avons prise comme point de départ de ces remarques : on y voit, disions-nous, le sceptre et la clef dans les mains de Janus : de même que la couronne (qui peut cependant être regardée aussi comme un symbole de puissance et d'élévation au sens le plus général, dans l'ordre spirituel aussi bien que dans l'ordre temporel, et qui, ici, nous semble plutôt avoir cette acception), le sceptre est l'emblème du pouvoir royal, et la clef, de son côté, est alors plus spécialement celui du pouvoir sacerdotal. Il

---

154 Le trident « *trishûla* », attribut de *Shiva*, est le symbole du triple temps (*trikâla*).

faut remarquer que le sceptre est à gauche de la figure, du côté du visage masculin, et la clef à droite, du côté du visage féminin ; or, suivant le symbolisme employé par la Kabbale hébraïque, à la droite et à la gauche correspondent respectivement deux attributs divins : la Miséricorde (*Hesed*) et la Justice (*Din* [155]), qui conviennent aussi manifestement au Christ, et plus spécialement lorsqu'on l'envisage dans son rôle de Juge des vivants et des morts. Les Arabes, faisant une distinction analogue dans les attributs divins et dans les noms qui y correspondent, disent « Beauté » (*Djemâl*) et « Majesté » (*Djelâl*) ; et l'on pourrait comprendre encore, avec ces dernières désignations, que ces deux aspects aient été représentés par un visage féminin et un visage masculin [156]. En somme, la clef et le sceptre, se substituant ici à l'ensemble de deux clefs qui est peut-être un emblème plus habituel de Janus, ne font que rendre plus clair encore un des sens de cet emblème, qui est celui d'un double pouvoir procédant d'un principe unique : pouvoir sacerdotal et pouvoir royal, réunis, selon la tradition judéo-chrétienne, dans la personne de Melchissédec, qui est, comme le dit saint Paul, « fait semblable au Fils de Dieu [157] ».

Nous venons de dire que Janus, le plus fréquemment, porte deux clefs ; ces clefs sont celles des deux portes solsticiales *Janua Cœli* et *Janua Inferni*, correspondant respectivement au solstice d'hiver et au solstice d'été, c'est-à-dire aux deux points extrêmes de la course du soleil dans le cycle annuel, car Janus, en tant que « Maître des temps », est le *Janitor* qui ouvre et ferme ce cycle.

---

155 Dans le symbole de l'arbre séphirothique, qui représente l'ensemble des attributs divins, les deux « colonnes » latérales sont respectivement celles de la Miséricorde et de la Justice ; au sommet de la « colonne du milieu », et dominant ces deux « colonnes », latérales est la « Couronne » (*Kether*) ; la position analogue de la couronne de Janus dans notre figuration, par rapport à la clef et au sceptre, nous paraît donner lieu à un rapprochement justifiant ce que nous venons de dire quant à sa signification : ce serait le pouvoir principal, unique et total, dont procèdent les deux aspects désignés par les deux autres emblèmes.
156 Dans *Le Roi du Monde*, nous avons expliqué plus complètement le symbolisme de la droite et de la gauche, de la « main de justice » et de la « main bénissante », qui est également indiqué chez plusieurs Pères de l'Église, et notamment chez saint Augustin.
157 *Épître aux Hébreux*, VII, 3.

D'autre part, il était aussi le dieu de l'initiation aux mystères : *initiatio* dérive de *inire*, « entrer ». (ce qui se rattache également au symbolisme de la « porte »), et, suivant Cicéron, le nom de Janus a la même racine que le verbe *ire*, « aller » ; cette racine *i* se trouve d'ailleurs en sanscrit avec le même sens qu'en latin, et, dans cette langue, elle a parmi ses dérivés le mot *yâna*, « voie », dont la forme se rapproche singulièrement du nom même de Janus. « Je suis la Voie », a dit le Christ [158] ; faut-il voir là la possibilité d'un autre rapprochement ? Ce que nous dirons tout à l'heure semble être de nature à la justifier ; et on aurait le plus grand tort, lorsqu'il s'agit de symbolisme, de ne pas prendre en considération certaines similitudes verbales, dont les raisons sont souvent très profondes, bien qu'elles échappent malheureusement aux philologues modernes, qui ignorent tout ce qui peut légitimement porter le nom de « science sacrée ».

Quoi qu'il en soit, en tant que Janus était considéré comme le dieu de l'initiation, ses deux clefs, l'une d'or et l'autre d'argent, étaient celles des « grands mystères » et des « petits mystères » ; pour employer un autre langage équivalent, la clef d'argent est celle du « Paradis terrestre », et la clef d'or est celle du « Paradis céleste ». Ces mêmes clefs étaient un des attributs du souverain pontificat, auquel la fonction d'« hiérophante » était essentiellement attachée ; comme la barque, qui était aussi un symbole de Janus [159], elles sont demeurées parmi les principaux emblèmes de la papauté ; et les paroles évangéliques relatives au « pouvoir des clefs » sont en parfait accord avec les traditions antiques, toutes issues de la grande tradition primordiale. D'autre part, il y a un rapport assez direct entre le sens que nous venons d'indiquer et celui suivant lequel la clef d'or représente le pouvoir spirituel et la clef d'argent le pouvoir temporel (cette dernière étant parfois remplacée alors par le sceptre

---

158 Dans la tradition extrême-orientale, le mot *Tao*, dont le sens littéral est aussi « Voie », sert de désignation au Principe suprême ; et le caractère idéographique qui le représente est formé des signes de la tête et des pieds, équivalant à l'*alpha* et à l'*oméga*.
159 Cette barque de Janus était une barque pouvant aller dans les deux sens, soit en avant, soit en arrière, ce qui correspond aux deux visages de Janus lui-même.

comme nous l'avons vu) [160] : Dante, en effet, assigne pour fonctions à l'Empereur et au Pape de conduire l'humanité respectivement au « Paradis terrestre » et au « Paradis céleste [161] ».

En outre, en vertu d'un certain symbolisme astronomique qui semble avoir été commun à tous les peuples anciens, il y a aussi des liens fort étroits entre les deux sens suivant lesquels les clefs de Janus étaient, soit celles des deux portes solsticiales, soit celles des « grands mystères » et des « petits mystères » [162]. Ce symbolisme auquel nous faisons allusion est celui du cycle zodiacal, et ce n'est pas sans raison que celui-ci, avec ses deux moitiés ascendante et descendante qui ont leurs points de départ respectifs aux deux solstices d'hiver et d'été, se trouve figuré au portail de tant d'églises du moyen-âge [163]. On voit apparaître ici une autre signification des deux visages de Janus : il est le « Maître des deux voies » auxquelles donnent accès les deux portes solsticiales, ces deux voies de droite et de gauche (car on retrouve là cet autre symbolisme que nous signalions plus haut) que les pythagoriciens représentaient par la lettre Y [164], et que figurait

---

160 Le sceptre et la clef sont d'ailleurs l'un et l'autre en relations symboliques avec l'« Axe du Monde ».
161 *De Monarchia*, III, 16. — Nous donnons l'explication de ce passage de Dante dans *Autorité spirituelle et Pouvoir temporel*.
162 Nous devons rappeler en passant, quoique nous l'ayons déjà signalé en plusieurs occasions, que Janus avait encore une autre fonction : il était le dieu des corporations d'artisans ou *Collegia fabrorum*, qui célébraient en son honneur les deux fêtes solsticiales d'hiver et d'été. Par la suite, cette coutume se maintint toujours dans les corporations de constructeurs ; mais, avec le christianisme, ces fêtes solsticiales s'identifièrent aux deux Saint-Jean d'hiver et d'été (d'où l'expression de « Loge de Saint-Jean » qui s'est conservée jusque dans la maçonnerie moderne) ; il y a là un exemple de l'adaptation des symboles prechrétiens, trop souvent méconnue ou mal interprétée par les modernes.
163 Ceci se rattache manifestement à ce que nous indiquions dans la note précédente en ce qui concerne les traditions conservées par les corporations de constructeurs.
164 Cet antique symbole s'est maintenu jusqu'à une époque assez récente : nous l'avons retrouvé notamment dans la marque de l'imprimeur Nicolas du Chemin, dessinée par Jean Cousin, dans *Le Champ fleuri* de Geoffroy Tory (Paris, 1529), où il est désigné sous le nom de « lettre pythagorique », et aussi, au musée du Louvre, sur divers meubles de la Renaissance.

aussi, sous une forme exotérique, le mythe d'Hercule entre la vertu et le vice. Ce sont ces deux mêmes voies que la tradition hindoue, de son côté, désigne comme la « voie des dieux » (*dêva-yâna*) et la « voie des ancêtres » (*pitri-yâna*) ; et *Ganêsha*, dont le symbolisme a de nombreux points de contact avec celui de Janus, est également le « Maître des deux voies », par une conséquence immédiate de son caractère de « Seigneur de la Connaissance », ce qui nous ramène à l'idée de l'initiation aux mystères. Enfin, ces deux voies sont aussi en un sens, comme les portes par lesquelles on y accède, celle des cieux et celle des enfers [165] ; et l'on remarquera que les deux côtés auxquels elles correspondent, la droite et la gauche, sont ceux où se répartissent les élus et les damnés dans les représentations du Jugement dernier, qui, elles aussi, par une coïncidence bien significative, se rencontrent si fréquemment au portail des églises, et non en une autre partie quelconque de l'édifice [166]. Ces représentations, de même que celles du Zodiaque, expriment, pensons-nous, quelque chose de tout à fait fondamental dans la conception des constructeurs de cathédrales, qui se proposaient de donner à leurs œuvres un caractère « pantaculaire », au vrai sens

---

165 Dans les symboles de la Renaissance que nous venons de mentionner, les deux voies sont, sous ce rapport, désignées respectivement comme *via arcta* et *via lata*, « voie étroite » et « voie large ».

166 Il semble parfois que ce qui est rapporté à la droite dans certains cas le soit à la gauche dans d'autres, et inversement ; il arrive d'ailleurs que cette contradiction n'est qu'apparente, car il faut toujours chercher par rapport à quoi on prend la droite et la gauche ; lorsqu'elle est réelle, elle s'explique par certaines conceptions « cycliques » assez complexes, qui influent sur les correspondances envisagées. Nous signalons ceci uniquement afin de ne pas dissimuler une difficulté dont il y a lieu de tenir compte pour interpréter correctement un assez grand nombre de symboles.

de ce mot [167], c'est-à-dire d'en faire comme une sorte d'abrégé synthétique de l'Univers [168].

---

167 On doit écrire « pantacle » (*pan-taculum*, littéralement « petit tout »), et non « pentacle » comme on le fait trop souvent ; cette erreur orthographique a fait croire à certains que ce mot avait un rapport avec le nombre 5 et devait être pris comme un synonyme de « pentagramme ».

168 Cette conception est d'ailleurs impliquée en quelque sorte dans le plan même de la cathédrale ; mais nous ne pouvons, pour le moment du moins, entreprendre de justifier cette affirmation, ce qui nous entraînerait beaucoup trop loin.

René Guénon

Chapitre XIX

L'HIÉROGLYPHE DU CANCER [169]

Au cours de nos différentes études, nous avons eu souvent l'occasion de faire allusion au symbolisme du cycle annuel, avec ses deux moitiés ascendante et descendante, et spécialement à celui des deux portes solsticiales, qui ouvrent et ferment respectivement ces deux moitiés du cycle, et qui sont en rapport avec la figure de Janus chez les Latins, comme avec celle de *Ganêsha* chez les Hindous [170]. Pour bien comprendre toute l'importance de ce symbolisme, il faut se souvenir que, en vertu de l'analogie de chacune des parties de l'Univers avec le tout, il y a correspondance entre les lois de tous les cycles, de quelque ordre qu'ils soient, de telle sorte que le cycle annuel, par exemple, pourra être pris comme une image réduite, et par conséquent plus accessible, des grands cycles cosmiques (et une expression comme celle de « grande année » l'indique assez nettement), et comme un abrégé, si l'on peut dire, du processus même de la manifestation universelle ; c'est d'ailleurs là ce qui donne à l'astrologie toute sa signification en tant que science proprement « cosmologique ».

S'il en est ainsi, les deux « points d'arrêt » de la marche solaire (c'est là le sens étymologique du mot « solstice ») doivent correspondre aux deux termes extrêmes de la manifestation, soit dans son ensemble, soit dans chacun des cycles qui la constituent, cycles qui sont en multitude indéfinie, et qui ne sont pas autre chose que les différents états ou degrés de l'Existence universelle. Si l'on veut appliquer ceci plus particulièrement à un cycle de manifestation

---

169 Publié dans *V. I.*, juill. 1931.
170 Voir notamment *Le Roi du Monde*, ch. III.

individuelle, tel que celui de l'existence dans l'état humain, on pourra comprendre facilement pourquoi les deux portes solsticiales sont désignées traditionnellement comme la « porte des hommes » et la « porte des dieux ». La « porte des hommes », correspondant au solstice d'été et au signe zodiacal du Cancer, c'est l'entrée dans la manifestation individuelle ; la « porte des dieux », correspondant de même au solstice d'hiver et au signe zodiacal du Capricorne, c'est la sortie de cette même manifestation et le passage aux états supérieurs, puisque les « dieux » (les *dêvas* de la tradition hindoue), de même que les « anges » suivant une autre terminologie, représentent proprement, au point de vue métaphysique, les états supra-individuels de l'être [171].

Si l'on considère la répartition des signes zodiacaux suivant les quatre trigones élémentaires, on voit que le signe du Cancer correspond au « fond des Eaux », c'est-à-dire, au sens cosmogonique, au milieu embryogénique dans lequel sont déposés les germes du monde manifesté, germes correspondant, dans l'ordre « macrocosmique », au *Brahmânda* ou « Œuf du Monde » et, dans l'ordre « microcosmique », au *pinda*, prototype formel de l'individualité préexistant en mode subtil dès l'origine de la manifestation cyclique, comme constituant une des possibilités qui devront se développer au cours de cette manifestation [172]. Ceci peut également être rapporté au fait que ce même signe du Cancer est le domicile de la Lune, dont la relation avec les Eaux est bien connue, et qui, comme ces Eaux elles-mêmes, représente le principe passif et plastique de la manifestation : la sphère lunaire est proprement le « monde de

---

171 Ce point est plus amplement expliqué dans *Les États multiples de l'être*.
172 Voir *L'Homme et son devenir selon le Vêdânta*, ch. XIII et XIX. — L'analogie constitutive du « microcosme » et du « macrocosme », considérés sous cet aspect, est exprimée dans la doctrine hindoue par cette formule : *Yathâ pinda Tathâ Brahmânda*, « tel l'embryon individuel (subtil), tel l'Œuf du Monde ».

la formation », ou le domaine de l'élaboration des formes dans l'état subtil, point de départ de l'existence en mode individuel [173].

Dans le symbole astrologique du Cancer ♋, on voit le germe à l'état de demi-développement qui est précisément l'état subtil ; il s'agit donc bien, non pas de l'embryon corporel, mais du prototype formel dont nous venons de parler, et dont l'existence se situe dans le domaine psychique ou « monde intermédiaire ». D'ailleurs, sa figure est celle de l'*u* sanscrit, élément de spirale qui, dans l'*akshara* ou le monosyllabe sacré *Om*, constitue le terme intermédiaire entre le point (*m*), représentant la non-manifestation principielle, et la ligne droite (*a*), représentant le complet développement de la manifestation dans l'état grossier ou corporel [174].

De plus, ce germe est ici double, placé dans deux positions inverses l'une de l'autre et représentant par là même deux termes complémentaires : c'est le *yang* et le *yin* de la tradition extrême-orientale, où le symbole *yin-yang* qui les réunit a précisément une forme similaire. Ce symbole, en tant que représentatif des révolutions cycliques, dont les phases sont liées à la prédominance alternative du *yang* et du *yin*, est en rapport avec d'autres figures de grande importance au point de vue traditionnel, comme celle du *swastika*, et aussi celle de la double spirale qui se réfère au symbolisme des deux hémisphères. Ceux-ci, l'un lumineux et l'autre obscur (*yang*, dans sa signification originelle, est le côté de la lumière, et *yin* le côté de l'ombre), sont les deux moitiés de l'« Œuf

---

173 Voir *ibid.*, ch. XXI. — Nous avons signalé en diverses occasions l'identité du « monde de la formation », ou de *Ietsirah* suivant la terminologie de la Kabbale hébraïque, avec le domaine de la manifestation subtile.
174 Sur ces formes géométriques correspondant respectivement aux trois *mâtrâs* d'*Om.*, voir *ibid.*, ch. XVI. — Il convient de rappeler à ce propos que le point est le principe primordial de toutes les figures géométriques, comme le non-manifesté l'est de tous les états de manifestation, et que, étant informel et « sans dimensions », il est, dans son ordre, l'unité vraie et indivisible, ce qui en fait un symbole naturel de l'Être pur.

du Monde », assimilées respectivement au Ciel et à la Terre [175]. Ce sont aussi, pour chaque être, et toujours en vertu de l'analogie du « microcosme » avec le « macrocosme », les deux moitiés de l'Androgyne primordial, qui est en général décrit symboliquement comme étant de forme sphérique [176] ; cette forme sphérique est celle de l'être complet qui est en virtualité dans le germe originel, et qui doit être reconstitué dans sa plénitude effective au terme du développement cyclique individuel.

Il est à remarquer, d'autre part, que sa forme est aussi le schéma de la conque (*shankha*), qui est évidemment en relation directe avec les Eaux, et qui est également représentée comme contenant les germes du cycle futur pendant les périodes de *pralaya* ou de « dissolution extérieure » du monde. Cette conque renferme le son primordial et impérissable (*akshara*), le monosyllabe *Om*, qui est, par ses trois éléments (*mâtrâs*), l'essence du triple *Vêda* ; et c'est ainsi que le *Vêda* subsiste perpétuellement, étant en soi-même antérieur à tous les mondes, mais en quelque sorte caché ou enveloppé pendant les cataclysmes cosmiques qui séparent les différents cycles, pour être ensuite manifesté de nouveau au début de chacun de ceux-ci [177]. Le schéma peut d'ailleurs être complété comme étant celui de l'*akshara* lui-même, la ligne droite (*a*) recouvrant et fermant la conque (*u*), qui contient à son intérieur le point (*m*),

---

175 Ces deux hémisphères étaient figurés chez les Grecs par les coiffures rondes des *Dioscures*, qui sont les deux moitiés de l'œuf de Léda, c'est-à-dire de l'œuf de cygne, qui, comme aussi l'œuf de serpent, représente l'« Œuf du Monde » (cf. le *Hamsa* de la tradition hindoue).
176 Voir par exemple le discours que Platon, dans Le Banquet, met dans la bouche d'Aristophane, et dont la plupart des commentateurs modernes ont le tort de méconnaître la valeur symbolique pourtant évidente. Nous avons développé les considérations concernant cette forme sphérique dans *Le Symbolisme de la Croix*.
177 L'affirmation de la perpétuité du *Vêda* doit être rattachée directement à la théorie cosmologique de la primordialité du son (*shabda*) parmi les qualités sensibles (comme qualité propre de l'Éther, *Âkâsha*, qui est le premier des éléments) ; et cette théorie elle-même doit être rapprochée de celle de la « création par le Verbe » dans les traditions occidentales : le son primordial, c'est la Parole divine « par laquelle toutes choses ont été faites ».

ou le principe essentiel des êtres [178] ; la ligne droite représente alors en même temps, par son sens horizontal, la « surface des Eaux », c'est-à-dire le milieu substantiel dans lequel se produira le développement des germes (représenté dans le symbolisme oriental par l'épanouissement de la fleur de lotus) après la fin de la période d'obscuration intermédiaire (*sandhyâ*) entre deux cycles. On aura alors, en poursuivant la même représentation schématique, une figure que l'on pourra décrire comme le retournement de la conque, s'ouvrant pour laisser échapper les germes, suivant la ligne droite orientée maintenant dans le sens vertical descendant, qui est celui du développement de la manifestation à partir de son principe non manifesté [179].

De ces deux positions de la conque, qui se retrouvent dans les deux moitiés du symbole du Cancer, la première correspond à la figure de l'arche de Noé (ou de *Satyavrata* dans la tradition hindoue), qu'on peut représenter comme la moitié inférieure d'une circonférence, fermée par son diamètre horizontal, et contenant à son intérieur le point en lequel se synthétisent tous les germes à l'état de complet enveloppement [180]. La seconde position est symbolisée par l'arc-en-ciel, apparaissant « dans la nuée », c'est-à-dire dans la région des Eaux supérieures, au moment qui marque le rétablissement de l'ordre et la rénovation de toutes choses, tandis que l'arche, pendant le cataclysme, flottait sur l'océan des Eaux inférieures ; c'est donc la moitié supérieure de la même circonférence et la réunion des deux figures, inverses et complémentaires l'une de l'autre, qui forme une seule figure circulaire ou cyclique complète, reconstitution de la forme sphérique primordiale : cette circonférence est la coupe verticale de la sphère dont la coupe horizontale est représentée par l'enceinte circulaire du

---

[178] Par une concordance assez remarquable, ce schéma est également celui de l'oreille humaine, l'organe de l'audition, qui doit effectivement, pour être apte à la perception du son, avoir une disposition conforme à la nature de celui-ci.

[179] Cette nouvelle figure est celle qui est donnée dans l'*Archéomètre* pour la lettre *heth*, zodiacale du Cancer.

[180] La demi-circonférence doit être considérée ici comme un équivalent morphologique de l'élément de spirale que nous avons envisagé précédemment ; mais, dans celui-ci, on voit nettement le développement s'effectuant à partir du point-germe initial.

Paradis terrestre [181]. Dans le *yin-yang* extrême-oriental, on retrouve dans la partie intérieure les deux demi-circonférences mais déplacées par un dédoublement du centre représentant une polarisation qui est, pour chaque état de manifestation, l'analogue de ce qu'est celle de *Sat* ou de l'Être pur en *Purusha-Prakriti* pour la manifestation universelle [182].

Ces considérations n'ont pas la prétention d'être complètes et sans doute ne correspondent-elles qu'à quelques-uns des aspects du signe du Cancer ; mais elles pourront tout au moins servir d'exemple pour montrer qu'il y a dans l'astrologie traditionnelle tout autre chose qu'un « art divinatoire » ou une « science conjecturale » comme le pensent les modernes. Il y là, en réalité, tout ce qui se retrouve, sous des expressions diverses, dans d'autres sciences du même ordre, comme nous l'avons déjà indiqué dans notre étude sur la « science de lettres », et ce qui donne à ces sciences une valeur proprement initiatique, permettant de les regarder comme faisant vraiment partie intégrante de la « Science sacrée ».

---

181 Voir *Le Roi du Monde*, ch. XI. — Ceci a également un rapport avec les mystères de la lettre *nûn* dans l'alphabet arabe.

182 C'est une première distinction ou différenciation, mais encore sans séparation des complémentaires ; c'est à ce stade que correspond proprement la constitution de l'Androgyne, tandis que, antérieurement à cette différenciation, on ne peut parler que de la « neutralité » qui est celle de l'Être pur (voir *Le Symbolisme de la Croix*, ch. XXVIII).

Chapitre XX

SHETH [183]

Kâna el-insânu hayyatan fil-qidam.
(« L'homme fut serpent autrefois. »)

Dans un curieux livre anglais sur les « derniers temps », *The Antichrist (Personal. Future)* de E. H. Moggridge, il est un point qui a particulièrement retenu notre attention et sur lequel nous voudrions apporter quelques éclaircissements : c'est l'interprétation des noms de Nimrod et de Sheth. À vrai dire, l'assimilation établie entre l'un et l'autre par l'auteur appelle bien des réserves, mais il y a tout au moins un certain rapport réel, et les rapprochements tirés du symbolisme animal nous semblent bien fondés.

Précisons tout d'abord que *namar* en hébreu, comme *nimr* en arabe, est proprement l'« animal tacheté », nom commun au tigre, à la panthère et au léopard ; et l'on peut dire, même en s'en tenant au sens le plus extérieur, que ces animaux représentent bien en effet le « chasseur » que fut Nimrod d'après la Bible. Mais, en outre, le tigre, envisagé en un sens qui d'ailleurs n'est pas forcément défavorable, est, comme l'ours dans la tradition nordique, un symbole du Kshatriya ; et la fondation de Ninive et de l'empire assyrien par Nimrod semble être effectivement le fait d'une révolte des Kshatriyas contre l'autorité de la caste sacerdotale chaldéenne. De là le rapport légendaire établi entre Nimrod et les *Nephilim* ou autres « géants » antédiluviens, qui figurent aussi les Kshatriyas dans des périodes antérieures ; et de là également l'épithète

---

[183] Publié dans le *V. I.*, oct. 1931.

de « nemrodien » appliquée au pouvoir temporel qui s'affirme indépendant de l'autorité spirituelle.

Maintenant, quel est le rapport de tout ceci avec Sheth ? Le tigre et les autres animaux similaires sont, en tant que « destructeurs », des emblèmes du *Set* égyptien, frère et meurtrier d'Osiris, auquel les Grecs donnèrent le nom de Typhon ; et l'on peut dire que l'esprit « nemrodien » procède du principe ténébreux désigné par ce nom de *Set*, sans pour cela prétendre que celui-ci ne fait qu'un avec Nemrod lui-même ; il y a là une distinction qui est plus qu'une simple nuance. Mais le point qui semble donner lieu à la plus grande difficulté est cette signification maléfique du nom de *Set* ou *Sheth*, qui d'autre part, en tant qu'il désigne le fils d'Adam, loin de signifier la destruction, évoque au contraire l'idée de stabilité et de restauration de l'ordre. Du reste, si l'on veut établir des rapprochements bibliques, le rôle de Set vis-à-vis d'Osiris rappellera celui de Caïn vis-à-vis d'Abel ; et nous noterons, à ce propos, que certains font de Nimrod un des « caïnites » qui auraient échappé au cataclysme diluvien. Mais le Sheth de la Genèse est opposé à Caïn, loin de pouvoir lui être assimilé ; comment donc son nom se retrouve-t-il ici ?

En fait, le mot *Sheth*, en hébreu même, a bien réellement les deux sens contraires, celui de « fondement » et celui de « tumulte » et de « ruine [184] » ; et l'expression *beni-Sheth* (fils de Sheth) se trouve aussi avec cette double signification. Il est vrai que les linguistes veulent voir là deux mots distincts, provenant de deux racines verbales différentes, *shith* pour le premier et *shath* pour le second, mais la distinction de ces deux racines apparaît comme tout à fait secondaire, et, en tout cas, leurs éléments constitutifs essentiels sont bien identiques. En réalité, il ne faut voir là rien d'autre qu'une application de ce double sens des symboles auquel nous avons eu souvent l'occasion de faire

---

[184] Le mot est identique dans les deux cas, mais, chose assez curieuse, il est masculin dans le premier et féminin dans le second.

allusion ; et cette application se rapporte plus particulièrement au symbolisme du serpent.

En effet, si le tigre ou le léopard est un symbole du *Set* égyptien, le serpent en est un autre [185], et cela se comprend sans peine, si on l'envisage sous l'aspect maléfique qui lui est le plus ordinairement attribué ; mais on oublie presque toujours que le serpent a aussi un aspect bénéfique, qui se trouve d'ailleurs également dans le symbolisme de l'ancienne Égypte notamment sous la forme du serpent royal, « uræus » ou basilic [186]. Même dans l'iconographie chrétienne, le serpent est parfois un symbole du Christ [187] ; et le *Sheth* biblique, dont nous avons signalé ailleurs le rôle dans la légende du Graal [188], est souvent regardé comme une « préfiguration » du Christ [189]. On peut dire que les deux *Sheth* ne sont pas autre chose, au fond, que les deux serpents du caducée hermétique [190] : c'est, si l'on veut, la vie et la mort, produites l'une et l'autre par un pouvoir unique en son essence, mais double dans sa manifestation [191].

---

185 Il est assez remarquable que le nom grec *Typhon* soit anagrammatiquement formé des mêmes éléments que *Python*.
186 Rappelons aussi le serpent figurant *Kneph*, et produisant l'« Œuf du Monde » par sa bouche (symbole du Verbe) ; on sait que celui-ci, pour les druides, était pareillement l'« œuf de serpent » (représenté par l'oursin fossile).
187 Dans *Le Roi du Monde*, ch. III, nous avons signalé à cet égard la figuration de l'« amphisbène » ou serpent à deux têtes, dont l'une représente le Christ et l'autre Satan.
188 *Le Roi du Monde*, ch. V.
189 Il est vraisemblable que les Gnostiques dits « Séthiens » ne différaient pas en réalité des « Ophites », pour qui le serpent (*ophis*) était le symbole du Verbe et de la Sagesse (*Sophia*).
190 Il est assez curieux que le nom de Sheth, ramené à ses éléments essentiels ST dans l'alphabet latin (qui n'est qu'une forme de l'alphabet phénicien) donne la figure du « serpent d'airain ». À propos de ce dernier, signalons que c'est en réalité le même mot qui en hébreu signifie « serpent ») (*nahash*) et « airain » ou « cuivre » (*nehash*) ; on trouve en arabe un autre rapprochement non moins étrange : *nahas* « calamité », et *nahâs* « cuivre ».
191 On pourra, sur ce point, se reporter à l'étude que nous avons consacrée aux « pierres de foudre ».

Si nous nous arrêtons à cette interprétation en termes de vie et de mort, quoiqu'elle ne soit en somme qu'une application particulière de la considération de deux termes contraires ou antagonistes, c'est que le symbolisme du serpent est effectivement lié, avant tout, à l'idée même de vie [192] : en arabe, le serpent est *el-hayyah*, et la vie *el-hayâh* (hébreu *hayah*, à la fois « vie » et « animal », de la racine *hayi* qui est commune au deux langues [193]). Ceci, qui se rattache au symbolisme de l'« Arbre de Vie [194] », permet en même temps d'entrevoir un singulier rapport du serpent avec Ève (*Hawâ*, « la vivante ») ; et on peut rappeler ici les figurations médiévales de la « tentation » où le corps du serpent enroulé à l'arbre est surmonté d'un buste de femme [195]. Chose non moins étrange, dans le symbolisme chinois, *Fo-hi* et sa sœur *Niu-Koua*, qui sont dits avoir régné ensemble, formant un couple fraternel comme on en trouve également dans l'ancienne Égypte (et même jusqu'à l'époque des Ptolémées), sont parfois représentés avec un corps de serpent et une tête humaine ; et il arrive même que ces deux serpents sont enlacés comme ceux du caducée, faisant sans doute allusion alors au complémentarisme du *yang* et du *yin* [196]. Sans y insister davantage, ce qui risquerait de nous entraîner bien loin, nous pouvons voir en tout ceci l'indication que le serpent a eu, à des époques sans doute fort reculées, une importance qu'on ne soupçonne plus aujourd'hui ; et, si l'on étudiait de près tous les aspects de son symbolisme, notamment en Égypte et dans l'Inde, on pourrait être amené à des constatations assez inattendues.

À propos du double sens des symboles, il est à remarquer que le nombre 666, lui aussi, n'a pas une signification exclusivement maléfique ; s'il est le

---

192 Ce sens est notamment évident pour le serpent qui s'enroule autour du bâton d'Esculape.
193 *El-Hay* est un des principaux noms divins ; on doit le traduire, non par « le Vivant » comme on le fait souvent, mais par « le Vivifiant », celui qui donne la vie ou qui est le principe de la vie.
194 Voir *Le Symbolisme de la Croix*, ch. XXV.
195 On en trouve un exemple au portail gauche de Notre-Dame de Paris.
196 Il est dit que *Niu-Koua* fondit des pierres des cinq couleurs (blanc, noir rouge, jaune, bleu) pour réparer une déchirure dans le ciel, et aussi qu'elle coupa les quatre pieds de la tortue pour y poser les quatre extrémités du monde.

« nombre de la Bête », il est tout d'abord un nombre solaire, et, comme nous l'avons dit ailleurs [197], il est celui d'*Hakathriel* ou l'« Ange de la Couronne ». D'autre part, ce nombre est également donné par le nom de *Sorath*, qui est, suivant les Kabbalistes, le démon solaire, opposé comme tel à l'archange *Mikaël*, et ceci se rapporte aux deux faces de Metraton [198] ; *Sorath* est en outre l'anagramme de *sthur*, qui signifie « chose cachée » : est-ce là le « nom de mystère » dont parle l'Apocalypse ? Mais, si *sathar* signifie « cacher », il signifie aussi « protéger » ; et, en arabe, le même mot *satar* évoque presque uniquement l'idée de protection, et même souvent d'une protection divine et providentielle [199] ; là encore, les choses sont donc beaucoup moins simples que ne le croient ceux qui ne les voient que d'un seul côté.

Mais revenons aux animaux symboliques du *Set* égyptien : il y a encore le crocodile, ce qui s'explique de soi-même, et l'hippopotame, dans lequel certains ont voulu voir le *Behemoth* du livre de Job, et peut-être non sans quelque raison, quoique ce mot (pluriel de *behemah*, en arabe *bahîmah*) soit proprement une désignation collective de tous les grands quadrupèdes [200]. Mais un autre animal qui a ici au moins autant d'importance que l'hippopotame, si étonnant que cela puisse sembler, c'est l'âne, et plus spécialement l'âne rouge [201], qui était représenté comme une des entités les plus redoutables parmi toutes celles que devait rencontrer le mort au cours de son voyage d'outre-tombe, ou, ce qui

---

197 *Le Roi du Monde*, ch. V.
198 *Ibid.*, ch. III.
199 Pourrait-on, sans trop de fantaisie linguistique, en rapprocher le grec *sôter*, « sauveur » ? Et faut-il dire à ce propos qu'il peut et qu'il doit même y avoir, entre les désignations du Christ (*El-Mêssîh*) et celles de l'Antéchrist (*El-Messîkh*), une singulière ressemblance ?
200 La racine *baham* ou *abham* signifie « être muet », et aussi « être caché » ; si le sens général de *Behemoth* se rattache à la première de ces deux idées, la seconde peut évoquer plus spécialement l'animal « qui se cache sous les roseaux » ; et, ici, le rapprochement avec le sens de l'autre racine *sathar*, dont nous venons de parler est encore assez curieux.
201 Encore un étrange rapprochement linguistique : en arabe « âne » se dit *himar* (en hébreu *hemor*), et « rouge » *ahmar* ; l'âne rouge serait donc, comme le « serpent d'airain », une sorte de « pléonasme » en symbolisme phonétique.

ésotériquement revient au même, l'initié au cours de ses épreuves ; ne serait-ce pas là, plus encore que l'hippopotame, la « bête écarlate » de l'Apoca-lypse [202] ? En tout cas, un des aspects les plus ténébreux des mystères « typhoniens » était le culte du « dieu à la tête d'âne », auquel on sait que les premiers chrétiens furent parfois accusés faussement de se rattacher [203] ; nous avons quelques raisons de penser que, sous une forme ou sous une autre, il s'est continué jusqu'à nos jours, et certains affirment même qu'il doit durer jusqu'à la fin du cycle actuel.

De ce dernier point, nous voulons tirer au moins une conclusion : au déclin d'une civilisation, c'est le côté le plus inférieur de sa tradition qui persiste le plus longtemps, le côté « magique » particulièrement, qui contribue d'ailleurs, par les déviations auxquelles il donne lieu, à achever sa ruine ; c'est ce qui se serait passé, dit-on, pour l'Atlantide. C'est là aussi la seule chose dont les débris ont survécu pour les civilisations qui ont entièrement disparu ; la constatation est facile à faire pour l'Égypte, pour la Chaldée, pour le druidisme même ; et sans doute le « fétichisme » des peuples nègres a-t-il une semblable origine. On pourrait dire que la sorcellerie est faite des vestiges des civilisations mortes ; est-ce pour cela que le serpent, aux époques les plus récentes, n'a presque plus gardé que sa signification maléfique, et que le dragon, antique symbole extrême-oriental du Verbe, n'éveille plus que des idées « diaboliques » dans l'esprit des modernes Occidentaux ?

---

[202] Dans l'Inde, l'âne est la monture symbolique de *Mudêvî*, aspect « infernal » de la *Shakti*.
[203] Le rôle de l'âne dans la tradition évangélique, à la naissance du Christ et son entrée à Jérusalem, peut sembler en contradiction avec le caractère maléfique qui lui est attribué presque partout ailleurs ; et la « fête de l'âne » qui se célébrait au moyen âge ne paraît pas avoir été jamais expliquée d'une façon satisfaisante : nous nous garderons bien de risquer la moindre interprétation sur ce sujet fort obscur.

Chapitre XXI

SUR LA SIGNIFICATION DES FÊTES « CARNAVALESQUES » [204]

À propos d'une certaine « théorie de la fête » formulée par un sociologue, nous avons signalé [205] que cette théorie avait, entre autres défauts, celui de vouloir réduire toutes les fêtes à un seul type, qui constitue ce qu'on peut appeler les fêtes « carnavalesques », expression qui nous paraît assez claire pour être facilement comprise de tout le monde, puisque le carnaval représente effectivement ce qui en subsiste encore aujourd'hui en Occident ; et nous disions alors qu'il se pose, au sujet de ce genre de fêtes, des questions qui méritent un examen plus approfondi. En effet, l'impression qui s'en dégage est toujours, et avant tout, une impression de « désordre » au sens le plus complet de ce mot ; comment donc se fait-il que l'on constate leur existence, non pas seulement à une époque comme la nôtre, où l'on pourrait en somme, si elles lui appartenaient en propre, les considérer tout simplement comme une des nombreuses manifestations du déséquilibre général, mais aussi, et même avec un bien plus grand développement, dans des civilisations traditionnelles avec lesquelles elles semblent incompatibles au premier abord ?

Il n'est pas inutile de citer ici quelques exemples précis, et nous mentionnerons tout d'abord, à cet égard, certaines fêtes d'un caractère vraiment étrange qui se célébraient au moyen âge : la « fête de l'âne », où cet animal, dont le symbolisme proprement « satanique » est bien connu dans toutes les

---

204 Publié dans *É. T.*, déc. 1945.
205 Voir *É. T.*, avril 1940, p. 169.

traditions [206], était introduit jusque dans le chœur même de l'église, où il occupait la place d'honneur et recevait les plus extraordinaires marques de vénération ; et la « fête des fous », où le bas clergé se livrait aux pires inconvenances, parodiant à la fois la hiérarchie ecclésiastique et la liturgie elle-même [207]. Comment est-il possible d'expliquer que de pareilles choses, dont le caractère le plus évident est incontestablement un caractère de parodie et même de sacrilège [208], aient pu, à une époque comme celle-là, être non seulement tolérées, mais même admise en quelque sorte officiellement ?

Nous mentionnerons aussi les saturnales des anciens Romains dont le carnaval moderne paraît d'ailleurs être dérivé directement, bien qu'il n'en soit plus, à vrai dire, qu'un vestige très amoindri : pendant ces fêtes, les esclaves commandaient aux maîtres et ceux-ci les servaient [209] ; on avait alors l'image d'un véritable « monde renversé », où tout se faisait au rebours de l'ordre

---

206 Ce serait une erreur que de vouloir opposer à ceci le rôle joué par l'âne dans la tradition évangélique, car, en réalité, le bœuf et l'âne, placés de part et d'autre de la crèche à la naissance du Christ, symbolisent respectivement l'ensemble des forces bénéfiques et celui des forces maléfiques ; ils se retrouvent d'ailleurs, à la crucifixion, sous la forme du bon et du mauvais larron. D'autre part, le Christ monté sur un âne, à son entrée à Jérusalem, représente le triomphe sur les forces maléfiques, triomphe dont la réalisation constitue proprement la « rédemption ».

207 Ces « fous » portaient d'ailleurs une coiffure à longues oreilles, manifestement destinée à évoquer l'idée d'une tête d'âne, et ce trait n'est pas le moins significatif au point de vue où nous nous plaçons.

208 L'auteur de la théorie à laquelle nous avons fait allusion reconnaît bien l'existence de cette parodie et de ce sacrilège, mais, les rapportant à sa conception de la « fête » en général, il prétend en faire des éléments caractéristiques du « sacré » lui-même, ce qui n'est pas seulement un paradoxe un peu fort, mais, il faut le dire nettement, une contradiction pure et simple.

209 On rencontre même, en des pays très divers, des cas de fêtes du même genre où on allait jusqu'à conférer temporairement à un esclave ou à un criminel les insignes de la royauté, avec tout pouvoir qu'ils comportent, quitte à le mettre à mort lorsque la fête était terminée.

normal [210]. Bien qu'on prétende communément qu'il y avait dans ces fêtes un rappel de l'« âge d'or », cette interprétation est manifestement fausse, car il ne s'agit pas là d'un sorte d'« égalité » qui pourrait à la rigueur être regardée comme représentant, dans la mesure où le permettent les conditions présentes [211], l'indifférenciation première des fonctions sociales ; il s'agit d'un renversement des rapports hiérarchiques, ce qui est tout à fait différent, et un tel renversement constitue, d'une façon générale, un des caractères les plus nets du « satanisme ». Il faut donc y voir bien plutôt quelque chose qui se rapporte à l'aspect « sinistre » de Saturne, aspect qui ne lui appartient certes pas en tant que dieu de l'« âge d'or », mais au contraire en tant qu'il n'est plus actuellement que le dieu déchu d'une période révolue [212].

On voit par ces exemples qu'il y a invariablement, dans les fêtes de ce genre, un élément « sinistre » et même « satanique », et, ce qui est tout particulièrement à noter, c'est que c'est précisément cet élément même qui plaît au vulgaire et excite sa gaieté : c'est là, en effet, quelque chose qui est très propre, et plus même que quoi que ce soit d'autre, à donner satisfaction aux tendances de l'« homme déchu », en tant que ces tendances le poussent à développer surtout les possibilités les plus inférieures de son être. Or, c'est justement en

---

210 Le même auteur parle aussi, à ce propos, d'« actes à rebours » et même de « retour au chaos », ce qui contient au moins une part de vérité, mais, par une étonnante confusion d'idées, il veut assimiler ce chaos à l'« âge d'or ».
211 Nous voulons dire les conditions du *Kali-Yuga* ou de l'« âge de fer » dont l'époque romaine fait partie aussi bien que la nôtre.
212 Que les anciens dieux deviennent d'une certaine façon des démons, c'est là un fait assez généralement constaté, et dont l'attitude des chrétiens à l'égard des dieux du « paganisme » n'est qu'un simple cas particulier, mais qui semble n'avoir jamais été expliqué comme il conviendrait ; nous ne pouvons d'ailleurs insister ici sur ce point, qui nous entraînerait hors de notre sujet. Il est bien entendu que ceci, qui se réfère uniquement à certaines conditions cycliques, n'affecte ou ne modifie en rien le caractère essentiel de ces mêmes dieux en tant qu'ils symbolisent intemporellement des principes d'ordre supra-humain de sorte que, à côté de cet aspect maléfique accidentel, l'aspect bénéfique subsiste toujours malgré tout, et alors même qu'il est le plus complètement méconnu des « gens du dehors » ; l'interprétation astrologique de Saturne pourrait fournir un exemple très net à cet égard.

cela que réside la véritable raison d'être des fêtes en question : il s'agit en somme de « canaliser » en quelque sorte ces tendances et de les rendre aussi inoffensives qu'il se peut, en leur donnant l'occasion de se manifester, mais seulement pendant des périodes très brèves et dans des circonstances bien déterminées, et en assignant ainsi à cette manifestation des limites étroites qu'il ne lui est pas permis de dépasser [213]. S'il n'en était pas ainsi, ces mêmes tendances, faute de recevoir le minimum de satisfaction exigé par l'état actuel de l'humanité, risqueraient de faire explosion, si l'on peut dire [214] et d'étendre leurs effets à l'existence tout entière, collectivement aussi bien qu'individuellement, causant un désordre bien autrement grave que celui qui se produit seulement pendant quelques jours spécialement réservés à cette fin, et qui est d'ailleurs d'autant moins redoutable qu'il se trouve comme « régularisé » par là même, car, d'un côté, ces jours sont comme mis en dehors du cours normal des choses, de façon à n'exercer sur celui-ci aucune influence appréciable, et cependant, d'un autre côté, le fait qu'il n'y a là rien d'imprévu « normalise » en quelque sorte le désordre lui-même et l'intègre dans l'ordre total.

Outre cette explication générale, qui est parfaitement évidente quand on veut bien y réfléchir, il y a quelques remarques utiles à faire, en ce qui concerne plus particulièrement les « mascarades », qui jouent un rôle important dans le carnaval proprement dit et dans d'autres fêtes plus ou moins similaires ; et ces remarques confirmeront encore ce que nous venons de dire. En effet, les masques de carnaval sont généralement hideux et évoquent le plus souvent des formes animales ou démoniaques, de sorte qu'ils sont comme une sorte de « matérialisation » figurative de ces tendances inférieures, voire même

---

213 Ceci est un rapport avec la question de l'« encadrement » symbolique, sur laquelle nous nous proposons de revenir.
214 À la fin du moyen âge, lorsque les fêtes grotesques dont nous avons parlé furent supprimées ou tombèrent en désuétude, il se produisit une expansion de la sorcellerie sans aucune proportion avec ce qu'on avait vu dans les siècles précédents ; ces deux faits ont entre eux un rapport assez direct, bien que généralement inaperçu, ce qui est d'ailleurs d'autant plus étonnant qu'il y a quelques ressemblances assez frappantes entre de telles fêtes et le sabbat des sorciers, où tout se faisait aussi « à rebours ».

« infernales », auxquelles il est alors permis de s'extérioriser. Du reste, chacun choisira tout naturellement parmi ces masques, sans même en avoir clairement conscience, celui qui lui convient le mieux, c'est-à-dire celui qui représente ce qui est le plus conforme à ses propres tendances de cet ordre, si bien qu'on pourrait dire que le masque, qui est censé cacher le véritable visage de l'individu, fait au contraire apparaître aux yeux de tous ce que celui-ci porte réellement en lui-même, mais qu'il doit habituellement dissimuler. Il est bon de noter, car cela en précise davantage encore le caractère, qu'il y a là comme une parodie du « retournement » qui, ainsi que nous l'avons expliqué ailleurs [215], se produit à un certain degré du développement initiatique ; parodie, disons-nous, et contrefaçon vraiment « satanique », car ici ce « retournement » est une extériorisation, non plus de la spiritualité, mais, tout au contraire des possibilités inférieures de l'être [216].

Pour terminer cet aperçu, nous ajouterons que, si les fêtes de cette sorte vont en s'amoindrissant de plus en plus et ne semblent même plus éveiller qu'à peine l'intérêt de la foule, c'est que, dans une époque comme la nôtre, elles ont véritablement perdu leur raison d'être [217] : comment, en effet, pourrait-il être encore question de « circonscrire » le désordre et de l'enfermer dans des limites rigoureusement définies, alors qu'il est répandu partout et se manifeste constamment dans tous les domaines où s'exerce l'activité humaine ? Ainsi, la disparition presque complète de ces fêtes, dont on pourrait, si l'on s'en tenait

---

215 Voir *L'Esprit est-il dans le corps ou le corps dans l'esprit* ?
216 Il y avait aussi, dans certaines civilisations traditionnelles, des périodes spéciales où, pour des raisons analogues, on permettait aux « influences errantes » de se manifester librement, en prenant d'ailleurs toutes les précautions nécessaires en pareil cas ; ces influences correspondent naturellement, dans l'ordre cosmique, à ce qu'est le psychisme inférieur dans l'être humain, et par suite, entre leur manifestation et celle des influences spirituelles, il y a le même rapport inverse qu'entre les deux sortes d'extériorisation que nous venons de mentionner ; au surplus, dans ces conditions, il n'est pas difficile de comprendre que la mascarade elle-même semble figurer en quelque sorte une apparition de « larves » ou de spectres malfaisants.
217 Cela revient à dire qu'elles ne sont plus, à proprement parler, que des « superstitions », au sens étymologique de ce mot.

aux apparences extérieures et à un point de vue simplement « esthétique », être tenté de se féliciter en raison de l'aspect de « laideur » qu'elles revêtent inévitablement, cette disparition, disons-nous, constitue au contraire, quand on va au fond des choses, un symptôme fort peu rassurant, puisqu'elle témoigne que le désordre a fait irruption dans tout le cours de l'existence et s'est généralisé à un tel point que nous vivons en réalité, pourrait-on dire, dans un sinistre « carnaval perpétuel ».

Chapitre XXII

QUELQUES ASPECTS DU SYMBOLISME DU POISSON [218]

Le symbolisme du poisson, qui se rencontre dans de nombreuses formes traditionnelles, y compris le christianisme, est fort complexe et présente de multiples aspects qui demandent à être distingués avec précision. Pour ce qui est des origines premières de ce symbole, il semble qu'il faille lui reconnaître une provenance nordique, voire même hyperboréenne ; on a signalé en effet sa présence en Allemagne du Nord et en Scandinavie [219], et, dans ces régions, il est vraisemblablement plus près de son point de départ que dans l'Asie centrale, où il fut sans doute apporté par le grand courant qui, issu directement de la Tradition primordiale, devait ensuite donner naissance aux doctrines de l'Inde et de la Perse. Il est d'ailleurs à noter que, d'une façon générale, certains animaux aquatiques jouent surtout un rôle dans le symbolisme des peuples du Nord : nous en citerons seulement comme exemple le poulpe, particulièrement répandu chez les Scandinaves et chez les Celtes, et qui se retrouve aussi dans la Grèce archaïque, comme un des principaux motifs de l'ornementation mycénienne [220].

---

218 Publié dans *É. T.*, févr. 1936.
219 Cf. L. Charbonneau-Lassay, *Le Poisson*, dans *Reg.*, numéro de déc. 1926.
220 Les bras du poulpe sont généralement droits dans les figurations scandinaves, tandis qu'ils sont enroulés en spirale dans les ornements mycéniens ; dans ceux-ci, on voit aussi apparaître très fréquemment le *swastika* ou des figures qui en sont manifestement dérivées. Le symbole du poulpe se rapporte au signe zodiacal du Cancer, qui correspond au solstice d'été et au « fond des Eaux » ; il est facile de comprendre par là qu'il ait pu être pris parfois dans un « sens maléfique », le solstice d'été étant la *Janua Inferni*.

Un autre fait qui vient encore à l'appui de ces considérations, c'est que, dans l'Inde, la manifestation sous la forme du poisson (*Matsya-avatâra*) est regardée comme la première de toutes les manifestations de *Vishnu* [221], celle qui se place au début même du cycle actuel, et qu'elle est ainsi en relation immédiate avec le point de départ de la Tradition primordiale. Il ne faut pas oublier, à cet égard, que *Vishnu* représente le Principe divin envisagé spécialement sous son aspect de conservateur du monde ; ce rôle est bien proche de celui du « Sauveur », ou plutôt ce dernier en est comme un cas particulier ; et c'est véritablement comme « Sauveur » que *Vishnu* apparaît dans certaines de ses manifestations, correspondant à des phases critiques de l'histoire du monde [222]. Or, l'idée du « Sauveur » est également attachée de façon explicite au symbolisme chrétien du poisson, puisque la dernière lettre de l'*Ichthus* grec s'interprète comme l'initiale de Sôter [223] ; cela n'a rien d'étonnant, sans doute, lorsqu'il s'agit du Christ, mais il est pourtant des emblèmes qui font plus directement allusion à quelque autre de ses attributs, et qui n'expriment pas formellement ce rôle de « Sauveur ».

---

221 Nous devons faire remarquer que nous ne disons pas « incarnations », comme on le fait habituellement en Occident, car ce mot est tout à fait inexact ; le sens propre du terme *avatâra* est « descente » du Principe divin dans le monde manifesté.

222 Signalons aussi, à ce propos, que la dernière manifestation, le *Kalkin-avatâra*, « Celui qui est monté sur le cheval blanc », et qui doit venir à la fin de ce cycle, est décrite dans les *Purânas* en des termes rigoureusement identiques à ceux qui se trouvent dans l'Apocalypse, où ils sont rapportés à la « seconde venue » du Christ.

223 Quand le poisson est pris comme symbole du Christ, son nom grec *Ich-thus* est considéré comme formé par les initiales des mots *Iêsous Christos Theou Uios Sôter*.

Sous la figure du poisson, *Vishnu*, à la fin du *Manvantara*, qui précède le nôtre, apparaît à *Satyavrata*[224], qui va devenir, sous le nom de *Vaivaswata*[225], le *Manu* ou le Législateur du cycle actuel. Il lui annonce que le monde va être détruit par les eaux, et il lui ordonne de construire l'arche dans laquelle devront être renfermés les germes du monde futur ; puis, toujours sous cette même forme, il guide lui-même l'arche sur les eaux pendant le cataclysme ; et cette représentation de l'arche conduite par le poisson divin est d'autant plus remarquable qu'on en retrouve aussi l'équivalent dans le symbolisme chrétien[226].

Il y a encore, dans le *Matsya-avatâra*, un autre aspect qui doit retenir particulièrement notre attention : après le cataclysme, c'est-à-dire au début même du présent *Manvantara*, il apporte aux hommes le *Vêda*, qu'il faut entendre, suivant la signification étymologique de ce mot (dérivé de la racine *vid*, « savoir »), comme la Science par excellence ou la Connaissance sacrée dans son intégralité : c'est là une allusion des plus nettes à la Révélation primordiale, ou à l'origine « non-humaine » de la Tradition. Il est dit que le *Vêda* subsiste perpétuellement, étant en soi-même antérieur à tous les mondes ; mais il est en quelque sorte caché ou enveloppé pendant les cataclysmes cosmiques qui

---

224 Ce nom signifie littéralement « voué à la Vérité » ; et cette idée de la « Vérité » se retrouve dans la désignation du *Satya-Yuga*, le premier des quatre âges en lesquels se divise le *Manvantara*. On peut aussi remarquer la similitude du mot *Satya* avec le nom de Saturne, considéré précisément dans l'antiquité occidentale comme le régent de l'« âge d'or » ; et, dans la tradition hindoue, la sphère de Saturne est appelée *Satya-Loka*.

225 Issu de *Vivaswat*, l'un des douze *Adityas*, qui sont regardés comme autant de formes du Soleil, en correspondance avec les douze signes du Zodiaque, et dont il est dit qu'ils doivent paraître simultanément à la fin du cycle (cf. *Le Roi du Monde*, ch. IV et XI).

226 M Charbonneau-Lassay cite, dans l'étude mentionnée plus haut, « l'ornement pontifical décoré de figures brodées qui enveloppait les restes d'un évêque lombard du VIIIe ou IXe siècle, et sur lequel on voit une barque portée par le poisson, image du Christ soutenant son Église ». Or, l'arche a souvent été regardée comme une figure de l'Église, aussi bien que la barque (qui fut anciennement, avec les clefs, un des emblèmes de Janus ; cf. *Autorité spirituelle et pouvoir temporel*, ch. VIII) ; c'est donc bien la même idée que nous trouvons ainsi exprimée à la fois dans le symbolisme hindou et dans le symbolisme chrétien.

séparent les différents cycles, et il doit ensuite être manifesté de nouveau. L'affirmation de la perpétuité du *Vêda* est d'ailleurs en relation directe avec la théorie cosmologique de la primordialité du son parmi les qualités sensibles (comme qualité propre de l'éther, *âkâsha*, qui est le premier des éléments [227]) ; et cette théorie n'est pas autre chose, au fond, que celle que d'autres traditions expriment en parlant de la création par le Verbe : le son primordial, c'est cette Parole divine par laquelle, suivant le premier chapitre de la Genèse hébraïque, toutes choses ont été faites [228]. C'est pourquoi il est dit que les *Rishis* ou les Sages des premiers âges ont « entendu » le *Vêda* : la Révélation, étant une œuvre du Verbe comme la création elle-même, est proprement une « audition » pour celui qui la reçoit ; et le terme qui la désigne est celui de *Shruti*, qui signifie littéralement « ce qui est entendu [229] ».

Pendant le cataclysme qui sépare ce *Manvantara* du précédent, le *Vêda* était renfermé à l'état d'enveloppement dans la conque (*shankha*), qui est un des principaux attributs de *Vishnu*. C'est que la conque est regardée comme contenant le son primordial et impérissable (*akshara*), c'est-à-dire le monosyllabe *Om*, qui est par excellence le nom du Verbe manifesté dans les trois mondes, en même temps qu'il est, par une autre correspondance de ses trois éléments ou *mâtrâs*, l'essence du triple *Vêda* [230]. D'ailleurs, ces trois éléments, ramenés à leurs formes géométriques essentielles [231] et disposés graphiquement d'une certaine façon, forment le schéma même de la conque et,

---

227 Cf. notre étude sur *La Théorie hindoue des cinq éléments*, dans *É. T.* d'août-sept. 1935.
228 Cf. également le début de l'Évangile de saint Jean.
229 Sur la distinction de la *Shruti* et de la *Smriti* et sur leurs rapports, voir *L'Homme et son devenir selon le Vêdân-ta*, ch. I. Il doit être bien entendu que, si nous employons ici le mot de « révélation » au lieu de celui d'« inspiration », c'est pour mieux marquer la concordance des différents symbolismes traditionnels et que d'ailleurs, comme tous les termes théologiques, il est susceptible d'une transposition dépassant le sens spécifiquement religieux qu'on lui donne d'une façon exclusive en Occident.
230 Sur la présence de ce même idéogramme *AVM* dans l'ancien symbolisme chrétien, cf. *Le Roi du Monde*, ch. IV.
231 Voir *L'homme et son devenir selon le Védânta*, ch. XVI.

par une concordance assez singulière, il se trouve que ce schéma est également celui de l'oreille humaine, l'organe de l'audition, qui doit effectivement, pour être apte à la perception du son, avoir une disposition conforme à la nature de celui-ci. Tout ceci touche visiblement à quelques-uns des plus profonds mystères de la cosmologie ; mais qui, dans l'état d'esprit qui constitue la mentalité moderne, peut encore comprendre les vérités qui relèvent de cette science traditionnelle ?

Comme *Vishnu* dans l'Inde, et aussi sous la forme du poisson, l'*Oannès* chaldéen, que certains ont regardé expressément comme une figure du Christ [232], enseigne également aux hommes la doctrine primordiale : frappant exemple de l'unité qui existe entre les traditions en apparence les plus différentes, et qui demeurerait inexplicable si l'on n'admettait leur rattachement à une source commune. Il semble d'ailleurs que le symbolisme d'*Oannès* ou de *Dagon* n'est pas seulement celui du poisson en général, mais doit être rapproché plus spécialement de celui du dauphin ; celui-ci, chez les Grecs, était lié au culte d'Apollon [233] et avait donné son nom à *Delphes* ; et ce qui est très significatif, c'est qu'on reconnaissait formellement que ce culte venait de hyperboréens. Ce qui donne à penser qu'il y a lieu de faire un tel rapprochement (qui ne se trouve pas nettement indiqué par contre, dans le cas de la manifestation de *Vishnu*), c'est surtout l'étroite connexion qui existe entre le symbole du dauphin et celui de la « Femme de mer » (l'*Aphrodite Anadyomène* des Grecs) [234] ; précisément, celle-ci se présente, sous des noms divers (notamment ceux d'*Istar*, d'*Atergatis* et de *Dercéto*) comme la parèdre d'*Oannès* ou de ses équivalents, c'est-à-dire

---

[232] Il est intéressant de noter à cet égard que la tête de poisson, qui formait la coiffure des prêtres d'*Oannès*, est aussi la mitre des évêques chrétiens.

[233] C'est ce qui explique le rattachement du symbole du dauphin à l'idée de la lumière (cf. L. Charbonneau-Lassay, *Le Dauphin et le crustacé*, dans *Reg.*, numéro de janvier 1927, et *Le Bestiaire du Christ*, ch. XCVIII, V). — Il convient de noter aussi le rôle de sauveteur des naufragés attribué par les anciens au dauphin, et dont la légende d'Arion offre un des exemples les plus connus.

[234] Il ne faut pas confondre cette « Femme de mer » avec la sirène, bien qu'elle soit quelquefois représentée sous une forme similaire.

comme figurant un aspect complémentaire du même principe (ce que la tradition hindoue appellerait sa *Shakti*) [235]. C'est la « Dame du Lotus » (*Istar*, comme *Esther* en hébreu, signifie « lotus », et aussi quelquefois « lis », deux fleurs qui, dans le symbolisme, se remplacent souvent l'une l'autre) [236], comme la *Kouanyn* extrême-orientale, qui est également, sous une de ses formes, la « Déesse du fond des mers ».

Pour compléter ces remarques, nous ajouterons encore que la figure de l'*Ea* babylonien, le « Seigneur de l'Abîme », représenté comme un être moitié chèvre et moitié poisson [237], est identique à celle du Capricorne zodiacal, dont elle a peut-être même été le prototype ; or il est important de se rappeler, à cet égard, que ce signe du Capricorne correspond, dans le cycle annuel, au solstice d'hiver. Le *Makara*, qui, dans le Zodiaque hindou, tient la place du Capricorne, n'est pas sans présenter une certaine similitude avec le dauphin ; l'opposition symbolique qui existe entre celui-ci et le poulpe doit donc se ramener à celle des deux signes solsticiaux du Capricorne et du Cancer (ce dernier, dans l'Inde, est représenté par le crabe), ou de la *Janua Cœli* et de la *Janua* Inferni [238] ; et ceci explique aussi que ces deux mêmes animaux se soient trouvés associés dans certains cas, par exemple sous le trépied de Delphes et sous les pieds des coursiers du char solaire, comme indiquant les deux points extrêmes atteints par le Soleil dans sa marche annuelle. Il importe de ne pas commettre ici de

---

235 La *Dea Syra* est proprement la « Déesse solaire », de même que la Syrie primitive est la « Terre du Soleil », comme nous l'avons déjà expliqué, son nom étant identique à *Sûrya*, nom sanscrit du Soleil.

236 En hébreu, les deux noms *Esther* et *Sushanah* ont la même signification, et, de plus, ils sont numériquement équivalents ; leur nombre commun est 661, et, en plaçant devant chacun d'eux la lettre *he*, signe de l'article défini, dont la valeur est 5, on obtient 666, ce dont certains n'ont pas manqué de tirer des déductions plus ou moins fantaisistes ; nous n'entendons, pour notre part, donner cette indication qu'à titre de simple curiosité.

237 En outre, *Ea* tient devant lui comme le scarabée égyptien, une boule qui représente l'« Œuf du Monde ».

238 Le rôle du dauphin comme conducteur des âmes bienheureuses vers les « îles Fortunées » se rapporte aussi évidemment à la *Janua Cœli*.

confusion avec un autre signe zodiacal, celui des Poissons, dont le symbolisme est différent et doit être rapporté exclusivement à celui du poisson commun, envisagé notamment dans son rapport avec l'idée du « principe de vie » et de la « fécondité » (entendue surtout au sens spirituel, comme la « postérité » dans le langage traditionnel extrême-oriental) ; ce sont là d'autres aspects, qui peuvent d'ailleurs être rapportés également au Verbe, mais qui n'en doivent pas moins être distingués nettement de ceux qui le font apparaître, comme nous l'avons vu, sous ses deux attributs de « Révélateur » et de « Sauveur ».

Chapitre XXIII

LES MYSTÈRES DE
LA LETTRE NÛN [239]

La lettre *nûn*, dans l'alphabet arabe comme dans l'alphabet hébraïque, a pour rang 14 et pour valeur numérique 50 ; mais en outre, dans l'alphabet arabe, elle occupe une place plus particulièrement remarquable, car elle termine la première moitié de cet alphabet, le nombre total des lettres de celui-ci étant de 28, au lieu de 22 dans l'alphabet hébraïque. Quant à ses correspondances symboliques, cette lettre est considérée surtout, dans la tradition islamique, comme représentant *El-Hût*, la baleine, ce qui est d'ailleurs en accord avec le sens originel du mot *nûn* lui-même qui la désigne, et qui signifie aussi « poisson » ; et c'est en raison de cette signification que *Seyidnâ Yûnus* (le prophète Jonas) est appelé *Dhûn-Nûn*. Ceci est naturellement en rapport avec le symbolisme général du poisson et plus spécialement avec certains des aspects que nous avons envisagés ici dans l'étude précédente, notamment, comme nous allons le voir, celui du « poisson-sauveur », que ce soit le *Matsya avatâra* de la tradition hindoue ou l'*Ichthus* des premiers chrétiens. La baleine, à cet égard, joue aussi le même rôle qui est joué ailleurs par le dauphin, et, comme celui-ci, elle correspond au signe zodiacal du Capricorne, en tant que porte solsticiale donnant accès à la « voie ascendante » ; mais c'est peut-être avec le *Matsya-avatâra* que la similitude est la plus frappante, comme le montrent les considérations tirées de la forme de la lettre *nûn*, surtout si on les rapproche de l'histoire biblique du prophète Jonas.

Pour bien comprendre ce dont il s'agit, il faut tout d'abord se souvenir que *Vishnu*, se manifestant sous la forme du poisson (*Matsya*), ordonne à

---

239 Publié dans *É. T.*, août-sept. 1938.

Satyavrata, le futur *Manu Vaivaswata*, de construire l'arche dans laquelle devront être enfermés les germes du monde futur, et que, sous cette même forme, il guide ensuite l'arche sur les eaux pendant le cataclysme qui marque la séparation des deux *Manvantaras* successifs. Le rôle de *Satyavrata* est ici semblable à celui de *Seyidnâ Nûh* (Noé), dont l'arche contient également tous les éléments qui serviront à la restauration du monde après le déluge ; peu importe d'ailleurs que l'application qui en est faite soit différente, en ce sens que le déluge biblique, dans sa signification la plus immédiate, paraît marquer le début d'un cycle plus restreint que le *Manvantara* ; si ce n'est pas le même événement, ce sont du moins deux événements analogues, où l'état antérieur du monde est détruit pour faire place à un état nouveau [240]. Si maintenant nous comparons l'histoire de Jonas à ce que nous venons de rappeler, nous voyons que la baleine, au lieu de jouer seulement le rôle du poisson conducteur de l'arche, s'identifie en réalité à l'arche elle même ; en effet, Jonas demeure enfermé dans le corps de la baleine, comme *Satyavrata* et Noé dans l'arche, pendant une période qui est aussi pour lui, sinon pour le monde extérieur, une période d'« obscuration », correspondant à l'intervalle entre deux états ou deux modalités d'existence ; ici encore, la différence n'est que secondaire, les mêmes figures symboliques étant toujours, en fait, susceptibles d'une double application macrocosmique et microcosmique. On sait d'ailleurs que la sortie de Jonas du sein de la baleine a toujours été regardée comme un symbole de résurrection, donc de passage à un nouvel état ; et ceci doit être rapproché, d'autre part, du sens de « naissance » qui, dans la Kabbale hébraïque surtout, s'attache à la lettre *nûn*, et qu'il faut entendre spirituellement comme une « nouvelle naissance », c'est-à-dire une régénération de l'être individuel ou cosmique.

C'est ce qu'indique très nettement la forme de la lettre arabe *nûn* : cette lettre est constituée par la moitié inférieure d'une circonférence, et par un point qui est le centre de cette même circonférence. Or, la demi-circonférence inférieure est aussi la figure de l'arche flottant sur les eaux, et le point qui se

---

240 Cf. *Le Roi du Monde*, ch. XI.

trouve à son intérieur représente le germe qui y est contenu ou enveloppé ; la position centrale de ce point montre d'ailleurs qu'il s'agit en réalité du « germe d'immortalité », du « noyau » indestructible qui échappe à toutes les dissolutions extérieures. On peut remarquer aussi que la demi-circonférence, avec sa convexité tournée vers le bas, est un des équivalents schématiques de la coupe ; comme celle-ci, elle a donc, en quelque sorte, le sens d'une « matrice » dans laquelle est enfermé ce germe non encore développé, et qui, ainsi que nous le verrons par la suite, s'identifie à la moitié inférieure ou « terrestre » de l'« Œuf du Monde [241] ». Sous cet aspect d'élément « passif » de la transmutation spirituelle, El-Hût est aussi, d'une certaine façon, la figure de toute individualité, en tant que celle-ci porte le « germe d'immortalité » en son centre, qui est représenté symboliquement comme le cœur ; et nous pouvons rappeler à ce propos les rapports étroits, que nous avons déjà exposés en d'autres occasions, du symbolisme du cœur avec celui de la coupe et avec celui de l'« Œuf du Monde ». Le développement du germe spirituel implique que l'être sort de son état individuel, et du milieu cosmique qui en est le domaine propre, de même que c'est en sortant du corps de la baleine que Jonas est « ressuscité » ; et si l'on se souvient de ce que nous avons écrit précédemment, on comprendra sans peine que cette sortie est encore la même chose que celle de la caverne initiatique, dont la concavité même est aussi représentée par celle de la demi-circonférence du *nûn*. La « nouvelle naissance » suppose nécessairement la mort à l'ancien état, qu'il s'agisse d'un individu ou d'un monde ; mort et naissance ou résurrection, ce sont là deux aspects inséparables l'un de l'autre, car ce ne sont en réalité que les deux faces opposées d'un même changement d'état. Le *nûn*, dans l'alphabet, suit immédiatement le *mîm*, qui a parmi ses principales significations celle de la mort (*el-mawt*), et dont la forme représente l'être complètement replié sur lui-même, réduit en quelque sorte à une pure virtualité, à quoi correspond rituellement l'attitude de la prosternation ; mais cette virtualité, qui peut sembler un anéantissement transitoire, devient aussitôt, par la concentration de toutes les possibilités essentielles de l'être en un point

---

241 Par un curieux rapprochement, ce sens de « matrice » (la *yoni* sanscrite) se trouve aussi impliqué dans le mot grec *delphus*, qui est en même temps le nom du dauphin.

unique et indestructible, le germe même d'où sortiront tous ses développements dans les états supérieurs.

Il convient de dire que le symbolisme de la baleine n'a pas seulement un aspect « bénéfique », mais aussi un aspect « maléfique », ce qui, outre les considérations d'ordre général sur le double sens des symboles, se justifie encore plus spécialement par sa connexion avec les deux formes de la mort et de la résurrection sous lesquelles apparaît tout changement d'état, suivant qu'on l'envisage d'un côté ou de l'autre, c'est-à-dire par rapport à l'état antécédent ou à l'état conséquent. La caverne est à la fois un lieu de sépulture et un lieu de « renaissance », et, dans l'histoire de Jonas, la baleine joue précisément ce double rôle ; du reste, ne pourrait-on pas dire que le *Matsya-avatâra* lui-même se présente d'abord sous l'apparence néfaste d'annonciateur d'un cataclysme, avant de devenir le « sauveur » dans ce cataclysme même ? D'autre part, l'aspect « maléfique » de la baleine s'apparente manifestement au *Léviathan* hébraïque [242] ; mais il est surtout représenté, dans la tradition arabe, par les « filles de la baleine » (*benât el-Hût*), qui, au point de vue astrologique, équivalent à *Râhu* et *Kêtu* dans la tradition hindoue, notamment en ce qui concerne les éclipses, et qui, dit-on, « boiront la mer » au dernier jour du cycle, en ce jour où « les astres se lèveront à l'Occident et se coucheront à l'Orient ». Nous ne pouvons insister davantage sur ce point sans sortir entièrement de notre sujet ; mais nous devons tout au moins appeler l'attention sur le fait qu'on retrouve encore ici un rapport immédiat avec la fin du cycle et le changement d'état qui s'ensuit, car cela est très significatif et apporte une nouvelle confirmation aux considérations précédentes.

Revenons maintenant à la forme de la lettre *nûn*, qui donne lieu à une remarque importante au point de vue des relations qui existent entre les

---

242 Le *Makara* hindou, qui est aussi un monstre marin, bien qu'ayant avant tout la signification « bénéfique » attachée au signe du Capricorne dont il occupe la place dans le Zodiaque, n'en a pas moins, dans beaucoup de ses figurations, quelques traits qui rappellent le symbolisme « typhonien » du crocodile.

alphabets des différentes langues traditionnelles : dans l'alphabet sanscrit, la lettre correspondante *na*, ramenée à ses éléments géométriques fondamentaux, se compose également d'une demi-circonférence et d'un point ; mais ici, la convexité étant tournée vers le haut, c'est la moitié supérieure de la circonférence, et non plus sa moitié inférieure comme dans le *nûn* arabe. C'est donc la même figure placée en sens inverse, ou, pour parler plus exactement, ce sont deux figures rigoureusement complémentaires l'une de l'autre ; en effet, si on les réunit, les deux points centraux se confondant naturellement, on a le cercle avec le point au centre, figure du cycle complet, qui est en même temps le symbole du Soleil dans l'ordre astrologique et celui de l'or dans l'ordre alchimique [243]. De même que la demi-circonférence inférieure est la figure de l'arche, la demi-circonférence supérieure est celle de l'arc-en-ciel, qui en est l'analogue dans l'acception la plus stricte du mot, c'est-à-dire avec l'application du « sens inverse » ; ce sont aussi les deux moitiés de l'« Œuf du Monde », l'une « terrestre », dans les « eaux inférieures », et l'autre « céleste » dans les « eaux supérieures » ; et la figure circulaire, qui était complète au début du cycle, avant la séparation de ces deux moitiés, doit se reconstituer à la fin du même cycle [244]. On pourrait donc dire que la réunion des deux figures dont il s'agit représente l'accomplissement du cycle, par la jonction de son commencement et de sa fin, d'autant plus que, si on les rapporte plus particulièrement au symbolisme « solaire », la figure du *na* sanscrit correspond au Soleil levant et celle du *nûn* arabe au Soleil couchant. D'autre part, la figure circulaire complète est encore habituellement le symbole du nombre 10, le centre étant 1 et la circonférence 9 ; mais ici, étant obtenue par l'union de deux *nûn*, elle vaut *2 × 50 = 100 = 10* [245], ce qui indique que c'est dans le « monde intermédiaire » que doit s'opérer la jonction ; celle-ci est en effet impossible dans le monde inférieur, qui est le domaine de la division et de la « séparativité », et par contre, elle est toujours

---

243 On pourra se rappeler ici le symbolisme du « Soleil spirituel » et de l'« Embryon d'or » (*Hiranyagarbha*) dans la tradition hindoue ; de plus, suivant certaines correspondances, le *nûn* est la lettre planétaire du Soleil.
244 Cf. *Le Roi du Monde*, ch. XI.
245 F. Schuon, *Le Sacrifice*, dans É. T., avril 1938, p. 137, note 2.

existante dans le monde supérieur, où elle est réalisée principiellement en mode permanent et immuable dans l'« éternel présent ».

À ces remarques déjà longues, nous n'ajouterons plus qu'un mot, pour en marquer le rapport avec une question à laquelle il a été fait allusion ici dernièrement[2] : ce que nous venons de dire en dernier lieu permet d'entrevoir que l'accomplissement du cycle, tel que nous l'avons envisagé, doit avoir une certaine corrélation, dans l'ordre historique, avec la rencontre des deux formes traditionnelles qui correspondent à son commencement et à sa fin, et qui ont respectivement pour langues sacrées le sanscrit et l'arabe : la tradition hindoue, en tant qu'elle représente l'héritage le plus direct de la Tradition primordiale, et la tradition islamique, en tant que « sceau de la Prophétie » et, par conséquent, forme ultime de l'orthodoxie traditionnelle pour le cycle actuel.

Chapitre XXIV

LE SANGLIER ET L'OURSE [246]

Chez les Celtes, le sanglier et l'ours symbolisaient respectivement les représentants de l'autorité spirituelle et ceux du pouvoir temporel, c'est-à-dire les deux castes des druides et des chevaliers, équivalentes, au moins originairement et dans leurs attributions essentielles, à ce que sont dans l'Inde celles des Brâhmanes et des Kshatriyas. Comme nous l'avons indiqué ailleurs [247], ce symbolisme, d'origine nettement hyperboréenne, est une des marques du rattachement direct de la tradition celtique à la Tradition primordiale du présent *Manvantara*, quels que soient d'ailleurs les autres éléments, provenant de traditions antérieures, mais déjà secondaires et dérivées, qui aient pu venir s'adjoindre à ce courant principal et s'y résorber en quelque sorte en lui. Ce que nous voulons dire ici, c'est que la tradition celtique pourrait vraisemblablement être regardée comme constituant un des « points de jonction » de la tradition atlante avec la tradition hyperboréenne, après la fin de la période secondaire où cette tradition atlante représenta la forme prédominante et comme le « substitut » du centre originel déjà inaccessible à l'humanité ordinaire [248] ; et, sur ce point aussi, le même symbolisme que nous venons de mentionner peut apporter quelques indications qui ne sont pas sans intérêt.

Remarquons tout d'abord l'importance donnée également au symbole du sanglier par la tradition hindoue, elle-même issue directement de la tradition

---

246 Publié dans *É. T.*, août-sept. 1936.
247 *Autorité spirituelle et pouvoir temporel*, ch. I.
248 Cf. *Le Roi du Monde*, ch. X, notamment ce qui concerne les rapports de la *Tula* hyperboréenne et de la *Tula* atlante (*Tula* étant une des désignations premières des centres spirituels) ; voir aussi notre article *Atlantide et Hyperborée*, dans le *V. I.*, oct. 1929.

primordiale, et affirmant expressément dans le *Vêda* sa propre origine hyperboréenne. Le sanglier (*varâha*) n'y figure pas seulement, comme on le sait, le troisième des dix *avatâras* de *Vishnu* dans le *Manvantara* actuel, mais notre *Kalpa* tout entier, c'est-à-dire tout le cycle de manifestation de notre monde, y est désigné comme *Shwêta-varâha-Kalpa*, le « cycle du sanglier blanc ». Cela étant, et si l'on considère l'analogie qui existe nécessairement entre le grand cycle et les cycles subordonnés, il est naturel que la marque du *Kalpa*, si l'on peut s'exprimer ainsi, se retrouve au point de départ du *Manvantara* ; et c'est pourquoi la « terre sacrée » polaire, siège du centre spirituel primordial de ce *Manvantara*, est appelée aussi *Vârâhî* ou la « terre du sanglier »[249]. D'ailleurs, puisque c'est là que résidait l'autorité spirituelle première, dont toute autre autorité légitime du même ordre n'est qu'une émanation, il est non moins naturel que les représentants d'un telle autorité en aient reçu aussi le symbole du sanglier comme leur signe distinctif et l'aient gardé dans la suite des temps ; et c'est pourquoi les druides se désignaient eux-mêmes comme des « sangliers », bien que, le symbolisme ayant toujours des aspects multiples, on puisse en même temps y voir accessoirement une allusion à l'isolement dans lequel ils se tenaient à l'égard du monde extérieur, le sanglier étant toujours regardé comme le « solitaire » ; et il faut ajouter, du reste, que cet isolement même, réalisé matériellement, chez les Celtes comme chez les Hindous, sous la forme d'une retraite dans la forêt, n'est pas sans rapport avec les caractères de la « primordialité », dont un reflet au moins a toujours dû se maintenir en toute autorité spirituelle digne de la fonction qu'elle remplit.

Mais revenons au nom de *Vârâhî*, qui donne lieu à des remarques particulièrement importantes : elle est considéré comme un aspect de la *Shakti* de *Vishnu* (et plus spécialement par rapport à son troisième *avatâra*), ce qui, étant donné le caractère « solaire » de celui-ci, montre immédiatement son

---

[249] Voir encore à ce propos *Atlantide et Hyperborée* dans *V. I.*, oct. 1929 ; nous y avons fait remarquer que, contrairement à ce que semble avoir pensé Saint-Yves d'Alveydre, ce nom de *Vârâhî* ne s'applique aucunement à l'Europe ; à vrai dire, celle-ci ne fut jamais que la « Terre du Taureau », ce qui se réfère à une période fort éloignée des origines.

identité avec la « terre solaire » ou « Syrie » primitive dont nous avons parlé en d'autres occasions [250], et qui est encore une des désignations de la *Tula* hyperboréenne, c'est-à-dire du centre spirituel primordial. D'autre part, la racine *var*, pour le nom du sanglier, se retrouve dans les langues nordiques sous la forme bor [251] ; l'exact équivalent de *Vârâhî* est donc « Borée », et la vérité est que le nom habituel d'« Hyperborée » fut employé seulement par les Grecs à une époque où ils avaient déjà perdu le sens de cette antique désignation ; il vaudrait donc mieux, en dépit de l'usage qui a prévalu depuis lors, qualifier la tradition primordiale, non pas d'« hyper-boréenne », mais simplement de « boréenne », affirmant par là sans équivoque sa connexion avec la « Borée » ou « terre du sanglier ».

Il y a encore autre chose : la racine *var* ou *vri*, en sanscrit, a les sens de « couvrir », de « protéger » et de « cacher » ; et, comme le montrent le nom de *Varuna* et son équivalent grec *Ouranos*, elle sert à désigner le ciel, tant parce qu'il couvre la terre que parce qu'il représente les mondes supérieurs, cachés aux sens [252]. Or, tout ceci s'applique parfaitement aux centres spirituels, soit parce qu'ils sont cachés aux yeux des profanes, soit parce qu'ils protègent le monde par leur influence invisible, soit enfin parce qu'ils sont, sur la terre, comme des images du monde céleste lui-même. Ajoutons que la même racine a encore un autre sens, celui de « choix » ou d'« élection » (*vara*), qui, évidemment, ne convient pas moins à la région qui est partout désignée par des noms comme ceux de « terre des élus », de « terre des saints » ou de « terre des bienheureux » [253].

On a pu noter, dans ce que nous avons dit tout à l'heure, l'union des deux symbolismes « polaire » et « solaire » ; mais, en ce qui concerne proprement le

---

250 Voir *La Science des Lettres* et *La Terre du Soleil*.
251 De là l'anglais *boar*, et aussi l'allemand *Eber*.
252 Voir *Le Roi du Monde*, ch. VII, où nous avons indiqué en outre que le mot *cælum* lui-même a originairement la même signification.
253 Signalons encore, à titre de rapprochement possible, la racine germanique *ur* ayant un sens de « primordialité ».

sanglier, c'est l'aspect « polaire » qui importe surtout, et cela résulte d'ailleurs du fait que le sanglier représentait anciennement la constellation qui, plus tard, est devenue la Grande Ourse [254]. Il y a, dans cette substitution de noms, une des marques de ce que les Celtes symbolisaient précisément par la lutte du sanglier et de l'ours, c'est-à-dire la révolte des représentants du pouvoir temporel contre la suprématie de l'autorité spirituelle, avec les vicissitudes diverses qui s'ensuivirent au cours des époques historiques successives. Les premières manifestations de cette révolte, en effet, remontent beaucoup plus loin que l'histoire ordinairement connue, et même plus loin que le début du *Kali-Yuga*, dans lequel elle devait prendre sa plus grande extension ; c'est pourquoi le nom de *bor* a pu être transféré du sanglier à l'ours [255], et la « Borée » elle-même, la « terre du sanglier », a pu par suite devenir à un certain moment la « terre de l'ours », pendant une période de prédominance des Kshatriyas à laquelle, suivant la tradition hindoue, mit fin *Parashu-Râma* [256].

Dans cette même tradition hindoue, le nom le plus habituel de la Grande Ourse est *sapta-riksha* ; et le mot sanscrit *riksha* est le nom de l'ours, linguistiquement identique à celui qu'il porte dans différentes autres langues : le celtique *arth*, le grec *arktos*, et même le latin *ursus*. Cependant, on peut se demander si c'est bien là le sens premier de l'expression *sapta-riksha*, ou s'il n'y a pas eu plutôt, correspondant à la substitution dont nous venons de parler, une sorte de superposition de mots étymologiquement distincts, mais rapprochés et même identifiés par l'application d'un certain symbolisme phonétique. En effet, *riksha* est aussi, d'une façon générale, une étoile, c'est-à-dire en somme une « lumière » (*archis*, de la racine *arch* ou *ruch*, « briller » ou « illuminer ») ; et, d'autre part, le *sapta-riksha* est la demeure symbolique des sept *Rishis*, qui, outre

---

[254] Nous rappellerons que cette constellation a eu encore beaucoup d'autres noms, entre autres celui de la Balance ; mais il serait hors de propos de nous en occuper présentement.
[255] En anglais *bear*, en allemand *Bär*.
[256] Nous avons déjà eu l'occasion de signaler, à ce propos, que Fabre d'Olivet et ceux qui l'ont suivi, comme Saint-Yves d'Alveydre, paraissent avoir fait une assez étrange confusion entre *Pa-rashu-Râma* et *Râma-Chandra*, c'est-à-dire entre les sixième et septième *ava-târas* de *Vishnu*.

que leur nom se rapporte à la « vision », donc à la lumière, sont aussi eux-mêmes les sept « Lumières », par lesquelles fut transmise au cycle actuel la Sagesse des cycles antérieurs [257]. Le rapprochement ainsi établi entre l'ours et la lumière ne constitue d'ailleurs pas un cas isolé dans le symbolisme animal, car on en rencontre un tout semblable pour le loup, tant chez les Celtes que chez les Grecs [258], d'où résulta son attribution au dieu solaire, Belen ou Apollon.

Dans une certaine période, le nom de *sapta-riksha* fut appliqué, non plus à la Grande Ourse, mais aux Pléiades, qui comprennent également sept étoiles ; ce transfert d'une constellation polaire à une constellation zodiacale correspond à un passage du symbolisme solsticial au symbolisme équinoxial, impliquant un changement dans le point de départ du cycle annuel, ainsi que dans l'ordre de prédominance des points cardinaux qui sont en relation avec les différentes phases de ce cycle [259]. Ce changement est ici celui du nord à l'ouest, qui se réfère à la période atlante ; et ceci se trouve confirmé nettement par le fait que, pour les Grecs, les Pléiades étaient filles d'Atlas et comme telles, appelées aussi Atlantides. Les transferts de ce genre sont d'ailleurs souvent la cause de multiples confusions, les mêmes noms ayant reçu, suivant les périodes, des applications différentes, et cela aussi bien pour les régions terrestre que pour les constellations célestes, de sorte qu'il n'est pas toujours facile de déterminer à quoi elles se rapportent exactement dans chaque cas ; et que même cela n'est réellement possible qu'à la condition de rattacher leurs diverses « localisations »

---

257 On remarquera la persistance de ces « sept Lumières » dans le symbolisme maçonnique : la présence d'un même nombre de personnes les représentant est nécessaire pour la constitution d'une loge « juste et parfaite », ainsi que pour la validité de la transmission initiatique. — Signalons aussi que les sept étoiles dont il est parlé au début de l'*Apocalypse* (I, 16 et 20) seraient, suivant certaines interprétations, celles de la Grande Ourse.
258 En grec, le loup est *lukos* et la lumière *luké* ; de là l'épithète à double sens de l'Apollon Lycien.
259 Le transfert de la Balance dans le Zodiaque a naturellement aussi une signification similaire.

aux caractères propres des formes traditionnelles correspondantes, ainsi que nous venons de le faire pour celles du *sapta-riksha*.

Chez les Grecs, la révolte des Kshatriyas était figurée par la chasse du sanglier de Calydon, qui représente d'ailleurs manifestement une version dans laquelle les Kshatriyas eux-mêmes expriment leur prétention de s'attribuer une victoire définitive, puisque le sanglier y est tué par eux ; et Athénée rapporte, suivant des auteurs plus anciens, que ce sanglier de Calydon était blanc [260], ce qui l'identifie bien au *Shwêta-varâha* de la tradition hindoue [261]. Ce qui n'est pas moins significatif à notre point de vue, c'est que le premier coup fut porté par Atalante, qui, dit-on, avait été nourrie par une ourse ; et ce nom d'Atalante pourrait indiquer que la révolte eut son commencement, soit dans l'Atlantide même, soit tout au moins parmi les héritiers de sa tradition [262]. D'autre part, le nom de Calydon se retrouve exactement dans celui de *Caledonia*, ancien nom de l'Écosse : en dehors de toute question de « localisation » particulière, c'est proprement le pays des « Kaldes » ou Celtes [263] et la forêt de Calydon ne diffère pas en réalité de celle de Brocéliande, dont le nom est encore le même, quoique sous une forme un peu modifiée, et précédé du mot *bro* ou *bor*, c'est-à-dire du nom même du sanglier.

Le fait que l'ours est souvent pris symboliquement sous son aspect féminin, comme nous venons de le voir à propos d'Atalante, et comme on le voit aussi par les dénominations de constellations de la Grande Ourse et de la Petite

---

260 *Deipnosophistarum*, IX, 13.
261 Il est à peine besoin de rappeler que le blanc est aussi la couleur attribuée symboliquement à l'autorité spirituelle ; et l'on sait que les druides, en particulier, portaient des vêtements blancs.
262 Il y a encore d'autres rapprochements curieux à cet égard, notamment entre les pommes d'or dont il est question dans la légende d'Atalante et celles du jardin des Hespérides ou « filles de l'Occident », qui étaient aussi filles d'Atlas comme les Pléiades.
263 Il est d'ailleurs probable que ce nom des Celtes, comme celui des Chaldéens qui lui est identique, n'était pas originairement celui d'un peuple particulier, mais celui d'une caste sacerdotale, exerçant l'autorité spirituelle chez différent peuples.

Ourse, n'est pas sans signification non plus quant à son attribution à la caste guerrière, détentrice du pouvoir temporel, et cela pour plusieurs raisons. D'abord, cette caste a normalement un rôle « réceptif », c'est-à-dire féminin, vis-à-vis de la caste sacerdotale puisque c'est de celle-ci qu'elle reçoit, non seulement l'enseignement de la doctrine traditionnelle, mais aussi la légitimation de son propre pouvoir, en laquelle consiste strictement le « droit divin ». Ensuite, lorsque cette même caste guerrière, renversant les rapports normaux de subordination, prétend à la suprématie, sa prédominance est généralement accompagnée de celle des éléments féminins dans le symbolisme de la forme traditionnelle modifiée par elle, et parfois même aussi, comme conséquence de cette modification, de l'institution d'une forme féminine de sacerdoce, comme le fut celle des druidesses chez les Celtes. Nous ne faisons qu'indiquer ici ce dernier point, dont le développement nous entraînerait trop loin, surtout si nous voulions rechercher ailleurs des exemples concordants ; mais du moins cette indication suffit-elle à faire comprendre pourquoi c'est l'ourse, plutôt que l'ours, qui est opposée symboliquement au sanglier.

Il convient d'ajouter que les deux symboles du sanglier et de l'ours n'apparaissent pas toujours forcément comme étant en opposition ou en lutte, mais que, dans certains cas, ils peuvent aussi représenter l'autorité spirituelle et le pouvoir temporel, ou les deux castes des druides et des chevaliers, dans leurs rapports normaux et harmoniques, comme on le voit notamment par la légende de Merlin et d'Arthur. En effet Merlin, le druide, est encore le sanglier de la forêt de Brocéliande (où il est d'ailleurs finalement, non pas tué comme le sanglier de Calydon, mais seulement endormi par une puissance féminine) ; et le roi Arthur porte un nom dérivé de celui de l'ours, *arth* [264] ; plus précisément, ce nom est identique à celui de l'étoile *Arcturus*, en tenant compte de la légère différence due à leurs dérivations respectivement celtique et grecque. Cette étoile se trouve dans la constellation du Bouvier, et, par ces noms, l'on peut encore voir réunies les marques de deux périodes différentes : le « gardien de

---

264 On trouve aussi en Écosse, comme nom de famille, *Mac-Arth* ou « fils de l'ours », qui indique évidemment l'appartenance à un clan guerrier.

l'Ourse » est devenu le Bouvier quand l'Ourse elle-même ou le *sapta-riksha* est devenu les *septem triones*, c'est-à-dire les « sept bœufs » (d'où l'appellation de « Septentrion » pour désigner le nord) ; mais nous n'avons pas à nous occuper ici de ces transformations, relativement récentes par rapport à ce que nous envisageons [265].

Des considérations que nous venons d'exposer, une conclusion paraît se dégager quant au rôle respectif des deux courants qui contribuèrent à former la tradition celtique ; à l'origine, l'autorité spirituelle et le pouvoir temporel n'étaient pas séparés comme deux fonctions différenciées, mais unis dans leur principe commun, et l'on retrouve encore un vestige de cette union dans le nom même des druides (*dru-vid*, « force-sagesse », ces deux termes étant symbolisés par le chêne et le gui) [266] ; à ce titre, et aussi en tant que représentant plus particulièrement l'autorité spirituelle, à laquelle est réservée la partie supérieure de la doctrine, ils étaient les véritables héritiers de la tradition primordiale, et le symbole essentiellement « boréen », celui du sanglier, leur appartenait en propre. Quant aux chevaliers, ayant pour symbole l'ours (ou l'ourse d'Atalante), on peut penser que la partie de la tradition qui leur était plus spécialement destinée comportait surtout les éléments procédant de la tradition atlante ; et cette distinction pourrait même peut-être aider à expliquer certains points plus ou moins énigmatiques de l'histoire ultérieure des traditions occidentales.

---

265 Arthur est le fils d'Uther Pendragon, le « chef des cinq », c'est-à-dire le roi suprême qui réside dans le cinquième royaume, celui de *Mide* ou du « milieu » situé au centre des quatre royaumes subordonnés qui correspondent aux quatre points cardinaux (voir *Le Roi du Monde*, ch. IX) ; et cette situation est comparable à celle du Dragon céleste lorsque, contenant l'étoile polaire, il était « au milieu du ciel comme un roi sur son trône », suivant l'expression du *Sepher Ietsirah*. Cf. *La Terre du Soleil*.
266 Voir *Autorité spirituelle et pouvoir temporel*, ch. IV, où nous avons indiqué l'équivalence de ce symbolisme avec celui du Sphinx.

QUATRIÈME PARTIE

QUELQUES ARMES SYMBOLIQUES

Chapitre XXV

LES PIERRES DE FOUDRE [267]

Dans un article du numéro spécial du *Voile d'Isis* consacré au Tarot, M. Auriger, à propos de l'arcane XVI, a écrit cette phrase : « Il semble qu'une relation existe entre la grêle de pierres qui entoure la Tour foudroyée et le mot *Beith-el*, demeure divine, dont on fit bétyles, mot dont les Sémites désignaient les aérolithes ou pierres de foudre ». Ce rapprochement a été suggéré par le nom de « Maison Dieu » donné à cet arcane, et qui est en effet la traduction littérale du *Beith-el* hébreu ; mais il nous semble qu'il y a là une confusion entre plusieurs choses assez différentes, et qu'une mise au point de cette question peut offrir un certain intérêt.

Tout d'abord, il est certain que le rôle symbolique des aérolithes ou pierres tombées du ciel est fort important, car ce sont là les « pierres noires » dont il est question dans tant de traditions diverses, depuis celle qui était la figure de Cybèle ou de la « Grande Déesse » jusqu'à celle qui est enchâssée dans la *Kaaba* de La Mecque et qui est en relation avec l'histoire d'Abraham. À Rome aussi, il y avait le *lapis niger*, sans parler des boucliers sacrés des Saliens, que l'on disait avoir été taillés dans un aérolithe au temps de Numa [268]. Ces « pierres noires » peuvent assurément être rangées dans la catégorie des « bétyles », c'est-à-dire des pierres considérées comme « demeures divines », ou, en d'autres termes, comme supports de certaines « influences spirituelles » ; mais tous les

---

[267] Publié dans *V. I.*, mai 1929.
[268] M Ossendowski a rapporté l'histoire d'une « pierre noire » envoyée jadis par le « Roi du Monde » au Dalaï-Lama, puis transportée à Ourga, en Mongolie, et qui disparut il y a une centaine d'années ; ne sachant pas de quoi il s'agissait, il a cherché à expliquer certains phénomènes, comme l'apparition de caractères à la surface de cette pierre, en supposant que c'était une sorte d'ardoise.

« bétyles » avaient-ils cette provenance ? Nous ne le pensons pas, et « en particulier, nous ne voyons aucun indice qui permette de supposer que tel ait été le cas pour la pierre à laquelle Jacob, suivant le récit de la Genèse, donna le nom de *Beith-el,* appliqué par extension au lieu même où il avait eu sa vision pendant que sa tête reposait sur cette pierre.

Le « bétyle » est proprement la représentation de l'*Omphalos,* c'est-à-dire un symbole du « Centre du Monde », qui s'identifie tout naturellement à l'« habitacle divin »[269]. Cette pierre pouvait avoir des formes diverses, et notamment celle d'un pilier ; c'est ainsi que Jacob dit : « Et cette pierre, que j'ai dressée comme un pilier, sera la maison de Dieu » ; et, chez les peuples celtiques, certains menhirs, sinon tous, avaient la même signification. L'*Omphalos* pouvait aussi être représenté par une pierre de forme conique, comme la « pierre noire » de Cybèle, ou ovoïde ; le cône rappelait la Montagne sacrée, symbole du « Pôle » ou de l'« Axe du Monde » ; quant à la forme ovoïde, elle se rapporte directement à un autre symbole fort important, celui de l'« Œuf du Monde ». Dans tous les cas, le « bétyle » était une « pierre prophétique », une « pierre qui parle », c'est-à-dire une pierre qui rendait des oracles, ou auprès de laquelle les oracles étaient rendus, grâce aux « influences spirituelles » dont elle était le support ; et l'exemple de l'*Omphalos* de Delphes est très caractéristique à cet égard.

Les « bétyles » sont donc essentiellement des pierres sacrées, mais qui n'étaient pas toutes d'origine céleste ; cependant, il est peut-être vrai que, symboliquement tout au moins, l'idée de « pierre tombée du ciel » pouvait y être attachée d'une certaine façon. Ce qui nous fait penser qu'il a dû en être ainsi, c'est leur rapport avec le mystérieux *luz* de la tradition hébraïque ; ce rapport est certain pour les « pierres noires », qui sont effectivement des aérolithes, mais il ne doit pas être limité à ce seul cas, puisqu'il est dit dans la *Genèse,* à propos du *Beith-el* de Jacob, que le premier nom de ce lieu était précisément *Luz.* Nous pouvons même rappeler à cette occasion que le *Graal*

---

269 Cette désignation d'« habitacle divin », en hébreu *mishkan,* fut aussi donnée ultérieurement au Tabernacle : comme l'indique le mot lui-même, c'est le siège de la *Shekinah.*

avait été, disait-on, taillé dans une pierre qui, elle aussi, était tombée du ciel, et il y a entre tout cela des liens fort étroits ; mais nous n'y insisterons pas davantage, car ces considérations risqueraient de nous mener fort loin de notre sujet [270].

En effet, qu'il s'agisse des « bétyles » en général, ou même des « pierres noires » en particulier, ni les uns ni les autres n'ont en réalité rien de commun avec les « pierres de foudre » ; et c'est surtout sur ce point que la phrase que nous rappelions au début contient une grave confusion, qui s'explique d'ailleurs assez naturellement. On est assurément tenté de supposer que les « pierres de foudre » ou « pierres de tonnerre » doivent être des pierres tombées du ciel, des aérolithes, et pourtant il n'en est rien ; on ne pourrait jamais deviner ce qu'elles sont sans l'avoir appris des paysans qui, par la tradition orale, en ont conservé le souvenir. Ces paysans commettent d'ailleurs eux-mêmes une erreur d'interprétation, qui montre que le vrai sens de la tradition leur échappe, lorsqu'ils croient que ces pierres sont tombées avec la foudre, ou qu'elles sont la foudre elle-même. Ils disent en effet que le tonnerre tombe de deux façons, « en feu » ou « en pierre » ; dans le premier cas, il incendie, tandis que, dans le second, il brise seulement ; mais ils connaissent fort bien les « pierres de tonnerre », et ils se trompent seulement en leur attribuant, à cause de leur dénomination, une origine céleste qu'elles n'ont point et qu'elles n'ont jamais eue.

La vérité est que les « pierres de foudre » sont des pierres qui symbolisent la foudre ; elles ne sont pas autre chose que les haches de silex préhistoriques, de même que l'« œuf de serpent », symbole druidique de l'« Œuf du Monde », n'est rien d'autre, quant à sa figuration matérielle, que l'oursin fossile. La hache de pierre, c'est la pierre qui brise et qui fend, et c'est pourquoi elle représente la foudre ; ce symbolisme remonte d'ailleurs à une époque extrêmement lointaine, et il explique l'existence de certaines haches, appelées par les archéologues

---

[270] Nous avons d'ailleurs donné de plus amples développements sur la question du *luz*, ainsi que sur celle de l'*Omphalos*, dans notre étude sur Le Roi du Monde.

« haches votives », objets rituels n'ayant jamais pu avoir aucune utilisation pratique comme armes ou comme instruments quelconques.

Ceci nous amène tout naturellement à rappeler un point qui a été déjà traité : la hache de pierre de Parashu-Râma et le marteau de pierre de Thor sont bien une seule et même arme [271], et nous ajouterons que cette arme est le symbole de la foudre. On voit aussi par là que ce symbolisme des « pierres de foudre » est d'origine hyperboréenne, c'est-à-dire qu'il se rattache à la plus ancienne des traditions de l'humanité actuelle ; à celle qui est vraiment la tradition primitive pour le présent *Manvantara* [272].

Il y a lieu de noter, d'autre part, le rôle très important que joue la foudre dans le symbolisme thibétain ; le *vajra*, qui la représente, est un des principaux insignes des dignitaires du Lamaïsme [273]. En même temps, le *vajra* symbolise le principe masculin de la manifestation universelle, et ainsi la foudre est associée à l'idée de la « paternité divine », association qui se retrouve tout aussi nettement dans l'antiquité occidentale, puisque la foudre y est le principal attribut de *Zeus Pater* ou *Jupiter*, le « père des dieux et des hommes », qui foudroie d'ailleurs les Titans et les Géants comme Thor et Parashu-Râma détruisent les équivalents de ceux-ci avec leurs armes de pierre [274].

---

271 Voir l'article de P. Genty sur *Thor et Parashu-Râma*, dans *V. I.*, déc. 1928.

272 Signalons à ce propos que certains, par une étrange confusion, parlent aujourd'hui d'« Atlantide hyperboréenne » ; l'Hyperborée et l'Atlantide sont deux régions distinctes, comme le nord et l'ouest sont deux points cardinaux différents, et, en tant que point de départ d'une tradition, la première est bien antérieure à la seconde. Nous estimons d'autant plus nécessaire d'appeler l'attention là-dessus que ceux qui font cette confusion ont cru pouvoir nous l'attribuer à nous-même, alors qu'il va sans dire que nous ne l'avons jamais commise, et que nous ne voyons même pas, dans tout ce que nous avons écrit, ce qui pourrait donner le moindre prétexte à une semblable interprétation.

273 *Vajra* est le terme sanscrit qui désigne la foudre ; la forme tibétaine de ce mot est *dorje*.

274 Il est intéressant de remarquer que les foudres de Jupiter sont forgées par Vulcain, ce qui établit un certain rapport entre le « feu céleste » et le « feu souterrain », rapport qui n'est pas indiqué dans les cas où il s'agit d'armes de pierre : le « feu souterrain », en effet, était en

Il y a même, à ce propos, et dans l'Occident moderne lui-même, un autre rapprochement qui est vraiment singulier : Leibniz, dans sa *Monadologie*, dit que « toutes les monades créées naissent, pour ainsi dire, par des *fulgurations* continuelles de la Divinité de moment en moment » ; il associe de cette façon, conformément à la donnée traditionnelle que nous venons de rappeler, la foudre (*fulgur*) à l'idée de la production des êtres. Il est probable que ses commentateurs universitaires ne s'en sont jamais aperçus, pas plus qu'ils n'ont remarqué, et pour cause, que les théories du même philosophe sur l'« animal » indestructible et « réduit en petit » après la mort étaient directement inspirées de la conception hébraïque du *luz* comme « noyau d'immortalité » [275].

Nous noterons encore un dernier point, qui a trait au symbolisme maçonnique du maillet : non seulement il y a un rapport évident entre le maillet et le marteau, qui ne sont pour ainsi dire que deux formes d'un même instrument, mais l'historien maçonnique anglais R. F. Gould pense que le « maillet du Maître », dont il rattache d'autre part le symbolisme à celui du Tau, en raison de sa forme, tire son origine du marteau de Thor. Les Gaulois avaient d'ailleurs un « Dieu au maillet », qui figure sur un autel découvert à Mayence ; il semble même que ce soit le *Dis Pater*, dont le nom est bien proche de celui de *Zeus Pater*, et que les druides, au dire de César, donnaient pour père à la race gauloise [276]. Ainsi, ce maillet apparaît encore comme un équivalent symbolique

---

relation directe avec le symbolisme métallurgique, spécialement dans les mystères kabiriques ; Vulcain forge aussi les armes des héros. Il faut d'ailleurs ajouter qu'il existe une autre version suivant laquelle le *Mioel-ner* ou marteau de Thor serait métallique et aurait été forgé par les nains, qui se rattachent au même ordre d'entités symboliques que les Kabires, les Cyclopes, les Yakshas, etc. Notons aussi, à propos du feu, que le char de Thor était traîné par deux béliers, et que, dans l'Inde, le bélier est le véhicule d'Agni.

275 Un autre point que nous ne pouvons qu'indiquer en passant, c'est que *vajra* signifie à la fois « foudre » et « diamant » ; ceci conduirait encore à envisager bien d'autres aspects de la question, que nous ne prétendons pas traiter complètement ici.

276 On voit aussi, sur certaines monnaies gauloises, la représentation d'un personnage énigmatique, tenant d'une main un objet qui semble être un *lituus* ou bâton augural, et de l'autre

du *vajra* des traditions orientales, et, par une coïncidence qui n'a sans doute rien de fortuit mais qui paraîtra pour le moins inattendue à beaucoup de gens, il se trouve que les maîtres maçons ont un attribut qui a exactement le même sens que celui des grands Lamas thibétains ; mais qui donc, dans la maçonnerie telle qu'elle est aujourd'hui, pourrait se vanter de posséder effectivement le mystérieux pouvoir, un dans son essence, quoique double dans ses effets d'apparence contraire, dont cet attribut est le signe ? Nous ne croyons pas trop nous avancer en disant que, dans ce qui subsiste encore des organisations initiatiques occidentales, personne n'a plus même une lointaine idée de ce dont il s'agit ; le symbole demeure, mais, quand l'« esprit » s'est retiré, il n'est plus qu'une forme vide ; faut-il conserver malgré tout l'espoir qu'un jour viendra où cette forme sera revivifiée, où elle répondra de nouveau à la réalité qui est sa raison d'être originelle et qui seule lui confère le véritable caractère initiatique ?

---

un marteau avec lequel il frappe sur une sorte d'enclume ; on a donné à ce personnage, à cause de ces attributs, la désignation de « Pontife forgeron ».

Chapitre XXVI

LES ARMES SYMBOLIQUES [277]

En parlant précédemment des « fleurs symboliques », nous avons été amené à faire allusion à la lance qui, dans la légende du Graal, apparaît comme un symbole complémentaire de la coupe, et qui est une des nombreuses figures de l'« Axe du Monde [278] ». En même temps, cette lance est aussi, avons-nous dit, un symbole du « Rayon céleste », et, d'après les considérations que nous avons développées ailleurs [279], il est évident que ces deux significations coïncident au fond ; mais ceci explique également que la lance, ainsi que l'épée et la flèche qui en sont en somme des équivalents, soit parfois assimilées au rayon solaire. Il est bien entendu que les deux symbolismes polaire et solaire ne doivent jamais être confondus, et que, comme nous l'avons souvent indiqué, le premier a un caractère plus fondamental et réellement « primordial » ; mais il n'en est pas moins vrai que ce qu'on pourrait appeler les « transferts » de l'un à l'autre constitue un fait fréquent, et qui n'est pas sans avoir des raisons que nous chercherons peut-être à expliquer plus nettement en quelque autre occasion.

Pour le moment, nous nous bornerons à mentionner plus spécialement, à cet égard, l'attribution de la flèche à Apollon : on sait que, notamment, c'est avec ses flèches que celui-ci tue le serpent *Python*, comme, dans la tradition védique, Indra tue *Ahi* ou *Vritra*, similaire de *Python*, avec le *vajra* qui représente la foudre ; et ce rapprochement ne laisse aucun doute sur l'équivalence symbolique originelle des deux armes dont il s'agit. Nous

---

277 Publié dans *É. T.*, oct. 1936.
278 À cet égard, le complémentarisme de la lance et de la coupe est strictement comparable à celui de la montagne et de la caverne, sur lequel nous reviendrons plus loin.
279 Voir *Le Symbolisme de la Croix*.

rappellerons aussi la « flèche d'or » d'*Abaris* ou de *Zalmoxis*, dont il est question dans l'histoire de Pythagore ; et ici l'on voit plus clairement encore que ce symbolisme se rapporte expressément à l'Apollon hyperboréen, ce qui établit précisément le lien entre son aspect solaire et son aspect polaire [280].

Si nous revenons à la considération des armes diverses comme représentant l'« Axe du Monde », une remarque importante s'impose : c'est que ces armes sont, non pas toujours, mais du moins très souvent, soit à double tranchant, soit à deux pointes opposées. Ce dernier cas, qui est plus particulièrement celui du *vajra* sur lequel nous allons avoir à revenir, doit manifestement être rapporté à la dualité des pôles, considérés comme les deux extrémités de l'axe, avec toutes les correspondances qu'elle implique et que nous avons déjà indiquées ailleurs [281]. Quant aux armes à double tranchant, la dualité y étant marquée dans le sens même de l'axe, il faut y voir une allusion plus directe aux deux courants que représentent par ailleurs les deux serpents s'enroulant autour du bâton ou du caducée ; mais comme ces deux courants inverses sont eux-mêmes respectivement en relation avec les deux pôles et les deux hémisphères, on voit immédiatement par là que les deux symbolismes se rejoignent en réalité. Au fond, il s'agit toujours là d'une force double, d'essence unique en elle-même, mais d'effets apparemment opposés dans sa manifestation, par suite de la « polarisation » qui conditionne celle-ci, comme elle conditionne d'ailleurs, à

---

280 Signalons aussi en passant, à ce propos, que la « cuisse d'or » de Pythagore, qui le fait apparaître en quelque sorte comme une manifestation de l'Apollon hyperboréen lui-même, se rapporte au symbolisme de la montagne polaire et à celui de la Grande Ourse. D'autre part le serpent *Python* est en connexion spéciale avec Delphes, appelée anciennement *Pytho*, sanctuaire de l'Apollon hyperboréen ; de là la désignation de la *Pythie*, et aussi le nom même de Pythagore, qui est en réalité un nom d'Apollon, « celui qui conduit la Pythie », c'est-à-dire l'inspirateur de ses oracles.
281 *La Double Spirale*, numéro de mars 1936.

des niveaux différents, tous les degrés et tous les modes de la manifestation universelle [282].

L'épée peut être regardée elle-même, d'une façon générale, comme une arme à double tranchant [283] ; mais un exemple encore plus frappant est celui de la double hache, qui appartient notamment au symbolisme égéen et crétois, c'est-à-dire préhellénique, mais qui ne lui est d'ailleurs pas exclusivement propre. Or, la hache, comme nous l'avons exposé précédemment [284], est tout spécialement un symbole de la foudre, donc, à cet égard, un strict équivalent du *vajra* ; et la comparaison de ces deux armes montre bien, par suite, l'identité foncière des deux formes de symbolisme que nous avons mentionnées, celle des armes à double tranchant et celle des armes à deux pointes [285].

Les représentations du *vajra* offrent de multiples variantes. Ananda K. Coomaraswamy a signalé [286] que la forme la plus habituelle, présentant une triple pointe à chacune de ses extrémités, est par là étroitement apparentée au *trishûla* ou trident, autre arme symbolique fort importante, mais dont l'étude

---

282 Ceci revient à dire que toutes les dualités cosmiques ne sont réellement que des « spécifications » diverses de la dualité première de *Purusha* et *Prakri-ti*, ou, en d'autres termes, de la polarisation de l'Être en « essence » et « substance ».
283 Dans une autre de ses significations, l'épée est un symbole du Verbe ou de la Parole, avec son double pouvoir créateur et destructeur (voir par exemple *Apocalypse*, I, 16, et XIX, 15). Il est d'ailleurs évident que ce double pouvoir est analogue à la force double dont nous venons de parler, ou que, plus exactement encore, ce ne sont là que des applications différentes d'une seule et même chose. Au sujet de l'épée, notons encore que, suivant certains historiens anciens, les Scythes représentaient la Divinité par une épée plantée en terre au sommet d'un tertre ; celui-ci étant l'image réduite de la montagne, on trouve réunis ici deux des symboles de l'« Axe du Monde ».
284 *Les Pierres de foudre.*
285 Le maillet ou marteau de Thor, autre symbole de la foudre que nous avons signalé aussi, présente, par sa forme en T, une exacte similitude avec la double hache. — Nous ferons aussi remarquer, que, comme le maillet et l'épée, bien que moins en évidence que ceux-ci, la hache se retrouve encore aujourd'hui dans le symbolisme maçonnique.
286 *Elements of Buddhist Iconography.*

spéciale nous écarterait trop de notre sujet [287] ; nous remarquerons seulement que, tandis que la pointe médiane est la terminaison de l'axe même, les deux pointes latérales peuvent être rapportées encore aux deux courants de droite et de gauche dont nous avons parlé, et que, pour cette raison même, une semblable triplicité se retrouve ailleurs dans le symbolisme « axial », par exemple dans certaines figurations de l'« Arbre du Monde ». A. K. Coomaraswamy a montré également que le *vajra* est assimilé traditionnellement à d'autres symboles connus de l'« Axe du Monde », tels que l'essieu du chariot dont les deux roues correspondent au Ciel et à la Terre, ce qui explique d'ailleurs, en particulier, certaines représentations du *vajra* comme « supporté » par un lotus sur lequel il est posé verticalement. Quant au quadruple *vajra*, formé par la réunion de deux *vajras* ordinaires disposés en croix, si on le considère comme placé dans un plan horizontal, ce que suggère sa désignation comme *Karma-vajra*, il est très proche de symboles tels que le *swastika* et le *chakra* [288] ; nous nous contenterons de noter ici ces différentes indications, sur lesquelles nous aurons peut-être l'occasion de revenir dans d'autres études, car ce sujet est de ceux qu'on ne saurait avoir la prétention d'épuiser.

Le *vajra*, outre le sens de « foudre », a aussi, en même temps, celui de « diamant », qui évoque immédiatement les idées d'indivisibilité, d'inaltérabilité et d'immutabilité ; et, effectivement l'immutabilité est bien le caractère essentiel de l'axe autour duquel s'effectue la révolution de toutes choses, et qui lui-même n'y participe pas. À ce propos, il y a encore un rapprochement très remarquable : Platon décrit précisément l'« Axe du Monde » comme un axe

---

287 Dans ce cas, la double triplicité des branches et des racines rappelle même encore plus exactement celle des deux extrémités du *vajra*. — On sait d'autre part que, comme attribut de Shiva, le *trishûla* est souvent rapporté au « triple temps » (*trikâla*), c'est-à-dire aux trois modalités du temps comme passé, présent et futur ; il y aurait ici encore des rapprochements à faire avec ce qu'on trouve à cet égard dans d'autres traditions, par exemple avec certains aspects du symbolisme de *Janus*.

288 Il ne s'agit donc plus alors de l'axe vertical comme précédemment, mais des deus axes horizontaux de la représentation géométrique que nous avons exposée dans *Le Symbolisme de la Croix*.

lumineux de diamant ; cet axe est entouré de plusieurs gaines concentriques, de dimensions et de couleurs diverses, correspondant aux différentes sphères planétaires, et se mouvant autour de lui [289]. D'autre part, le symbolisme bouddhique du « trône de diamant », situé au pied de l'« Arbre de la Sagesse » et au centre même de la « roue du Monde », c'est-à-dire au point unique qui demeure toujours immobile, n'est pas moins significatif sous le même rapport.

Pour en revenir à la foudre, elle est considérée, comme nous l'avons déjà indiqué [290], comme représentant un double pouvoir de production et de destruction ; on peut dire, si l'on veut, pouvoir de vie ou de mort, mais, si on l'entendait uniquement au sens littéral, ce ne serait là encore qu'une application particulière de ce dont il s'agit en réalité [291]. En fait, c'est la force qui produit toutes les « condensations » et les « dissipations », que la tradition extrême-orientale rapporte à l'action alternée des deux principes complémentaires *yin* et *yang*, et qui correspondent également aux deux phases de l'« expir » et de l'« aspir » universels ; c'est là ce que la doctrine hermétique, de son côté, appelle « coagulation » et « solution » [292] ; et la double action de cette force est symbolisée par les deux extrémités opposées du *vajra*, en tant qu'arme « fulgurante », tandis que le diamant représente clairement son essence unique et indivisible.

---

[289] *République*, livre X (mythe d'Er l'Arménien). — Cet ensemble de gaines constitue le « fuseau de la Nécessité » : la Parque *Clotho* le fait tourner de la main droite, donc de droite à gauche, et ce sens de rotation n'est pas indifférent, en rapport avec les considérations que nous avons exposées au sujet du symbolisme de la « double spirale ».
[290] Voir *Les Pierres de foudre*.
[291] En connexion avec la remarque que nous avons faite plus haut au sujet des armes respectives d'Apollon et d'Indra, nous ferons observer que, comme la foudre, le rayon solaire est aussi regardé comme vivifiant ou comme meurtrier suivant les cas. — Nous rappellerons également que la lance de la légende du Graal, ainsi que la lance d'Achille dont nous l'avons déjà rapprochée à ce sujet, avait le double pouvoir d'infliger des blessures et de les guérir.
[292] C'est aussi ce que le langage des anciens philosophes grecs désignait par les termes de « génération » et de « corruption ».

Nous signalerons incidemment, à titre de curiosité, car ce ne saurait guère être plus que cela à notre point de vue, une application d'ordre très inférieur, mais qui se rattache directement à la question des armes symboliques : le « pouvoir des pointes », bien connu en magie et même en physique profane, se rapporte réellement à la « solution », c'est-à-dire au second aspect du double pouvoir dont nous venons de parler. D'autre part, une correspondance du premier aspect, ou de la « coagulation », se trouve dans l'usage magique des nœuds ou « ligatures » ; nous rappellerons aussi à ce propos le symbolisme du « nœud gordien », qu'Alexandre tranche d'ailleurs avec son épée, ce qui est encore assez significatif ; mais ici apparaît une autre question, celle du « nœud vital », qui, bien qu'en relation analogique avec la précédente, dépasse de beaucoup le domaine et la portée de la simple magie [293].

Enfin, nous devons mentionner un autre symbole « axial », qui n'est pas une arme à proprement parler, mais qui s'y assimile cependant par sa forme se terminant en pointe : ce symbole est celui du clou ; et, chez les Romains, le clou (*clavus*) et la clef (*clavis*), que leur langage rapprochait d'assez singulière façon, se rapportaient l'un et l'autre au symbolisme de *Janus* [294]. Avec la clef, qui est encore, elle aussi, un symbole « axial », nous serions amené à d'autres considérations dans lesquelles nous ne voulons pas entrer présentement ; nous dirons seulement que le « pouvoir des clefs », ou le double pouvoir de « lier » et de « délier [295] », n'est pas véritablement différent de celui dont nous avons

---

293 Nous avons fait allusion à cette question, à propos du « point sensible » des cathédrales, dans une note intitulée *Cologne ou Strasbourg ?*, dans *V. I.*, janvier 1927.

294 Nous rappellerons encore, pour compléter la remarque que nous avons faite en dernier lieu, le pouvoir magique attribué à l'un et à l'autre de ces deux objets, et qui, toute question d'ordre « phénoménique » à part, apparaît comme une sorte de dégénérescence exotérique de leur signification traditionnelle.

295 On pourra remarquer que ces mots eux-mêmes ont aussi un rapport évident avec le symbolisme des ligatures ou des nœuds ; tout ceci se tient donc de fort près, et les diverses formes que revêt le symbolisme sont toujours parfaitement cohérentes entre elles.

parlé : au fond, c'est toujours de « coagulation » et de « solution », au sens hermétique de ces deux termes, qu'il s'agit là en réalité.

Chapitre XXVII

SAYFUL-ISLAM [296]

On a coutume, dans le monde occidental, de considérer l'islamisme comme une tradition essentiellement guerrière et, par suite, lorsqu'il y est question notamment du sabre ou de l'épée (*essayf*), de prendre ce mot uniquement dans son sens le plus littéral, sans même penser jamais à se demander s'il n'y a pas là en réalité quelque chose d'autre. Il n'est d'ailleurs pas contestable qu'un certain côté guerrier existe dans l'islamisme, et aussi que, loin de constituer un caractère particulier à celui-ci, il se retrouve tout aussi bien dans la plupart des autres traditions, y compris le christianisme. Sans même rappeler que le Christ lui-même a dit : « Je ne suis pas venu apporter la paix mais l'épée [297] », ce qui peut en somme s'entendre figurativement, l'histoire de la Chrétienté au moyen âge, c'est-à-dire à l'époque où elle eut sa réalisation effective dans les institutions sociales, en fournit des preuves largement suffisantes ; et, d'autre part, la tradition hindoue elle-même, qui certes ne saurait passer pour spécialement guerrière, puisqu'on tend plutôt en général à lui reprocher de n'accorder que peu de place à l'action, contient pourtant aussi cet aspect, comme on peut s'en rendre compte en lisant la *Bhagavad-Gîtâ*. À moins d'être aveuglé par certains préjugés, il est facile de comprendre qu'il en soit ainsi, car, dans le domaine social, la guerre, en tant qu'elle est dirigée contre ceux qui troublent l'ordre et qu'elle a pour but de les y ramener, constitue une fonction légitime, qui n'est au fond qu'un des aspects de la fonction de « justice » entendue dans son acception la plus générale. Cependant, ce n'est là que le côté le plus extérieur des choses, donc le moins essentiel : au point de vue traditionnel, ce qui donne à la guerre ainsi comprise

---

296 Publié dans *L'Islam et l'Occident*. (C. d. S.), 1947.
297 *Saint-Matthieu*, X, 34.

toute sa valeur, c'est qu'elle symbolise la lutte que l'homme doit mener contre les ennemis qu'il porte en lui-même, c'est-à-dire contre tous les éléments qui, en lui, son contraires à l'ordre et à l'unité. Dans les deux cas, du reste, et qu'il s'agisse de l'ordre extérieur et social ou de l'ordre intérieur et spirituel, la guerre doit toujours tendre également à établir l'équilibre et l'harmonie (et c'est pourquoi elle se rapporte proprement à la « justice »), et à unifier par là d'une certaine façon la multiplicité des éléments en opposition entre eux. Cela revient à dire que son aboutissement normal, et qui est en définitive son unique raison d'être, c'est la paix (*es-salâm*), laquelle ne peut être obtenue véritablement que par la soumission à la volonté divine (*el-islâm*), mettant chacun des éléments à sa place pour les faire tous concourir à la réalisation consciente d'un même plan ; et il est à peine besoin de faire remarquer combien, dans la langue arabe, ces deux termes, *el-islâm* et *es-salâm*, sont étroitement apparentés l'un à l'autre [298].

Dans la tradition islamique, ces deux sens de la guerre, ainsi que le rapport qu'ils ont réellement entre eux, sont exprimés aussi nettement que possible par un *hadîth* du prophète, prononcé au retour d'une expédition contre les ennemis extérieurs : « Nous sommes revenus de la petite guerre sainte à la grand guerre sainte » (*Rajâna min el jihâdil-açghar ila 'l-jihâdil-akbar*). Si la guerre extérieure n'est ainsi que la « petite guerre sainte [299] », tandis que la guerre intérieure est la « grande guerre sainte », c'est donc que la première n'a qu'une importance secondaire vis-à-vis de la seconde, dont elle est seulement une image sensible ; il va de soi que, dans ces conditions, tout ce qui sert à la guerre extérieure peut

---

298 Nous avons développé plus amplement ces considérations dans *Le Symbolisme de la Croix*, ch. VIII.
299 Il est d'ailleurs bien entendu qu'elle ne l'est que lorsqu'elle est déterminée par des motifs d'ordre traditionnel ; toute autre guerre est *harb* et non pas *jihâd*.

être pris comme symbole de ce qui concerne la guerre intérieure [300], et que ce cas est notamment celui de l'épée.

Ceux qui méconnaissent cette signification, même s'ils ignorent le *hadîth* que nous venons de citer, pourraient tout au moins remarquer à cet égard que, pendant la prédication, le *khatîb*, dont la fonction n'a manifestement rien de guerrier au sens ordinaire de ce mot, tient en main une épée, et que celle-ci, en pareil cas, ne peut être autre chose qu'un symbole, sans compter que, en fait, cette épée est habituellement en bois, ce qui la rend évidemment impropre à tout usage dans les combats extérieurs, et accentue par conséquent encore davantage ce caractère symbolique.

L'épée de bois remonte d'ailleurs, dans le symbolisme traditionnel, à un passé fort lointain, car elle est, dans l'Inde, un des objets qui figuraient dans le sacrifice védique [301] ; cette épée (*sphya*), le poteau sacrificiel, le char (ou plus précisément l'essieu qui en est l'élément essentiel) et la flèche sont dits être nés du *vajra* ou foudre d'Indra : « Quand Indra lança la foudre sur Vritra, celle-ci, ainsi lancée, devint quadruple... Les Brahmanes se servent de deux de ces quatre formes pendant le sacrifice, alors que les Kshatriyas se servent des deux autres dans la bataille [302]... Quand le sacrificateur brandit l'épée de bois, c'est la foudre qu'il lance contre l'ennemi [303]... » Le rapport de cette épée avec le *vajra* est à noter tout particulièrement en vue de ce qui va suivre ; et nous ajouterons à ce propos que l'épée est assez généralement assimilée à l'éclair ou regardée comme

---

300 Naturellement ceci ne serait plus vrai pour l'outillage des guerres modernes, ne serait-ce que du fait de son caractère « mécanique », qui est incompatible avec tout véritable symbolisme ; c'est pour une raison similaire que l'exercice des métiers mécaniques ne peut servir de base à un développement d'ordre spirituel.
301 Voir A. K. Coomaraswamy, *Le Symbolisme de l'épée*, dans É. T., numéro de janvier 1938 ; nous empruntons à cet article la citation qui suit.
302 La fonction des Brahmanes et celle des Kshatriyas peuvent être ici rapportées respectivement à la guerre intérieure et à la guerre extérieure, ou, suivant la terminologie islamique, à la « grande guerre sainte » et à la « petite guerre sainte ».
303 *Shatapatha Brâhmana*, 1, 2, 4.

dérivée de celui-ci [304], ce que représente d'une façon sensible la forme bien connue de l'« épée flamboyante », indépendamment des autres significations que celle-ci peut également avoir en même temps, car il doit être bien entendu que tout véritable symbole renferme toujours une pluralité de sens, qui, bien loin de s'exclure ou de se contredire, s'harmonisent au contraire et se complètent les uns les autres.

Pour en revenir à l'épée du *khatîb*, nous dirons qu'elle symbolise avant tout le pouvoir de la parole, ce qui devrait d'ailleurs paraître assez évident, d'autant plus que c'est là une signification attribuée très généralement à l'épée, et qui n'est pas étrangère non plus à la tradition chrétienne, ainsi que le montrent clairement ces textes apocalyptiques : « Il avait en sa main droite sept étoiles, et de sa bouche sortait une épée à deux tranchants et bien affilée ; son visage était aussi brillant que le soleil dans sa force [305]. » « Et il sortait de sa bouche [306] une épée tranchante des deux côtés pour frapper les nations [307]... » L'épée sortant de la bouche ne peut évidemment avoir d'autre sens que celui-là, et cela d'autant plus que l'être qui est ainsi décrit dans ces deux passages n'est autre que le Verbe lui-même ou une de ses manifestations ; quant au double tranchant de l'épée, il représente un double pouvoir créateur et destructeur de la parole, et ceci nous ramène précisément au *vajra*. Celui-ci, en effet, symbolise aussi une force qui, bien qu'unique en son essence, se manifeste sous deux aspects contraires en apparence, mais complémentaires en réalité ; et ces deux aspects, de même qu'ils

---

304 Au Japon notamment, suivant la tradition shintoïste, « l'épée est dérivée d'un éclair-archétype, dont elle est la descendante ou l'hypostase » (A. K. Coo-maraswamy, *ibid.*).
305 *Apocalypse* 1, 16. On remarquera ici la réunion du symbolisme polaire (les sept étoiles de la Grande Ourse, ou le *sapta-riksha* de la tradition hindoue) et du symbolisme solaire, que nous allons retrouver aussi dans la signification traditionnelle de l'épée elle-même.
306 Il s'agit de « celui qui était monté sur le cheval blanc », le *Kalki-avatâra* de la tradition hindoue.
307 *Ibid.*, XIX, 15.

sont figurés par les deux tranchants de l'épée ou d'autres armes similaires [308], le sont ici par les deux pointes opposées du *vajra* ; ce symbolisme est d'ailleurs valable pour tout l'ensemble des forces cosmiques, de sorte que l'application qui en est faite à la parole ne constitue qu'un cas particulier, mais qui d'ailleurs, en raison de la conception traditionnelle du Verbe et de tout ce qu'elle implique, peut être pris lui-même pour symboliser dans leur ensemble toutes les autres applications possibles [309].

L'épée n'est pas seulement assimilée symboliquement à la foudre, mais aussi, de même que la flèche, au rayon solaire ; c'est à quoi se réfère visiblement le fait que, dans le premier des deux passages apocalyptiques que nous avons cités tout à l'heure, celui de la bouche de qui sort l'épée a le visage « brillant comme le soleil ». Il est d'ailleurs facile d'établir, sous ce rapport, une comparaison entre Apollon tuant le serpent *Python* avec ses flèches et Indra tuant le dragon *Vritra* avec le *vajra* ; et ce rapprochement ne saurait laisser aucun doute sur l'équivalence de ces deux aspects du symbolisme des armes, qui ne sont en somme que deux modes différents d'expression d'une seule et même chose. D'autre part, il importe de noter que la plupart des armes symboliques, et notamment l'épée et la lance, sont aussi très fréquemment des symboles de l'« Axe du Monde » ; il s'agit alors d'un symbolisme « polaire », et non plus d'un symbolisme « solaire », mais, bien que ces deux points de vue ne doivent jamais être confondus, il y a cependant entre eux certains rapports qui permettent ce qu'on pourrait appeler des « transferts » de l'un à l'autre, l'axe lui-même s'identifiant parfois à un « rayon solaire [310] ». Dans cette signification

---

308 Nous rappellerons notamment ici le symbole égéen et crétois de la double hache ; nous avons déjà expliqué que la hache est tout spécialement un symbole de la foudre, donc un strict équivalent du *vajra*.
309 Sur le double pouvoir du *vajra* et sur d'autres symboles équivalents (notamment le « pouvoir des clefs »), voir les considérations que nous avons exposées dans *La Grande Triade*, ch. VI.
310 Sans pouvoir insister ici sur cette question, nous devons tout au moins rappeler, à titre d'exemple, le rapprochement des deux points de vue dans le symbolisme grec de l'Apollon hyper-boréen.

axiale, les deux pointes opposées du *vajra* se rapportent à la dualité des pôles, considérés comme les deux extrémités de l'axe, tandis que, dans le cas des armes à double tranchant, la dualité, étant marquée dans le sens même de l'axe, se réfère plus directement aux deux courants inverses de la force cosmique, représentés aussi par ailleurs par des symboles tels que les deux serpents du caducée ; mais, comme ces deux courants sont eux-mêmes respectivement en relation avec les deux pôles et les deux hémisphères [311], on peut voir par là que, en dépit de leur apparente différence, les deux figurations se rejoignent en réalité quant à leur signification essentielle [312].

Le symbolisme « axial » nous ramène à l'idée de l'harmonisation conçue comme le but de la « guerre sainte » dans ses deux acceptions extérieure et intérieure, car l'axe est le lieu où toutes les oppositions se concilient et s'évanouissent, ou, en d'autres termes, le lieu de l'équilibre parfait, que la tradition extrême-orientale désigne comme l'« Invariable Milieu [313] ». Ainsi, sous ce rapport, qui correspond en réalité au point de vue le plus profond, l'épée ne représente pas seulement le moyen comme on pourrait le croire si l'on s'en tenait à son sens le plus immédiatement apparent, mais aussi la fin même à atteindre, et elle synthétise en quelque sorte l'un et l'autre dans sa signification totale. Nous n'avons d'ailleurs fait que rassembler ici, sur ce sujet, quelques remarques qui pourraient donner lieu à bien d'autres développements ; mais nous pensons que, telles qu'elles sont, elles montreront suffisamment combien, qu'il s'agisse de l'islamisme ou de toute autre forme traditionnelle, ceux qui prétendent n'attribuer à l'épée qu'un sens « matériel » sont éloignés de la vérité.

---

311 Sur ce point encore, nous renverrons à *La Grande Triade*, ch. V.
312 Voir *Les Armes symboliques*.
313 C'est ce que représente aussi l'épée, placée verticalement suivant l'axe d'une balance, l'ensemble formant les attributs symboliques de la justice.

Chapitre XXVIII

LE SYMBOLISME DES CORNES [314]

Dans son étude sur le celtisme, T. Basilide signalait l'importance d'*Apollon Karneios* en tant que dieu des hyperboréens ; le nom celtique de *Belen* est d'ailleurs identique à *Ablun* ou *Aplun*, devenu chez les Grecs *Apollon*. Nous nous proposons de revenir quelque jour plus complètement sur la question de l'Apollon hyperboréen ; pour le moment, nous nous bornerons à quelques considérations concernant plus spécialement le nom de *Karneios*, ainsi que celui de *Kronos* avec lequel il est en étroit rapport, puisque ces deux noms ont la même racine KRN, qui exprime essentiellement les idées de « puissance » et d'« élévation ».

Dans le sens d'« élévation », le nom de *Kronos* convient parfaitement à Saturne, qui correspond en effet à la plus élevée des sphères planétaires, le « septième ciel » ou le *Satya-Loka* de la tradition hindoue [315]. On ne doit d'ailleurs pas regarder Saturne comme étant uniquement, ni même en premier lieu, une puissance maléfique, comme on semble avoir tendance à le faire parfois, car il ne faut pas oublier qu'il est avant tout le régent de l'« âge d'or », c'est-à-dire du *Satya-Yuga* ou de la première phase du *Manvantara*, qui coïncide précisément avec la période hyperboréenne, ce qui montre bien que ce

---

314 Publié dans *É. T.*, nov. 1936.
315 Pour les pythagoriciens, *Kronos* et *Rhéa* représentaient respectivement le Ciel et la Terre : l'idée d'élévation se retrouve donc aussi dans cette correspondance. Ce n'est que par une assimilation phonétique plus ou moins tardive que les Grecs ont identifié *Kronos* ou Saturne à *Chronos*, le Temps, alors que les racines de ces deux mots sont en réalité différentes ; il semble que le symbole de la faux ait été aussi transféré alors de l'un à l'autre, mais ceci ne rentre pas dans notre sujet actuel.

n'est pas sans raison que *Kronos* est identifié au dieu des hyperboréens [316]. Il est d'ailleurs vraisemblable que l'aspect maléfique résulte ici de la disparition même de ce monde hyper-boréen ; c'est en vertu d'un « retournement » analogue que toute « Terre des Dieux », siège d'un centre spirituel, devient une « Terre des Morts » lorsque ce centre a disparu. Il est possible aussi qu'on ait concentré plus volontiers par la suite cet aspect sur le nom de *Kronos*, tandis que l'aspect bénéfique demeurait au contraire attaché au nom de *Karneios*, du fait du dédoublement de ces noms qui originairement n'en sont qu'un ; et il est vrai encore que le symbolisme du soleil présente en lui-même les deux aspects opposés, vivifiant et meurtrier, producteur et destructeur, ainsi que nous l'avons fait remarquer dernièrement à propos des armes représentant le « rayon solaire [317] ».

Karneios est le dieu du *Karn*, c'est-à-dire du « haut lieu » symbolisant la Montagne sacrée du Pôle, et qui était représenté chez les Celtes, soit par le *tumulus*, soit par le *cairn* ou monceau de pierres qui en a gardé le nom. La pierre est d'ailleurs souvent en rapport direct avec le culte d'Apollon, comme on le voit notamment par l'*Omphalos* de Delphes, et aussi par le cube de pierre qui servait d'autel à Délos, et dont l'oracle ordonna de doubler le volume ; mais, d'autre part, la pierre avait aussi une relation particulière avec *Kronos* ; il y a là un nouveau rapprochement que nous ne pouvons qu'indiquer en passant, car ce point mériterait d'être traité à part [318].

---

316 La mer qui entourait l'île d'Ogygie, consacrée à *Karneios* ou à *Kronos*, était appelée mer Kronienne (Plutarque, *De facie in orbe Lunæ*) ; Ogygie qu'Homère appelle le « nombril du Monde » (représenté plus tard par l'*Omphalos* de Delphes) n'était d'ailleurs qu'un centre secondaire ayant remplacé la *Thulé* ou Syrie primitive à une époque beaucoup plus proche de nous que la période hyperboréenne.
317 En grec, la forme même du nom d'*Apollon* est très proche de celle d'*Apollyon*, le « destructeur » (cf. *Apocalypse*, IX, 11).
318 On attribue assez généralement aux « bétyles », qui sont assimilables à l'*Omphalos*, une signification « solaire » ; mais celle-ci a dû, à une certaine période, se superposer à une signification « polaire » primitive, et il se peut qu'il en ait été ainsi pour Apollon lui-même. —

En même temps, *Karneios* est aussi, par la signification même de son nom, le « dieu puissant [319] » ; et, si la montagne est, sous un de ses aspects, symbole de puissance aussi bien que d'élévation, en raison de l'idée de stabilité qui y est attachée, il y a un autre symbole qui est encore plus caractéristique à ce point de vue, et qui est celui des cornes. Or, il y avait à Délos, outre la pierre cubique que nous venons de mentionner, un autre autel appelé *Keraton*, qui était entièrement formé de cornes de bœufs et de chèvres solidement assemblées ; il est évident que ceci se rapporte directement à *Karneios*, dont la relation symbolique avec les bêtes à cornes a même laissé des traces jusqu'à nos jours [320].

Le nom même de la corne se rattache d'ailleurs manifestement à la racine KRN, aussi bien que celui de la couronne qui est une autre expression symbolique des mêmes idées, car ces deux mots (en latin *cornu* et *corona*) sont très proches l'un de l'autre [321]. Il est trop évident que la couronne est l'insigne du pouvoir et la marque d'un rang élevé pour qu'il soit nécessaire d'y insister ; et nous trouvons un premier rapprochement avec les cornes dans le fait que celles-là et celles-ci sont également placées sur la tête, ce qui donne bien l'idée d'un « sommet [322] ». Cependant, il y a encore autre chose : la couronne était

---

Notons encore qu'Apollon est représenté comme protecteur des sources (le *Borvo* celtique lui a été assimilé à cet égard) ; et les sources sont aussi en relation avec la montagne ou avec la pierre qui en est un équivalent dans le symbolisme « polaire ».

319 Ce nom correspond par là, en hébreu, au nom divin *Shaddaï*, qui doit être plus particulièrement le nom du Dieu d'Abraham ; or, il y a encore, entre Abraham et *Kronos*, des rapports assez remarquables. Que nous expliquerons peut-être quelque jour.

320 En Bretagne, saint Corneille ou Cornély, substitué à *Apollon Karneios*, est regardé comme le protecteur des bêtes à cornes ; les considérations que nous exposons ici permettront de comprendre qu'il y a là, en réalité, beaucoup plus que le simple « jeu de mots » que certains seraient peut-être tentés d'y voir.

321 Le mot grec *Keraunos*, qui désigne la foudre, semble bien être dérivé aussi de la même racine ; remarquons à ce propos que la foudre frappe habituellement les sommets, les lieux ou les objets élevés ; et il faut aussi tenir compte de l'analogie de l'éclair avec le rayon lumineux sur lequel nous allons avoir à revenir.

322 Dans la tradition hébraïque, *Kether* ou la « Couronne » occupe le sommet de l'arbre séphirotique.

primitivement un cercle orné de pointes en forme de rayons ; et les cornes sont pareillement regardées comme figurant les rayons lumineux [323], ce qui nous ramène à certaines des considérations que nous avons déjà exposées en ce qui concerne les armes symboliques. Il est bien clair, du reste, que les cornes peuvent être assimilées à des armes, même dans le sens le plus littéral, et c'est bien aussi par là qu'une idée de force ou de puissance a pu y être attachée, comme, en fait, elle l'a été partout et toujours [324]. D'autre part, les rayons lumineux conviennent bien comme attribut de la puissance, qu'elle soit, suivant le cas, sacerdotale ou royale, c'est-à-dire spirituelle ou temporelle, car ils la désignent comme une émanation ou une délégation de la source même de la lumière, ce qu'elle est en effet lorsqu'elle est légitime.

On pourrait facilement donner de multiples exemples, de provenances très diverses, des cornes employées comme symbole de puissance ; on en trouve notamment dans la Bible, et plus spécialement encore dans l'Apocalypse [325] ; nous en citerons un autre, pris à la tradition arabe, qui désigne Alexandre sous le nom d'*El-Iskandar dhûl-qarnein*, c'est-à-dire « aux deux cornes [326] », ce qui

---

[323] On peut en trouver un exemple particulièrement frappant dans les représentations de Moïse, car on sait que les apparences de cornes qu'il porte à son front ne sont pas autre chose que des rayons lumineux. Certains, parmi lesquels Huet, évêque d'Avranches, ont voulu identifier Moïse avec Dionysos, qui est également figuré avec des cornes ; il y aurait d'ailleurs d'autres relations curieuses à envisager, mais ceci nous entraînerait trop loin de notre sujet.
[324] La même assimilation est naturellement valable aussi pour d'autres armes animales, comme les défenses de l'éléphant et du sanglier, dont la forme en pointe est d'ailleurs semblable à celle des cornes. — Ajoutons cependant que la dualité des cornes (et aussi des défenses) empêche que le symbolisme « axial » leur soit applicable : elles s'assimilent plutôt, à cet égard, aux deux pointes latérales du *trishûla* ; et c'est aussi pourquoi nous parlons ici des rayons lumineux en général, et non pas du « Rayon céleste » qui est, au double point de vue macrocosmique et micro-cosmique, un équivalent de l'« Axe du Monde ».
[325] Il faut remarquer qu'ici l'idée n'est plus seulement celle d'une puissance légitime, mais est étendue à toute puissance quelconque, qui peut être maléfique aussi bien que bénéfique : il y a les cornes de l'Agneau, mais aussi les cornes de la Bête.
[326] Le mot arabe *qarn* est le même que « corne », la racine KRN, se changeant facilement en QRN et aussi en HRN, comme dans l'anglais *horn*. — Ce mot *qarn* a aussi un autre sens,

est interprété le plus habituellement dans le sens d'une double puissance s'étendant sur l'Orient et sur l'Occident [327]. Cette interprétation est parfaitement juste, tout en n'excluant pas un autre fait qui la complète plutôt : Alexandre, ayant été déclaré fils d'Ammon par l'oracle de ce dieu, prit pour emblème les deux cornes de bélier qui étaient le principal attribut de celui-ci [328] ; et cette origine divine ne faisait d'ailleurs que le légitimer comme successeur des anciens souverains de l'Égypte, à qui elle était également attribuée. On dit même qu'il se fit représenter ainsi sur ses monnaies, ce qui du reste, aux yeux des Grecs, l'identifiait plutôt à Dionysos, dont il évoquait aussi le souvenir par ses conquêtes, par celle de l'Inde surtout ; et Dionysos était le fils de Zeus, que les Grecs assimilaient à Ammon ; il est possible que cette idée n'ait pas été étrangère non plus à Alexandre lui-même ; mais, cependant, Dionysos était représenté d'ordinaire avec des cornes, non de bélier, mais de taureau, ce qui constitue, au point de vue du symbolisme, une différence assez importante [329].

Il y a lieu de remarquer en effet que les cornes, dans leur usage symbolique, revêtent deux formes principales : celle de cornes de bélier, qui est proprement « solaire », et celle des cornes de taureau, qui est au contraire « lunaire », rappelant d'ailleurs la forme même du croissant [330]. On pourrait aussi, à ce propos, se référer aux correspondances respectives des deux signes zodiacaux du Bélier et du Taureau ; mais ceci donnerait lieu surtout, par l'application qui pourrait en être faite à la prédominance de l'une ou de l'autre forme dans

---

celui d'« âge » ou de « cycle », et le plus ordinairement de « siècle » ; cette double signification entraîne parfois une curieuse méprise, certains croyant que l'épithète *dhûl-qarnein* appliquée à Alexandre veut dire que celui-ci aurait vécu deux siècles.
327 Sous ce rapport, les deux cornes sont un équivalent des deux têtes de l'aigle héraldique.
328 Ammon lui-même était appelé « Maître de la double corne » (*Livre des morts*, ch. CLXV).
329 Il est possible encore qu'Alexandre ait porté un casque orné de deux cornes ; on sait que les casques à cornes étaient en usage chez beaucoup de peuples anciens. — Chez les Assyro-Babyloniens, la tiare à cornes était un attribut caractéristique des divinités.
330 À cette distinction correspond celle des deux formes que les alchimistes donnent au signe du mercure : la forme lunaire est ici rapportée au mercure vulgaire, et la forme solaire au mercure des sages.

différentes traditions, à des considérations « cycliques » dans lesquelles nous ne pouvons songer à entrer présentement.

Pour terminer cet aperçu, nous signalerons seulement encore un rapprochement, sous certains rapports, entre ces armes animales que sont les cornes et ce qu'on peut appeler les armes végétales, c'est-à-dire les épines. Il est à noter, à cet égard que beaucoup de plantes qui jouent un rôle symbolique important sont des plantes épineuses [331] ; ici encore, les épines, comme les autres pointes, évoquent l'idée d'un sommet ou d'une élévation, et elles peuvent également, dans certains cas tout au moins, être prises pour figurer les rayons lumineux [332]. On voit donc que le symbolisme est toujours parfaitement cohérent, comme il doit d'ailleurs l'être nécessairement par là même qu'il n'est point le résultat de quelque convention plus ou moins artificielle, mais qu'il est au contraire fondé essentiellement sur la nature même des choses.

---

331 On peut donner comme exemples la rose, le chardon, l'acacia, l'acanthe, etc.
332 Le symbolisme chrétien de la couronne d'épines (qu'on dit être des épines d'acacia) se rapproche par là, d'une façon que certains trouveront peut-être inattendue, mais qui n'en est pas moins réelle et exacte, de la couronne à rayons dont nous avons parlé plus haut. — Il est à remarquer aussi que, dans diverses régions, les menhirs sont désignés sous le nom d'« épines » (de là, en Bretagne et ailleurs, des noms de lieux comme la Belle-Épine, Notre-Dame-de-l'Épine, etc.) : or le symbolisme du menhir, comme celui de l'obélisque et de la colonne, se rapporte au « rayon solaire » en même temps qu'à l'« Axe du Monde ».

CINQUIÈME PARTIE

SYMBOLISME DE LA FORME COSMIQUE

René Guénon

Chapitre XXIX

LA CAVERNE ET
LE LABYRINTHE [333]

Dans un livre récent [334], M. Jackson Knight expose d'intéressantes recherches ayant pour point de départ le passage du sixième livre de *L'Énéide* où sont décrites les portes de l'antre de la Sibylle de Cumes : pourquoi le labyrinthe de Crète et son histoire sont-ils figurés sur ces portes ? Il se refuse très justement à voir là, comme l'ont fait certains qui ne vont pas plus loin que les conceptions « littéraires » modernes, une simple digression plus ou moins inutile ; il estime au contraire que ce passage doit avoir une réelle valeur symbolique, se fondant sur une étroite relation entre le labyrinthe et la caverne, rattachés l'un et l'autre à la même idée d'un voyage souterrain. Cette idée, suivant l'interprétation qu'il donne de faits concordants appartenant à des époques et à des régions fort différentes, aurait été liée originairement aux rites funéraires, et aurait été ensuite, en vertu d'une certaine analogie, transportée dans les rites initiatiques ; nous reviendrons plus particulièrement sur ce point tout à l'heure, mais nous devons d'abord faire quelques réserves sur la façon même dont il conçoit l'initiation. Il semble en effet envisager celle-ci uniquement comme un produit de la « pensée humaine », doué d'ailleurs d'une vitalité qui lui assure une sorte de permanence à travers les âges, même si parfois il ne subsiste pour ainsi dire qu'à l'état latent ; nous n'avons nullement besoin, après tout ce que nous avons déjà exposé sur ce sujet, de montrer de nouveau tout ce qu'il y a là d'insuffisant, par là même qu'il n'y est pas tenu compte des éléments « supra-humains » qui, en réalité,

---

333 Publié dans *É. T.*, oct.-nov. 1937.
334 W.F. Jackson Knight, *Cumaean Gates, a reference of the Sixth « Æneid » to Initiation Pattern* (Basil Blackwell, Oxford).

constituent précisément ici l'essentiel. Nous insisterons seulement sur ceci : l'idée d'une subsistance à l'état latent amène l'hypothèse d'une conservation dans un « subconscient collectif » emprunté à certaines théories psychologiques récentes ; quoi qu'on puisse penser de celles-ci, il y a en tout cas, dans l'application qui en est ainsi faite, une complète méconnaissance de la nécessité de la « chaîne » initiatique, c'est-à-dire d'une transmission effective et ininterrompue. Il est vrai qu'il y a une autre question qu'il faut bien se garder de confondre avec celle-là : il a pu arriver parfois que des choses d'ordre proprement initiatique trouvent à s'exprimer à travers des individualités qui n'étaient nullement conscientes de leur véritable signification, et nous nous sommes expliqué précédemment là-dessus à propos de la légende du Graal ; mais, d'une part, cela ne touche en rien à ce qui concerne l'initiation elle-même dans sa réalité, et, d'autre part, on ne saurait envisager ainsi le cas de Virgile, chez qui il y a, tout comme chez Dante, des indications beaucoup trop précises et trop manifestement conscientes pour qu'il soit possible d'admettre qu'il ait été étranger à tout rattachement initiatique effectif. Ce dont il s'agit n'a rien à voir avec l'« inspiration poétique » telle qu'on l'entend aujourd'hui, et, à cet égard, M J. Knight est certainement trop disposé à partager les vues « littéraires » auxquelles sa thèse s'oppose pourtant par ailleurs ; mais nous n'en devons pas moins reconnaître tout le mérite qu'il y a, pour un écrivain universitaire, à avoir le courage d'aborder un tel sujet, voire même simplement de parler d'initiation.

Cela dit, revenons à la question des rapports de la caverne funéraire et de la caverne initiatique : bien que ces rapports soient assurément très réels, l'identification de l'une et de l'autre, quant à leur symbolisme, ne représente tout au plus qu'une moitié de la vérité. Remarquons d'ailleurs que, même au seul point de vue funéraire, l'idée de faire dériver le symbolisme du rituel, au lieu de voir au contraire dans le rituel lui même le symbolisme en action qu'il est vraiment, met déjà l'auteur dans un grand embarras lorsqu'il constate que le voyage souterrain est presque toujours suivi d'un voyage à l'air libre, que beaucoup de traditions représentent comme une navigation ; cela serait en effet inconcevable s'il ne s'agissait que de la description imagée d'un rituel d'enterrement, mais s'explique au contraire parfaitement quand on sait qu'il s'agit en réalité de phases diverses traversées par l'être au cours d'une migration qui est bien véritablement « d'outre-tombe », et qui ne concerne en rien le corps qu'il a laissé derrière lui en quittant la vie terrestre. D'autre part, en raison de l'analogie qui existe entre la mort entendue au sens ordinaire de ce mot et la mort initiatique dont nous avons parlé en une autre occasion, une même description symbolique peut s'appliquer également à ce qui advient à l'être dans l'un et l'autre cas ; là est, quant à la caverne et au voyage souterrain, la raison de l'assimilation envisagée, dans la mesure où elle est justifiée ; mais, au point où elle doit légitimement s'arrêter, on n'en est encore qu'aux préliminaires de l'initiation, et non point à l'initiation elle-même.

En effet, on ne peut voir en toute rigueur qu'une préparation à l'initiation, et rien de plus, dans la mort au monde profane suivie de la « descente aux Enfers » qui est, bien entendu, la même chose que le voyage dans le monde souterrain auquel la caverne donne accès ; et, pour ce qui est de l'initiation même, bien loin d'être considérée comme une mort, elle l'est au contraire comme une « seconde naissance », ainsi que comme un passage des ténèbres à la lumière. Or, le lieu de cette naissance est encore la caverne, du moins dans les cas où c'est dans celle-ci que l'initiation s'accomplit, en fait ou symboliquement, car il va de soi qu'il ne faut pas trop généraliser et que, de même aussi que pour le labyrinthe dont nous parlerons ensuite, il ne s'agit pas là de quelque chose qui soit nécessairement commun à toutes les formes initiatiques sans exception. La même chose apparaît du reste, même exotériquement, dans le symbolisme chrétien de la Nativité, tout aussi nettement que dans d'autres traditions ; et il est évident que la caverne comme lieu de naissance ne peut pas avoir précisément la même signification que la caverne comme lieu de mort ou de sépulture. On pourrait cependant faire remarquer, pour relier du moins entre eux ces aspects différents et même apparemment opposés, que mort et naissance ne sont en somme que les deux faces d'un même changement d'état, et que le passage d'un état à un autre est toujours regardé comme devant s'effectuer dans l'obscurité [335] ; en ce sens, la caverne serait donc, plus exactement, le lieu même de ce passage : mais ceci, tout en étant strictement vrai, ne se réfère encore qu'à l'un des côtés de son symbolisme complexe.

Si l'auteur n'a pas réussi à voir l'autre côté de ce symbolisme, cela est dû très probablement à l'influence exercée sur lui par les théories de certains « historiens des religions » : à la suite de ceux-ci, il admet en effet que la caverne doit toujours être rattachée à des cultes « chthoniens », sans doute pour la raison, un peu trop « simpliste », qu'elle est située à l'intérieur de la terre ; mais cela est bien loin de la vérité [336]. Pourtant il ne peut faire autrement que de s'apercevoir que la caverne initiatique est donnée avant tout comme une image du monde [337] ; mais son hypothèse l'empêche d'en tirer la conséquence qui s'impose cependant, et qui est celle-ci : dès lors qu'il en est ainsi, cette caverne doit former un tout complet et contenir en elle-même la représentation du ciel aussi bien que celle de la terre ; s'il arrive que le ciel soit expressément mentionné dans quelque texte ou figuré dans quelque monument comme correspondant à la voûte de la caverne, les explications proposées à ce sujet deviennent tellement confuses et peu satisfaisantes qu'il n'est plus possible de les suivre. La vérité est que, bien loin d'être un lieu ténébreux, la caverne

---

335 On pourrait rappeler aussi, à cet égard, le symbolisme du grain de blé dans les mystères d'Éleusis.

336 Cette interprétation unilatérale le conduit à une singulière méprise : il cite, parmi d'autres exemples, le mythe shintoïste de la danse exécutée devant l'entrée d'une caverne pour en faire sortir la « déesse ancestrale » qui s'y était cachée ; malheureusement pour sa thèse, il ne s'agit point là de la « terre-mère », comme il le croit et le dit même expressément, mais bien de la déesse solaire, ce qui est tout à fait différent.

337 Dans la maçonnerie, il en est de même de la loge, dont certains ont même rapproché la désignation du mot sanscrit *loka*, ce qui est en effet exact symboliquement, sinon étymologiquement ; mais il faut ajouter que la loge n'est pas assimilée à la caverne, et que l'équivalent de celle-ci se trouve seulement, dans ce cas, au début même des épreuves initiatiques, de sorte qu'il ne s'y attache d'autre sens que celui de lieu souterrain, en rapport direct avec les idées de mort et de « descente ».

initiatique est éclairée intérieurement, si bien que c'est au contraire au-dehors d'elle que règne l'obscurité, le monde profane étant naturellement assimilé aux « ténèbres extérieures », et la « seconde naissance » étant en même temps une « illumination [338] ». Maintenant, si l'on demande pourquoi la caverne est envisagée de cette façon au point de vue initiatique, nous répondrons que la solution de cette question se trouve, d'une part, dans le fait que le symbole de la caverne est complémentaire de celui de la montagne, et, d'autre part, dans le rapport qui unit étroitement le symbolisme de la caverne à celui du cœur ; nous nous proposons de traiter séparément ces deux points essentiels mais il n'est pas difficile de comprendre, d'après tout ce que nous avons déjà eu l'occasion d'exposer par ailleurs, que ce dont il s'agit est en relation directe avec la figuration même des centres spirituels.

Nous passerons sur d'autres questions qui, si importantes qu'elles soient en elles-mêmes, n'interviennent ici qu'accessoirement, comme, par exemple, celle de la signification du « rameau d'or » ; il est fort contestable qu'on puisse identifier celui-ci, si ce n'est peut-être sous un aspect très secondaire, au bâton ou à la baguette qui, sous des formes diverses, se rencontrent très généralement dans le symbolisme traditionnel [339]. Sans insister davantage là-dessus, nous examinerons maintenant ce qui concerne le labyrinthe, dont le sens peut paraître plus énigmatique encore, ou tout au moins plus dissimulé, que celui de la caverne, et les rapports qui existent entre celle-ci et celui-là.

Le labyrinthe, ainsi que l'a bien vu M. J. Knight, a une double raison d'être, en ce sens qu'il permet ou interdit, suivant les cas, l'accès à un certain lieu où tous ne doivent pas pénétrer indistinctement ; ceux qui sont « qualifiés » pourront seuls le parcourir jusqu'au bout, tandis que les autres seront empêchés

---

338 Dans le symbolisme maçonnique également, et pour les mêmes raisons, les « lumières » se trouvent obligatoirement à l'intérieur de la loge ; et le mot *loka*, que nous rappelions tout à l'heure, se rattache aussi directement à une racine dont le sens premier désigne la lumière.
339 Il serait certainement beaucoup plus juste d'assimiler ce « rameau d'or » au gui druidique et à l'acacia maçonnique, sans parler des « rameaux » de la fête chrétienne qui porte précisément ce nom, en tant que symbole et gage de résurrection et d'immortalité.

d'y pénétrer ou s'égareront en chemin. On voit immédiatement qu'il y a là l'idée d'une « sélection » qui est en rapport évident avec l'admission à l'initiation ; le parcours du labyrinthe n'est donc proprement, à cet égard, qu'une représentation des épreuves initiatiques ; et il est facile de concevoir que quand il servait effectivement de moyen d'accès à certains sanctuaires, il pouvait être disposé de telle façon que les rites correspondants soient accomplis dans ce parcours même. D'ailleurs, on trouve là aussi l'idée de « voyage », sous l'aspect où elle est assimilée aux épreuves elles-mêmes, ainsi qu'on peut le constater encore actuellement dans certaines formes initiatiques, dans la maçonnerie par exemple, où chacune des épreuves symboliques est précisément désignée comme un « voyage ». Un autre symbolisme équivalent est celui du « pèlerinage » ; et nous rappellerons à ce propos les labyrinthes tracés autrefois sur le dallage de certaines églises, et dont le parcours était considéré comme un « substitut » du pèlerinage en Terre Sainte ; du reste, si le point auquel aboutit ce parcours représente un lieu réservé aux « élus », ce lieu est bien véritablement une « Terre Sainte » au sens initiatique de cette expression ; en d'autres termes, ce point n'est pas autre chose que l'image d'un centre spirituel, comme l'est également tout lieu d'initiation [340].

Il va de soi, d'autre part, que l'emploi du labyrinthe comme moyen de défense ou de protection est susceptible d'applications diverses, en dehors du domaine initiatique ; c'est ainsi que l'auteur signale notamment son usage « tactique », à l'entrée de certaines villes antiques et d'autres lieux fortifiés. Seulement, c'est une erreur de croire qu'il s'agit dans ce cas d'un usage purement profane, qui aurait même été le premier en date et qui aurait ensuite suggéré l'idée de l'usage rituel ; il y a là proprement un renversement des rapports normaux, qui est d'ailleurs conforme aux conceptions modernes, mais à celles-ci seulement, et qu'il est donc tout à fait illégitime d'attribuer aux

---

340 M. J. Knight mentionne ces labyrinthes, mais ne leur attribue qu'une signification simplement religieuse ; il semble ignorer que leur tracé ne relevait aucunement de la doctrine exotérique, mais appartenait exclusivement au symbolisme des organisations initiatiques de constructeurs.

civilisations anciennes. En fait, dans toute civilisation ayant un caractère strictement traditionnel, toutes choses commencent nécessairement par le principe, ou par ce qui en est le plus proche, pour descendre de là à des applications de plus en plus contingentes ; et, en outre, ces dernières mêmes n'y sont jamais envisagées sous le point de vue profane, qui n'est, comme nous l'avons déjà souvent expliqué, que le résultat d'une dégénérescence ayant fait perdre la conscience de leur rattachement au principe. Dans le cas dont il s'agit, on pourrait assez facilement s'apercevoir qu'il y a là autre chose que ce qu'y verraient des « tacticiens » modernes, par la simple remarque que ce mode de défense « labyrinthique » n'était pas employé seulement contre les ennemis humains, mais aussi contre les influences psychiques hostiles, ce qui indique bien qu'il devait avoir en lui-même une valeur rituelle [341]. Mais il y a plus encore : la fondation des villes, le choix de leur emplacement et le plan suivant lequel elles étaient construites, étaient soumis à des règles qui relevaient essentiellement de la « science sacrée », et qui par conséquent étaient fort loin de ne répondre qu'à des fins « utilitaires », du moins dans le sens exclusivement matériel qu'on donne actuellement à ce mot ; si complètement étrangères que soient ces choses à la mentalité de nos contemporains, il faut pourtant bien en tenir compte, faute de quoi ceux qui étudient les vestiges des civilisations anciennes ne pourront jamais comprendre le vrai sens et la raison d'être de ce qu'ils constatent, même pour ce qui correspond simplement à ce qu'il est convenu d'appeler aujourd'hui le domaine de la « vie ordinaire », mais qui alors avait aussi en réalité un caractère proprement rituel et traditionnel.

Quant à l'origine du nom même du labyrinthe, elle est assez obscure et a donné lieu à bien des discussions ; il semble bien que, contrairement à ce que

---

[341] Nous n'insisterons pas, pour ne pas trop nous écarter du sujet, sur la marche « labyrinthique » de certaines processions et « danses rituelles » qui, présentant avant tout le caractère de rites de protection ou « apotropiques », comme le dit l'auteur, se rattachent directement par là au même ordre de considération : il s'agit essentiellement d'arrêter et de détourner les influences maléfiques, par une « technique » basée sur la connaissance de certaines lois suivant lesquelles celles-ci exercent leur action.

certains ont pensé, il ne se rattache pas directement à celui de la *labrys* ou double hache crétoise, mais que l'un et l'autre dérivent également d'un même mot fort ancien désignant la pierre (racine *la*, d'où *laos* en grec, *lapis* en latin), de telle sorte que, étymologiquement, le labyrinthe pourrait en somme n'être pas autre chose qu'une construction de pierre, appartenant au genre de constructions dite « cyclopéennes ». Cependant, ce n'est là que la signification la plus extérieure de ce nom, qui, en un sens plus profond, se relie à tout l'ensemble du symbolisme de la pierre, dont nous avons eu à parler à diverses reprises, soit à propos des « bétyles », soit à propos des « pierres de foudre » (identifiées précisément à la hache de pierre ou *labrys*), et qui présente encore bien d'autres aspects. M. J. Smith l'a tout au moins entrevu, car il fait allusion aux hommes « nés de la pierre » (ce qui, notons-le en passant, donne l'explication du mot grec *laos*), dont la légende de Deucalion offre l'exemple le plus connu : ceci se rapporte à une certaine période dont une étude plus précise, si elle était possible, permettrait assurément de donner au soi-disant « âge de pierre » un tout autre sens que celui que lui attribuent les préhistoriens. Nous sommes d'ailleurs ramené par là à la caverne, qui, en tant qu'elle est creusée dans le roc, naturellement ou artificiellement, tient aussi d'assez près au même symbolisme [342] ; mais nous devons ajouter que ce n'est pas une raison pour supposer que le labyrinthe lui-même ait dû forcément être aussi creusé dans le roc : bien qu'il ait pu en être ainsi dans certains cas, ce n'est là qu'un élément accidentel, pourrait-on dire, et qui ne saurait entrer dans sa définition même, car, quels que soient les rapports de la caverne et du labyrinthe, il importe pourtant de ne pas les confondre, surtout quand il s'agit de la caverne initiatique, que nous avons ici en vue d'une façon plus particulière.

---

342 Les cavernes préhistoriques furent vraisemblablement, non des habitations comme on le croit d'ordinaire, mais les sanctuaires des « hommes de pierre », entendus au sens que nous venons d'indiquer ; c'est donc dans les formes traditionnelles de la période dont il s'agit que la caverne aurait reçu, en rapport avec une certaine « occultation » de la connaissance, le caractère de symbole des centres spirituels, et par suite de lieu d'initiation.

En effet, il est bien évident que, si la caverne est le lieu où s'accomplit l'initiation même, le labyrinthe, lieu des épreuves préalables, ne peut être rien de plus que le chemin qui y conduit, en même temps que l'obstacle qui en interdit l'approche aux profanes « non qualifiés ». Nous rappellerons d'ailleurs que, à Cumes, c'est sur les portes qu'était représenté le labyrinthe, comme si, d'une certaine façon, cette figuration tenait lieu ici du labyrinthe lui-même [343] ; et l'on pourrait dire qu'Énée, pendant qu'il s'arrête à l'entrée pour la considérer, parcourt en effet le labyrinthe mentalement, sinon corporellement. D'autre part, il ne semble pas que ce mode d'accès ait toujours été exclusivement réservé à des sanctuaires établis dans des cavernes ou assimilés symboliquement à celles-ci, puisque, comme nous l'avons déjà expliqué, ce n'est pas là un trait commun à toutes les formes traditionnelles ; et la raison d'être du labyrinthe, telle qu'elle a été définie plus haut, peut convenir également bien aux abords de tout lieu d'initiation, de tout sanctuaire destiné aux « mystères » et non pas aux rites publics. Cette réserve faite, il y a cependant une raison de penser que, à l'origine tout au moins, l'usage du labyrinthe a dû être lié plus spécialement à celui de la caverne initiatique : c'est que l'un et l'autre paraissent avoir appartenu tout d'abord aux mêmes formes traditionnelles, celles de cette époque des « hommes de pierre » à laquelle nous avons fait allusion tout à l'heure ; ils auraient donc commencé ainsi par être étroitement unis, bien qu'ils ne le soient pas demeurés invariablement dans toutes les formes ultérieures.

Si nous considérons le cas où le labyrinthe est en connexion avec la caverne, celle-ci, qu'il entoure de ses replis et à laquelle il aboutit finalement, occupe par là même, dans l'ensemble ainsi constitué, le point le plus intérieur et central, ce qui correspond bien à l'idée du centre spirituel, et ce qui concorde également avec le symbolisme équivalent du cœur, sur lequel nous nous proposons de revenir. Il faut encore remarquer que lorsque la même caverne est à la fois le lieu de la mort initiatique et celui de la « seconde naissance », elle doit dès lors être regardée comme donnant accès, non pas seulement aux domaines

---

343 Un cas similaire, à cet égard, est celui de figures « labyrinthiques » tracées sur les murs, dans la Grèce antique, pour interdire l'accès des maisons aux influences maléfiques.

souterrains ou « infernaux », mais aussi aux domaines supra-terrestres ; ceci encore répond à la notion du point central, qui est, tant dans l'ordre macrocosmique que dans l'ordre microcosmique, celui où s'effectue la communication avec tous les états supérieurs et inférieurs ; et c'est seulement ainsi que la caverne peut être, comme nous l'avons dit, l'image complète du monde, en tant que tous ces états doivent s'y refléter également ; s'il en était autrement, l'assimilation de sa voûte au ciel serait absolument incompréhensible. Mais, d'autre part, si c'est dans la caverne même que, entre la mort initiatique et la « seconde naissance », s'accomplit la « descente aux Enfers », on voit qu'il faudrait bien se garder de considérer celle-ci comme représentée par le parcours du labyrinthe, et alors on peut encore se demander à quoi ce dernier correspond en réalité : ce sont les « ténèbres extérieures », auxquelles nous avons déjà fait allusion, et auxquelles s'applique parfaitement l'état d'« errance », s'il est permis d'employer ce mot, dont un tel parcours est l'exacte expression. Cette question des « ténèbres extérieures » pourrait donner lieu encore à d'autres précisions, mais ceci nous entraînerait en dehors des limites de la présent étude ; nous pensons d'ailleurs en avoir dit assez pour montrer, d'une part, l'intérêt que présentent des recherches comme celles qui sont exposées dans le livre de M. J. Knight, mais aussi d'autre part, la nécessité, pour en mettre au point les résultats et pour en saisir la véritable portée, d'une connaissance proprement « technique » de ce dont il s'agit, connaissance sans laquelle on ne parviendra jamais qu'à des reconstitutions hypothétiques et incomplètes, qui, même dans la mesure où elles ne seront pas faussées par quelque idée préconçue, demeureront aussi « mortes » que les vestiges mêmes qui en auront été le point de départ.

Chapitre XXX

LE CŒUR ET LA CAVERNE[344]

Nous avons fait allusion précédemment à la relation étroite qui existe entre le symbolisme de la caverne et celui du cœur, et qui explique le rôle joué par la caverne au point de vue initiatique, en tant que représentation d'un centre spirituel. En effet, le cœur est essentiellement un symbole du centre, qu'il s'agisse d'ailleurs du centre d'un être ou, analogiquement, de celui d'un monde, c'est-à-dire, en d'autres termes, qu'on se place au point de vue micro-cosmique ou au point de vue macrocosmique ; il est donc naturel, en vertu de cette relation, que la même signification s'attache également à la caverne ; mais c'est cette connexion symbolique elle-même qu'il s'agit maintenant d'expliquer plus complètement.

La « caverne du cœur » est une expression traditionnelle connue : le mot *guhâ*, en sanscrit, désigne généralement une caverne, mais il s'applique également à la cavité interne du cœur, et par suite au cœur lui-même ; c'est cette « caverne du cœur » qui est le centre vital en lequel réside, non seulement *jîvâtmâ*, mais aussi *Âtmâ* inconditionné, qui est en réalité identique à *Brahma* lui-même, ainsi que nous l'avons exposé ailleurs [345]. Ce mot *guhâ* est dérivé de la racine *guh*, dont le sens est « couvrir » ou « cacher », sens qui est aussi celui d'une autre racine similaire *gup*, d'où *gupta* qui s'applique à tout ce qui a un caractère secret, à tout ce qui ne se manifeste pas à l'extérieur : c'est l'équivalent du grec *Kruptos*, d'où le mot « crypte » qui est synonyme de caverne. Ces idées se rapportent au centre, en tant que celui-ci est considéré comme le point le

---

344 Publié dans *É. T.*, déc. 1937.
345 *L'Homme et son devenir selon le Vêdânta*, ch. III (voir *Chhândogya Upanishad*, 3ᵉ Prapâthaka, 14ᵉ Khanda, shruti 3, et 8ᵉ Prapâthaka, 1ᵉʳ Khanda, shruti 1).

plus intérieur, et par conséquent le plus caché ; en même temps, elles se réfèrent aussi au secret initiatique, soit en lui-même, soit en tant qu'il est symbolisé par la disposition du lieu où s'accomplit l'initiation, lieu caché ou « couvert [346] », c'est-à-dire inaccessible aux profanes, que l'accès en soit défendu par une structure « labyrinthique » ou de toute autre façon (comme, par exemple, les « temples sans portes » de l'initiation extrême-orientale), et toujours regardé comme une image du centre.

D'autre part, il importe de remarquer que ce caractère caché ou secret, en ce qui concerne les centres spirituels ou leur figuration, implique que la vérité traditionnelle elle-même, dans son intégralité, n'est plus accessible à tous les hommes indistinctement, ce qui indique qu'il s'agit d'une époque d'« obscuration » au moins relative ; ceci permet de « situer » un tel symbolisme dans le cours du processus cyclique ; mais c'est là un point sur lequel nous aurons à revenir plus complètement en étudiant les rapports de la montagne et de la caverne, en tant que l'une et l'autre sont prises comme symboles du centre. Pour le moment, nous nous contenterons d'indiquer, à cet égard, que le schéma du cœur est un triangle dont la pointe est dirigée vers le bas (le « triangle du cœur » est encore une autre expression traditionnelle) ; et ce même schéma est aussi appliqué à la caverne, tandis que celui de la montagne, ou de la pyramide qui lui équivaut, est au contraire un triangle dont la pointe est dirigée vers le haut ; cela montre qu'il s'agit d'un rapport inverse, et aussi complémentaire en un certain sens. Nous ajouterons, au sujet de cette représentation du cœur et de la caverne par le triangle inversé, que c'est là un des cas où il ne s'attache évidemment à celui-ci aucune idée de « magie noire », contrairement à ce que prétendent trop souvent ceux qui n'ont du symbolisme qu'une connaissance tout à fait insuffisante.

Cela dit, revenons à ce qui, suivant la tradition hindoue, est caché dans la « caverne du cœur » : c'est le principe même de l'être, qui, dans cet état d'« enveloppement » et par rapport à la manifestation, est comparé à ce qu'il y

---

346 Cf. l'expression maçonnique « être à couvert ».

a de plus petit (le mot *dahara*, désignant la cavité où il réside, se réfère aussi à cette même idée de petitesse), alors qu'il est en réalité ce qu'il y a de plus grand, de même que le point est spatialement infime et même nul, bien qu'il soit le principe par lequel est produit tout l'espace, ou de même encore que l'unité apparaît comme le plus petit des nombres, bien qu'elle les contienne tous principiellement et produise d'elle-même toute leur série indéfinie. Ici encore, nous trouvons donc l'expression d'un rapport inverse en tant que le principe est envisagé selon deux points de vue différents ; de ces deux points de vue, celui de l'extrême petitesse concerne son état caché et en quelque sorte « invisible », qui n'est encore pour l'être qu'une « virtualité », mais à partir duquel s'effectuera le développement spirituel de cet être ; c'est donc là qu'est proprement le « commencement » (*initium*) de ce développement, ce qui est en relation directe avec l'initiation, entendue suivant le sens étymologique de ce terme ; et c'est précisément à ce point de vue que la caverne peut être regardée comme le lieu de la « seconde naissance ». À cet égard, nous trouvons des textes tels que celui-ci : « Sache que cet *Agni*, qui est le fondement du monde éternel (principiel), et par lequel celui-ci peut être atteint, est caché dans la caverne (du cœur) [347] », ce qui se réfère, dans l'ordre microcosmique, à la « seconde naissance », et aussi, par transposition dans l'ordre macrocosmique, à son analogue qui est la naissance de l'*Avatâra*.

Nous avons dit que ce qui réside dans le cœur est à la fois *jîvâtmâ*, au point de vue de la manifestation individuelle, et *Âtmâ* inconditionné ou *Paramâtmâ*, au point de vue principiel ; ces deux ne sont distingués qu'en mode illusoire, c'est-à-dire relativement à la manifestation elle-même, et ils ne sont qu'un dans la réalité absolue. Ce sont « les deux qui sont entrés dans la caverne », et qui, en même temps, sont dits aussi « demeurer sur le plus haut sommet », si bien que les deux symbolismes de la montagne et de la caverne se trouvent ici réunis [348]. Le texte ajoute que « ceux qui connaissent *Brahma* les appellent ombre et

---

347 *Katha Upanishad*, 1ʳᵉ Vallî, shru-ti 14.
348 *Katha Upanishad*, 3ᵉ Vallî, shruti 1 (cf. *Brahma-Sûtras*, 1ᵉʳ Adhyâya, 2ᵉ Pâda, sûtras 11-12).

lumière » ; ceci se rapporte plus spécialement au symbolisme de *Nara-nârâyana*, dont nous avons parlé à propos de l'*Âtmâ-Gîtâ*, en citant précisément ce même texte : *Nara*, l'humain ou le mortel, qui est *jîvâtmâ*, est assimilé à *Arjuna*, et *Nârâyana*, le divin ou l'immortel, qui est *Paramâtmâ*, est assimilé à *Krishna* ; or, suivant leur sens propre, le nom de *Krishna* désigne la couleur sombre et celui d'*Arjuna* la couleur claire, soit respectivement la nuit et le jour, en tant qu'on les considère comme représentant le non-manifesté et le manifesté [349]. Un symbolisme exactement semblable sous ce rapport se retrouve ailleurs avec les Dioscures, mis d'autre part en relation avec les deux hémisphères, l'un obscur et l'autre éclairé, ainsi que nous l'avons indiqué en étudiant la signification de la « double spirale ». D'un autre côté, ces « deux », c'est-à-dire *jîvâtmâ* et *Paramâtmâ*, sont aussi les « deux oiseaux » dont il est question dans d'autres textes comme « résidant sur un même arbre » (de même qu'*Arjuna* et *Krishna* sont monté sur un même char), et qui sont dits « inséparablement unis » parce que, comme nous le disions plus haut, ils ne sont réellement qu'un et ne se distinguent qu'illusoirement [350] ; il importe de remarquer ici que le symbolisme de l'arbre est essentiellement « axial » comme celui de la montagne ; et la caverne, en tant qu'elle est regardée comme située sous la montagne ou à l'intérieur même de celle-ci, se trouve aussi sur l'axe, car, dans tous les cas, et de quelque façon que les choses soient envisagées, c'est toujours là qu'est nécessairement le centre, qui est le lieu de l'union de l'individuel avec l'Universel.

Avant de quitter ce sujet, nous signalerons une remarque linguistique à laquelle il ne faut peut-être pas attacher une trop grande importance, mais qui est tout au moins curieuse : le mot égyptien *hor*, qui est le nom même d'*Horus*, semble signifier proprement « cœur » ; *Horus* serait donc ainsi le « Cœur du Monde », suivant une désignation qui se retrouve dans la plupart des traditions,

---

349 Cf. Ananda Coomaraswamy, *The Darker Side of the Dawn* et *Angel and Titan, an essay in Vedic Ontology*.
350 *Mundaka Upanishad*, 3ᵉ Munda-ka, 1ᵉʳ Khanda, shruti 1 ; *Shwêtâsh-watara Upanishad*, 4ᵉ Adhyâya, shru-ti 6.

et qui convient d'ailleurs parfaitement à l'ensemble de son symbolisme, pour autant qu'il est possible de se rendre compte de celui-ci. On pourrait être tenté, à première vue, de rapprocher ce mot *hor* du latin *cor*, qui a le même sens, et cela d'autant plus que, dans les différentes langues, les racines similaires qui désignent le cœur se rencontrent à la fois avec l'aspirée et avec la gutturale comme lettre initiale : ainsi, d'une part, *hrid* ou *hridaya* en sanscrit, *heart* en anglais, *herz* en allemand, et, d'autre part, *kêr* ou *kardion* en grec, et *cor* lui-même (au génitif *cordis*) en latin ; mais la racine commune de tous ces mots, y compris le dernier, est en réalité HRD ou KRD, et il ne semble pas qu'il puisse en être ainsi dans le cas du mot *hor*, de sorte qu'il s'agirait ici, non pas d'une réelle identité de racine, mais seulement d'une sorte de convergence phonétique, qui n'en est pas moins assez singulière. Mais voici qui est peut-être plus remarquable, et qui en tout cas se rattache directement à notre sujet : en hébreu, le mot *hor* ou *hûr*, écrit avec la lettre *heth*, signifie « caverne » ; nous ne voulons pas dire qu'il y ait un lien étymologique entre les deux mots hébreu et égyptien, quoiqu'ils puissent à la rigueur avoir une origine commune plus ou moins lointaine ; mais peu importe au fond, car quand on sait qu'il ne peut y avoir nulle part rien qui soit purement fortuit, le rapprochement n'en apparaît pas moins comme assez digne d'intérêt. Ce n'est pas tout : en hébreu également, *hor* ou *har*, écrit cette fois avec la lettre *hé*, signifie « montagne » ; si l'on remarque que *heth* est, dans l'ordre des aspirées, un renforcement ou un durcissement de *hé*, ce qui marque en quelque sorte une « compression », et que d'ailleurs cette lettre exprime par elle-même, idéographiquement, une idée de limite ou de clôture, on voit que, par le rapport même des deux mots, la caverne est indiquée comme le lieu renfermé à l'intérieur de la montagne, ce qui est exact littéralement aussi bien que symboliquement ; et nous nous trouvons ainsi ramené encore une fois aux rapports de la montagne et de la caverne, que nous aurons à examiner maintenant plus particulièrement.

Chapitre XXXI

LA MONTAGNE ET LA CAVERNE [351]

Il existe donc un rapport étroit entre la montagne et la caverne, en tant que l'une et l'autre sont prises comme symboles des centres spirituels, comme le sont d'ailleurs aussi, pour des raisons évidentes, tous les symboles « axiaux » ou « polaires » dont la montagne est précisément un des principaux. Nous rappellerons que, à cet égard, la caverne doit être regardée comme située sous la montagne ou à son intérieur, de façon à se trouver également dans l'axe, ce qui renforce encore le lien existant entre ces deux symboles, qui sont en quelque sorte complémentaires l'un de l'autre. Il faut cependant remarquer aussi, pour les « situer » exactement l'un par rapport à l'autre, que la montagne a un caractère plus « primordial » que la caverne : cela résulte du fait qu'elle est visible à l'extérieur, qu'elle est même, pourrait-on dire, ce qu'il y a de plus visible de toutes parts, tandis que la caverne est au contraire, comme nous l'avons dit, un lieu essentiellement caché et fermé. On peut facilement déduire de là que la représentation du centre spirituel par la montagne correspond proprement à la période originelle de l'humanité terrestre, pendant laquelle la vérité était intégralement accessible à tous (d'où le nom de *Satya-Yuga*, et le sommet de la montagne est alors *Satya-Loka* ou le « lieu de la vérité ») mais, lorsque, par suite de la marche descendante du cycle, cette même vérité ne fut plus à la portée que d'une « élite » plus ou moins restreinte (ce qui coïncide avec le début de l'initiation entendue dans son sens le plus strict) et devint cachée à la majorité des hommes, la caverne fut un symbole plus approprié pour le centre spirituel et, par suite, pour les sanctuaires initiatiques qui en sont des images. Par un tel changement, le centre, pourrait-

---

351 Publié dans *É. T.*, janv. 1938.

on dire, n'abandonna pas la montagne, mais se retira seulement de son sommet à son intérieur ; d'autre part, ce même changement est en quelque sorte un « renversement », par lequel, ainsi que nous l'avons expliqué ailleurs, le « monde céleste » (auquel se réfère l'élévation de la montagne au-dessus de la surface terrestre) est devenu en un certain sens le « monde souterrain » (bien qu'en réalité ce ne soit pas lui qui ait changé, mais les conditions du monde extérieur, et par conséquent son rapport avec celui-ci) ; et ce « renversement » se trouve figuré par les schémas respectifs de la montagne et de la caverne, qui expriment en même temps leur complémentarisme.

Comme nous l'avons dit précédemment, le schéma de la montagne, ainsi que de la pyramide et du tertre qui en sont des équivalents, est un triangle dont le sommet est dirigé vers le haut ; celui de la caverne, au contraire, est un triangle dont le sommet est dirigé vers le bas, donc qui est inversé par rapport à celui-là. Ce triangle inversé est également le schéma du cœur [352], et de la coupe qui lui est généralement assimilée dans le symbolisme, ainsi que nous l'avons montré notamment en ce qui concerne le Saint Graal [353]. Ajoutons que ces derniers symboles et leurs similaires, à un point de vue plus général, se réfèrent au principe passif ou féminin de la manifestation universelle, ou à quelqu'un de ses aspects [354], tandis que ceux qui sont schématisés par le triangle droit se rapportent au principe actif ou masculin ; il s'agit donc bien là d'un véritable complémentarisme. D'autre part, si l'on dispose les deux triangles l'un au-dessous de l'autre, ce qui correspond à la situation de la caverne sous la montagne, on voit que le second peut être considéré comme le reflet du premier (fig. 12) ; et cette idée de reflet convient bien au rapport d'un symbole dérivé à un symbole primordial, suivant ce que nous avons dit tout à l'heure de la

---

[352] On peut rapporter à cette figuration le fait que le nom arabe du cœur (*qalb*) signifie proprement qu'il est en position « renversée » (*maqlûb*) (cf. T. Burckhardt, *Du Barzakh*, dans É. T., déc. 1937).
[353] Dans l'Égypte ancienne, le vase était l'hiéroglyphe du cœur. La « coupe » du Tarot correspond aussi au « cœur » des cartes ordinaires.
[354] Le triangle inversé est, dans l'Inde, un des principaux symboles de la *Shakti* ; il est aussi celui des Eaux primordiales.

relation de la montagne et de la caverne en tant que représentations successives du centre spirituel des différentes phases du développement cyclique.

On pourrait s'étonner que nous figurions ici le triangle inversé plus petit que le triangle droit, car, dès lors qu'il en est le reflet il semblerait qu'il doit lui être égal ; mais une telle différence dans les proportions n'est pas une chose exceptionnelle dans le symbolisme : ainsi, dans la Kabbale hébraïque, le « Macroprosope » ou « Grand Visage » a pour reflet le « Microprosope » ou « Petit Visage ». De plus, il y a à cela, dans le cas présent, une raison plus particulière : nous avons rappelé, au sujet du rapport de la

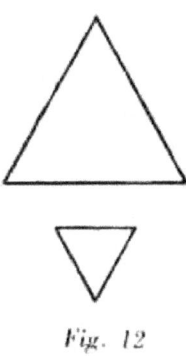

Fig. 12

caverne et du cœur, le texte des *Upanishads* où il est dit que le Principe, qui réside au « centre de l'être », est « plus petit qu'un grain de riz, plus petit qu'un grain d'orge, plus petit qu'un grain de moutarde, plus petit qu'un grain de millet, plus petit que le germe qui est dans un grain de millet », mais aussi, en même temps, « plus grand que la terre, plus grand que l'atmosphère (ou le monde intermédiaire), plus grand que le ciel, plus grand que tous ces mondes ensemble [355] » ; or, dans le rapport inverse des deux symboles que nous considérons présentement, c'est la montagne qui correspond ici à l'idée de « grandeur », et la caverne (ou la cavité du cœur) à celle de « petitesse ». L'aspect de la « grandeur » se réfère d'ailleurs à la réalité absolue, et celui de la

---

355 *Chhândogya Upanishad*, 3ᵉ Pra-pâthaka, 14ᵉ Khanda, shruti 3.

« petitesse » aux apparences relatives à la manifestation ; il est donc parfaitement normal que le premier soit représenté ici par le symbole qui correspond à une condition « primordiale [356] », et le second par celui qui correspond à une condition ultérieure d'« obscuration » et d'« enveloppement » spirituel.

Si l'on veut représenter la caverne comme située à l'intérieur même (ou au cœur, pourrait-on dire) de la montagne, il suffit de transporter le triangle inversé à l'intérieur du triangle droit, de telle façon que leurs centres coïncident (fig. 13) ; il doit alors nécessairement être plus petit pour y être contenu tout entier, mais, à part cette différence, l'ensemble de la figure ainsi obtenue est manifestement identique au symbole du « Sceau de Salomon », où les deux triangles opposés représentent également deux principes complémentaires, dans les diverses applications dont ils sont susceptibles. D'autre part, si l'on fait les côtés du triangle inversé égaux à la moitié de ceux du triangle droit (nous les avons faits un

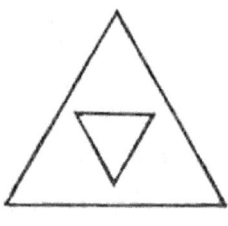

Fig. 13

peu moindres pour que les deux triangles apparaissent entièrement détachés l'un de l'autre, mais, en fait, il est évident que l'entrée de la caverne doit se trouver à la surface même de la montagne, donc que le triangle qui la représente devrait réellement toucher le contour de l'autre) [357], le petit triangle divisera la

---

356 On sait que Dante situe le Paradis terrestre au sommet d'une montagne ; cette situation est donc bien celle du centre spirituel dans l'« état primordial » de l'humanité.
357 On pourra remarquer, d'après le même schéma, que, si la montagne est remplacée par la pyramide, la chambre intérieure de celle-ci est l'équivalent exact de la caverne.

surface du grand en quatre parties égales, dont l'une sera le triangle inversé lui-même, tandis que les trois autres seront des triangles droits ; cette dernière considération, ainsi que celle de certaines relations numériques qui s'y rattachent, n'a pas, à vrai dire, de rapport direct avec notre présent sujet, mais nous aurons sans doute l'occasion de la retrouver par la suite au cours d'autres études.

René Guénon

Chapitre XXXII

LE CŒUR ET L'ŒUF
DU MONDE [358]

Après toutes les considérations exposées précédemment sur les divers aspects du symbolisme de la caverne, il nous reste encore à traiter un autre point important : ce sont les rapports de ce même symbole avec celui de l'« Œuf du Monde » ; mais pour que ceci puisse être bien compris et rattaché plus directement à ce que nous avons dit jusqu'ici, nous devons parler tout d'abord des rapports symboliques du cœur avec l'« Œuf du Monde ». On pourrait peut-être s'en étonner à première vue et ne discerner rien d'autre qu'une certaine similitude de forme entre le cœur et l'œuf ; mais cette similitude elle-même ne peut avoir de véritable signification que s'il existe des relations plus profondes ; or, le fait que l'omphalos et le bétyle, qui sont incontestablement des symboles du centre, sont souvent de forme ovoïde, comme l'était notamment l'*Omphalos* de Delphes [359], montre bien qu'il doit en être ainsi et c'est là ce qu'il nous faut expliquer maintenant.

À cet égard, ce qu'il importe de remarquer avant tout, c'est que l'« Œuf du Monde » est la figure, non pas du « cosmos » dans son état de pleine manifestation, mais de ce à partir de quoi s'effectuera son développement ; et, si ce développement est représenté comme une expansion s'accomplissant dan toutes les directions à partir de son point de départ, il est évident que ce point

---

[358] Publié dans *É. T.*, févr. 1938.

[359] Nous avons examiné plus spécialement ces symboles dans *Le Roi du Monde* ; nous y avons signalé aussi que, dans d'autres cas, ils revêtent la forme conique, qui est en rapport direct avec le symbole de la montagne, de sorte qu'on retrouve encore ici les deux figurations complémentaires dont nous avons parlé dernièrement.

de départ coïncidera nécessairement avec le centre même ; ainsi, l'« Œuf du Monde » est donc bien « central » par rapport au « Cosmos »[360]. La figure biblique du Paradis terrestre, qui est aussi le « Centre du Monde », est celle d'une enceinte circulaire, qui peut être regardée comme la coupe horizontale d'une forme ovoïde aussi bien que sphérique ; ajoutons que, en fait, la différence entre ces deux formes consiste essentiellement en ce que celle de la sphère, s'étendant également en tous sens à partir de son centre, est véritablement la forme primordiale, tandis que celle de l'œuf correspond à un état déjà différencié, dérivant du précédent par une sorte de « polarisation » ou de dédoublement du centre[361] ; cette « polarisation » peut d'ailleurs être considérée comme s'effectuant dès que la sphère accomplit un mouvement de rotation autour d'un axe déterminé, puisque, à partir de ce moment, toutes les directions de l'espace ne jouent plus uniformément le même rôle ; et ceci marque précisément le passage de l'une à l'autre de ces deux phases successives du processus cosmogonique qui sont symbolisées respectivement par la sphère et par l'œuf[362].

Cela dit, il ne reste en somme qu'à montrer que ce qui est contenu dans l'« Œuf du Monde » est réellement identique à ce qui, comme nous l'avons dit précédemment, est aussi contenu symboliquement dans le cœur, et dans la

---

[360] Le symbole du fruit a aussi, sous ce rapport, la même signification que celui de l'œuf ; nous y reviendrons sans doute dans la suite de ces études ; et nous ferons remarquer dès maintenant que ce symbole a en outre un lien évident avec celui du « jardin », donc du Paradis terrestre.

[361] C'est ainsi que, en géométrie plane, le centre unique du cercle, en se dédoublant, donne naissance aux deux foyers d'une ellipse ; ce même dédoublement est aussi figuré très nettement dans le symbole extrême-oriental de l'*Yin-yang*, qui n'est pas sans rapport non plus avec celui de l'« Œuf du Monde ».

[362] Signalons encore, à propos de la forme sphérique, que, dans la tradition islamique, la sphère de pure lumière primordiale est la *Rûh mohammediyah*, qui est aussi le « Cœur du Monde » ; et le « cosmos » tout entier est vivifié par les « pulsations » de cette sphère, qui est proprement le *barzakh* par excellence (voir à ce sujet l'article de T. Burckhardt dans É. T., déc. 1937).

caverne en tant que celle-ci en est l'équivalent. Il s'agit ici de ce « germe » spirituel qui, dans l'ordre macrocosmique, est désigné par la tradition hindoue comme *Hiranyagarbha*, c'est-à-dire littéralement l'« embryon d'or [363] » ; or, ce « germe » est bien véritablement l'*Avatâra* primordial [364], et nous avons vu que le lieu de la naissance de l'*Avatâra*, aussi bien que de ce qui y correspond au point de vue micro-cosmique, est précisément représenté par le cœur ou la caverne. On pourrait peut-être objecter que, dans le texte que nous avons cité alors [365], ainsi d'ailleurs qu'en beaucoup d'autres cas, l'*Avatâra* est expressément désigné comme *Agni*, tandis qu'il est dit que c'est *Brahmâ* qui s'enveloppe dans l'« Œuf du Monde », appelé pour cette raison *Brahmanda*, pour y naître comme *Hiranyagarbha* ; mais, outre que les différents noms ne désignent en réalité que divers attributs divins, qui sont toujours forcément en connexion les uns avec les autres, et non point des entités séparées, il y a lieu de remarquer plus spécialement ici que, l'or étant considéré comme la « lumière minérale » et le « soleil des métaux », la désignation même de *Hiranyagarbha* le caractérise effectivement comme un principe de nature ignée ; et cette raison s'ajoute encore à sa position centrale pour le faire assimiler symboliquement au Soleil, qui, du reste, est également dans toutes les traditions une des figures du « Cœur du Monde ».

Pour passer de là à l'application microcosmique, il suffit de rappeler l'analogie qui existe entre le *pinda*, embryon subtil de l'être individuel, et le *Brahmânda* ou l'« Œuf du Monde [366] » ; et ce *pinda*, en tant que « germe » permanent et indestructible de l'être, s'identifie par ailleurs au « noyau d'immortalité », qui est appelé *luz* dans la tradition hébraïque [367]. Il est vrai que,

---

363 Voir *L'Homme et son devenir selon le Vêdânta*, ch. XIII.
364 À ceci se rattache également la désignation du Christ comme « germe » dans divers textes des Écritures, dont nous reparlerons peut-être en une autre occasion.
365 *Katha Upanishad*, 1er Vallî, shru-ti 14.
366 *Yathâ pinda tathâ Brahmânda* (voir *L'Homme et son devenir selon le Vêdânta*, ch. XIII et XIX).
367 Pour plus de développements, sur ce point, nous renverrons encore au *Roi du Monde* ; on peut noter aussi que l'assimilation de la « seconde naissance » à une « germination » du

en général, le *luz* n'est pas indiqué comme situé dans le cœur, ou que du moins ce n'est là qu'une des différentes localisations dont il est susceptible, dans sa correspondance avec l'organisme corporel, et que ce n'est pas celle qui se rapporte au cas le plus habituel ; mais elle ne s'en trouve pas moins exactement, parmi les autres, là où elle doit être d'après tout ce qui a déjà été dit, c'est-à-dire là où le *luz* est en relation immédiate avec la « seconde naissance ». En effet, ces localisations, qui sont aussi en rapport avec la doctrine hindoue des *chakras*, se réfèrent à autant de conditions de l'être humain ou de phases de son développement spirituel : à la base de la colonne vertébrale, c'est l'état de « sommeil » où se trouve le *luz* chez l'homme ordinaire [368] ; dans le cœur, c'est la phase initiale de sa « germination », qui est proprement la « seconde naissance » ; à l'œil frontal, c'est la perfection de l'état humain, c'est-à-dire la réintégration dans l'« état primordial » ; enfin, à la couronne de la tête, c'est le passage aux états supra-individuels ; et nous retrouverons encore la correspondance exacte de ces diverses étapes quand nous reviendrons au symbolisme de la caverne initiatique [369].

---

luz rappelle nettement la description taoïste du processus initiatique comme « endogénie de l'immortel ».

368 Le serpent enroulé autour de l'« Œuf du Monde », et figuré parfois autour de l'*Omphalos* et du bétyle, est, à cet égard, *Kundalinî* enroulée autour du « noyau d'immortalité », qui est aussi en rapport avec le symbolisme de la « pierre noire » ; à cette position « inférieure » du *luz*, il est fait directement allusion dans la formule hermétique : *Visita inferiora terræ rectificando invenies occultum lapidem* ; la « rectification » est ici le « redressement » qui marque, après la « descente », le début du mouvement ascensionnel, correspondant au réveil de *Kundalinî*, et le complément de la même formule désigne en outre cette « pierre cachée » comme *veram medicinam*, ce qui l'identifie aussi à l'*amrita*, nourriture ou breuvage d'immortalité.

369 Notons encore que la désignation de l'« embryon d'or » suggère un certain rapport avec le symbolisme alchimique, que confirment d'ailleurs des rapprochements tels que ceux que nous avons indiqués dans la note précédente ; et nous verrons aussi, à cet égard, que la caverne initiatique correspond d'une façon remarquable à l'*athanor* hermétique ; il n'y a pas lieu de s'étonner de ces similitudes, car le processus du « Grand Œuvre », entendu dans son véritable sens, n'est pas autre chose au fond que le processus même de l'initiation.

René Guénon

Chapitre XXXIII

LA CAVERNE ET L'ŒUF DU MONDE [370]

La caverne initiatique, avons-nous dit précédemment, est considérée comme une image du monde ; mais, d'autre part, en raison de son assimilation symbolique avec le cœur, elle en représente plus particulièrement le lieu central. Il peut sembler qu'il y ait là deux points de vue différents, mais, en réalité, ils ne se contredisent aucunement, et ce que nous avons exposé au sujet de l'« Œuf du Monde » suffit à les concilier, et même à les identifier en un certain sens : en effet, l'« Œuf du Monde » est central par rapport au « cosmos », et, en même temps, il contient en germe tout ce que celui-ci contiendra à l'état pleinement manifesté ; toutes choses se trouvent donc dans l'« Œuf du Monde », mais dans un état d' « enveloppement » qui précisément est figuré aussi, comme nous l'avons expliqué, par la situation même de la caverne, par son caractère de lieu caché et fermé. Les deux moitiés en lesquelles se divise l'« Œuf du Monde », suivant un des aspects les plus habituels de son symbolisme, deviennent respectivement le ciel et la terre ; dans la caverne également, le sol correspond à la terre et la voûte au ciel ; il n'y a donc dans tout cela rien qui ne soit parfaitement cohérent et normal.

Maintenant, il reste encore à envisager une autre question particulièrement importante au point de vue initiatique : nous avons parlé de la caverne comme lieu de la « seconde naissance » ; mais il y a une distinction essentielle à faire entre cette « seconde naissance » et la « troisième naissance », distinction qui correspond en somme à celle de l'initiation aux « petits mystères » et aux « grands mystères » ; si la « troisième naissance » est représentée aussi comme

---

370 Publié dans *É. T.*, mars 1938.

s'accomplissant dans la caverne, comment le symbolisme de celle-ci s'y adaptera-t-il ? La « seconde naissance » qui est proprement ce qu'on peut appeler la « régénération psychique », s'opère dans le domaine des possibilités subtiles de l'individualité humaine ; la « troisième naissance » au contraire, s'effectuant directement dans l'ordre spirituel et non plus psychique, est l'accès au domaine des possibilité supra-individuelles. L'une est donc proprement une « naissance dans le cosmos » (à laquelle correspond, comme nous l'avons dit, dans l'ordre macrocosmique, la naissance de l'*Avatâra*) et, par conséquent, il est logique qu'elle soit figurée comme ayant lieu entièrement à l'intérieur de la caverne ; mais l'autre est une « naissance hors du cosmos », et à cette « sortie du cosmos », suivant l'expression d'Hermès [371], doit correspondre, pour que le symbolisme soit complet, une sortie finale de la caverne, celle-ci contenant seulement les possibilités qui sont incluses dans le « cosmos », possibilités que l'initié doit précisément dépasser dans cette nouvelle phase du développement de son être, dont la « seconde naissance » n'était en réalité que le point de départ.

Ici, certains rapports vont naturellement se trouver modifiés : la caverne redevient de nouveau un « sépulcre », non plus cette fois exclusivement en raison de sa situation « souterraine », mais parce que le « cosmos » tout entier est en quelque sorte le « sépulcre » dont l'être doit sortir maintenant ; la « troisième naissance » est nécessairement précédée de la « seconde mort », qui est, non plus la mort au monde profane, mais véritablement la « mort au cosmos » (et aussi « dans le cosmos »), et c'est pourquoi la naissance « extra-cosmique » est toujours assimilé à une « résurrection [372] ». Pour que cette « résurrection », qui est en même temps la sortie de la caverne, puisse avoir lieu, il faut que la pierre qui ferme l'ouverture du « sépulcre » (c'est-à-dire de la

---

371 Cf. A. K. Coomaraswamy, *La Vierge allaitant saint Bernard*, dans *É. T.*, déc. 1937, p. 418.
372 On retrouve également l'analogue de tout ceci dans le symbolisme de la chrysalide et de sa transformation en papillon.

caverne elle-même) soit enlevée ; nous verrons par la suite comment ceci peut se traduire en certains cas dans le symbolisme rituélique.

D'autre part, quand ce qui est en dehors de la caverne représentait seulement le monde profane ou les ténèbres « extérieures », la caverne apparaissait comme le seul lieu éclairé, et d'ailleurs forcément éclairé de l'intérieur même ; aucune lumière, en effet, ne pouvait alors lui venir du dehors. Maintenant, puisqu'il faut tenir compte des possibilités « extra-cosmiques », la caverne, malgré cet éclairement, devient relativement obscure par rapport, nous ne dirons pas à ce qui est en dehors d'elle sans distinction, mais plus précisément à ce qui est au-dessus d'elle, au-delà de sa voûte, car c'est bien là ce qui représente le domaine « extra-cosmique ». On pourrait alors considérer, suivant ce nouveau point de vue, l'éclairement intérieur comme n'étant que le reflet d'une lumière qui pénètre à travers le « toit du monde », par la « porte solaire », qui est l'« œil » de la voûte cosmique ou l'ouverture supérieure de la caverne. Dans l'ordre microcosmique, cette ouverture correspond au *Brahma-randhra*, c'est-à-dire au point de contact de l'individualité avec le « septième rayon » du soleil spirituel [373], point dont la « localisation », suivant les correspondances organiques, se trouve à la couronne de la tête [374], et qui est aussi figuré par l'ouverture supérieure de l'*athanor* hermétique [375]. Ajoutons, à ce propos, que l'« œuf philosophique », qui joue manifestement le rôle de l'« Œuf du Monde », est enfermé à l'intérieur de l'*athanor*, mais que celui-ci peut être lui-même assimilé au « cosmos », et ceci dans la double application macrocosmique et microcosmique ; la caverne pourra donc aussi être, à la fois, identifiée symboliquement à l' « œuf philosophique » et à l'*athanor*, selon qu'on se référera, si l'on veut, à des degrés de développement différents dans le

---

373 Cf. A. K. Coomaraswamy, *loc. cit.*
374 Voir *L'Homme et son devenir selon le Vêdânta*, ch. XXI.
375 La « troisième naissance » pourrait, en employant la terminologie alchimique, être regardée comme une « sublimation ».

processus initiatique, mais en tous cas sans que sa signification fondamentale en soit aucunement altérée.

On peut aussi remarquer que, avec cet éclairement par reflet, on retrouve l'image de la caverne de Platon, dans laquelle on ne voit que des ombres, grâce à une lumière qui vient du dehors [376] ; et cette lumière est bien « extra-cosmique », puisque sa source est le « Soleil intelligible ». La libération des prisonniers et leur sortie de la caverne est une « venue au jour », par laquelle ils peuvent contempler directement la réalité dont ils n'avaient perçu jusque-là qu'un simple reflet ; cette réalité, ce sont les « archétypes » éternels, les possibilités contenues dans la « permanente actualité » de l'essence immuable.

Enfin, il importe de noter que les deux « naissances » dont nous avons parlé, étant deux phases successives de l'initiation complète, sont aussi, par là même, deux étapes sur une même voie, et que cette voie est essentiellement « axiale », comme l'est également, dans son symbolisme, le « rayon solaire », auquel nous faisions allusion tout à l'heure, et qui marque la « direction » spirituelle que l'être doit suivre, en s'élevant constamment, pour parvenir finalement à son véritable centre [377]. Dans les limites du microcosme, cette direction « axiale » est celle de la *sushumnâ*, qui s'étend jusqu'à la couronne de la tête, à partir d'où elle est prolongée « extra-individuellement », pourrait-on dire, par le « rayon solaire » lui-même, parcouru en remontant vers sa source ; c'est le long de la *sushumnâ* que se trouvent les *chakras* qui sont les centres subtils de l'individualité, et à certains desquels correspondent les différentes positions du *luz* ou « noyau d'immortalité » que nous avons envisagées précédemment, de telle sorte que ces positions mêmes, ou l'« éveil » successif des *chakras* correspondants, sont toujours assimilables également à des étapes

---

376 Cette vision obscure est la vision *quasi per speculum in œnigmate* dont parle saint Paul (*Épître aux Corinthiens*, XIII, 12) ; ce qui apparaît comme manifesté dans le « cosmos » n'est proprement qu'une ombre ou un « vestige » de la réalité transcendante, mais c'est d'ailleurs ce qui en fait la valeur comme symbole de cette réalité.
377 Cf. *Eç-Çirâtul-mustaqîm* dans la tradition islamique.

situées sur la même voie « axiale ». D'autre part, l'« Axe du Monde » étant naturellement identifié à la direction verticale, qui répond bien à cette idée d'une voie ascendante, l'ouverture supérieure, qui correspond microcosmiquement à la couronne de la tête comme nous l'avons dit, devra normalement, à cet égard, se situer au zénith de la caverne, c'est-à-dire au sommet même de la voûte. Cependant, la question, en fait, présente quelques complications dues à ce que deux modalités différentes de symbolisme, l'une « polaire » et l'autre « solaire », peuvent y intervenir ; c'est pourquoi il y a lieu, en ce qui concerne la sortie de la caverne, d'apporter encore d'autres précisions qui fourniront en même temps un exemple des rapports que peuvent avoir entre elles ces deux modalités, dont la prédominance respective se rapporte originairement à des périodes cycliques différentes, mais qui, par la suite, se sont souvent associées et combinées de multiples façons.

Chapitre XXXIV

LA SORTIE DE LA CAVERNE [378]

La sortie finale de la caverne initiatique, considérée comme représentant la « sortie du cosmos », semble, d'après ce que nous avons dit précédemment, devoir s'effectuer normalement par une ouverture située dans la voûte, et à son zénith même ; nous rappelons que cette porte supérieure, qui est parfois désignée traditionnellement comme le « moyeu solaire » et aussi comme l'« œil cosmique », correspond, dans l'être humain, au *Brahma-randhra* et à la couronne de la tête. Cependant, malgré les références au symbolisme solaire qui se rencontrent en pareil cas, on pourrait dire que cette position « axiale » et « zénithale » se rapporte plus directement, et sans doute aussi plus primitivement, à un symbolisme polaire : ce point est celui où, suivant certains rituels « opératifs », est suspendu le « fil à plomb du Grand Architecte », qui marque la direction de l'« Axe du Monde », et il est alors identifié à l'étoile polaire elle-même [379]. Il y a lieu de remarquer aussi que, pour que la sortie puisse s'effectuer ainsi, il faut qu'une pierre de la voûte soit enlevée en cet endroit même ; et cette pierre, par là même qu'elle occupe le sommet, a dans la structure architecturale un caractère spécial et même unique, car elle est

---

378 Publié dans *É. T.*, avril 1938.

379 Nous rappellerons à ce propos que, suivant la tradition extrême-orientale, l'étoile polaire représente le siège de la « Grande Unité » (*Tai-i*) ; en même temps, si l'on doit normalement envisager l'axe en position verticale comme nous venons de le dire, elle correspond aussi au « Grand Faîte » (*Tai-Ki*), c'est-à-dire au sommet de la voûte céleste ou du « toit du monde ».

naturellement une « clef de voûte » ; cette observation n'est pas sans importance, bien que ce ne soit pas ici le lieu d'y insister davantage [380].

En fait, il paraît assez rare que ce que nous venons de dire soit observé littéralement dans les rituels initiatiques, bien qu'on puisse cependant en trouver quelques exemples [381] ; cette rareté peut d'ailleurs s'expliquer, au moins en partie, par certaines difficultés d'ordre pratique, et aussi par le besoin d'éviter une confusion qui risque de se produire en pareil cas [382]. En effet, si la caverne n'a pas d'autre issue que celle-là, elle devra servir à l'entrée comme à la sortie, ce qui n'est pas conforme à son symbolisme ; logiquement, l'entrée devrait plutôt se trouver en un point opposé à celui-là, suivant l'axe, c'est-à-dire dans le sol, au centre même de la caverne, où l'on parviendrait par une voie souterraine. Seulement, d'un autre côté, un tel mode d'entrée ne conviendrait pas pour les « grands mystères », car il ne correspond proprement qu'au stade initial, qui alors est franchi depuis longtemps déjà ; il faudrait donc plutôt supposer que le récipiendaire, entré par cette voie souterraine pour recevoir l'initiation aux « petits mystères », demeure ensuite dans la caverne jusqu'au moment de sa « troisième naissance » où il en sort définitivement par

---

380 Ceci se rapporte plus spécialement au symbolisme de la maçonnerie de *Royal Arch* ; nous renverrons aussi, à ce sujet, à la note se trouvant à la fin de notre article sur *Le Tombeau d'Hermès*, dans les *Études Traditionnelles*, décembre 1936, p. 473.
381 Dans les hauts grades de la maçonnerie écossaise, il en est ainsi au 13ème degré, dit de « Royale-Arche », mais qu'il ne faut pas confondre, en dépit de quelques similitudes partielles, avec ce qui, dans la maçonnerie anglaise, constitue l'*Arch Masonry* en tant que distinguée de la *Square Masonry* ; les origines « opératives » du grade écossais dont il s'agit sont d'ailleurs beaucoup moins claires ; le 14e degré, ou « Grand Écossais de la Voûte sacrée », est également conféré « dans un lieu souterrain et voûté ». Il convient de noter, à ce propos, qu'il y a dans tous ces hauts grades beaucoup de données de provenances diverses, qui ne s'y sont pas toujours conservées intégralement ni sans confusion, si bien que, dans leur état présent, leur nature réelle est souvent assez difficile à déterminer exactement.
382 Cette confusion existe effectivement dans les grades écossais que nous venons de mentionner : la « voûte souterraine » y étant « sans portes ni fenêtres », on ne peut entrer, aussi bien que sortir, que par l'unique ouverture pratiquée au sommet de la voûte.

l'ouverture supérieure ; cela est admissible théoriquement, mais n'est évidemment pas susceptible d'être mis en pratique d'une façon effective [383].

Il existe en réalité une autre solution, qui implique des considérations où le symbolisme solaire prend cette fois la place prépondérante, bien que les traces du symbolisme polaire y restent encore assez nettement apparentes ; il y a là, en somme, une sorte de combinaison et presque de fusion entre ces deux modalités, ainsi que nous l'indiquions à la fin de l'étude précédente. Ce qu'il importe essentiellement de remarquer à cet égard est ceci : l'axe vertical, en tant que joignant les deux pôles, est évidemment un axe nord-sud ; dans le passage du symbolisme polaire au symbolisme solaire, cet axe devra être en quelque sorte projeté sur le plan zodiacal, mais de façon à conserver une certaine correspondance, on pourrait même dire une équivalence aussi exacte qu'il est possible, avec l'axe polaire primitif [384]. Or, dans le cycle annuel, les solstices d'hiver et d'été sont les deux points qui correspondent respectivement au nord et au sud dans l'ordre spatial, de même que les équinoxes de printemps et d'automne correspondent à l'Orient et à l'Occident ; l'axe qui remplira la condition voulue est donc celui qui joint les deux points solsticiaux ; et l'on peut dire que cet axe solsticial jouera alors le rôle d'un axe relativement vertical, ce qu'il est en effet par rapport à l'axe équinoxial [385]. Les solstices sont

---

383 En un certain sens on peut dire que les « petits mystères » correspondent à la terre (état humain) et les « grands mystères » au ciel (états supra-individuels) ; de là aussi, dans certains cas, une correspondance symbolique établie avec les formes géométriques du carré et du cercle (ou dérivées de celles-là), que la tradition extrême-orientale, notamment, rapporte respectivement à la terre et au ciel, cette distinction se retrouve, en Occident, dans celle de la *Square Masonry* et de l'*Arch Masonry* que nous avons mentionnés tout à l'heure.

384 C'est à ce même passage d'un symbolisme à l'autre que se rapporte le « transfert » de certaines constellations de la région polaire à la région zodiacale auquel nous avons fait allusion ailleurs (voir *Le Roi du Monde*, ch. X).

385 Nous n'avons pas à nous occuper ici du fait que, parmi les différentes formes traditionnelles, il en est qui donnent à l'année un point de départ solsticial, et d'autres un point de départ équinoxial ; nous dirons seulement que la prédominance ainsi attribuée aux solstices et aux équinoxes trouve encore sa raison dans la considération de différentes périodes cycliques, auxquelles ces formes traditionnelles doivent être rattachées plus particulièrement.

véritablement ce qu'on peut appeler les pôles de l'année ; et ces pôles du monde temporel, s'il est permis de s'exprimer ainsi, se substituent ici, en vertu d'une correspondance réelle et nullement arbitraire, aux pôles du monde spatial ; ils sont d'ailleurs naturellement en relation directe avec la marche du soleil, dont les pôles au sens propre et ordinaire de ce mot sont, au contraire, entièrement indépendants ; et ainsi se trouvent reliées l'une à l'autre, aussi clairement que possible, les deux modalités symboliques dont nous avons parlé.

Cela étant, la caverne « cosmique » pourra avoir deux portes « zodiacales », opposées suivant l'axe que nous venons d'envisager, donc correspondant respectivement aux deux points solsticiaux, et dont l'une servira d'entrée et l'autre de sortie ; effectivement, la notion de ces deux « portes solsticiales » se trouve de façon explicite dans la plupart des traditions, et il y est même généralement attaché une importance symbolique considérable. La porte d'entrée est parfois désignée comme la « porte des hommes », ceux-ci pouvant dans ce cas être des initiés aux « petits mystères » 216] tout aussi bien que de simples profanes, puisqu'ils n'ont pas encore dépassé l'état humain ; et la porte de sortie est alors désignée, par opposition, comme la « porte des dieux », c'est-à-dire celle par laquelle passent seulement les êtres qui ont accès aux états supra-individuels. Il ne reste plus qu'à déterminer auquel des deux solstices correspond chacune de ces deux portes ; mais cette question, pour recevoir les développements qu'elle comporte, mérite encore d'être traitée à part.

Chapitre XXXV

LES PORTES SOLSTICIALES [386]

Nous avons dit que les deux portes zodiacales, qui sont respectivement l'entrée et la sortie de la « caverne cosmique », et que certaines traditions désignent comme la « porte des hommes » et la « porte des dieux », doivent correspondre aux deux solstices ; il nous faut maintenant préciser que la première correspond au solstice d'été, c'est-à-dire au signe du Cancer, et la seconde au solstice d'hiver, c'est-à-dire au signe du Capricorne. Pour en comprendre la raison, il faut se référer à la division du cycle annuel en deux moitiés, l'une « ascendante » et l'autre « descendante » : la première est la période de la marche du soleil vers le nord (*uttarâyana*), allant du solstice d'hiver au solstice d'été ; la seconde est celle de la marche du soleil vers le sud (*dakshinâyana*), allant du solstice d'été au solstice d'hiver [387]. Dans la tradition hindoue, la phase « ascendante » est mise en rapport avec le *dêva-yâna*, et la phase « descendante » avec le *pitri-yâna* [388], ce qui coïncide exactement avec les désignations des deux portes que nous venons de rappeler : la « porte des hommes » est celle qui donne accès au *pitri-yâna*, et la « porte des dieux » est celle qui donne accès au *dêva-yâna* ; elles doivent donc se situer respectivement au début des deux phases correspondantes, c'est-à-dire que la première doit bien être au solstice d'été et la seconde au solstice d'hiver.

---

386 Publié dans *É. T.*, mai 1938.
387 Il y a lieu de remarquer que le Zodiaque figuré fréquemment au portail des églises du moyen âge est disposé de façon à marquer nettement cette division du cycle annuel.
388 Voir notamment *Bhagavad-Gîtâ*, VIII, 23 à 26 ; cf. *L'Homme et son devenir selon le Vêdânta*, ch. XXI. — Une correspondance analogue se retrouve dans le cycle mensuel, la période de la lune croissante étant de même en rapport avec le *dêva-yâna*, et celle de la lune décroissante avec le *pitri-yâna* ; on peut dire que les quatre phases lunaires correspondent, dans un cycle plus restreint, aux quatre phases solaires qui sont les quatre saisons de l'année.

Seulement, dans ce cas, il s'agit proprement, non d'une entrée et d'une sortie, mais de deux sorties différentes : cela tient à ce que le point de vue est autre que celui qui se rapporte d'une façon spéciale au rôle initiatique de la caverne, tout en se conciliant d'ailleurs parfaitement avec celui-ci. En effet, la « caverne cosmique » est ici considérée comme le lieu de manifestation de l'être : après s'y être manifesté dans un certain état, tel que l'état humain par exemple, cet être, suivant le degré spirituel auquel il sera parvenu, en sortira par l'une ou l'autre des deux portes ; dans un cas, celui du *pitri-yâna*, il devra revenir à un autre état de manifestation, ce qui sera représenté naturellement par une rentrée dans la « caverne cosmique » ainsi envisagée ; au contraire, dans l'autre cas, celui du *dêva-yâna*, il n'y a plus de retour au monde manifesté. Ainsi, l'une des deux portes est à la fois une entrée et une sortie, tandis que l'autre est une sortie définitive ; mais, en ce qui concerne l'initiation, c'est précisément cette sortie définitive qui est le but final, de sorte que l'être, qui est entré par la « porte des hommes », doit, s'il a effectivement atteint ce but, sortir par la « porte des dieux [389] ».

Nous avons expliqué précédemment que l'axe solsticial du Zodiaque, relativement vertical par rapport à l'axe équinoxial, doit être regardé comme la projection, dans le cycle solaire annuel, de l'axe polaire nord-sud ; suivant la correspondance du symbolisme temporel avec le symbolisme spatial des points cardinaux, le solstice d'hiver est en quelque sorte le pôle nord de l'année, et le solstice d'été son pôle sud, tandis que les deux équinoxes de printemps et d'automne correspondent de même respectivement à l'est et à l'ouest [390].

---

[389] La « porte des dieux » ne peut être une entrée que dans le cas de descente volontaire, dans le monde manifesté, soit d'un être déjà « délivré », soit d'un être représentant l'expression directe d'un principe « supra-cosmique ». Mais il est évident que ces cas exceptionnels ne rentrent pas dans les processus « normaux » que nous envisageons ici. Nous ferons seulement remarquer qu'on peut facilement comprendre par là la raison pour laquelle la naissance de l'*Avatâra* est considérée comme ayant lieu à l'époque du solstice d'hiver, époque qui est celle de la fête de Noël dans la tradition chrétienne.

[390] Dans la journée, la moitié ascendante est de minuit à midi, la moitié descendante de midi à minuit ; minuit correspond à l'hiver et au nord, midi à l'été et au sud ; le matin correspond

Cependant, dans le symbolisme vêdique, la porte du *dêva-loka* est située au nord-est, et celle du *pitri-loka* au sud-ouest ; mais ceci doit être considéré seulement comme une indication plus explicite du sens suivant lequel s'effectue la marche du cycle annuel. En effet, conformément à la correspondance que nous venons de mentionner, la période « ascendante » se déroule en allant du nord à l'est, puis de l'est au sud ; de même, la période « descendante » se déroule en allant du sud à l'ouest, puis de l'ouest au nord [391] ; on pourrait donc dire, avec plus de précision encore, que la « porte des dieux » est située au nord et tournée vers l'est, qui est toujours regardé comme le côté de la lumière et de la vie, et que la « porte des hommes » est située au sud et tournée vers l'ouest, qui

---

au printemps et à l'est (côté du lever du soleil), le soir à l'automne et à l'ouest (côté du coucher du soleil). Ainsi, les phases du jour, comme celles du mois, mais à une échelle encore plus réduite, reproduisent analogiquement celles de l'année, il en est de même, plus généralement, pour un cycle quelconque, qui, quelle que soit son étendue, se divise toujours naturellement suivant la même loi quaternaire. Suivant le symbolisme chrétien, la naissance de l'*Ava-târa* a lieu non seulement au solstice d'hiver, mais aussi à minuit ; elle est donc ainsi doublement en correspondance avec la « porte des dieux ». D'autre part, suivant le symbolisme maçonnique, le travail initiatique s'accomplit « de midi à minuit », ce qui n'est pas moins exact si l'on considère ce travail comme une marche s'effectuant de la « porte des hommes » à la « porte des dieux » ; l'objection qu'on pourrait être tenté de faire en raison du caractère « descendant » de cette période se résout par une application du « sens inverse » de l'analogie, ainsi qu'on le verra plus loin.

391 Ceci est en relation directe avec la question du sens des « circumambulations » rituelles dans les différentes formes traditionnelles : suivant la modalité « solaire » du symbolisme, ce sens est celui que nous indiquons ici, et la « circumambulation » s'accomplit ainsi en ayant constamment à sa droite le centre autour duquel on tourne ; suivant la modalité « polaire », elle s'accomplit en sens inverse de celui-là, donc en ayant le centre à gauche. Le premier cas est celui de la *pradakshinâ*, telle qu'elle est en usage dans les traditions hindoue et thibétaine ; le second cas se rencontre notamment dans la tradition islamique ; il n'est peut-être pas sans intérêt de remarquer que le sens de ces « circumambulations », allant respectivement de gauche à droite et de droite à gauche, correspond également à la direction de l'écriture dans les langues sacrées de ces mêmes formes traditionnelles. — Dans la maçonnerie, sous sa forme actuelle, le sens des « circumambulations » est « solaire » ; mais il paraît avoir au contraire été « polaire » dans l'ancien rituel « opératif », selon lequel le « trône de Salomon » était d'ailleurs placé à l'occident et non à l'orient.

est pareillement regardé comme le côté de l'ombre et de la mort ; et ainsi sont exactement déterminées « les deux voies permanentes, l'une claire, l'autre obscure, du monde manifesté ; par l'une il n'est pas de retour (du non-manifesté au manifesté) ; par l'autre on revient en arrière (dans la manifestation) [392] ».

Il reste pourtant encore à résoudre une apparence de contradiction, qui est celle-ci : le nord est désigné comme le point le plus haut (*uttara*), et c'est d'ailleurs vers ce point qu'est dirigée la marche ascendante du soleil, tandis que sa marche descendante est dirigée vers le sud, qui apparaît ainsi comme le point le plus bas ; mais, d'autre part, le solstice d'hiver, qui correspond au nord dans l'année, marquant le début du mouvement ascendant, est en un certain sens le point le plus bas, et le solstice d'été, qui correspond au sud, et où se termine ce mouvement ascendant, est sous le même rapport le point le plus haut, à partir duquel commencera ensuite le mouvement descendant, qui s'achèvera au solstice d'hiver. La solution de cette difficulté réside dans la distinction qu'il y a lieu de faire entre l'ordre « céleste », auquel appartient la marche du soleil, et l'ordre « terrestre », auquel appartient au contraire la succession des saisons ; selon la loi générale de l'analogie, ces deux ordres doivent, dans leur corrélation même, être inverses l'un de l'autre, de telle sorte que ce qui est le plus haut suivant l'un devient le plus bas suivant l'autre, et réciproquement ; et c'est ainsi que, selon la parole hermétique de la *Table d'Émeraude*, « ce qui est en haut (dans l'ordre céleste) est comme ce qui est en bas (dans l'ordre terrestre) », ou encore que, selon la parole évangélique, « les premiers (dans l'ordre principiel) sont les derniers (dans l'ordre manifesté) [393] ». Il n'en est d'ailleurs pas moins

---

392 *Bhagavad-Gîtâ*, VIII, 26. — On peut remarquer que la « clarté » et l' « obscurité », caractérisant respectivement ces deux voies, correspondent exactement aux deux principes complémentaires *yang* et *yin* de la tradition extrême-orientale.

393 À ce double point de vue correspond, entre autres applications, le fait que, dans des figurations géographiques ou autres, le point placé en haut peut être le nord ou le sud ; en Chine, c'est le sud et, dans le monde occidental, il en fut de même chez les Romains et même pendant une partie du moyen âge ; cet usage est d'ailleurs en réalité, d'après ce que nous venons de dire, le plus correct en ce qui concerne la représentation des choses terrestres, tandis que par contre, quand il s'agit des choses célestes, c'est le nord qui doit normalement

vrai que, en ce qui concerne les « influences » attachées à ces points, c'est toujours le nord qui demeure « bénéfique », qu'on le considère comme le point vers lequel se dirige la marche ascendante du soleil dans le ciel, ou, par rapport au monde terrestre, comme l'entrée du *dêva-loka* ; et, de même, le sud demeure toujours « maléfique », qu'on le considère comme le point vers lequel se dirige la marche descendante du soleil dans le ciel, ou, par rapport au monde terrestre, comme l'entrée du *pitri-loka* [394]. Il faut ajouter que le monde terrestre peut être regardé comme représentant ici, par transposition, tout l'ensemble du « cosmos » et qu'alors le ciel représentera, suivant la même transposition, le domaine « extra-cosmique » ; à ce point de vue, c'est à l'ordre « spirituel », entendu dans son acception la plus élevée, que devra s'appliquer la

---

être placé en haut ; mais il va de soi que la prédominance de l'un ou de l'autre des deux points de vue, suivant les formes traditionnelles ou suivant les époques, peut déterminer l'adoption d'une disposition unique pour tous les cas indistinctement ; et, à cet égard, le fait de placer le nord ou le sud en haut apparaît généralement comme lié surtout à la distinction des deux modalités « polaire » et « solaire », le point qu'on place en haut étant celui qu'on a devant soi en s'orientant suivant l'une ou l'autre de celles-ci, ainsi que nous l'expliquerons dans la note suivante.

394 Signalons incidemment, à ce propos, un autre cas où un même point garde aussi une signification constante à travers certains changements qui constituent des renversements apparents : l'orientation peut être prise suivant l'une ou l'autre des deux modalités « polaire » et « solaire » du symbolisme ; dans la première, en regardant l'étoile polaire, c'est-à-dire en se tournant vers le nord, on a l'est à sa droite ; dans la seconde, en regardant le soleil au méridien, c'est-à-dire en se tournant vers le sud, on a au contraire l'est à sa gauche ; ces deux modalités ont été notamment en usage en Chine à des époques différentes ; ainsi, le côté auquel a été donnée la prééminence a été parfois la droite et parfois la gauche, mais en fait, il a toujours été l'est, c'est-à-dire le « côté de la lumière ». — Ajoutons qu'il existe encore d'autres modes d'orientation, par exemple en se tournant vers le soleil levant ; c'est à celui-ci que se réfère la désignation sanscrite du sud comme *dakshina* ou le « côté de la droite » ; et c'est également celui qui, en Occident, était pratiqué par les constructeurs du moyen âge pour l'orientation des églises.

considération du « sens inverse » par rapport, non seulement à l'ordre sensible, mais à l'ordre cosmique tout entier [395].

---

[395] Pour donner un exemple de cette application, d'ailleurs en relation assez étroite avec ce dont il s'agit ici, la « culmination » du soleil visible ayant lieu à midi, celle du « soleil spirituel » pourra être envisagée symboliquement comme ayant lieu à minuit ; c'est pourquoi il est dit que les initiés aux « grands mystères » de l'antiquité « contemplaient le soleil à minuit » ; à ce point de vue, la nuit représente, non plus l'absence ou la privation de la lumière, mais son état principiel de non-manifestation, ce qui correspond d'ailleurs strictement à la signification supérieure des ténèbres ou de la couleur noire comme symbole du non-manifesté ; et c'est aussi en ce sens que doivent être entendus certains enseignements de l'ésotérisme islamique, suivant lesquels « la nuit est préférable au jour ». On peut remarquer en outre que, si le symbolisme « solaire » a un rapport évident avec le jour, le symbolisme « polaire » a, de son côté, un certain rapport avec la nuit ; et il est encore assez significatif, à cet égard que le « soleil de minuit » ait littéralement, dans l'ordre des phénomènes sensibles, sa représentation dans les régions hyperboréennes, c'est-à-dire là même où se situe l'origine de la tradition primordiale.

Chapitre XXXVI

LE SYMBOLISME DU ZODIAQUE CHEZ LES PYTHAGORICIENS [396]

En traitant la question des portes solsticiales nous nous sommes référé surtout directement à la tradition hindoue, parce que c'est dans celle-ci que les données qui s'y rapportent sont présentées de la façon la plus nette ; mais il s'agit là de quelque chose qui, en réalité, est commun à toutes les traditions, et qu'on peut retrouver aussi dans l'antiquité occidentale. Dans le pythagorisme, notamment, ce symbolisme zodiacal paraît bien avoir eu une importance tout aussi considérable ; les expressions de « porte des hommes » et de « porte des dieux », que nous avons employées, appartiennent d'ailleurs à la tradition grecque ; seulement, les renseignements qui sont parvenus jusqu'à nous sont ici tellement fragmentaires et incomplets que leur interprétation peut donner lieu à bien des confusions, que n'ont pas manqué de commettre, comme nous allons le voir, ceux qui les ont considérés isolément et sans les éclairer par une comparaison avec d'autres traditions.

Avant tout, pour éviter certaines équivoques sur la situation respective des deux portes, il faut se souvenir de ce que nous avons dit sur l'application du « sens inverse », suivant qu'on les envisage par rapport à l'ordre terrestre ou à l'ordre céleste : la porte solsticiale d'hiver, ou le signe du Capricorne, correspond au nord dans l'année, mais au sud quant à la marche du soleil dans le ciel ; de même, la porte solsticiale d'été, ou le signe du Cancer, correspond au sud dans l'année, et au nord quant à la marche du soleil. C'est pourquoi, tandis que le mouvement « ascendant » du soleil va du sud au nord et son mouvement « descendant » du nord au sud, la période « ascendante » de l'année doit être

---

[396] Publié dans *É. T.*, juin 1938.

regardée au contraire comme s'accomplissant en allant du nord au sud, et sa période « descendante » en allant du sud au nord, ainsi que nous l'avons déjà dit précédemment. C'est par rapport à ce dernier point de vue que, suivant le symbolisme vêdique, la porte du *dêva-loka* est située vers le nord et celle du *pitri-loka* vers le sud, sans qu'il y ait là, malgré les apparences, aucune contradiction avec ce que nous allons maintenant trouver ailleurs.

Nous citerons, en l'accompagnant des explications et des rectifications nécessaires, le résumé des données pythagoriciennes exposé par M. Jérôme Carcopino [397] : « Les pythagoriciens, dit celui-ci, avaient bâti toute une théorie sur les rapports du Zodiaque avec la migration des âmes. À quelle date remonte-t-elle ? Il est impossible de le savoir. Toujours est-il qu'au IIe siècle de notre ère, elle s'épanouissait dans les écrits du pythagoricien Nouménios, auxquels il nous est loisible d'atteindre, par un résumé sec et tardif de Proclos, dans son commentaire à la *République* de Platon, et par une analyse, à la fois plus ample et plus ancienne, de Porphyre, aux chapitres XXI et XXII de *De Antro Nympharum* ». Il y a là, notons-le tout de suite, un assez bel exemple d'« historicisme » : la vérité est qu'il ne s'agit nullement d'une théorie « bâtie » plus ou moins artificiellement, à telle ou telle date, par les pythagoriciens ou par d'autres, à la façon d'une simple vue philosophique ou d'une conception individuelle quelconque ; il s'agit d'une connaissance traditionnelle, concernant une réalité d'ordre initiatique, et qui, en raison même de son caractère traditionnel, n'a et ne peut avoir aucune origine chronologiquement assignable. Bien entendu, ce sont là des considérations qui peuvent échapper à un « érudit » ; mais du moins doit-il pouvoir comprendre ceci : si la théorie dont il s'agit avait été « bâtie par les pythagoriciens », comment expliquer qu'elle se retrouve partout, en dehors de toute influence grecque, et notamment dans les textes vêdiques, qui sont assurément fort antérieurs au pythagorisme ? Cela encore, M. Carcopino, en tant que « spécialiste » de l'antiquité gréco-latine,

---

[397] *La Basilique pythagoricienne de la Porte Majeure.* — N'ayant pas le volume à notre disposition, nous citons d'après l'article publié antérieurement sous le même titre dans la *Revue des Deux Mondes* (numéro du 15 novembre 1926).

peut malheureusement l'ignorer ; mais, d'après ce qu'il rapporte lui-même par la suite, cette donnée se trouve déjà chez Homère ; donc, même chez les Grecs, elle était connue, nous ne dirons pas seulement avant Clément, ce qui est trop évident, mais avant Pythagore lui-même ; c'est un enseignement traditionnel qui s'est transmis d'une façon continue à travers les siècles, et peu importe la date peut-être « tardive » à laquelle certains auteurs, qui n'ont rien inventé et n'en ont pas eu la prétention, l'ont formulé par écrit d'une façon plus ou moins précise.

Cela dit, revenons à Proclos et à Porphyre : « Nos deux auteurs concordent pour attribuer à Nouménios la détermination des points extrêmes du ciel, le tropique d'hiver, sous le signe du Capricorne, et le tropique d'été, sous celui du Cancer, et pour définir, évidemment d'après lui, et d'après les "théologiens" qu'il cite et qui lui ont servi de guides, le Cancer et le Capricorne comme les deux portes du ciel. Soit pour descendre dans la génération, soit pour remonter à Dieu, les âmes devaient donc nécessairement franchir l'une d'elles. » Par « points extrêmes du ciel », expression un peu trop elliptique pour être parfaitement claire en elle-même, il faut naturellement entendre ici les points extrêmes atteints par le soleil dans sa course annuelle, et où il s'arrête en quelque sorte, d'où le nom de « solstices » ; c'est à ces points solsticiaux que correspondent les deux « portes du ciel », ce qui est bien exactement la doctrine traditionnelle que nous connaissons déjà. Comme nous l'avons indiqué ailleurs [398], ces deux points étaient parfois symbolisés, par exemple sous le trépied de Delphes et sous les pieds des coursiers du char solaire, par le poulpe et le dauphin, qui représentent respectivement le Cancer et le Capricorne. Il va de soi, d'autre part, que les auteurs en question n'ont pas pu attribuer à Nouménios la détermination même des point solsticiaux, qui furent connus de tout temps ; ils se sont simplement référés à lui comme à un de ceux qui en avaient parlé avant eux, et comme lui-même s'était déjà référé à d'autres « théologiens ».

---

[398] *Quelques aspects du symbolisme du poisson.*

Il s'agit ensuite de préciser le rôle propre de chacune des deux portes, et c'est là que va apparaître la confusion : « Selon Proclos, Nouménios les aurait étroitement spécialisées : par la porte du Cancer, la chute des âmes sur la terre ; par celle du Capricorne, l'ascension des âmes dans l'éther. Chez Porphyre, au contraire, il est dit seulement que le Cancer est au Nord favorable à la descente, le Capricorne au Midi et favorable à la montée : de sorte qu'au lieu d'être strictement assujetties au "sens unique", les âmes auraient conservé, tant à l'aller qu'au retour, une certaine liberté de circulation. » La fin de cette citation n'exprime, à vrai dire, qu'une interprétation dont il convient de laisser toute la responsabilité à M. Carcopino ; nous ne voyons pas du tout en quoi ce que dit Porphyre serait « contraire » à ce que dit Proclos ; c'est peut-être formulé d'une façon un peu plus vague, mais cela semble bien vouloir dire la même chose au fond : ce qui est « favorable » à la descente ou à la montée doit sans doute s'entendre comme ce qui la rend possible, car il n'est guère vraisemblable que Porphyre ait voulu laisser subsister par là une sorte d'indétermination, ce qui, étant incompatible avec le caractère rigoureux de la science traditionnelle, ne serait en tout cas chez lui qu'une preuve d'ignorance pure et simple sur ce point. Quoi qu'il en soit, il est visible que Nouménios n'a fait que répéter, sur le rôle des deux portes, l'enseignement traditionnel connu ; d'autre part, s'il place, comme l'indique Porphyre, le Cancer au Nord et le Capricorne au Midi, c'est qu'il a en vue leur situation dans le ciel ; c'est d'ailleurs ce qu'indique assez nettement le fait que dans ce qui précède, il est question des « tropiques », qui ne peuvent avoir d'autre signification que celle-là, et non pas des « solstices », qui se rapporteraient au contraire plus directement au cycle annuel ; et c'est pourquoi la situation énoncée ici est inverse de celle que donne le symbolisme védique, sans pourtant que cela fasse aucune différence réelle, puisqu'il y a là deux points de vue également légitimes, et qui s'accordent parfaitement entre eux dès qu'on a compris leur rapport.

Nous allons voir quelque chose de bien plus extraordinaire encore : M. Carcopino continue en disant qu'« il est difficile, en l'absence de l'original, de dégager de ces allusions divergentes », mais qui, devons-nous ajouter, ne sont en réalité divergentes que dans sa pensée, « la véritable doctrine de

Nouménios », qui, nous l'avons vu, n'est point sa doctrine propre, mais seulement l'enseignement rapporté par lui, ce qui est d'ailleurs plus important et plus digne d'intérêt ; « mais il ressort du contexte de Porphyre que, même exposée sous sa forme la plus élastique », comme s'il pouvait y avoir de l'« élasticité » dans une question qui est uniquement affaire de connaissance exacte, « elle resterait en contradiction avec celles de certains de ses prédécesseurs, et, notamment, avec le système que des pythagoriciens plus anciens avaient appuyé sur leur interprétation des vers de *L'Odyssée* où Homère a décrit la grotte d'Ithaque », c'est-à-dire cet « antre des Nymphes » qui n'est pas autre chose qu'une des figurations de la « caverne cosmique » dont nous avons parlé précédemment. « Homère, note Porphyre, ne s'est pas borné à dire que cette grotte avait deux portes. Il a spécifié que l'une était tournée du côté du Nord, et l'autre, plus divine, du côté du Midi, et que l'on descendait par la porte du Nord. Mais il n'a pas indiqué si l'on pouvait descendre par la porte du Midi. Il dit seulement : « c'est l'entrée des dieux. Jamais l'homme ne prend le chemin des immortels. ». Nous pensons que ce doit être là le texte même de Porphyre, et nous n'y voyons pas la contradiction annoncée ; mais voici maintenant le commentaire de M. Carcopino : « Aux termes de cette exégèse, on aperçoit, en ce raccourci de l'univers qu'est l'antre des Nymphes, les deux portes qui se dressent aux cieux et sous lesquelles passent les âmes, et, à l'inverse du langage que Proclos prête à Nouménios, c'est celle du Nord, le Capricorne, qui fut réservée d'abord à la sortie des âmes, et celle du Midi, le Cancer, par conséquent, qu'on assigna à leur retour à Dieu. »

Maintenant que nous avons achevé la citation, nous pouvons facilement nous rendre compte que la prétendue contradiction, là encore, n'existe que du fait de M. Carcopino ; il y a en effet dans la dernière phrase une erreur manifeste, et même une double erreur, qui semble véritablement inexplicable. D'abord, c'est M. Carco-pino qui ajoute de sa propre initiative la mention du Capricorne et du Cancer ; Homère, d'après Porphyre, désigne seulement les deux portes par leur situation au Nord et au Midi, sans indiquer les signes zodiacaux correspondants ; mais, puisqu'il précise que la porte « divine » est celle du Midi, il faut en conclure que c'est celle-là qui correspond pour lui au

Capricorne, tout comme pour Nouménios, c'est-à-dire que lui aussi place ces portes suivant leur situation dans le ciel, ce qui paraît donc avoir été, d'une façon générale, le point de vue dominant dans toute la tradition grecque, même avant le pythagorisme. Ensuite, la sortie des âmes du « Cosmos » et leur « retour à Dieu » ne sont proprement qu'une seule et même chose, de sorte que M Carcopino attribue, apparemment sans s'en apercevoir, le même rôle à l'une et à l'autre des deux portes ; Homère dit, bien au contraire, que c'est par la porte du Nord que s'effectue la « descente », c'est-à-dire l'entrée dans la « caverne cosmique », ou, en d'autres termes, dans le monde de la génération ou de la manifestation individuelle. Quant à la porte du Midi, c'est la sortie du « Cosmos », et, par conséquent, c'est par elle que s'effectue la « montée » des êtres en voie de libération ; Homère ne dit pas expressément si l'on peut aussi descendre par cette porte, mais cela n'est pas nécessaire, car en la désignant comme l'« entrée des dieux », il indique suffisamment quelles sont les « descentes » exceptionnelles qui s'effectuent par là, conformément à ce que nous avons expliqué dans notre précédente étude. Enfin, que la situation des deux portes soit envisagée par rapport à la marche du soleil dans le ciel, comme dans la tradition grecque, ou par rapport aux saisons dans le cycle annuel terrestre, comme dans la tradition hindoue, c'est bien toujours le Cancer qui est la « porte des hommes » et le Capricorne qui est la « porte des dieux » ; il ne peut y avoir aucune variation là-dessus, et, en fait, il n'y en a aucune ; ce n'est que l'incompréhension des « érudits » modernes qui croit découvrir, chez les divers interprètes des doctrines traditionnelles, des divergences et des contradictions qui ne s'y trouvent point.

Chapitre XXXVII

LE SYMBOLISME SOLSTICIAL DE JANUS [399]

Nous venons de voir que le symbolisme des deux portes solsticiales, en Occident, existait chez les Grecs et plus spécialement chez les pythagoriciens ; il se retrouve également chez les Latins, où il était essentiellement lié au symbolisme de Janus. Comme nous avons déjà fait allusion à celui-ci et à ses divers aspects en maintes occasions, nous n'envisagerons ici que les points qui se rattachent plus directement à ce que nous avons exposé dans nos dernières études, bien qu'il soit d'ailleurs difficile de les isoler entièrement de l'ensemble très complexe dont ils font partie.

Janus, sous l'aspect dont il s'agit présentement, est proprement le *janitor* qui ouvre et ferme les portes (*januæ*) du cycle annuel, avec les clefs qui sont un de ses principaux attributs ; et nous rappellerons, à ce propos, que la clef est un symbole « axial ». Ceci se rapporte naturellement au côté « temporel » du symbolisme de Janus : ses deux visages, suivant l'interprétation la plus habituelle, sont considérés comme représentant respectivement le passé et l'avenir ; or cette considération du passé et de l'avenir se retrouve évidemment, pour un cycle quelconque, tel que le cycle annuel, quand on l'envisage de l'une et de l'autre de ses deux extrémités. À ce point de vue d'ailleurs, il importe d'ajouter, pour compléter la notion de « triple temps », que, entre le passé qui n'est plus et l'avenir qui n'est pas encore, le véritable visage de Janus, celui qui regarde le présent, n'est, dit-on, ni l'un ni l'autre de ceux que l'on peut voir. Ce troisième visage, en effet, est invisible parce que le présent, dans la manifestation

---

[399] Publié dans *É. T.*, juillet 1938.

temporelle, n'est qu'un instant insaisissable [400] ; mais, lorsqu'on s'élève au-dessus des conditions de cette manifestation transitoire et contingente, le présent contient au contraire toute réalité. Le troisième visage de Janus correspond, dans un autre symbolisme, celui de la tradition hindoue, à l'œil frontal de *Shiva*, invisible aussi, puisqu'il n'est représenté par aucun organe corporel, et qui figure le « sens de l'éternité » ; un regard de ce troisième œil réduit tout en cendres, c'est-à-dire qu'il détruit toute manifestation ; mais, lorsque la succession est transmuée en simultanéité, le temporel en intemporel, toutes choses se retrouvent et demeurent dans l'« éternel présent », de telle sorte que la destruction apparente n'est véritablement qu'une « transformation ».

Revenons à ce qui concerne plus particulièrement le cycle annuel : ses portes, que Janus a pour fonction d'ouvrir et de fermer, ne sont autres que les portes solsticiales dont nous avons parlé. Aucun doute n'est possible à cet égard ; en effet, Janus a donné son nom au mois de janvier (*januarius*), qui est le premier mois de l'année, celui par lequel elle s'ouvre, lorsqu'elle commence normalement au solstice d'hiver ; en outre, ce qui est encore plus net, la fête de Janus, à Rome, était célébrée aux deux solstices par les *Collegia Fabrorum* ; nous aurons tout à l'heure à insister davantage sur ce dernier point. Les portes solsticiales donnant accès, ainsi que nous l'avons dit précédemment, aux deux moitiés ascendante et descendante du cycle zodiacal qui y ont leurs points de départ respectifs, Janus, que nous avons déjà vu apparaître comme le « Maître du triple temps » (désignation qui est également appliquée à *Shiva* par la tradition hindoue), est aussi par là le « Maître des deux voies », de ces deux voies de la droite et de la gauche que les pythagoriciens représentaient par la

---

[400] C'est aussi pour cette raison que certaines langues comme l'hébreu et l'arabe n'ont pas de forme verbale correspondant proprement au présent.

lettre Y [401], et qui sont, au fond, identiques au *dêva-yâna* et au *pitri-yâna* [402]. On peut facilement comprendre, d'après cela, que les clefs de Janus sont en réalité les mêmes que celles qui, suivant la tradition chrétienne, ouvrent et ferment le « Royaume des cieux » (la voie par laquelle celui-ci est atteint correspondant en ce sens au *dêva-yâna*) [403], et cela d'autant plus que, sous un autre rapport, ces deux mêmes clefs, l'une d'or et l'autre d'argent, étaient aussi celles des « grands mystères » et des « petits mystères ».

En effet, Janus était le dieu de l'initiation [404], et cette attribution est des plus importantes, non seulement en elle-même, mais aussi au point de vue où nous nous plaçons en ce moment, parce qu'il y a là une connexion manifeste avec ce que nous avons dit du rôle proprement initiatique de la caverne et des autres « images du monde » qui en sont des équivalents, rôle qui nous a précisément amené à envisager la question des portes solsticiales. C'est d'ailleurs à ce titre que Janus présidait aux *Collegia Fabrorum*, ceux-ci étant les dépositaires des initiations qui, comme dans toutes les civilisations traditionnelles, étaient liées à l'exercice des métiers ; et ce qui est très remarquable, c'est qu'il y a là quelque chose qui, loin d'avoir disparu avec l'ancienne civilisation romaine, s'est continué sans interruption dans le christianisme même, et dont, si étrange que

---

401 C'est ce que figurait aussi, sous une forme exotérique et « moralisée », le mythe d'Hercule entre la Vertu et le Vice, dont le symbolisme a été conservé dans la Sixième lame du Tarot. L'antique symbole pythagoricien a d'ailleurs eu d'autres « survivances » assez curieuses : c'est ainsi qu'on le retrouve, à l'époque de la Renaissance, dans la marque de l'imprimeur Nicolas du Chemin, dessiné par Jean Cousin.
402 Le mot sanscrit *yâna* a la même racine que le latin *ire*, et, suivant Cicéron, c'est de cette racine que dérive le nom même de Janus, dont la forme est d'ailleurs singulièrement proche de celle de *yâna*.
403 À propos de ce symbolisme des deux voies, il y a lieu d'ajouter qu'il en est une troisième, la « voie du milieu », qui conduit directement à la « Délivrance » ; à cette voie correspondrait le prolongement supérieur non tracé de la partie verticale de la lettre Y, et ceci est encore à rapprocher de ce qui a été dit plus haut au sujet du troisième visage invisible de Janus.
404 Notons que le mot *initiatio* vient de *inire*, et qu'ainsi on y retrouve encore le verbe *ire* auquel se rattache le nom de Janus.

cela puisse paraître à ceux qui ignorent certaines « transmissions », on peut encore retrouver la trace jusqu'à nos jours.

Dans le christianisme, les fêtes solsticiales de Janus sont devenues celles des deux saints Jean, et celles-ci sont toujours célébrées aux mêmes époques, c'est-à-dire aux environs immédiats des deux solstices d'hiver et d'été [405] ; et ce qui est bien significatif aussi, c'est que l'aspect ésotérique de la tradition chrétienne a toujours été regardé comme « johannite », ce qui donne à ce fait un sens dépassant nettement, quelles que puissent être les apparences extérieures, le domaine simplement religieux et exotérique. La succession des anciens *Collegia Fabrorum* a d'ailleurs été transmise régulièrement aux corporations qui, à travers tout le moyen âge, ont gardé le même caractère initiatique, et notamment à celle des constructeurs ; celle-ci eut donc naturellement pour patrons les deux saint Jean, et de là vient l'expression bien connue de « Loge de saint Jean », qui a été conservée par la maçonnerie, celle-ci n'étant elle-même rien d'autre que la continuation, par filiation directe, des organisations dont nous venons de parler [406]. Même sous sa forme « spéculative » moderne, la

---

405 La Saint-Jean d'hiver est ainsi très proche de la fête de Noël, qui, à un autre point de vue, correspond aussi non moins exactement au solstice d'hiver, ainsi que nous l'avons déjà expliqué. Un vitrail du XIIIe siècle de l'église Saint-Rémi, à Reims, présente une figuration particulièrement curieuse, et sans doute exceptionnelle, en rapport avec ce dont il s'agit ici : on a discuté assez vainement la question de savoir quel est celui des deux saints Jean qu'il représente ; la vérité est que, sans qu'il faille voir là la moindre confusion, il représente les deux, synthétisés dans la figure d'un seul personnage, ce que montrent les deux tournesols placés en sens opposés au-dessus de la tête de celui-ci, et qui correspondent ici aux deux solstices et aux deux visages de Janus. Signalons encore incidemment, à titre de curiosité, que l'expression populaire « Jean qui pleure et Jean qui rit » est en réalité un souvenir des deux visages opposés de Janus.

406 Nous rappelons que la « Loge de saint Jean », bien que n'étant pas assimilée symboliquement à la caverne, n'en est pas moins, tout comme celle-ci, une figure du « cosmos » ; la description de ses « dimensions » est particulièrement nette à cet égard : sa longueur est « de l'orient à l'occident », sa largeur « du midi au septentrion », sa hauteur « de la terre au ciel », et sa profondeur « de la surface de la terre à son centre ». Il est à noter, comme rapprochement assez remarquable en ce qui concerne la hauteur de la Loge, que, selon la tradition

maçonnerie a toujours conservé également, comme un des témoignages les plus explicites de son origine, les fêtes solsticiales, consacrées aux deux saints Jean après l'avoir été aux deux faces de Janus [407] ; et c'est ainsi que la donnée traditionnelle des deux portes solsticiales, avec ses connexions initiatiques, s'est maintenue, encore vivante, même si elle est généralement incomprise, jusque dans le monde occidental actuel.

---

islamique, l'emplacement d'une mosquée est considéré comme consacré, non pas seulement à la surface de la terre, mais depuis celle-ci jusqu'au « septième ciel ». D'autre part, il est dit que, « dans la Loge de saint Jean, on élève des temples à la vertu et on creuse des cachots pour le vice » ; ces deux idées d'« élever » et de « creuser » se rapportent aux deux « dimensions » verticales, hauteur et profondeur, qui sont comptées suivant les deux moitiés d'un même axe allant « du Zénith au Nadir », prises en sens inverse l'un de l'autre ; ces deux directions opposées correspondent respectivement à *sattwa* et à *tamas* (l'expansion des deux « dimensions » horizontales correspondant à *rajas*), c'est-à-dire aux deux tendances de l'être vers les Cieux (le temple) et vers les Enfers (le cachot), tendances qui sont ici « allégorisées », plutôt que symbolisées à proprement parler, par les notions de « vertu » et de « vice » exactement comme dans le mythe d'Hercule que nous avons rappelé plus haut.
407 Dans le symbolisme maçonnique, deux tangentes parallèles à un cercle sont considérées, parmi diverses autres significations, comme représentant les deux saints Jean ; si le cercle est regardé comme une figure du cycle annuel, les points de contact de ces deux tangentes, diamétralement opposés l'un à l'autre, correspondent alors aux deux points solsticiaux.

Chapitre XXXVIII

À PROPOS DES DEUX SAINTS JEAN [408]

Bien que l'été soit généralement considéré comme une saison joyeuse et l'hiver comme une saison triste, par là même que le premier représente en quelque sorte le triomphe de la lumière et le second celui de l'obscurité, les deux solstices correspondants n'en ont pas moins, en réalité, un caractère exactement opposé à celui-là ; il peut sembler qu'il y ait là un paradoxe assez étrange, et pourtant il est bien facile de comprendre qu'il en soit ainsi dès lors qu'on a quelque connaissance des données traditionnelles sur la marche du cycle annuel. En effet, ce qui a atteint son maximum ne peut plus que décroître, et ce qui est parvenu à son minimum ne peut au contraire que commencer aussitôt à croître [409] ; c'est pourquoi le solstice d'été marque le début de la moitié descendante de l'année, et le solstice d'hiver, inversement, celui de sa moitié ascendante et c'est aussi ce qui explique, au point de vue de sa signification cosmique, cette parole de saint Jean-Baptiste, dont la naissance coïncide avec le solstice d'été : « Il faut qu'il croisse (le Christ né au solstice d'hiver) et que je diminue [410]. » On sait que, dans la tradition hindoue, la phase ascendante est mise en rapport avec le *dêva-yâna*, et la phase descendante avec le *pitri-yâna* ; par suite, dans le Zodiaque, le signe du Cancer, correspondant au solstice d'été, est la « porte des hommes », qui donne accès au *pitri-yâna*, et le signe du Capricorne, correspondant au solstice d'hiver, est

---

408 Publié dans *É. T.*, juin 1949.
409 Cette idée est notamment exprimée à plusieurs reprises, sous des formes diverses, dans le *Tao-te-King* ; elle est rapportée plus particulièrement dans la tradition extrême-orientale, aux vicissitudes du *yin* et du *yang*.
410 *Saint Jean*, III, 30.

la « porte des dieux », qui donne accès au *dêva-yâna*. En réalité, c'est la moitié ascendante du cycle annuel qui est la période « joyeuse », c'est-à-dire bénéfique ou favorable, et sa moitié descendante qui est la période « triste », c'est-à-dire maléfique ou défavorable ; et le même caractère appartient naturellement à la porte solsticiale qui ouvre chacune de ces deux périodes en lesquelles l'année se trouve divisée par le sens même de la marche du soleil.

On sait d'autre part que, dans le christianisme, ce sont les fêtes des deux saints Jean qui sont en rapport direct avec les deux solstices [411] ; et ce qui est assez remarquable, bien que nous ne l'ayons jamais vu signalé nulle part, c'est que ce que nous venons de rappeler est exprimé d'une certaine façon par le double sens qui se trouve inclus dans le nom même de Jean [412]. En effet, le mot *hanan*, en hébreu, a à la fois le sens de « bienveillance » et de « miséricorde » et celui de « louange » (et il est au moins curieux de constater que, en français même, des mots comme « grâce » et « merci » ont aussi exactement la même double signification) ; par suite, le nom *Jahanan* peut signifier « miséricorde de Dieu » et aussi « louange à Dieu ». Or, il est facile de se rendre compte que le premier de ces deux sens paraît convenir tout particulièrement à saint Jean-Baptiste et le second à saint Jean l'Évangéliste ; on peut d'ailleurs dire que la

---

411 Elles se situent en réalité un peu après la date exacte des deux solstices, ce qui en fait apparaître encore plus nettement le caractère, puisque la descente et la montée sont alors déjà commencées effectivement ; à ceci correspond, dans le symbolisme védique, le fait que les portes du *pitri-loka* et du *dêva-loka* sont dites être situées respectivement, non pas au sud et au nord exactement, mais vers le sud-ouest et vers le nord-est.

412 Nous voulons parler ici de la signification étymologique de ce nom en hébreu ; quant au rapprochement entre Jean et Janus, il est bien entendu que c'est une assimilation phonétique qui n'a évidemment aucun rapport avec l'étymologie, mais qui n'en est pas moins importante pour cela au point de vue symbolique, puisque, en fait, les fêtes des deux saints Jean ont pris réellement la place de celles de Janus aux deux solstices d'été et d'hiver.

miséricorde est évidemment « descendante » et la louange « ascendante », ce qui nous ramène encore à leur rapport avec les deux moitiés du cycle annuel [413].

En relation avec les deux saints Jean et leur symbolisme solsticial, il est intéressant aussi de considérer un symbole qui semble être particulier à la maçonnerie anglo-saxonne, ou qui du moins ne s'est conservé que dans celle-ci : c'est un cercle avec un point au centre, compris entre deux tangentes parallèles ; et ces tangentes sont dites représenter les deux saints Jean. Le cercle est en effet ici la figure du cycle annuel et sa signification solaire est d'ailleurs rendue plus manifeste par la présence du point central, puisque la même figure est aussi en même temps le signe astrologique du soleil ; et les deux droites parallèles sont les tangentes à ce cercle aux deux point solsticiaux, marquant ainsi leur caractère de « points-limites » parce que ces points sont en effet comme les bornes que le soleil ne peut jamais dépasser au cours de sa marche ; c'est parce que ces lignes correspondent ainsi aux deux solstices qu'on peut dire aussi qu'elles représentent par là même les deux saints Jean. Il y a cependant dans cette figuration, une anomalie au moins apparente : le diamètre solsticial du cycle annuel doit, comme nous l'avons expliqué en d'autres occasions, être regardé comme relativement vertical par rapport au diamètre équinoxial, et c'est d'ailleurs seulement de cette façon que les deux moitiés du cycle, allant d'un solstice à l'autre, peuvent réellement apparaître respectivement comme ascendante et descendante, les points solsticiaux étant alors le point le plus haut et le point le plus bas du cercle ; dans ces conditions, les tangentes aux extrémités du diamètre solsticial étant perpendiculaires à celui-ci, seront nécessairement horizontales. Or, dans le symbole que nous envisageons en ce moment, les deux tangentes sont au contraire figurées comme verticales ; il y a

---

413 Nous rappellerons ici, en la rattachant plus spécialement aux idées de « tristesse » et de « joie » que nous indiquions plus haut, la figure « folklorique » bien connue, mais sans doute généralement peu comprise, de « Jean qui pleure et Jean qui rit », qui est au fond une représentation équivalente à celle des deux visages de Janus ; « Jean qui pleure » est celui qui implore la miséricorde de Dieu, c'est-à-dire saint Jean-Baptiste, et « Jean qui rit » est celui qui lui adresse des louanges, c'est-à-dire saint Jean l'Évangéliste.

donc, dans ce cas spécial, une certaine modification apportée au symbolisme général du cycle annuel et qui s'explique d'ailleurs assez simplement, car il est évident qu'elle n'a pu être amenée que par une assimilation qui s'est établie entre ces deux lignes parallèles et les deux colonnes ; ces dernières, qui naturellement ne peuvent être que verticales, ont du reste aussi, par leur situation respective au nord et à midi, et tout au moins à un certain point de vue, un rapport effectif avec le symbolisme solsticial.

Cet aspect de deux colonnes se voit surtout nettement dan le cas du symbole des « colonnes d'Hercule [414] » ; le caractère de « héros solaire » d'Hercule et la correspondance zodiacale de ses douze travaux sont trop connus pour qu'il soit nécessaire d'y insister ; et il est bien entendu que c'est précisément ce caractère solaire qui justifie la signification solsticiale des deux colonnes auxquelles est attaché son nom. Dès lors qu'il en est ainsi, la devise *non plus ultra* qui est rapportée à ces colonnes apparaît comme ayant une double signification : elle n'exprime pas seulement, suivant l'interprétation habituelle qui se réfère au point de vue terrestre et qui est d'ailleurs valable dans son ordre, qu'elles marquent les limites du monde « connu », c'est-à-dire en réalité qu'elles sont les bornes que, pour des raisons qu'il pourrait être intéressant de rechercher, il n'était pas permis aux voyageurs de dépasser ; mais elle indique en même temps, et sans doute faudrait-il dire avant tout, que, au point de vue céleste, elles sont les limites que le soleil ne peut pas franchir et entre lesquelles, comme entre les deux tangentes dont il était question tout à l'heure, s'accomplit intérieurement sa marche annuelle [415]. Ces dernières

---

414 Dans la représentation géographique qui place ces deux colonnes de part et d'autre de l'actuel détroit de Gibraltar, il est évident que c'est celle qui est située en Europe qui est la colonne du nord, et celle qui est située en Afrique qui est la colonne du midi.
415 Sur d'anciennes monnaies espagnoles, on voit une figuration des colonnes d'Hercule, reliées par une sorte de banderole sur laquelle est inscrite la devise *non plus ultra* ; or, fait qui semble assez peu connu et que nous signalerons ici à titre de curiosité, c'est de cette figuration qu'est dérivé le signe usuel du dollar américain ; mais toute l'importance y a été donnée à la banderole qui n'était primitivement qu'un accessoire, et qui a été changée en la lettre S dont elle avait a peu près la forme, tandis que les deux colonnes, qui constituaient

considérations peuvent paraître assez éloignées de notre point de départ, mais à vrai dire il n'en est rien, puisqu'elles contribuent à l'explication d'un symbole qui est expressément référé aux deux saints Jean ; et d'ailleurs on peut dire que, dans la forme chrétienne de la tradition, tout ce qui concerne le symbolisme solsticial est aussi par là même plus ou moins directement en rapport avec les deux saints Jean.

---

l'élément essentiel, se trouvaient réduites à deux petits traits parallèles, verticaux comme les deux tangentes au cercle dans le symbole maçonnique que nous venons d'expliquer ; et la chose n'est pas dépourvue d'une certaine ironie, puisque justement la « découverte » de l'Amérique a annulé en fait l'ancienne application géographique du *non plus ultra*.

SIXIÈME PARTIE

SYMBOLISME CONSTRUCTIF

Chapitre XXXIX

LE SYMBOLISME
DU DÔME[416]

Dans un article de la revue *The Indian Historical Quarterly* (mars 1938), Ananda K. Coomaraswamy a étudié la question du symbolisme du dôme, qui est trop importante, et d'ailleurs trop étroitement liée à certaines des considérations que nous avons nous-même développées précédemment, pour que nous n'en examinions pas spécialement les principaux aspects. Le premier point essentiel à noter à cet égard, en connexion avec la valeur proprement symbolique et initiatique de l'art architectural, c'est que tout édifice construit suivant des données strictement traditionnelles présente, dans la structure et la disposition des différentes parties dont il se compose, une signification « cosmique », qui est d'ailleurs susceptible d'une double application, conformément à la relation analogique du macrocosme et du microcosme, c'est-à-dire qu'elle se réfère à la fois au monde et à l'homme. Cela est vrai naturellement, en premier lieu, des temples ou autres édifices ayant une destination « sacrée » au sens le plus limité de ce mot ; mais, en outre, cela l'est même pour les simples habitations humaines, car il ne faut pas oublier qu'en réalité il n'y a rien de « profane » dans les civilisations intégralement traditionnelles, si bien que c'est seulement par l'effet d'une profonde dégénérescence qu'on a pu en arriver à construire des maisons sans se proposer rien d'autre que de répondre aux besoins purement matériels de leurs habitants, et que ceux-ci, de leur côté, ont pu se contenter de demeures conçues suivant des préoccupations aussi étroitement et bassement utilitaires.

---

416 Publié dans *É. T.*, oct. 1938.

Il va de soi que la signification « cosmique » dont nous venons de parler peut être réalisée de multiples façons, correspondant à autant de points de vue, qui donneront ainsi naissance à des « types » architecturaux différents, dont certains seront particulièrement liés à telle ou telle forme traditionnelle ; mais nous n'avons à envisager présentement qu'un seul de ces « types », qui apparaît d'ailleurs comme un des plus fondamentaux, et qui est aussi, par là même, un des plus généralement répandus. Il s'agit d'une structure constituée essentiellement par une base à section carrée (peu importe ici que cette partie inférieure ait une forme cubique ou plus ou moins allongée), surmontée d'un dôme ou d'une coupole de forme plus ou moins rigoureusement hémisphérique. Parmi les exemples les plus caractéristiques, on peut citer, avec Coomaraswamy, le *stûpa* bouddhique, et aussi, ajouterons-nous, la *qubbah* islamique, dont la forme générale est exactement semblable [417] ; il faut y rattacher aussi, entre autres cas où cette structure peut ne pas se distinguer aussi nettement à première vue, celui des églises chrétiennes dans lesquelles une coupole est édifiée au-dessus de la partie centrale [418]. Il y a lieu de remarquer aussi qu'une arche, avec ses deux piliers rectilignes et le cintre qui repose sur ceux-ci, n'est en réalité pas autre chose que la coupe verticale d'une telle structure ; et, dans cette arche, la « clef de voûte » qui occupe le sommet correspond évidemment au point le plus élevé du dôme, sur la signification propre duquel nous aurons à revenir par la suite [419].

---

417 La destination de ces deux édifices est d'ailleurs également similaire puisque le *stûpa*, originairement tout au moins, était fait pour contenir des reliques, et que la *qubbah* est élevée sur le tombeau d'un *walî*.
418 Si l'église a dans son ensemble la forme d'une croix latine, ainsi qu'il en est le plus habituellement, il convient de remarquer que cette croix peut être obtenue par le développement d'un cube dont toutes les faces sont rabattues sur son plan de base (ce point se trouve expressément indiqué dans le symbolisme maçonnique de *Royal Arch*) ; la face de base, qui demeure naturellement dans sa position primitive, correspond alors à la partie centrale au-dessus de laquelle s'élève la coupole.
419 Dans certaines figurations appartenant à la maçonnerie de *Royal Arch*, la signification « céleste » du cintre est formellement indiquée par la représentation sur celui-ci d'une partie

Il est facile de se rendre compte, tout d'abord, que les deux parties de la structure que nous venons de décrire figurent la terre et le ciel, auxquels correspondent en effet respectivement la forme carrée et la forme circulaire (ou sphérique dans une construction à trois dimensions) ; et, bien que ce soit dans la tradition extrême-orientale que cette correspondance se trouve indiquée avec le plus d'insistance, elle est d'ailleurs fort loin de lui être exclusivement propre [420]. Puisque nous venons de faire allusion à la tradition extrême-orientale, il n'est pas sans intérêt de signaler à ce propos que, en Chine, le vêtement des anciens empereurs devait être rond par le haut et carré dans le bas ; ce vêtement, en effet, avait une signification symbolique (de même que toutes les actions de leur vie, qui étaient réglées selon les rites), et cette signification était précisément la même que celle dont nous considérons ici la réalisation architecturale [421]. Ajoutons tout de suite que, si dans celle-ci on

---

du zodiaque, une des « portes solsticiales » étant alors placée à la « clef de voûte » ; cette « porte » devrait d'ailleurs normalement être différente suivant que le point en question sera considéré comme une « entrée » ou comme une « sortie », conformément à ce que nous avons expliqué précédemment.

420 Dans l'initiation maçonnique, le passage *from square to arch* représente proprement un passage « de la Terre au Ciel » (d'où le terme d'exaltation pour désigner l'admission au grade de *Royal Arch*), c'est-à-dire du domaine des « petits mystères » à celui des « grands mystères », avec, pour ceux-ci, le double aspect « sacerdotal » et « royal », car le titre complet correspondant est *Holy (and) Royal Arch*, bien que, pour des raisons historiques que nous n'avons pas à examiner ici, l'« art sacerdotal » ait fini par s'y effacer en quelque sorte devant l'« art royal ». — Les formes circulaire et carrée sont aussi rappelées par le compas et l'équerre, qui servent à les tracer respectivement, et qui s'associent comme symboles de deux principes complémentaires, tels que le sont effectivement le Ciel et la Terre.

421 L'Empereur lui-même, étant ainsi vêtu, représentait l'« Homme véritable », médiateur entre le Ciel et la Terre, dont il unit dans sa propre nature les puissances respectives ; et c'est exactement en ce même sens qu'un maître maçon (qui devrait être aussi un « Homme véritable » s'il avait réalisé effectivement son initiation) « se retrouve toujours entre l'équerre et le compas ». — Signalons encore, à ce sujet, un des aspects du symbolisme de la tortue ; l'écaille inférieure, qui est plate, correspond à la Terre, et l'écaille supérieure, qui est arrondie en forme de dôme, correspond au Ciel ; l'animal lui-même, entre ces deux écailles, figure l'Homme entre le Ciel et la Terre, complétant ainsi la « Grande Triade » qui joue un rôle particulièrement important dans le symbolisme des organisations initiatiques taoïstes.

regarde la construction tout entière comme « hypogée », ainsi qu'elle l'est parfois en effet, littéralement dans certains cas et symboliquement dans d'autres, on se trouve ramené au symbolisme de la caverne comme image de l'ensemble du « cosmos ».

À cette signification générale, il s'en ajoute une autre encore plus précise : l'ensemble de l'édifice, envisagé de haut en bas, représente le passage de l'Unité principielle (à laquelle correspond le point central ou le sommet du dôme, dont toute la voûte n'est en quelque sorte qu'une expansion) au quaternaire de la manifestation élémentaire [422] ; inversement, si on l'envisage de bas en haut, c'est le retour de cette manifestation à l'Unité. À ce propos, Coomaraswamy rappelle, comme ayant la même signification, le symbolisme védique des trois *Ribhus* qui, de la coupe (*pâtra*) unique de *Twashtri*, firent quatre coupes (et il va de soi que la forme de la coupe est hémisphérique comme celle du dôme) ; le nombre ternaire, intervenant ici comme un intermédiaire entre l'Unité et le quaternaire, signifie notamment, en ce cas, que c'est seulement par le moyen des trois dimensions de l'espace que l'« un » originel peut être fait « quatre », ce qui est exactement figuré par le symbole de la croix à trois dimensions. Le processus inverse est représenté de même par la légende du Bouddha qui, ayant reçu quatre bols à aumônes des *Mahârâjas* des quatre points cardinaux, en fit un seul bol, ce qui indique que, pour l'être « unifié », le « Graal » (pour employer le terme traditionnel occidental qui désigne évidemment l'équivalent de ce *pâtra*) est de nouveau unique comme il l'était au commencement, c'est-à-dire au point de départ de la manifestation cosmique [423].

---

422 Le plan crucial d'une église est également une forme quaternaire ; le symbolisme numérique demeure donc le même dans ce cas que dans celui de la base carrée.
423 Au sujet de *Twashtri* et des trois *Ribhus*, considérés comme une triade d'« artistes », notons que, dans les règles établies par la tradition hindoue pour la construction d'un édifice, on trouve en quelque façon leur correspondance dans l'architecte (*sthapati*) et ses trois compagnons ou assistants, l'arpenteur (*sûtragrâhî*), le maçon (*var-dhaki*) et le charpentier (*takshaka*) : on pourrait encore retrouver des équivalents de ce ternaire dans la maçonnerie,

Avant d'aller plus loin, nous signalerons que la structure dont il s'agit est susceptible aussi d'être réalisée horizontalement : à un édifice de forme rectangulaire s'adjoindra une partie semi-circulaire qui sera placée à l'une de ses extrémités, celle qui est dirigée du côté auquel sera attachée la signification d'une correspondance « céleste », par une sorte de projection sur le plan horizontal de base ; ce côté, dans les cas les plus connus tout au moins, sera celui d'où vient la lumière, c'est-à-dire celui de l'Orient ; et l'exemple qui s'offre le plus immédiatement ici est celui d'une église terminée par une abside semi-circulaire. Un autre exemple est donné par la forme complète d'un temple maçonnique : on sait que la Loge proprement dite est un « carré long », c'est-à-dire en réalité un double carré, la longueur (d'Orient en Occident) étant le double de la largeur (du Nord au Midi) [424] ; mais à ce double carré, qui est le *Hikal* s'ajoute, à l'Orient, le *Debir* en forme d'hémicycle [425] ; et ce plan est d'ailleurs exactement aussi celui de la « basilique » romaine [426].

Cela étant dit, revenons à la structure verticale : comme le fait remarquer Coomaraswamy, celle-ci doit être envisagée tout entière par rapport à un axe central ; il en est évidemment ainsi dans le cas d'une hutte dont le toit en forme de dôme est supporté par un poteau, joignant le sommet de ce toit au sol, et aussi dans celui de certains *stupâs* dont l'axe est figuré à l'intérieur, et parfois se prolonge même par le haut au-delà du dôme. Cependant, il n'est pas nécessaire que cet axe soit toujours représenté ainsi matériellement, pas plus que ne l'est

---

où il devient en outre, sous un aspect « inverse », celui des « mauvais compagnons » meurtriers d'Hiram.

424 D'après Le *Critias* de Platon, le grand temple de de Poseidonis, capitale de l'Atlantide, avait aussi pour base un double carré ; si l'on prend le côté du carré pour unité, la diagonale du double carré est égale à $\sqrt{5}$.

425 Dans le Temple de Salomon, le *Hikal* était le « Saint » et le *Debir* était le « Saint des Saints ».

426 Dans une mosquée, le *mihrab*, qui est une niche semi-circulaire, correspond à l'abside d'une église, et il indique également la *qiblah*, c'est-à-dire l'orientation rituelle ; mais ici cette orientation, étant dirigée vers un centre qui est un point défini de la surface terrestre, est naturellement variable suivant les lieux.

en réalité, en quelque lieu que ce soit, l'« Axe du Monde », dont il est l'image ; ce qui importe, c'est que le centre du sol occupé par l'édifice, c'est-à-dire le point qui est situé directement au-dessous du sommet du dôme, est toujours identifié virtuellement au « Centre du Monde » ; celui-ci, en effet, n'est pas un « lieu » au sens topographique et littéral du mot, mais en un sens transcendant et principiel, et, par suite, il peut se réaliser en tout « centre » régulièrement établi et consacré, d'où la nécessité des rites qui font de la construction d'un édifice une véritable imitation de la formation même du monde [427]. Le point dont il s'agit est donc un véritable *omphalos* (*nâbhih prithivyâh*) ; dans de très nombreux cas, c'est là qu'est placé l'autel ou le foyer, suivant qu'il s'agit d'un temple ou d'une maison, l'autel est d'ailleurs aussi un foyer en réalité, et inversement dans une civilisation traditionnelle, le foyer doit être regardé comme un véritable autel domestique ; symboliquement, c'est là que s'accomplit la manifestation d'*Agni*, et nous rappellerons à cet égard ce que nous avons dit de la naissance de l'*Avatâra* au centre de la caverne initiatique, car il est évident que la signification est encore ici la même, l'application seule en étant différente. Quand une ouverture est pratiquée au sommet du dôme, c'est par là que s'échappe au-dehors la fumée qui s'élève du foyer ; mais ceci encore, bien loin de n'avoir qu'une raison purement utilitaire comme des modernes pourraient se l'imaginer, a au contraire un sens symbolique très profond, que nous examinerons maintenant, en précisant encore la signification exacte de ce sommet du dôme dans les deux ordres macrocosmique et microcosmique.

---

427 Parfois, le dôme lui-même peut ne pas exister dans la construction sans pourtant que le sens symbolique en soit altéré ; nous voulons faire allusion au type traditionnel d'une maison disposée en carré autour d'une cour intérieure ; la partie centrale est alors à ciel ouvert, mais, précisément, c'est la voûte céleste elle-même qui joue en ce cas le rôle d'un dôme naturel Nous dirons incidemment, à ce propos, qu'il y a une certaine relation, dans une forme traditionnelle donnée, entre la disposition de la maison et la constitution de la famille ; ainsi, dans la tradition islamique, la disposition quadrilatérale de la maison (qui normalement devrait être entièrement fermée au-dehors, toutes les fenêtres s'ouvrant sur la cour intérieure) est en rapport avec la limitation du nombre des épouses à quatre au maximum, chacune d'elles ayant alors pour son domaine propre un des côtés du quadrilatère.

René Guénon

Chapitre XL

LE DÔME ET LA ROUE [428]

On sait que la roue est, d'une façon générale, un symbole du monde : la circonférence représente la manifestation, qui est produite par l'irradiation du centre ; ce symbolisme est d'ailleurs naturellement susceptible de significations plus ou moins particularisées, car, au lieu de s'appliquer à l'intégralité de la manifestation universelle, il peut aussi s'appliquer seulement à un certain domaine de manifestation. Un exemple particulièrement important de ce dernier cas est celui où deux roues se trouvent associées comme correspondant à des parties différentes de l'ensemble cosmique ; ceci se rapporte au symbolisme du chariot, tel qu'il se rencontre notamment, en de fréquentes occasions, dans la tradition hindoue ; Ananda K. Coomaraswamy a exposé ce symbolisme à diverses reprises, et encore, à propos du *chhatra* et de l'*ushnîsha*, dans un article de *The Poona Orientalist* (numéro d'avril 1938) auquel nous emprunterons quelques-unes des considérations qui vont suivre.

En raison de ce symbolisme, la construction d'un chariot est proprement, tout comme la construction architecturale dont nous venons de parler, la réalisation « artisanale » d'un modèle cosmique ; nous avons à peine besoin de rappeler que c'est en vertu de considérations de cet ordre que les métiers, dans une civilisation traditionnelle, possèdent une valeur spirituelle et un caractère véritablement « sacré », et que c'est par là qu'ils peuvent normalement servir de « support » à une initiation. Il y a d'ailleurs, entre les deux constructions dont il s'agit, un exact parallélisme, comme on le voit tout d'abord en remarquant que l'élément fondamental du chariot est l'essieu (*aksha*, mot identique à

---

[428] Publié dans *É. T.*, nov. 1938.

« axe », qui représente ici l'« Axe du Monde », et qui ainsi équivaut au pilier (*skambha*) central d'un édifice, auquel tout l'ensemble de celui-ci doit être rapporté. Peu importe du reste, comme nous l'avons dit, que ce pilier soit figuré matériellement ou non ; semblablement, il est dit dans certains textes que l'essieu du chariot cosmique est seulement un « souffle séparateur » (*vyâna*), qui, occupant l'espace intermédiaire (*antariksha*, expliqué comme *antaryaksha*), maintient le Ciel et la Terre en leurs « lieux » respectifs [429], et qui d'ailleurs, en même temps qu'il les sépare ainsi, les unit aussi comme un pont (*sêtu*) et permet de passer de l'un à l'autre [430]. Les deux roues, qui sont placées aux deux extrémités de l'essieu, représentent alors en effet le Ciel et la Terre ; et l'essieu s'étend de l'une à l'autre, de même que le pilier central s'étend du sol au sommet de la voûte. Entre les deux roues, et supportée par l'essieu, est la « caisse » (*kosha*) du chariot, dont, à un autre point de vue, le plancher correspond aussi à la Terre, l'enveloppe latérale à l'espace intermédiaire, et le toit au Ciel ; le plancher du chariot cosmique étant carré ou rectangulaire, et son toit étant en forme de dôme, on retrouve ici la structure architecturale étudiée précédemment.

Si l'on considère les deux roues comme représentant le Ciel et la Terre, on pourrait peut-être objecter que, comme toutes deux sont également circulaires, la différence des formes géométriques qui leur correspondent le plus ordinairement n'apparaît plus dans ce cas ; mais rien n'empêche d'admettre qu'il y ait en cela un certain changement de point de vue, la forme circulaire se justifiant d'ailleurs de toute façon comme symbole des révolutions cycliques auxquelles est soumise toute manifestation, « terrestre » aussi bien que « céleste ». Cependant, on peut aussi, d'une certaine manière, retrouver la

---

429 À ceci correspond exactement, dans la tradition extrêmeorientale, la comparaison du Ciel et de la Terre aux deux planches d'un soufflet. L'*antarik-sha* est aussi, dans la tradition hébraïque, le « firmament au milieu des eaux », séparant les eaux inférieures d'avec les eaux supérieures (*Genèse*, I, 6), l'idée exprimée en Latin par le mot *firmamentum* correspond en outre au caractère « adamantin » qui est fréquemment attribué à l'« Axe du Monde ».
430 On retrouve ici très nettement les deux significations complémentaires du *barzakh* dans la tradition islamique.

différence dont il s'agit, en supposant que, tandis que la roue « terrestre » est plane, la roue « céleste » a, comme le dôme, la forme d'une portion de sphère [431] ; cette considération peut sembler étrange à première vue, mais, précisément, il existe en fait un objet symbolique qui unit en lui la structure de la roue et celle du dôme. Cet objet, dont la signification « céleste » n'est nullement douteuse, est le parasol (*chhatra*) : ses côtés sont manifestement similaires aux rayons de la roue, et, comme ceux-ci s'assemblent dans le moyeu, elles se réunissent également dans une pièce centrale (*karnikâ*) qui les supporte, et qui est décrite comme un « globe perforé » ; l'axe, c'est-à-dire le manche du parasol traverse cette pièce centrale, de même que l'essieu du chariot pénètre dans le moyeu de la roue ; et le prolongement de cet axe au-delà du point de rencontre des côtés ou des rayons correspond en outre à celui de l'axe d'un *stûpa*, dans les cas où celui-ci s'élève en forme de mât au-dessus du sommet du dôme ; il est d'ailleurs évident que le parasol lui-même, par le rôle auquel il est destiné, n'est pas autre chose que l'équivalent « portatif », si l'on peut dire, d'un toit voûté.

C'est en raison de son symbolisme « céleste » que le parasol est un des insignes de la royauté ; il est même, à proprement parler, un emblème du *Chakravartî* ou monarque universel [432] et s'il est attribué aussi aux souverains ordinaires, c'est seulement en tant qu'ils représentent en quelque sorte celui-ci, chacun à l'intérieur de son propre domaine, participant ainsi à sa nature et s'identifiant à lui dans sa fonction cosmique [433]. Maintenant il importe de remarquer que, par une stricte application du sens inverse de l'analogie, le

---

431 Cette différence de forme est celle qui existe entre les deux écailles de la tortue, dont nous avons indiqué le symbolisme équivalent.
432 Nous rappellerons, à ce propos, que la désignation même de *Chakravar-tî* se rapporte aussi au symbolisme de la roue.
433 Nous avons fait allusion précédemment à la fonction cosmique reconnue à l'Empereur par la tradition extrême-orientale ; il va de soi que c'est encore de la même chose qu'il s'agit ici ; et, en connexion avec ce que nous venons de dire sur la signification du parasol, nous ferons aussi remarquer que, en Chine, l'accomplissement des rites constituant le « culte du Ciel » était exclusivement réservé à l'Empereur.

parasol, dans l'usage ordinaire qui en est fait dans le « monde d'en bas », est une protection contre la lumière, tandis que, en tant qu'il représente le ciel, ses côtés sont au contraire les rayons mêmes de la lumière ; et, bien entendu, c'est en ce sens supérieur qu'il doit être considéré quand il est un attribut de la royauté. Une remarque semblable s'applique aussi à l'*ushnîsha*, entendu en son sens primitif comme une coiffure : celle-ci a communément pour rôle de protéger contre la chaleur, mais, quand elle est attribuée symboliquement au soleil, elle représente inversement ce qui irradie la chaleur (et ce double sens est contenu dans l'étymologie même du mot *ushnîsha*) ; ajoutons que c'est suivant sa signification « solaire » que l'*ushnîsha*, qui est proprement un turban et peut être aussi une couronne, ce qui est d'ailleurs la même chose au fond, est aussi, comme le parasol, un insigne de la royauté ; l'un et l'autre sont ainsi associés au caractère de « gloire » qui est inhérent à celle-ci, au lieu de répondre à un simple besoin pratique comme chez l'homme ordinaire.

D'autre part, tandis que l'*ushnîsha*[434] enveloppe la tête, le parasol s'identifie à la tête elle-même ; dans sa correspondance « micro-cosmique », en effet, il représente le crâne et la chevelure ; il convient de remarquer, à cet égard, que, dans le symbolisme des diverses traditions, les cheveux représentent le plus souvent les rayons lumineux. Dans l'ancienne iconographie bouddhique, l'ensemble constitué par les empreintes de pieds, l'autel ou le trône[435] et le

---

434 Dans la tradition islamique, le turban, considéré plus spécialement comme la marque distinctive d'un *sheikh* (dans l'un ou l'autre des deux ordres exotérique et ésotérique), est désigné couramment comme *tâj el-Islâm* ; c'est donc une couronne (*tâj*), qui, dans ce cas, est le signe, non du pouvoir temporel comme celle des rois, mais d'une autorité spirituelle. Rappelons aussi, au sujet du rapport de la couronne avec les rayons solaires, la relation étroite qui existe entre son symbolisme et celui des cornes, et dont nous avons déjà parlé.

435 Le trône est, en tant que siège, équivalent en un sens à l'autel, celui-ci étant le siège d'*Agni* ; le chariot cosmique est aussi conduit par *Agni*, ou par le Soleil, qui a alors pour siège la « caisse » du chariot ; et, pour ce qui est du rapport de l'« Axe du Monde » avec l'*antariksha*, on peut encore remarquer que, quand l'autel ou le foyer est placé au-dessous de l'ouverture centrale de la voûte d'un édifice, la « colonne de fumée » d'*Agni* qui s'en élève et sort par cette ouverture représente cet « Axe du Monde ».

parasol, correspondant respectivement à la Terre, à l'espace intermédiaire et au Ciel, figure d'une façon complète le corps cosmique du *Mahâpurusha* ou de l'« Homme universel »[436]. De même, le dôme, dans des cas tels que celui du *stûpa*, est aussi, à certains égards, une représentation du crâne humain[437] ; et cette observation est particulièrement importante en raison du fait que l'ouverture par laquelle passe l'axe, qu'il s'agisse du dôme ou du parasol, correspond dans l'être humain au *brahma-randhra* ; nous aurons à revenir plus amplement sur ce dernier point.

---

[436] On peut aussi, à ce propos, se reporter à la description du corps « macrocosmique » de *Vaishwânara*, dans laquelle l'ensemble des sphères lumineuses célestes est assimilé à la partie supérieure de la tête, c'est-à-dire à la voûte crânienne (voir *L'Homme et son devenir selon le Vêdânta*, ch. XII).

[437] A. K. Coomaraswamy nous a signalé que la même remarque s'applique aux « tumulus » préhistoriques, dont la forme paraît avoir souvent imité intentionnellement celle du crâne ; comme d'ailleurs le « tumulus » ou le tertre est une image artificielle de la montagne, la même signification doit s'être attachée aussi au symbolisme de celle-ci. À cet égard, il n'est pas sans intérêt de remarquer que le nom du *Golgotha* signifie précisément « crâne » de même que le mot *Calvarium* par lequel il a été traduit en latin ; d'après une légende qui eut cours au moyen âge, mais dont l'origine peut remonter beaucoup plus loin, cette désignation se rapporterait au crâne d'Adam qui aurait été enterré en ce lieu (ou qui en, un sens plus ésotérique, s'identifierai à la montagne elle-même), et ceci nous ramène encore à la considération de l'« Homme universel » ; c'est ce crâne qui est souvent figuré au pied de la croix ; et l'on sait que celle-ci est encore une des représentations de l'« Axe du Monde ».

Chapitre XLI

LA PORTE ÉTROITE [438]

Au cours de son étude sur le symbolisme du dôme, Ananda K. Coomaraswamy a signalé un point qui est particulièrement digne d'attention en ce qui concerne la figuration traditionnelle des rayons solaires et sa relation avec l'« Axe du Monde » : dans la tradition védique, le soleil est toujours au centre de l'Univers et non à son point le plus haut, bien que, d'un point quelconque, il apparaisse cependant comme étant au « sommet de l'arbre [439] » et cela est facile à comprendre si l'on considère l'Univers comme symbolisé par la roue, le soleil étant au centre de celle-ci et tout état d'être se trouvant sur sa circonférence [440]. De n'importe quel point de cette dernière, l'« Axe du Monde » est à la fois un rayon du cercle et un rayon du soleil, et il passe géométriquement à travers le soleil pour se prolonger au-delà du centre et compléter le diamètre ; mais cela n'est pas tout, et il est aussi un « rayon solaire » dont le prolongement n'est susceptible d'aucune représentation géométrique. Il s'agit ici de la formule suivant laquelle le soleil est décrit comme ayant sept rayons ; de ceux-ci, six, opposés deux à deux, forment le *trivid vajra*, c'est-à-dire la croix à trois dimensions, ceux qui correspondent au Zénith et au Nadir coïncidant avec notre « Axe du Monde » (*skambha*), tandis que ceux qui correspondent au nord et au sud, à l'est et à l'ouest, déterminent l'extension d'un « monde » (*loka*) figuré par un plan horizontal. Quant au « septième rayon », qui passe à travers le soleil, mais en

---

438 Publié dans *É. T.*, déc. 1938.
439 Nous avons indiqué en d'autres occasions la représentation du soleil, dans différentes traditions, comme le fruit de l'« Arbre de Vie ».
440 Cette position centrale et par conséquent invariable du soleil lui donne ici le caractère d'un véritable « pôle », en même temps qu'elle le situe constamment au zénith par rapport à tout point de l'Univers.

un autre sens que celui qui a été indiqué tout à l'heure, pour conduire aux mondes supra-solaires (considérés comme le domaine de l'« immortalité »), il correspond proprement au centre, et, par conséquent, il ne peut être représenté que par l'intersection même des branches de la croix à trois dimensions [441] ; son prolongement au-delà du soleil n'est donc aucunement représentable, et ceci correspond précisément au caractère « incommunicable » et « inexprimable » de ce dont il s'agit. À notre point de vue, et à celui de tout être situé sur la « circonférence » de l'Univers, ce rayon se termine dans le soleil même et s'identifie en quelque sorte avec lui en tant que centre, car nul ne peut voir à travers le disque solaire par quelque moyen physique ou psychique que ce soit, et ce passage « au-delà du soleil » (qui est la « dernière mort » et le passage à l'« immortalité » véritable) n'est possible que dans l'ordre purement spirituel.

Maintenant, ce qu'il importe de remarquer pour rattacher ces considérations à celles que nous avons exposées précédemment est ceci : c'est par ce « septième rayon » que le « cœur » de tout être particulier est relié directement au soleil ; c'est donc lui qui est le « rayon solaire » par excellence, le *sushumnâ* par lequel cette connexion est établie d'une façon constante et invariable [442] ; et c'est lui aussi qui est le *sûtrâtmâ* reliant tous les états de l'être entre eux et à son centre total [443]. Pour celui qui est retourné au centre de son propre être, ce « septième rayon » coïncide donc nécessairement avec l'« Axe du Monde » ; et c'est pour un tel être qu'il est dit que « le Soleil se lève toujours au Zénith et se couche au Nadir [444] ». Ainsi, bien que l'« Axe du Monde » ne

---

441 Il est à remarquer que, dans les figurations symboliques du soleil à sept rayons, notamment sur d'anciennes monnaies indiennes, bien que ces rayons soient tous tracés forcément en disposition circulaire autour du disque central, le « septième rayon » est distin-gué des autres par une forme nettement différente.
442 Voir *L'Homme et son devenir se-lon le Vêdânta*, ch. XX.
443 À ceci se rapporte, dans la tradi-tion islamique, un des sens du mot *es-sirr*, littéralement le « secret », em-ployé pour désigner ce qu'il y a de plus central en tout être, et en même temps sa relation directe avec le « Centre » suprême, en raison de ce caractère d'« incommu-nicabilité » dont nous ve-nons de parler.
444 *Chhândogya Upanishad*, 3ᵉ Pra-pâthaka, 8ᵉ Khanda, shruti 10.

soit pas actuellement ce « septième rayon » pour un être quelconque, situé en tel ou tel point particulier de la circonférence, il l'est pourtant toujours virtuellement, en ce sens qu'il a la possibilité de s'y identifier par le retour au centre, en quelque état d'existence que ce retour soit d'ailleurs effectué. On pourrait dire encore que ce « septième rayon » est le seul « Axe » véritablement immuable, le seul qui, au point de vue universel, puisse être vraiment désigné par ce nom, et que tout « axe » particulier, relatif à une situation contingente, n'est réellement « axe » qu'en vertu même de cette possibilité d'identification avec lui ; et c'est là en définitive ce qui donne toute sa signification à n'importe quelle représentation symboliquement « localisée » de l'« Axe du Monde », comme, par exemple, celle que nous avons envisagée précédemment dans la structure des édifices construits suivant des règles traditionnelles, et spécialement de ceux qui sont surmontés d'un toit en forme de dôme, car c'est précisément à ce sujet du dôme que nous devons maintenant revenir encore.

Que l'axe soit figuré matériellement sous la forme de l'arbre ou du pilier central, ou qu'il soit représenté par la flamme montante et la « colonne de fumée » d'*Agni* dans le cas où le centre de l'édifice est occupé par l'autel ou le foyer [445], il aboutit toujours exactement au sommet du dôme, et parfois même, comme nous l'avons déjà signalé, il le traverse et se prolonge au-delà en forme de mât, ou comme le manche du parasol dans un autre exemple dont le symbolisme est équivalent. Il est visible ici que ce sommet du dôme s'identifie au moyeu de la roue céleste du « chariot cosmique » ; et, comme nous avons vu que le centre de cette roue est occupé par le soleil, il en résulte que le passage de l'axe par ce point représente ce passage « au-delà du Soleil », et à travers lui, dont il a été question plus haut. Il en est encore de même lorsque, en l'absence d'une figuration matérielle de l'axe, le dôme est percé, à son sommet, d'une

---

445 Dans le cas, que nous avons déjà signalé, d'une habitation disposée autour d'une cour intérieure à ciel ouvert (et ne recevant la lumière que de ce côté intérieur), le centre de cette cour est parfois occupé par une fontaine ; celle-ci représente alors la « Fontaine de Vie », qui sort du pied de l'« Arbre du Milieu » (bien que, naturellement, l'arbre puisse n'avoir pas ici de figuration matérielle).

ouverture circulaire (par laquelle s'échappe, dans le cas que nous venons de rappeler, la fumée du foyer placé directement au-dessous) ; cette ouverture est une représentation du disque solaire lui-même en tant qu'« Œil du Monde », et c'est par elle que s'effectue la sortie du « cosmos », ainsi que nous l'avons expliqué dans les études que nous avons consacrées au symbolisme de la caverne [446]. De toute façon, c'est par cette ouverture centrale, et par elle seulement, que l'être peut passer au *Brahma-loka*, qui est un domaine essentiellement « extra-cosmique [447] » ; et c'est elle qui est aussi la « porte étroite » qui, dans le symbolisme évangélique, donne pareillement accès au « Royaume de Dieu [448] ».

La correspondance « microcosmique » de cette « porte solaire » est facile à trouver, surtout si l'on se réfère à la similitude du dôme avec le crâne humain, que nous avons mentionnée précédemment : le sommet du dôme est la « couronne » de la tête, c'est-à-dire le point où aboutit l'« artère coronale » subtile ou *sushumnâ*, qui est dans le prolongement direct du « rayon solaire » appelé également *sushumnâ*, et qui même n'en est en réalité, au moins virtuellement, que la portion axiale « intra-humaine », s'il est permis de s'exprimer ainsi. Ce point est l'orifice appelé *brahma-randhra*, par lequel s'échappe l'esprit de l'être en voie de libération, lorsque les liens qui l'unissaient

---

446 Chez les Indiens de l'Amérique du Nord, qui paraissent avoir conservé plus de données traditionnelles parfaitement reconnaissables qu'on ne le croit d'ordinaire, les différents « mondes » sont souvent représentés comme une série de cavernes superposées, et c'est en montant le long d'un arbre central que les êtres passent de l'un à l'autre ; naturellement, notre monde est lui-même une de ces cavernes, ayant le ciel pour voûte.
447 On pourra, à ce sujet, se référer aux descriptions du *dêva-yâna*, dont le *Brahma-loka* est l'aboutissement « au-delà du soleil » (voir *L'Homme et son devenir selon le Védânta*, ch. XXI).
448 Dans le symbolisme du tir à l'arc, le centre de la cible a également la même signification ; sans insister ici sur ce sujet, nous rappellerons seulement, à ce propos, que la flèche est encore un symbole « axial », et aussi une des figures les plus fréquentes du « rayon solaire ». Dans certains cas, un fil est attaché à la flèche et doit traverser la cible ; ceci rappelle d'une façon particulièrement frappante la figure évangélique du « trou de l'aiguille », et le symbole du fil (*sûtra*) se retrouve d'ailleurs aussi dans le terme de *sûtrâtmâ*.

au composé corporel et psychique humain (en tant que *jîvâtmâ*) ont été rompus [449] ; et il va de soi que cette voie est exclusivement réservée au cas de l'être « connaissant » (*vidwân*), pour qui l'« axe » s'est identifié effectivement au « septième rayon », et qui est dès lors prêt à sortir définitivement du « cosmos » en passant « au-delà du Soleil ».

---

449 À ceci se rapporte, d'une façon très nette, le rite de trépanation posthume dont on a constaté l'existence dans de nombreuses sépultures préhistoriques, et qui s'est même conservé jusqu'à nos époques beaucoup plus récentes chez certains peuples ; d'ailleurs, dans la tradition chrétienne, la tonsure des prêtres, dont la forme est aussi celle du disque solaire et de l'« œil » du dôme, se réfère manifestement au même symbolisme rituel.

Chapitre XLII

L'OCTOGONE [450]

Nous revenons sur la question du symbolisme, commun à la plupart des traditions, des édifices constitués par une base à section carrée, surmontée d'un dôme ou d'une coupole plus ou moins rigoureusement hémisphérique. Les formes carrées ou cubiques se rapportent à la terre et les formes circulaires ou sphériques au ciel, la signification de ces deux parties en résulte immédiatement ; nous ajouterons que la terre et le ciel ne désignent pas ici uniquement les deux pôles entre lesquels se produit toute la manifestation, comme il en est notamment dans la Grande Triade extrême-orientale, mais comprennent aussi, comme dans le *Trib-huvana* hindou, les aspects de cette manifestation même qui sont les plus proches respectivement de ces deux pôles, et qui, pour cette raison, sont appelés le monde terrestre et le monde céleste. Il est un point sur lequel nous n'avons pas eu l'occasion d'insister précédemment, et qui cependant mérite d'être pris en considération : c'est que, en tant que l'édifice représente la réalisation d'un « modèle cosmique », l'ensemble de sa structure, s'il se réduisait exclusivement à ces deux parties, serait incomplet en ce sens que, dans la superposition des « trois mondes », il y manquerait un élément correspondant au « monde intermédiaire ». En fait, cet élément existe aussi, car le dôme ou la voûte circulaire ne peut pas reposer directement sur la base carrée, et il faut, pour permettre le passage de l'une à l'autre, une forme de transition qui soit en quelque sorte intermédiaire entre le carré et le cercle, forme qui est généralement celle de l'octogone.

---

450 Publié dans *É. T.*, juill-août 1949.

Cette forme octogonale est bien réellement, au point de vue géométrique, plus voisine du cercle que le carré, puisqu'un polygone régulier se rapproche d'autant plus du cercle que le nombre de ses côtés est plus grand. On sait en effet que le cercle peut être considéré comme la limite vers laquelle tend un polygone régulier lorsque le nombre de ses côtés croît indéfiniment ; et l'on voit nettement ici le caractère de la limite entendue au sens mathématique : elle n'est pas le dernier terme de la série qui tend vers elle, mais est en dehors et au-delà de cette série, car, quelque grand que soit le nombre des côtés d'un polygone, celui-ci n'arrivera jamais à se confondre avec le cercle, dont la définition est essentiellement autre que celle des polygones [451]. D'autre part, on peut remarquer que dans la série de polygones obtenue en partant du carré et en doublant à chaque fois le nombre des côtés, l'octogone est le premier terme [452] ; il est donc le plus simple de tous ces polygones et il peut en même temps être considéré comme représentatif de toute cette série d'intermédiaires.

Au point de vue du symbolisme cosmique, envisagé plus particulièrement dans son aspect spatial, la forme quaternaire, c'est-à-dire celle du carré quand il s'agit de polygones, est naturellement en rapport avec les quatre points cardinaux et leurs diverses correspondances traditionnelles. Pour obtenir la forme octogonale, il faut envisager en outre, entre les quatre points cardinaux, les quatre points intermédiaires [453], formant avec eux un ensemble de huit directions, qui sont celles de ce que diverses traditions désignent comme les « huit vents [454] ». Cette considération des « vents » présente ici quelque chose

---

451 Cf. *Les Principes du calcul infinitésimal*, ch. XII et XIII.
452 Ou le second si l'on compte le carré lui-même comme premier terme ; mais, si l'on parle de la série des intermédiaires entre le carré et le cercle comme nous le faisons ici, c'est bien véritablement l'octogone qui en est le premier terme.
453 Lorsque les points cardinaux sont mis en correspondance avec les éléments corporels, les points intermédiaires correspondent aux qualités sensibles : chaud et froid, sec et humide.
454 À Athènes, la « Tour des Vents » était octogonale. Notons en passant le caractère singulier du terme de « rose des vents », qu'on emploie couramment sans y prêter attention : dans le symbolisme rosicrucien, *Rosa Mundi* et *Rota Mundi* étaient des expressions équivalentes,

de très remarquable : dans le ternaire vêdique des « déités » présidant respectivement aux trois mondes, *Agni*, *Vâyu* et *Âditya*, c'est en effet *Vâyu* qui correspond au monde intermédiaire. À ce propos, en ce qui concerne les deux parties inférieure et supérieure de l'édifice, représentant le monde terrestre et le monde céleste comme nous l'avons dit, il y a lieu de remarquer que le foyer ou l'autel, qui occupe normalement le centre de la base, correspond évidemment à *Agni*, et que l'« œil » qui se trouve au sommet du dôme figure la « porte solaire » et correspond ainsi non moins rigoureusement à *Âditya*. Ajoutons encore que *Vâyu*, en tant qu'il s'identifie au « souffle vital », est manifestement en relation immédiate avec le domaine psychique ou la manifestation subtile, ce qui achève de justifier complètement cette correspondance, qu'on l'envisage d'ailleurs dans l'ordre macrocosmique ou dans l'ordre microcosmique.

Dans la construction, la forme de l'octogone peut naturellement être réalisée de différentes façons, et notamment par huit piliers supportant la voûte ; nous en trouvons un exemple en Chine dans le cas du *Ming-tang*[455], dont « le toit rond est supporté par huit colonnes qui reposent sur une base carrée comme la terre, car, pour réaliser cette quadrature du cercle, qui va de l'unité céleste de la voûte au carré des éléments terrestres, il faut passer par l'octogone, qui est en rapport avec le monde intermédiaire des huit directions, des huit portes et des huit vents[456] ». Le symbolisme des « huit portes » qui est aussi mentionné ici s'explique par le fait que la porte est essentiellement un lieu de passage, représentant comme tel la transition d'un état à un autre, et plus spécialement d'un état « extérieur » à un état « intérieur », au moins relativement, ce rapport de l'« extérieur » et de l'« intérieur » étant du reste, à quelque niveau qu'il se situe, toujours comparable à celui du monde terrestre et du monde céleste.

---

et la *Rota Mundi* était précisément figurée avec huit rayons correspondant aux éléments et aux qualités sensibles.
455 Cf. *La Grande Triade*, ch. XVI.
456 Luc Benoist, *Art du monde*, p. 90.

Dans le christianisme, la forme octogonale était celle des anciens baptistères, et, malgré l'oubli ou la négligence du symbolisme à partir de l'époque de la Renaissance, cette forme se retrouve encore généralement aujourd'hui dans la vasque des fonts baptismaux [457]. Ici encore, il s'agit bien évidemment d'un lieu de passage ou de transition ; d'ailleurs, dans les premiers siècles, le baptistère était situé en dehors de l'église, et seuls ceux qui avaient reçu le baptême étaient admis à pénétrer à l'intérieur de celle-ci ; il va de soi que le fait que les fonts ont été ensuite transportés dans l'église même, mais toujours près de l'entrée, ne change rien à leur signification. En un sens, et d'après ce que nous venons de dire, l'église est, par rapport à l'extérieur, dans une correspondance qui est comme une image de celle du monde céleste par rapport au monde terrestre, et le baptistère, par lequel il faut passer pour aller de l'un à l'autre, correspond par là même au monde intermédiaire ; mais, en outre, ce même baptistère est dans une relation encore plus directe avec celui-ci par le caractère du rite qui s'y accomplit, et qui est proprement le moyen d'une régénération s'effectuant dans le domaine psychique, c'est-à-dire dans les éléments de l'être qui appartiennent par leur nature à ce monde intermédiaire [458].

À propos des huit directions, nous avons relevé une concordance entre des formes traditionnelles différentes qui, bien que se rapportant à un autre ordre de considérations que celui que nous avions plus spécialement en vue, nous paraît trop digne de remarque pour que nous nous abstenions de la citer : M. Luc Benoist signale [459] que, « dans le *Scivias* de sainte Hildegarde, le trône divin qui entoure les mondes est représenté par un cercle soutenu par huit anges ». Or, ce « trône qui entoure les mondes » est une traduction aussi exacte que

---

457 Cf. *ibid.*, p. 65.
458 En consacrant l'eau, le prêtre trace à sa surface, avec son souffle, un signe ayant la forme de la lettre grecque *psi*, initiale du mot *psuché* ; ceci est très significatif à cet égard, puisque c'est effectivement dans l'ordre psychique que doit opérer l'influence à laquelle l'eau consacrée sert de véhicule ; et il est facile de voir aussi le rapport de ce rite avec le « souffle vital » dont nous parlions plus haut.
459 *Op. cit.*, p. 79.

possible de l'expression arabe *El-Arsh El-Muhît*, et une représentation identique se trouve aussi dans la tradition islamique, suivant laquelle il est également soutenu par huit anges, qui, comme nous l'avons expliqué ailleurs [460], correspondent à la fois aux huit directions et à des groupes de lettres de l'alphabet arabe ; on devra reconnaître qu'une telle « coïncidence » est plutôt étonnante ! Ici, ce n'est plus du monde intermédiaire qu'il est question, à moins qu'on ne puisse dire que la fonction de ces anges établit une connexion entre celui-ci et le monde céleste ; quoi qu'il en soit, ce symbolisme peut cependant, sous un certain rapport tout au moins, être rattaché à ce qui précède, en se souvenant du texte biblique suivant lequel Dieu « fait des Vents ses messagers [461] », et en remarquant que les anges sont littéralement les « messagers » divins.

---

[460] *Note sur l'angélologie de l'alphabet arabe*, dans É. T. d'août-sept. 1938.
[461] *Psaume* CIV, 4.

Chapitre XLIII

LA « PIERRE ANGULAIRE »[462]

Le symbolisme de la « pierre angulaire », dans la tradition chrétienne, se base sur ce texte : « La pierre que ceux qui bâtissaient avaient rejetée est devenue la principale pierre de l'angle », ou plus exactement « la tête de l'angle » (*caput anguli*) [463]. Ce qui est étrange, c'est que ce symbolisme est le plus souvent mal compris, par suite d'une confusion qui est faite communément entre cette « pierre angulaire » et la « pierre fondamentale » à laquelle se rapporte cet autre texte encore plus connu : « Tu es Pierre, et sur cette pierre je bâtirai mon Église, et les portes de l'enfer ne prévaudront point contre elle [464]. » Cette confusion est étrange, disons-nous, car, au point de vue spécifiquement chrétien, elle revient en fait à confondre saint Pierre avec le Christ lui-même, puisque c'est celui-ci qui est expressément désigné comme la « pierre angulaire », comme le montre ce passage de saint Paul, qui, en outre, la distingue nettement des « fondations » de l'édifice : « Vous êtes un édifice bâti sur le fondement des apôtres et des prophètes, Jésus-Christ lui-même étant la principale pierre de l'angle (*summo angulari lapide*), en qui tout édifice, construit et lié dans toutes ses parties, s'élève en un temple consacré au Seigneur, par lui vous êtes entrés dans sa structure (plus littéralement "bâtis ensemble", *coedificamini*) pour être l'habitation de Dieu dans l'Esprit [465]. » Si la méprise dont il s'agit était uniquement moderne, il n'y aurait sans doute pas lieu de s'en étonner outre mesure, mais il semble bien qu'elle se rencontre déjà en des temps où il n'est guère possible de l'attribuer

---

462 Publié dans *É. T.*, avril-mai 1940.
463 *Psaume* CXVIII, 22 ; *Saint Matthieu*, XXI, 42 ; *Saint Marc*, XII, 10 ; *Saint Luc*, XX, 17.
464 *Saint Matthieu*, XVI, 18.
465 *Épître aux Éphésiens*, II, 20-22.

purement et simplement à l'ignorance du symbolisme ; on est donc amené à se demander si en réalité il ne se serait pas agi là plutôt, à l'origine, d'une « substitution » intentionnelle, s'expliquant par le rôle de saint Pierre comme « substitut » du Christ (en latin *vicarius*, correspondant en ce sens à l'arabe *Khalîfah*) ; s'il en était ainsi, cette façon de « voiler » le symbolisme de la « pierre angulaire » semblerait indiquer qu'il était considéré comme contenant quelque chose de particulièrement mystérieux, et l'on verra par la suite qu'une telle supposition est loin d'être injustifiée [466]. Quoi qu'il en soit, il y a dans cette identification des deux pierres, même au point de vue de la simple logique, une impossibilité qui apparaît clairement dès qu'on examine avec un peu d'attention les textes que nous avons cités : la « pierre fondamentale » est celle qui est posée en premier lieu, au début même de la construction d'un édifice (et c'est pourquoi elle est appelée aussi « première pierre ») [467] ; comment donc pourrait-elle être rejetée au cours de cette même construction ? Pour qu'il en soit ainsi, il faut au contraire que la « pierre angulaire » soit telle qu'alors elle ne puisse pas encore trouver sa place ; et en effet, comme nous le verrons, elle ne peut la trouver qu'au moment de l'achèvement de l'édifice tout entier, et c'est ainsi qu'elle devient réellement la « tête de l'angle ».

---

[466] La « substitution » a pu aussi être aidée par la similitude phonétique existant entre le nom hébreu *Kephas*, qui signifie « pierre », et le mot grec *Ke-phalê*, « tête » ; mais il n'y a entre ces deux mots aucun autre rapport, et le fondement d'un édifice ne peut évidemment être identifié avec sa « tête », c'est-à-dire son sommet, ce qui reviendrait à renverser l'édifice tout entier ; on pourrait d'ailleurs se demander aussi si ce « renversement » n'a pas quelque correspondance symbolique avec la crucifixion de saint Pierre la tête en bas.

[467] Cette pierre doit être placée à l'angle nord-est de l'édifice ; nous noterons à ce propos qu'il y a lieu de distinguer, dans le symbolisme de saint Pierre, plusieurs aspects ou fonctions auxquels correspondent des « situations » différentes, car d'autre part, en tant que *janitor*, sa place est à l'Occident, où se trouve l'entrée de toute église normalement orientée ; en outre, saint Pierre et saint Paul sont aussi représentés comme les deux « colonnes » de l'Église, et alors ils sont habituellement figurés, l'un avec les clefs et l'autre avec l'épée, dans l'attitude de deux *dwârapâlas*.

Dans un article que nous avons déjà signalé [468], Ananda Coomaraswamy remarque que l'intention du texte de saint Paul est évidemment de représenter le Christ comme l'unique principe dont dépend tout l'édifice de l'Église, et il ajoute que « le principe d'une chose n'est ni une de ses parties parmi les autres ni la totalité de ses parties, mais ce en quoi toutes les parties sont réduites à une unité sans composition ». La « pierre fondamentale » (*foundation stone*) peut bien, en un certain sens, être appelée une « pierre d'angle » (*cornerstone*) ainsi qu'on le fait habituellement, puisqu'elle est placée à un angle ou à un « coin » (*corner*) de l'édifice [469] ; mais elle n'est pas unique comme telle, l'édifice ayant nécessairement quatre angles ; et, même si l'on veut parler plus particulièrement de la « première pierre », elle ne diffère en rien des pierres de base des autres angles, sauf par sa situation [470], et elle ne s'en distingue ni par sa forme ni par sa fonction, n'étant en somme que l'un des quatre supports égaux entre eux ; on pourrait dire que l'une quelconque de ces quatre *cornerstones* « reflète » en quelque façon le principe dominant de l'édifice, mais elle ne saurait aucunement être regardée comme étant ce principe même [471]. D'ailleurs, si c'était réellement là ce dont il s'agit, on ne pourrait même pas parler logiquement de « la pierre angulaire », puisque, en fait, il y en aurait quatre ; celle-ci doit donc être quelque chose d'essentiellement différent de la *corner-stone* entendue au sens courant

---

468 *Eckstein*, dans la revue *Speculum*, numéro de janvier 1939.

469 Nous serons obligés, dans cette étude, de nous référer souvent aux termes « techniques » anglais, parce que, appartenant primitivement au langage de l'ancienne maçonnerie opérative, ils ont été pour la plupart, conservés spécialement dans les rituels de la *Royal Arch Masonry* et des grades accessoires qui y sont rattachés, rituels dont il n'existe aucun équivalent en français ; et l'on verra que certains de ces termes sont d'une traduction assez difficile.

470 Suivant le rituel opératif, cette « première pierre » est, comme nous l'avons dit, celle de l'angle nord-est ; les pierres des autres angles sont ensuite placées successivement en suivant le sens de la marche apparente du soleil, c'est-à-dire dans cet ordre : sud-est, sud-ouest, nord-ouest.

471 Cette « réflexion » est évidemment en rapport direct avec la substitution dont nous avons parlé.

de « pierre fondamentale », et elles ont seulement en commun le caractère d'appartenir l'une et l'autre à un même symbolisme « constructif ».

Nous venons de faire allusion à la forme de la « pierre angulaire », et c'est là en effet un point particulièrement important : c'est parce que cette pierre a une forme spéciale et unique, qui la différencie de toutes les autres, que non seulement elle ne peut trouver sa place au cours de la construction, mais que même les constructeurs ne peuvent pas comprendre quelle est sa destination ; s'ils le comprenaient, il est évident qu'ils ne la rejetteraient pas, et qu'ils se contenteraient de la réserver jusqu'à la fin ; mais ils se demandent « ce qu'ils feront de la pierre », et, ne pouvant trouver une réponse satisfaisante à cette question, ils décident, la croyant inutilisable, de « la rejeter parmi les décombres » (*to heave it over among the rubbish*) [472]. La destination de cette pierre ne peut être comprise que par une autre catégorie de constructeurs, qui à ce stade n'interviennent pas encore : ce sont ceux qui sont passés « de l'équerre au compas », et, par cette distinction, il faut naturellement entendre celle des formes géométriques que ces deux instruments servent respectivement à tracer, c'est-à-dire la forme carrée et la forme circulaire, qui symbolisent d'une façon générale, comme on le sait, la terre et le ciel ; ici, la forme carrée correspond à la partie inférieure de l'édifice, et la forme circulaire à sa partie supérieure, qui, dans ce cas, doit donc être constituée par un dôme ou une voûte [473]. En effet, la « pierre angulaire » est bien en réalité une « clef de voûte » (*keystone*) ; A. Coomaraswamy dit que, pour rendre la véritable signification de l'expression « est devenue la tête de l'angle » (*is become the head of the corner*), on pourrait la traduire par *become the keystone of the arch*, ce qui est parfaitement exact ; et

---

472 L'expression *To heave over* est assez singulière, et apparemment inusitée en ce sens dans l'anglais moderne ; elle semblerait pouvoir signifier « soulever » ou « élever », mais, d'après le reste de la phrase citée, il est clair que, en réalité, c'est bien à la « réjection » de la pierre qu'elle s'applique ici.
473 Cette distinction est, en d'autres termes, celle de la *Square Masonry* et de l'*Arch Masonry*, qui par leurs rapports respectifs avec la « terre » et le « ciel », ou avec les parties de l'édifice qui les représentent, sont mises ici en correspondance avec les « petits mystères » et les « grands mystères ».

ainsi cette pierre, par sa forme aussi bien que par sa position, est effectivement unique dans l'édifice tout entier, comme elle doit l'être pour pouvoir symboliser le principe dont tout dépend. On s'étonnera peut-être que cette représentation du principe ne se place ainsi qu'en dernier lieu dans la construction ; mais on peut dire que celle-ci, dans tout son ensemble, est ordonnée par rapport à elle (ce que saint Paul exprime en disant qu'« en elle tout l'édifice s'élève en un temple consacré au Seigneur »), et que c'est en elle qu'elle trouve finalement son unité ; il y a là encore une application de l'analogie, que nous avons déjà expliquée en d'autres occasions, entre le « premier » et le « dernier », ou le « principe » et la « fin » : la construction représente la manifestation, dans laquelle le principe n'apparaît que comme l'achèvement ultime ; et c'est précisément en vertu de cette même analogie que la « première pierre », ou la « pierre fondamentale », peut être regardée comme un « reflet » de la « dernière pierre », qui est la véritable « pierre angulaire ».

L'équivoque impliquée dans une expression telle que *corner stone* repose en définitive sur les différents sens possibles du mot « angle » ; Coomaraswamy remarque que, dans diverses langues, les mots qui signifient « angle » sont souvent en rapport avec d'autres qui signifient « tête » et « extrémité » : en grec, *kephalê*, « tête », et en architecture « chapiteau » (*capitulum*, diminutif de *caput*) ne peut s'appliquer qu'à un sommet ; mais *akros* (sanscrit *agra*) peut indiquer une extrémité dans n'importe quelle direction, c'est-à-dire, dans le cas d'un édifice, le sommet ou l'un des quatre « coins » (ce dernier mot est étymologiquement apparenté au grec *gônia*, « angle »), bien que souvent il s'applique aussi de préférence au sommet. Mais ce qui est encore plus important, au point de vue spécial des textes concernant la « pierre angulaire » dans la tradition judéo-chrétienne, c'est la considération du mot hébreu signifiant « angle » : ce mot est *pinnah*, et l'on trouve les expressions *eben pinnah*, « pierre d'angle », et *rosh pinnah*, « tête d'angle » ; mais ce qui est particulièrement remarquable, c'est que, au sens figuré, ce même mot *pinnah* est employé pour signifier « chef » : une expression désignant les « chefs du peuple » (*pin-noth ha-am*) est traduite littéralement dans la Vulgate par *angulos populorum* ⁴⁷⁴. Un « chef » est étymologiquement une « tête » (*caput*), et *pinnah* se rattache par sa racine à *pnê*, qui signifie « face » ; le rapport étroit de ces idées de « tête » et de « face » est évident, et, en outre, le terme de « face » appartient à un symbolisme très généralement répandu et qui mériterait d'être examiné à part ⁴⁷⁵. Une autre idée connexe encore est celle de « pointe » (qui se trouve dans le sanscrit *agra*, le grec *akros*, le latin *acer* et *acies*) ; nous avons déjà parlé du symbolisme des pointes à propos de celui des armes et des cornes ⁴⁷⁶, et nous avons vu qu'il se rapporte à l'idée d'extrémité, mais plus particulièrement en ce qui concerne l'extrémité supérieure, c'est-à-dire le point le plus élevé ou le sommet ; tous ces rapprochements ne font donc que confirmer ce que nous avons dit de la situation de la « pierre angulaire » au sommet de l'édifice : même s'il y a d'autres « pierres angulaires » au sens le plus général de cette expression ⁴⁷⁷, c'est bien celle-là seule qui est réellement « la pierre angulaire » par excellence.

Nous trouvons d'autres indications intéressantes dans les significations du mot arabe *rukn*, « angle » ou « coin » : ce mot, parce qu'il désigne les extrémités d'une chose, c'est-à-dire ses parties les plus reculées et par suite les plus cachées (*recondita* et *abscondita*, pourrait-on dire en latin), prend parfois un sens de « secret » ou de « mystère » ; et, sous ce rapport, son pluriel *arkân* est à rapprocher du latin *arcanum*, qui a également ce même sens, et avec lequel il

---

474 *Samuel*, XIV, 38 ; la version grecque des *Septante* emploie également ici le mot *gônia*.
475 Cf. A.-M. Hocart, *Les Castes*, pp. 151-154, à propos de l'expression « faces de la terre » employée aux îles Fiji pour désigner les chefs. — Le mot grec *Karai*, dans les premiers siècles du christianisme, servait à désigner les cinq « faces » ou « têtes de l'Église », c'est-à-dire les cinq patriarcats principaux, dont les initiales réunies formaient précisément ce mot : Constantinople, Alexandrie, Rome, Antioche, Jérusalem.
476 On peut remarquer que le mot anglais *corner* est évidemment un dérivé de « corne ».
477 En ce sens, il n'y a même pas seulement quatre « pierres angulaires » à la base, mais il y en a aussi à un niveau quelconque de la construction ; et ces pierres sont toutes de la même forme ordinaire, rectiligne et rectangulaire (c'est-à-dire taillées *on the square*, le mot *square* ayant d'ailleurs le double sens d'« équerre » et de « carré »), contrairement à ce qui a lieu dans le cas unique de la *keystone*.

présente une ressemblance frappante ; du reste, dans le langage des hermétistes tout au moins, l'emploi du terme « arcane » a été certainement influencé d'une façon directe par le mot arabe dont il s'agit [478]. En outre, *rukn* a aussi le sens de « base » ou de « fondation », ce qui nous ramène à la *corner-stone* entendue comme la « pierre fondamentale » ; dans la terminologie alchimique, *el-arkân*, quand cette désignation est employée sans autre précision, sont les quatre éléments, c'est-à-dire les « bases » substantielles de notre monde, qui sont assimilés ainsi aux pierres de base des quatre angles d'un édifice, puisque c'est sur eux qu'est en quelque sorte construit tout le monde corporel (représenté aussi par la forme carrée) [479] ; et, par là, nous arrivons encore directement au symbolisme même qui nous occupe présentement. En effet, il n'y a pas seulement ces quatre *arkân* ou éléments « basiques », mais il y a aussi un cinquième *rukn*, le cinquième élément ou la « quintessence » (c'est-à-dire l'éther, *el-athîr*) ; celui-ci n'est pas sur le même « plan » que les autres, car il n'est pas simplement une base comme eux, mais bien le principe même de ce monde [480] ; il sera donc représenté par le cinquième « angle » de l'édifice, qui est son sommet ; et à ce « cinquième », qui est en réalité le « premier », convient proprement la désignation d'angle suprême, d'angle par excellence ou « angle des angles » (*rukn el-arkân*), puisque c'est en lui que la multiplicité des autres angles est réduite à l'unité [481]. On peut encore remarquer que la figure

---

478 Il pourrait être intéressant de chercher s'il peut y avoir une parenté étymologique réelle entre les deux mots arabe et latin, même dans l'usage ancien de ce dernier (par exemple dans la *disciplina arcani* des chrétiens des premiers temps) ou s'il s'agit seulement d'une « convergence » qui ne s'est produite qu'ultérieurement, chez les hermétistes du moyen âge.

479 Cette assimilation des éléments aux quatre angles d'un carré est naturellement aussi en rapport avec la correspondance qui existe entre ces mêmes éléments et les points cardinaux.

480 Il serait dans le même plan (en son point central) si ce plan était pris comme représentant un état d'existence tout entier ; mais ce n'est pas le cas ici, puisque c'est tout l'ensemble de l'édifice qui est une image du monde. — Remarquons à ce propos que la projection horizontale de la Pyramide dont nous parlons un peu plus loin est constituée par le carré de base avec ses diagonales, les arêtes latérales se projetant suivant celles-ci et le sommet en leur point de rencontre, c'est-à-dire au centre même du carré.

481 Au sens de « mystère » que nous avons indiqué plus haut, *rukn el-arkân* équivaut à *sirr el-asrâr*, qui est représenté, comme nous l'avons expliqué ailleurs, par la pointe supérieure

géométrique obtenue en joignant ces cinq angles est celle d'une pyramide à base quadrangulaire : les arêtes latérales de la pyramide émanent de son sommet comme autant de rayons, de même que les quatre éléments ordinaires, qui sont représentés par les extrémités inférieures de ces arêtes, procèdent du cinquième et sont produits par lui ; et c'est aussi suivant ces mêmes arêtes, que nous avons assimilées intentionnellement à des rayons pour cette raison (et aussi en vertu du caractère « solaire » du point dont elles sont issues, d'après ce que nous avons dit au sujet de l'« œil » du dôme), que la « pierre angulaire » du sommet se « reflète » en chacune des « pierres fondamentales » des quatre angles de la base. Enfin, il y a dans ce qui vient d'être dit l'indication très nette d'une corrélation existant entre le symbolisme alchimique et le symbolisme architectural, et qui s'explique d'ailleurs par leur caractère « cosmologique » commun ; c'est là encore un point important, sur lequel nous aurons à revenir à propos d'autres rapprochements du même ordre.

La « pierre angulaire », prise dans son véritable sens de pierre « du sommet », est désignée à la fois, en anglais, comme *keystone*, comme *capstone* (qu'on trouve aussi écrit parfois *capeston*), et comme *copestone* (ou *coping-stone*) ; le premier de ces trois mots est facilement compréhensible, car c'est l'équivalent exact du terme français « clef de voûte » (ou d'arc, le mot pouvant en réalité s'appliquer à la pierre qui forme le sommet d'un arc aussi bien que d'une voûte) ; mais les deux autres demandent un peu plus d'explications. Dans *capstone*, le mot *cap* est évidemment le latin *caput*, « tête », ce qui nous ramène à la désignation de cette pierre comme la « tête de l'angle » ; c'est proprement la pierre qui « achève » ou « couronne » un édifice ; et c'est aussi un chapiteau, qui est de même le « couronnement » d'une colonne [482]. Nous venons de parler

---

de la lettre *alif* : l'*alif* lui-même figurant l'« axe du monde », ceci, comme on le verra encore mieux par la suite, correspond très exactement à la position de la *keystone*.

482 Le terme de « couronnement » est ici à rapprocher de la désignation de la « couronne » de la tête, en raison de l'assimilation symbolique, que nous avons signalée précédemment, de l'« œil » du dôme avec le *Brahma-randhra* ; on sait d'ailleurs que la couronne, comme les cornes, exprime essentiellement l'idée d'élévation. Il y a lieu de noter aussi, à ce propos, que le serment du grade de *Royal Arch* contient une allusion à la « couronne du crâne » (*The*

d'« achèvement », et les deux mots *cap* et « chef » sont, en effet, étymologiquement identiques [483] ; la *capstone* est donc le « chef » de l'édifice ou de l'« œuvre », et en raison de sa forme spéciale qui requiert, pour la tailler, des connaissances ou des capacités particulières, elle est aussi, en même temps, un « chef-d'œuvre » au sens compagnonnique de cette expression [484] ; c'est par elle que l'édifice est complètement terminé, ou, en d'autres termes, qu'il est finalement amené à sa « perfection » [485].

Quant au terme *copestone*, le mot *cope* exprime l'idée de « couvrir » ; ceci s'explique par le fait, non seulement que la partie supérieure de l'édifice est proprement sa « couverture », mais aussi, et nous dirions même surtout, que cette pierre se place de façon à couvrir l'ouverture du sommet, c'est-à-dire

---

crown of the skull), qui suggère un rapport entre l'ouverture de celle-ci (comme dans les rites de trépanation posthume) et l'enlèvement (*removing*) de la *keystone* ; du reste, d'une façon générale, les soi-disant « pénalités » exprimées dans les serments des différents grades maçonniques, ainsi que les signes qui y correspondent, se rapportent en réalité aux divers centres subtils de l'état humain.

483 Dans la signification du mot « achever », ou de l'ancienne expression équivalente « mener à chef », l'idée de « tête » est associée à celle de « fin », ce qui répond bien à la situation de la « pierre angulaire », à la fois comme « pierre du sommet », et comme « dernière pierre » de l'édifice. Nous mentionnerons encore un autre terme dérivé de « chef » : le « chevet » d'une église est sa « tête », c'est-à-dire l'extrémité orientale où se trouve l'abside, dont la forme semi-circulaire correspond, dans le plan horizontal, au dôme ou à la coupole en élévation verticale, ainsi que nous l'avons expliqué en une autre occasion.

484 Le mot « œuvre » trouve à la fois son emploi en architecture et en alchimie, et l'on verra que ce n'est pas sans raison que nous faisons ce rapprochement : en architecture, l'achèvement de l'œuvre est la « pierre angulaire » ; en alchimie, c'est la « pierre philosophale ».

485 Il est à remarquer que, dans certains rites maçonniques, les grades qui correspondent plus ou moins exactement à la partie supérieure de la construction dont il s'agit ici (nous disons plus ou moins exactement car il y a parfois en tout cela une certaine confusion) sont désignés précisément par le nom de « grades de perfection ». D'autre part, le mot « exaltation », qui désigne l'accession au grade de *Royal Arch*, peut s'entendre comme faisant allusion à la position élevée de la *key-stone*.

l'« œil » du dôme ou de la voûte, dont nous avons déjà parlé précédemment [486]. C'est donc en somme, à cet égard, l'équivalent d'une *roof-plate*, ainsi que le remarque M. Coomaraswamy, qui ajoute que cette pierre peut être regardée comme la terminaison supérieure ou le chapiteau du « pilier axial » (en sanscrit *skambha*, en grec *stau-ros*) [487] ; ce pilier, comme nous l'avons déjà expliqué, peut n'être pas représenté matériellement dans la structure de l'édifice, mais il n'en est pas moins sa partie essentielle, celle autour de laquelle s'ordonne tout l'ensemble. Le caractère de sommet du « pilier axial », présent d'une façon seulement « idéale », est indiqué d'une façon particulièrement frappante dans les cas où la « clef de voûte » descend en forme de « pendentif » dépassant à l'intérieur de l'édifice, sans être visiblement supportée par rien à sa partie inférieure [488] ; toute la construction a son principe dans ce pilier, et toutes ses parties diverses viennent finalement s'unifier dans son « faîte », qui est le

---

[486] On trouve, pour la mise en place de cette pierre, l'expression *to bring forth the copestone*, dont le sens est encore assez peu clair à première vue : *to bring forth* signifie littéralement « produire » (au sens étymologique du latin *producere*) ou « mettre au jour » ; puisque la pierre a déjà été rejetée antérieurement au cours de la construction, il ne peut être question, au jour de l'achèvement de l'œuvre, de sa « production » au sens d'une « confection » ; mais, puisqu'elle a été enfouie « parmi les décombres », il s'agit de l'en dégager, donc de la remettre au jour pour la placer en évidence au sommet de l'édifice, de façon qu'elle devienne la « tête de l'angle » ; et ainsi *to bring forth* s'oppose ici à *to heave over*.
[487] *Stauros* signifie aussi « croix », et l'on sait que, dans le symbolisme chrétien, la croix est assimilée à l'« axe du monde » ; Coomaraswamy rapproche ce mot du sanscrit *sthâvara*, « ferme » ou « stable », ce qui convient bien en effet à un pilier, et ce qui, en outre, s'accorde exactement avec la signification de « stabilité » donnée à la réunion des noms de deux colonnes du Temple de Salomon.
[488] C'est ce sommet du « pilier axial » qui correspond, comme nous l'avons dit, à la pointe supérieure de l'*alif* dans le symbolisme littéral arabe : rappelons aussi, au sujet des termes *keystone* et « clef de voûte », que le symbole même de la clef a également une signification « axiale ».

sommet de ce même pilier, et qui est la « clef de voûte » ou la « tête de l'angle » [489].

L'interprétation réelle de la « pierre angulaire » comme « pierre du sommet » paraît bien avoir été assez généralement connue au moyen âge, ainsi que le montre notamment une illustration du *Speculum Humanæ Salvationis* que nous reproduisons ici [490] (fig. 14) ; cet ouvrage était fort répandu, car il en existe encore plusieurs centaines de manuscrits ; on voit dans cette illustration deux maçons tenant une truelle d'une main et, de l'autre, soutenant la pierre qu'ils s'apprêtent à poser au sommet d'un édifice (apparemment la tour d'une église dont cette pierre doit compléter le sommet), ce qui ne laisse aucun doute sur sa signification. Il y a lieu de remarquer, à propos de cette figure, que la pierre dont il s'agit, en tant que « clef de voûte », ou dans toute autre fonction similaire suivant la structure de l'édifice qu'elle est destinée à « couronner », ne peut, par sa forme même, être placée que par le haut (sans quoi, d'ailleurs, il est évident qu'elle pourrait tomber à l'intérieur de l'édifice) ; par là, elle représente en quelque sorte la « pierre descendue du ciel », expression qui s'applique fort bien au Christ [491], et qui rappelle aussi la pierre du *Graal* (le *lapsit exillis* de

---

489 Coomaraswamy rappelle l'identité symbolique du toit (et plus particulièrement lorsqu'il est en forme de voûte) avec le parasol ; nous ajouterons aussi, à ce propos, que le symbole chinois du « Grand Extrême » (*Tai-ki*) désigne littéralement un « faîte » ou un « comble » : c'est proprement le sommet du « toit du monde ».
490 *Manuscrit de Munich*, clm. 146, fol. 35 (Lutz et Perdrizet, II, pl. 64) : la photographie nous a été communiquée par A. K. Coomaraswamy ; elle a été reproduite dans l'*Art Bulletin*, XVII, p. 450 et fig. 20, par M. Erwin Panofsky, qui considère cette illustration comme la plus proche du prototype, et qui, à ce propos, parle du *lapis in caput anguli* comme d'une *keystone* ; on pourrait dire aussi, d'après nos précédentes explications, que cette figure représente *the bringing forth of the copestone*.
491 Il y aurait, à cet égard, un rapprochement à faire entre la « pierre descendue du ciel » et le « pain descendu du ciel », car il y a des rapports symboliques importants entre la pierre et le pain, mais ceci est en dehors du sujet de la présente étude ; dans tous les cas, la « descente du ciel » représente naturellement l'*avatarana*.

Wolfram d'Eschenbach, qui peut s'interpréter comme *lapis ex cœlis*) [492]. De plus, il y a encore là un autre point important à signaler : M. Erwin Panofski a remarqué que cette même illustration montre la pierre sous l'aspect d'un objet en forme de diamant (ce qui la rapproche encore de la pierre du *Graal*, puisque celle-ci est également décrite comme taillée à facettes) ; cette question mérite d'être examinée de plus près, car, bien qu'une telle représentation soit loin d'être le cas le plus général, elle se rattache à des

Fig. 14

côtés du symbolisme complexe de la « pierre angulaire » autres que ceux que nous avons étudiés jusqu'ici, et qui ne sont pas moins intéressants pour en faire ressortir les liens avec tout l'ensemble du symbolisme traditionnel.

Cependant, avant d'en venir là, il nous reste une question accessoire à élucider : nous venons de dire que la « pierre du sommet » peut n'être pas une

---

492 Cf. aussi la pierre symbolique de l'*Estoile Internelle*, dont a parlé M. Charbonneau-Lassay, et qui, comme l'émeraude du Graal, est une pierre à facettes ; cette pierre, dans la coupe où elle est placée, correspond exactement au « joyau dans le lotus » (*mani padmé*) du bouddhisme mahâyânique.

« clef de voûte » dans tous les cas, et, en effet, elle ne l'est que dans une construction dont la partie supérieure est en forme de dôme ; dans tout autre cas, par exemple celui d'un bâtiment surmonté d'un toit pointu ou en forme de tente, il n'y en a pas moins une « dernière pierre » qui, placée au sommet, joue à cet égard le même rôle que la « clef de voûte », et, par conséquent, correspond aussi à celle-ci au point de vue symbolique, mais sans pourtant qu'il soit possible de la désigner par ce nom ; et il faut en dire autant du cas spécial du « pyramidion », auquel nous avons déjà fait allusion en une autre occasion. Il doit être bien entendu que, dans le symbolisme des constructeurs du moyen âge, qui s'appuie sur la tradition judéo-chrétienne et est spécialement rattachée, comme à son « prototype », à la construction du Temple de Salomon [493], il est constant, en ce qui concerne la « pierre angulaire », que c'est proprement d'une « clef de voûte » qu'il s'agit ; et, si la forme exacte du Temple de Salomon a pu donner lieu à des discussions au point de vue historique, il est bien certain, en tout cas, que cette forme n'était pas celle d'une pyramide ; ce sont là des faits dont il faut nécessairement tenir compte dans l'interprétation des textes bibliques qui se rapportent à la « pierre angulaire » [494]. Le « pyramidion », c'est-à-dire la pierre qui forme la pointe supérieure de la pyramide, n'est en aucune façon une « clef de voûte » ; il n'en est pas moins le « couronnement » de l'édifice, et l'on peut remarquer qu'il en reproduit en réduction la forme entière, comme si tout l'ensemble de la structure était ainsi synthétisé dans cette pierre unique ; l'expression « tête de l'angle », au sens littéral, lui convient bien, et aussi le sens figuré du nom hébreu de l'« angle » pour désigner le « chef », d'autant plus que la pyramide, partant de la multiplicité de la base pour aboutir

---

493 Les « légendes » du compagnonnage dans toutes ses branches en font foi, non moins que les « survivances » propres de l'ancienne maçonnerie opérative que nous avons envisagées ici.

494 Il ne saurait donc aucunement s'agir là, comme certains l'ont prétendu, d'une allusion à un incident survenu dans la construction de la « Grande Pyramide » et à la suite duquel celle-ci serait restée inachevée, ce qui est d'ailleurs une hypothèse fort douteuse en elle-même et une question historique probablement insoluble ; en outre, cet « inachèvement » même irait directement à l'encontre du symbolisme suivant lequel la pierre qui avait été rejetée prend finalement sa place éminente comme « tête de l'angle ».

graduellement à l'unité du sommet, est souvent prise comme le symbole d'une hiérarchie. D'autre part, d'après ce que nous avons expliqué précédemment au sujet du sommet et des quatre angles de la base, en connexion avec la signification du mot arabe *rukn*, on pourrait dire que la forme de la pyramide est en quelque sorte contenue implicitement dans toute structure architecturale ; le symbolisme « solaire » de cette forme, que nous avons indiqué alors, se retrouve d'ailleurs plus particulièrement exprimé dans le « pyramidion », comme le montrent nettement diverses descriptions archéologiques citées par M. Coomaraswamy : le point central ou le sommet correspond au soleil lui-même, et les quatre faces (dont chacune est comprise entre deux « rayons » extrêmes délimitant le domaine qu'elle représente) à autant d'aspects secondaires de ce même soleil, en rapport avec les quatre points cardinaux vers lesquels ces faces sont tournées respectivement. Malgré tout cela, il n'en est pas moins vrai que le « pyramidion » n'est qu'un cas particulier de la « pierre angulaire » et ne la représente que dans une forme traditionnelle spéciale, celle des anciens Égyptiens ; pour répondre au symbolisme judéo-chrétien de cette même pierre, qui appartient à une autre forme traditionnelle, assurément fort différente de celle-là, il lui manque un caractère essentiel, qui est celui d'être une « clef de voûte ».

Cela dit, nous pouvons revenir à la figuration de la « pierre angulaire » sous la forme d'un diamant : A. Coomaraswamy, dans l'article auquel nous nous sommes référé, part d'une remarque qui a été faite au sujet du mot allemand *Eckstein*, qui précisément a à la fois le sens de « pierre angulaire » et celui de « diamant »[495] ; et il rappelle à ce propos les significations symboliques du *vajra*, que nous avons déjà envisagées à diverses reprises : d'une façon générale, la

---

495 Stoudt, *Consider the lilies, how they grow*, à propos de la signification d'un motif ornemental en forme de diamant, expliquée par des écrits où il est parlé du Christ comme étant l'Eckstein. — Le double sens de ce mot s'explique vraisemblablement, au point de vue étymologique, par le fait qu'il peut s'entendre également comme « pierre d'angle » et comme « pierre à angles », c'est-à-dire à facettes ; mais, bien entendu, cette explication n'enlève rien à la valeur du rapprochement symbolique indiqué par la réunion de ces deux significations dans un même mot.

pierre ou le métal qui était considéré comme le plus dur et le plus brillant a été pris, dans différentes traditions, comme « un symbole d'indestructibilité, d'invulnérabilité, de stabilité, de lumière et d'immortalité » ; et, en particulier, ces qualités sont très souvent attribuées au diamant. L'idée d'« indestructibilité » ou d'« indivisibilité » (l'une et l'autre sont étroitement liées et sont exprimées en sanscrit par le même mot *akshara*) convient évidemment à la pierre qui représente le principe unique de l'édifice (l'unité véritable étant essentiellement indivisible) ; celle de « stabilité », qui, dans l'ordre architectural, s'applique proprement à un pilier, convient également à cette même pierre considérée comme constituant le chapiteau du « pilier axial », qui lui-même symbolise l'« axe du monde » ; et celui-ci, que Platon, notamment, décrit comme un « axe de diamant », est aussi, d'autre part, un « pilier de lumière » (comme symbole d'*Agni* et comme « rayon solaire ») ; à plus forte raison cette dernière qualité s'applique-t-elle (« éminemment », pourrait-on dire) à son « couronnement », qui repré-sente la source même dont il émane en tant que rayon lumineux [496]. Dans le symbolisme hindou et bouddhique, tout ce qui a une signification « centrale » ou « axiale » est généralement assimilé au diamant (par exemple dans des expressions telles que *vajrâsana*, « trône de diamant ») ; et il est facile de se rendre compte que toutes ces associations font partie d'une tradition qu'on peut dire vraiment universelle.

Ce n'est pas tout encore : le diamant est considéré comme la « pierre précieuse » par excellence ; or cette « pierre précieuse » est aussi, comme telle, un symbole du Christ, qui se trouve ici identifié à son autre symbole, la « pierre angulaire » ; ou, si l'on préfère, ces deux symboles sont ainsi réunis en un seul. On pourrait dire alors que cette pierre, en tant qu'elle représente un

---

496 Le diamant non taillé a naturellement huit angles, et le poteau sacrificiel (*yûpa*) doit être fait « à huit angles » (*ashtashri*) pour figurer le *vajra* (qui ici est entendu également dans son autre sens de « foudre ») ; le mot *pâli attansa*, littéralement « à huit angles », signifie à la fois « diamant » et « pilier ».

« achèvement » ou un « accomplissement » [497], est, dans le langage de la tradition hindoue, un *chintâmani*, ce qui équivaut à l'expression alchimique occidentale de « pierre philosophale » [498] ; et il est très significatif, à cet égard, que les hermétistes chrétiens parlent souvent du Christ comme étant la véritable « pierre philosophale », non moins que comme étant la « pierre angulaire » [499]. Nous sommes ramené par là à ce que nous disions précédemment, à propos des deux sens dans lesquels peut s'entendre l'expression arabe *rukn el-arkân*, de la correspondance qui existe entre les deux symbolismes architectural et alchimique ; et, pour terminer par une remarque d'une portée tout à fait générale cette étude déjà longue, mais sans doute encore incomplète, car le sujet est de ceux qui sont presque inépuisables, nous pouvons ajouter que cette correspondance même n'est au fond qu'un cas particulier de celle qui existe pareillement, quoique d'une façon qui n'est peut-être pas toujours aussi manifeste, entre toutes les sciences et tous les arts traditionnels, parce qu'ils ne sont tous, en réalité, qu'autant d'expressions et d'applications diverses des mêmes vérités d'ordre principiel et universel.

---

[497] Au point de vue « constructif », c'est la « perfection » de la réalisation du plan de l'architecte ; au point de vue alchimique, c'est la « perfection » ou la fin ultime du « Grand Œuvre » ; et il y a une correspondance exacte entre l'une et l'autre.

[498] Le diamant parmi les pierres et l'or parmi les métaux sont l'un et l'autre ce qu'il y a de plus précieux, et ils ont également un caractère « lumineux » et « solaire » ; mais le diamant, tout comme la « pierre philosophale » à laquelle il est assimilé ici, est regardé comme plus précieux encore que l'or.

[499] Le symbolisme de la « pierre angulaire » se trouve expressément mentionné, par exemple, en divers passages des ouvrages hermétiques de Robert Fludd, cités par A. E. Waite, *The Secret Tradition in Freemasonry*, pp. 27-28 ; il faut d'ailleurs dire que ces textes paraissent contenir la confusion avec la « pierre fondamentale » dont nous avons parlé au début ; et ce que l'auteur qui les rapporte dit lui-même de la « pierre angulaire », dans plusieurs endroits du même livre, n'est guère fait non plus pour éclaircir la question et ne peut que contribuer plutôt à entretenir encore cette même confusion.

Chapitre XLIV

« LAPSIT EXILLIS » [500]

En parlant du symbolisme de la « pierre angulaire », nous avons eu l'occasion de mentionner incidemment le *lapsit exillis* de Wolfram d'Eschenbach ; il peut être intéressant de revenir plus particulièrement sur cette question, en raison des multiples rapprochements auxquels elle donne lieu. Sous sa forme étrange [501], cette expression énigmatique peut renfermer plus d'une signification : c'est certainement, avant tout, une sorte de contraction phonétique de *lapis lapsus ex cœlis*, la « pierre tombée des cieux » ; en outre, cette pierre, en raison même de son origine, est comme « en exil » dans le séjour terrestre [502], d'où elle doit d'ailleurs, suivant diverses traditions concernant cette même pierre ou ses équivalents, remonter finalement aux cieux [503]. En ce qui concerne le symbolisme du Graal, il importe de remarquer que, bien qu'il soit le plus habituellement décrit comme un vase et que ce soit là sa forme la plus connue, il l'est aussi parfois comme une pierre, ce qui est notamment le cas chez Wolfram d'Eschenbach ; il peut d'ailleurs être en même temps l'un et l'autre, puisque le vase est dit avoir été taillé dans une

---

500 Publié dans *É. T.*, août 1946.
501 A. E. Waite, dans son ouvrage sur *The Holy Grail*, donne les variantes *lapis exilis* et *lapis exillix*, car il semble que l'orthographe diffère suivant les manuscrits ; et il signale aussi que, d'après le *Rosarium Philosophorum*, citant Arnaud de Villeneuve, *lapis exilis* était chez les alchimistes une des désignations de la « pierre philosophale », ce qui est naturellement à rapprocher des considérations que nous avons indiquées à la fin de la même étude.
502 *Lapis exilii* ou *lapis exsulis*, suivant les interprétations suggérées par Waite comme possibles à cet égard.
503 Nous ne pensons pas qu'il y ait lieu de tenir grand compte du mot latin *exilis* pris littéralement au sens de « mince » ou « ténu », à moins peut-être qu'on ne veuille y attacher une certaine idée de « subtilité ».

pierre précieuse qui, s'étant détachée du front de Lucifer lors de sa chute, est également « tombée des cieux [504] ».

D'autre part, ce qui semble encore augmenter la complexité de ce symbolisme, mais qui peut en réalité donner la « clef » de certaines connexions, c'est ceci : comme nous l'avons déjà expliqué ailleurs, si le Graal est un vase (*grasale*), il est aussi un livre (*gradale* ou *graduale*) ; et, dans certaines versions de la légende, il s'agit à cet égard, non pas précisément d'un livre proprement dit, mais d'une inscription tracée sur la coupe par un ange ou par le Christ lui-même. Or, des inscriptions, d'origine pareillement « non humaine », apparaissaient aussi en certaines circonstances sur le *lapsit exillis* [505] ; celui-ci était donc une « pierre parlante », c'est-à-dire, si l'on veut, une « pierre oraculaire », car, si une pierre peut « parler » en rendant des sons, elle le peut tout aussi bien (comme l'écaille de la tortue dans la tradition extrêmeorientale) au moyen de caractères ou de figures se montrant à sa surface. Maintenant, ce qu'il y a aussi de très remarquable à ce point de vue, c'est que la tradition biblique fait mention d'une « coupe oraculaire », celle de Joseph [506], qui pourrait, sous ce rapport tout au moins, être regardée comme une des formes du Graal lui-même ; et, chose curieuse, il se trouve que c'est précisément un autre Joseph, Joseph d'Arimathie, qui est dit être devenu le possesseur ou le gardien du Graal et l'avoir apporté d'Orient en Bretagne ; il est étonnant qu'on semble n'avoir jamais prêté attention à ces « coïncidences », pourtant assez significatives [507].

---

504 Sur le symbolisme du Graal, voir *Le Roi du Monde*, ch. V. — Nous rappellerons encore à ce propos le symbole de l'*Estoile Internelle*, dans lequel la coupe et la pierre précieuse se trouvent réunies, tout en étant dans ce cas distinctes l'une de l'autre.
505 Comme sur la « pierre noire » d'Ourga, qui devait être, de même que toutes les « pierres noires » jouant un rôle dans différentes traditions, un aérolithe, c'est-à-dire encore une « pierre tombée des cieux » (voir *Le Roi du Monde*, ch. I).
506 *Genèse*, XLIV, 5.
507 La « coupe oraculaire » est en quelque sorte le prototype des « miroirs magiques », et nous devons faire à ce propos une remarque importante : c'est que l'interprétation purement

Pour en revenir au *lapsit exillis*, nous signalerons que certains l'ont rapproché de la *Lia Fail* ou « pierre de la destinée » ; en effet, celle-ci était aussi une « pierre parlante », et, en outre, elle pouvait être en quelque façon une « pierre venue des cieux », puisque, suivant la légende irlandaise, les *Tuatha de Danann* l'auraient apportée avec eux de leur premier séjour, auquel est attribué un caractère « céleste » ou tout au moins « paradisiaque ». On sait que cette *Lia Fail* était la pierre du sacre des anciens rois d'Irlande, et qu'elle est devenue par la suite celle des rois d'Angleterre, ayant été, suivant l'opinion la plus communément admise, apportée par Édouard Ier à l'abbaye de Westminster ; mais ce qui peut paraître au moins singulier, c'est que, d'un autre côté, cette même pierre est identifiée à celle que Jacob consacra à Béthel [508]. Ce n'est pas tout : cette dernière, d'après la tradition hébraïque, semblerait avoir été aussi celle qui suivait les Israélites dans le désert et d'où sortait l'eau dont ils buvaient [509], et qui, selon l'interprétation de saint Paul, n'était autre que le

---

« magique », qui réduit les symboles à n'avoir plus qu'un caractère « divinatoire » ou « talismanique » suivant les cas, marque une certaine étape dans la dégénérescence de ces symboles, ou plutôt de la façon dont ils sont compris, étape d'ailleurs moins avancée, puisqu'elle se réfère malgré tout à une science traditionnelle, que la déviation toute profane qui ne leur attribue qu'une valeur simplement « esthétique » ; il convient d'ajouter, du reste, que ce n'est souvent que sous le couvert de cette interprétation « magique » que certains symboles peuvent être conservés et transmis à l'état de survivances « folkloriques », ce qui montre qu'elle a aussi son utilité. — Notons encore, au sujet de la « coupe divinatoire », que la vision de toutes choses comme présentes, si on l'entend dans son véritable sens (le seul auquel puisse être attachée l'« infaillibilité » dont il est expressément question dans les cas de Joseph), est en relation manifeste avec le symbolisme du « troisième œil », donc aussi de la pierre tombée du front de Lucifer ou elle tenait la place de celui-ci ; c'est d'ailleurs également par sa chute que l'homme lui-même a perdu le « troisième œil », c'est-à-dire le « sens de l'éternité », que le Graal restitue à celui qui parvient à la conquérir.
508 Cf. *Le Roi du Monde*, ch. IX.
509 *Exode*, XVII, 5. — Le breuvage donné par cette pierre doit être rapproché de la nourriture fournie par le Graal considéré comme « vase d'abondance ».

Christ lui-même[510] ; elle serait devenue ensuite la pierre *shethiyah* ou « fondamentale », placée dans le Temple de Jérusalem au-dessous de l'emplacement de l'arche d'alliance[511], et marquant ainsi symboliquement le « centre du monde », comme le marquait également, dans une autre forme traditionnelle, l'*Omphalos* de Delphes[512] ; et, dès lors que ces identifications sont évidemment symboliques, on peut assurément dire que, en tout cela, c'est bien toujours d'une seule et même pierre qu'il s'agit en effet.

Il faut bien remarquer cependant, en ce qui concerne le symbolisme « constructif », que la pierre fondamentale dont il vient d'être question en dernier lieu ne doit aucunement être confondue avec la « pierre angulaire », puisque celle-ci est le couronnement de l'édifice, tandis que l'autre se situe au centre de sa base[513] ; et, étant ainsi placée au centre, elle diffère également de la « pierre de fondation » entendue au sens ordinaire de cette expression, celle-ci occupant un des angles de la même base. Nous avons dit qu'il y avait, dans les pierres de base des quatre angles, comme un reflet et une participation de la véritable « pierre angulaire » ou « pierre du sommet » ; ici, on peut bien parler encore de reflet, mais il s'agit d'une relation plus directe que dans le cas précédent, puisque la « pierre du sommet » et la « pierre fondamentale » en question sont situées sur une même verticale, de telle sorte que celle-ci est comme la projection horizontale de celle-là sur le plan de la base[514] ; on

---

510 *I Corinthiens*, X, 4. — On remarquera le rapport qui existe entre l'onction de la pierre par Jacob, celle des rois à leur sacre, et le caractère du Christ ou du Messie, qui est proprement l'« Oint » par excellence.

511 Dans le symbolisme des *Sephi-roth*, cette « pierre fondamentale » se rapporte à *Iesod* ; la « pierre angulaire », sur laquelle nous allons revenir tout à l'heure, se rapporte à *Kether*.

512 Cf. encore *Le Roi du Monde*, ch. IX. — L'*Omphalos* était d'ailleurs un « bétyle », désignation identique à *Beith-El* ou « maison de Dieu ».

513 La situation de cette « pierre fondamentale » n'étant pas angulaire, elle ne peut pas, sous ce rapport tout au moins, donner lieu à une confusion, et c'est pourquoi nous n'avons pas eu à en parler à propos de la « pierre angulaire ».

514 Ceci correspond à ce que nous avons déjà indiqué au sujet de la projection horizontale de la pyramide, dont le sommet se projette au point de rencontre des diagonales du carré de

pourrait dire que cette « pierre fondamentale » synthétise en elle, tout en demeurant dans le même plan, les aspects partiels représentés par les pierres des quatre angles (ce caractère partiel étant exprimé par l'obliquité des lignes qui les joignent au sommet de l'édifice). En fait, la « pierre fondamentale » du centre et la « pierre angulaire » sont respectivement la base et le sommet du pilier axial, que celui-ci soit figuré visiblement ou qu'il ait seulement une existence « idéale » ; dans ce dernier cas, cette « pierre fondamentale » peut être une pierre de foyer ou une pierre d'autel (ce qui est d'ailleurs la même chose en principe), qui, de toute façon, correspond en quelque sorte au « cœur » même de l'édifice.

Nous avons dit, à propos de la « pierre angulaire », qu'elle représente la « pierre descendue du ciel », et nous avons vu maintenant que le *lapsit exillis* est plus proprement la « pierre tombée du ciel », ce qui peut d'ailleurs être encore mis en rapport avec la « pierre que les constructeurs avaient rejetée », si l'on considère, au point de vue cosmique, ces « constructeurs » comme étant les Anges ou les *Dêvas* [515] ; mais, toute « descente » n'étant pas forcément une « chute » [516], il y a lieu de faire une certaine différence entre les deux expressions. En tout cas, l'idée d'une « chute » ne saurait plus aucunement s'appliquer lorsque la « pierre angulaire » occupe sa position définitive au

---

base, c'est-à-dire au centre même de ce carré. Dans la maçonnerie opérative, l'emplacement d'un édifice était déterminé, avant d'en entreprendre la construction, par ce qu'on appelle la « méthode des cinq points », consistant à fixer d'abord les quatre angles, où devaient être posées les quatre premières pierres, puis le centre, c'est-à-dire, la base étant normalement carrée ou rectangulaire, le point de rencontre de ses diagonales ; les piquets qui marquaient ces cinq points étaient appelés *land-marks*, et c'est sans doute là le sens premier et originel de ce terme maçonnique.

515 Ceux-ci doivent être regardés comme travaillant sous la direction de *Vishwakarma*, qui est, ainsi que nous l'avons déjà expliqué en d'autres occasions, la même chose que le « Grand Architecte de l'Univers » (cf. notamment *Le Règne de la quantité et les signes des temps*, ch. III).

516 Il va de soi que cette remarque s'applique avant tout à la « descente » de l'*Avatâra*, bien que la présence de celui-ci dans le monde terrestre puisse être aussi comme un « exil », mais seulement suivant les apparences extérieures.

sommet [517] ; on peut encore parler d'une « descente » si l'on rapporte l'édifice à un ensemble plus étendu (ceci correspondant, comme nous l'avons dit, au fait que la pierre ne peut être placée que par le haut), mais, si l'on considère seulement cet édifice en lui-même et le symbolisme de ses différentes parties, cette position elle-même peut être dite « céleste », puisque la base et le toit correspondent respectivement, quant à leur « modèle cosmique », à la terre et au ciel [518]. Maintenant, il faut encore ajouter, et c'est sur cette remarque que nous terminerons, que tout ce qui est situé sur l'axe, à divers niveaux, peut être regardé, d'une certaine façon, comme représentant des situations différentes d'une seule et même chose, situations qui sont elles-mêmes en rapport avec différentes conditions d'un être ou d'un monde, suivant qu'on se place au point de vue « micro-cosmique » ou au point de vue « macrocosmique » ; et, à cet égard, nous indiquerons seulement, à titre d'application à l'être humain, que les relations de la « pierre fondamentale » du centre et de la « pierre angulaire » du sommet ne sont pas sans présenter un certain rapport avec ce que nous avons dit ailleurs des « localisations » différentes du *luz* ou du « noyau d'immortalité [519] ».

---

517 Elle le pourrait seulement quand, avant sa mise en place, on considérait cette même pierre dans son état de « réjection ».
518 Voir *Le symbolisme du dôme* et aussi *La Grande Triade*, ch. XIV.
519 Voir *Aperçus sur l'initiation*, ch. XLVIII. — Ce rapport avec le *luz* est d'ailleurs suggéré nettement par les rapprochements que nous avons indiqués plus haut avec Béthel et avec le « troisième œil » (voir à ce sujet *Le Roi du Monde*, ch. VII).

Chapitre XLV

« EL-ARKÂN » [520]

Aux considérations que nous avons exposées sur la « pierre angulaire », nous pensons qu'il ne sera pas inutile d'ajouter quelques précisions complémentaires sur un point particulier : il s'agit des indications que nous avons données sur le mot arabe

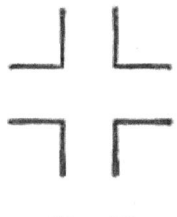

Fig. 15

rukn, « angle », et sur ses différentes significations. Nous nous proposons surtout, à cet égard, de signaler une concordance très remarquable qui se rencontre dans l'ancien symbolisme chrétien, et qui s'éclaire d'ailleurs, comme toujours, par les rapprochements qu'on peut faire avec certaines données des autres traditions. Nous voulons parler du *gammadion*, ou plutôt, devrions-nous dire, des *gammadia*, car ce symbole se présente sous deux formes très nettement différentes, bien que le même sens y soit généralement attaché ; il doit son nom à ce que les éléments qui y figurent dans l'un et l'autre cas, et qui sont en réalité des équerres, ont une similitude de forme avec la lettre grecque *gamma* [521].

---

520 Publié dans *É. T.*, sept. 1946.
521 Voir *Le Symbolisme de la Croix*, ch. X. — Comme nous l'avons signalé alors, ce sont ces *gammadia* qui sont les véritables « croix gammées », et c'est seulement chez les modernes que cette désignation a été appliquée au *swasti-ka*, ce qui ne peut que causer une fâcheuse

La première forme de ce symbole (fig. 15), appelée aussi parfois « croix du Verbe [522] », est constituée par quatre équerres dont les sommets sont tournés vers le centre ; la croix est formée par ces équerres elles-mêmes, ou plus exactement par l'espace vide qu'elles laissent entre leurs côtés parallèles, et qui représente en quelque sorte quatre voies partant du centre ou y aboutissant, suivant qu'elles sont parcourues dans un sens ou dans l'autre. Or, cette même figure, considérée précisément comme la représentation d'un carrefour, est la forme primitive du caractère chinois *hing*, qui désigne les cinq éléments : on y voit les quatre régions de l'espace, correspondant aux points cardinaux, et qui sont effectivement appelées « équerres » (*fang*) [523], autour de la région centrale à laquelle est rapporté le cinquième élément. Nous devons d'ailleurs dire que ces éléments, malgré une similitude partielle dans leur nomenclature [524], ne sauraient aucunement être identifiés à ceux de la tradition hindoue et de l'antiquité occidentale ; aussi, pour éviter toute confusion, vaudrait-il sans doute mieux, comme certains l'ont proposé, traduire *hing* par « agents naturels », car ce sont proprement des « forces » agissant dans le monde corporel, et non pas des éléments constitutifs des corps eux-mêmes. Il n'en est pas moins vrai que, ainsi que cela résulte de leur correspondance spatiale, les cinq *hing* peuvent être

---

confusion entre deux symboles entièrement différents et qui n'ont aucunement la même signification.

522 La raison en est sans doute, d'après la signification générale du symbole, que celui-ci est regardé comme figurant le Verbe s'exprimant par les quatre Évangiles ; il est à remarquer que, dans cette interprétation, ceux-ci doivent être considérés comme correspondant à quatre points de vue (mis symboliquement en rapport avec les « quartiers » de l'espace) dont la réunion est nécessaire à l'expression intégrale du Verbe, de même que les quatre équerres formant la croix en s'unifiant par leurs sommets.

523 L'équerre est essentiellement, dans la tradition extrême-orientale, l'instrument employé pour « mesurer la Terre » ; cf. *La Grande Triade*, ch. XV et XVI. — Il est facile de voir le rapport qui existe entre cette figure et celle du carré divisé en neuf parties (*ibid.*, ch. XVI) ; il suffit en effet, pour obtenir celle-ci, de tracer le contour extérieur et de joindre les sommets des équerres de façon à encadrer la région centrale.

524 Ce sont l'eau au nord, le feu au sud, le bois à l'est, le métal à l'ouest, et la terre au centre ; on voit qu'il y a là trois désignations communes avec les éléments des autres traditions, mais que cependant la terre n'y a pas la même correspondance spatiale.

regardés comme les *arkân* de ce monde, de même que les éléments proprement dits le sont à un autre point de vue, mais cependant avec une différence quant à la signification de l'élément central. En effet, tandis que l'éther, ne se situant pas sur le plan de base où se trouvent les quatre autres éléments, correspond à la véritable « pierre angulaire », celle du sommet (*rukn el-arkân*), la « terre » de la tradition extrême-orientale doit être mise en correspondance directe avec la « pierre fondamentale » du centre, dont nous avons parlé précédemment [525].

La figuration des cinq *arkân* apparaît encore plus nettement dans l'autre forme du *gammadion* (fig. 16), où quatre équerres formant les angles (*arkân* au sens littéral du mot) d'un carré entourent une croix tracée au centre de celui-ci ; les sommets des équerres sont alors tournés vers l'extérieur, au lieu de l'être vers le centre comme dans le cas précédent [526]. On peut ici considérer la figure tout entière comme correspondant à la projection horizontale d'un édifice sur son plan de base : les quatre équerres correspondent alors aux pierres de base des quatre angles (qui doivent être en effet taillées « à l'équerre »), et la croix à la « pierre angulaire » du sommet, qui, bien que n'étant pas dans le même plan, se projette au centre de la base suivant la direction de l'axe vertical ; et l'assimilation symbolique du Christ à la « pierre angulaire » justifie encore plus expressément cette correspondance.

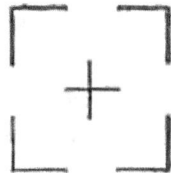

Fig. 16

---

525 Il faut d'ailleurs remarquer, à ce propos, que le tertre élevé au centre d'un pays correspond effectivement à l'autel ou au foyer placé au point central d'un édifice.
526 Les sommets des quatre équerres et le centre de la croix, étant les quatre angles et le centre du carré, correspondent aux « cinq points » par lesquels était déterminée traditionnellement l'emplacement d'un édifice.

En effet, au point de vue du symbolisme chrétien, l'un et l'autre des *gammadia* sont également considérés comme représentant le Christ, figuré par la croix, au milieu des quatre Évangélistes, figurés par les équerres ; l'ensemble équivaut donc à la figuration bien connue du Christ lui-même au milieu des quatre animaux de la vision d'Ézéchiel et de l'*Apocalypse* [527], qui sont les symboles les plus habituels des Évangélistes [528]. L'assimilation de ceux-ci aux pierres de base des quatre angles n'est d'ailleurs nullement en contradiction avec le fait que, d'autre part, saint Pierre est expressément désigné comme la « pierre de fondation » de l'Église ; il faut seulement voir là l'expression de deux points de vue différents, l'un se référant à la doctrine et l'autre à la constitution de l'Église ; et il n'est certes pas contestable que, en ce qui concerne la doctrine chrétienne, les Évangiles en sont bien véritablement les fondements.

Dans la tradition islamique, on trouve aussi une figure semblablement disposée, comprenant le nom du Prophète au centre et ceux des quatre premiers *Kholafâ* aux angles ; ici encore, le Prophète, apparaissant comme *rukn el-arkân*, doit être considéré, de la même façon que le Christ dans la figuration précédente, comme se situant à un niveau autre que celui de la base, et, par conséquent, il correspond aussi en réalité à la « pierre angulaire » du sommet. Il faut d'ailleurs remarquer que, des deux points de vue que nous venons d'indiquer en ce qui concerne le christianisme, cette figuration rappelle directement celui qui envisage saint Pierre comme la « pierre de fondation » car il est évident que saint Pierre, comme nous l'avons déjà dit, est aussi le *Khalîfah*, c'est-à-dire le « vicaire » ou le « substitut » du Christ. Seulement, on n'envisage dans ce cas qu'un seule « pierre de fondation », c'est-à-dire celle des quatre pierres de base des angles qui est posée en premier lieu, sans pousser les

---

527 Ces quatre animaux symboliques correspondent d'ailleurs aussi aux quatre *Mahârâjas* qui sont, dans les traditions hindoue et thibétaine, les régents des points cardinaux et des « quartiers » de l'espace.

528 L'ancienne tradition égyptienne figurait, suivant une disposition toute semblable, Horus au milieu de ses quatre fils ; du reste, dans les premiers temps du christianisme, Horus fut, en Égypte, pris très fréquemment comme un symbole du Christ.

correspondances plus loin, alors que le symbole islamique dont il s'agit comporte ces quatre pierres de base ; la raison de cette différence est que les quatre premiers *Kholafâ* ont effectivement un rôle spécial sous le rapport de l'« histoire sacrée », tandis que, dans le christianisme, les premiers successeurs de saint Pierre n'ont aucun caractère qui puisse, d'une façon comparable, les distinguer nettement de tous ceux qui vinrent après eux. Nous ajouterons encore que, en correspondance avec ces cinq *arkân* manifestés dans le monde terrestre et humain, la tradition islamique envisage aussi cinq *arkân* célestes ou angéliques, qui sont *Jibrîl*, *Rufaîl*, *Mikaîl*, *Isrâfîl*, et enfin *Er-Rûh* ; ce dernier, qui est identique à *Metatron* comme nous l'avons expliqué en d'autres occasions, se situe également à un niveau supérieur aux quatre autres, qui sont comme ses reflets partiels dans diverses fonctions plus particularisées ou moins principielles, et, dans le monde céleste, il est proprement *rukn el-arkân*, celui qui occupe, à la limite séparant *el-Khalq* d'*El-Haqq*, le « lieu » même par lequel seul peut s'effectuer la sortie du Cosmos.

René Guénon

Chapitre XLVI

« RASSEMBLER CE QUI EST ÉPARS » [529]

Dans un de nos ouvrages [530], à propos du *Ming-tang* et de la *Tien-ti-Houei*, nous avons cité une formule maçonnique d'après laquelle la tâche des Maîtres consiste à « répandre la lumière et rassembler ce qui est épars ». En fait, le rapprochement que nous faisions alors portait seulement sur la première partie de cette formule [531] ; quant à la seconde partie, qui peut sembler plus énigmatique, comme elle a dans le symbolisme traditionnel des connexions très remarquables, il nous paraît intéressant de donner à ce sujet quelques indications qui n'avaient pu trouver place en cette occasion.

Pour comprendre aussi complètement que possible ce dont il s'agit, il convient de se reporter avant tout à la tradition vêdique, qui est plus particulièrement explicite à cet égard : suivant celle-ci, en effet, « ce qui est épars », ce sont les membres du *Purusha* primordial qui fut divisé au premier sacrifice accompli par les *Dêvas* au commencement, et dont naquirent, par cette division même, tous les êtres manifestés [532]. Il est évident que c'est là une description symbolique du passage de l'unité à la multiplicité, sans lequel il ne saurait effectivement y avoir aucune manifestation ; et l'on peut déjà se rendre compte par là que le « rassemblement de ce qui est épars », ou la reconstitution

---

529 Publié dans *É.T.*, oct.-nov. 1946.
530 *La Grande Triade*, ch. XVI.
531 La devise de la *Tien-ti-Houei* dont il s'agissait est en effet celle-ci : « Détruire l'obscurité (*tsing*), restaurer la lumière (*ming*). »
532 Voir *Rig-Vêda*, X, 90.

du *Purusha* tel qu'il était « avant le commencement », s'il est permis de s'exprimer ainsi, c'est-à-dire dans l'état non manifesté, n'est pas autre chose que le retour à l'unité principielle. Ce *Purusha* est identique à *Prajâpati*, le « Seigneur des êtres produits », ceux-ci étant tous issus de lui-même et étant par conséquent regardés en un certain sens comme sa « progéniture [533] » ; il est aussi *Vishwakarma*, c'est-à-dire le « Grand Architecte de l'Univers », et, en tant que *Vishwa-karma*, c'est lui-même qui accomplit le sacrifice en même temps qu'il en est la victime [534] ; et, si l'on dit qu'il est sacrifié par les *Dêvas*, cela ne fait aucune différence en réalité, car les *Dêvas* ne sont en somme rien d'autre que les « puissances » qu'il porte en lui-même [535].

Nous avons déjà dit, à diverses reprises, que tout sacrifice rituel doit être regardé comme une image de ce premier sacrifice cosmogonique ; et, dans tout sacrifice aussi, comme l'a fait remarquer M. Coomaraswamy, « la victime, ainsi que les *Brâhmanas* le montrent avec évidence, est une représentation du sacrifiant, ou, comme l'expriment les textes, elle est le sacrifiant lui-même ; en accord avec la loi universelle suivant laquelle l'initiation (*dîkshâ*) est une mort et une renaissance, il est manifeste que l'« initié est l'oblation » (*Taittirîya Samhitâ*, VI, 1, 4, 5), « la victime est substantiellement le sacrifiant lui-même » (*Aitarêya Brâhmana*, II, II) [536]. Ceci nous ramène directement au symbolisme maçonnique du grade de Maître, dans lequel l'initié s'identifie en effet à la victime ; on a d'ailleurs souvent insisté sur les rapports de la légende d'Hiram avec le mythe d'Osiris de sorte que, quand il est question de « rassembler ce qui

---

533 Le mot sanscrit *prajâ* est identique au latin *progenies*.
534 Dans la conception chrétienne du sacrifice, le Christ est aussi à la fois la victime et le prêtre par excellence.
535 En commentant le passage de l'hymne du *Rig-Vêda* mentionné ci-dessus dans lequel il est dit que c'est « par le sacrifice que les *Dêvas* offrirent le sacrifice », Sâyana dit que les *Dêvas* sont les formes du souffle (*prâna-rûpa*) de *Prajâpati*. — Cf. ce que nous avons dit au sujet des anges dans *Monothéisme et Angélologie*. Il est bien entendu que, en tout ceci, il s'agit toujours d'aspects du Verbe divin auquel s'identifie en définitive l'« Homme universel ».
536 *Âtmayajna* : *Self sacrifice*, dans le *Harvard Journal of Asiatic Studies*, numéro de février 1942.

est épars », on peut penser aussitôt à Isis rassemblant les membres dispersés d'Osiris ; mais précisément, au fond, la dispersion des membres d'Osiris est la même chose que celle des membres de *Purusha* ou de *Prajâpati* : ce ne sont là, pourrait-on dire, que deux versions de la description du même processus cosmogonique dans deux formes traditionnelles différentes. Il est vrai que, dans le cas d'Osiris et dans celui d'Hiram, il ne s'agit plus d'un sacrifice, du moins explicitement, mais d'un meurtre ; mais cela même n'y change rien essentiellement, car c'est véritablement la même chose qui est envisagée ainsi sous deux aspects complémentaires, comme un sacrifice sous son aspect « dêvique », et comme un meurtre sous son aspect « asurique »[537] ; nous nous contentons de signaler ce point en passant, car nous ne pourrions y insister sans entrer dans de trop longs développements, étrangers à la question que nous avons en vue présentement.

De même encore, dans la Kabbale hébraïque, bien qu'il ne soit plus question proprement ni de sacrifice ni de meurtre, mais plutôt d'une sorte de « désintégration » dont les conséquences sont d'ailleurs les mêmes, c'est de la fragmentation du corps de l'*Adam Qadmon* qu'a été formé l'Univers avec tous les êtres qu'il contient, de sorte que ceux-ci sont comme des parcelles de ce corps, et que leur « réintégration » dans l'unité apparaît comme la reconstitution même de l'*Adam Qadmon*. Celui-ci est l'« Homme Universel », et *Purusha*, suivant un des sens de ce mot, est aussi l'« Homme » par excellence ; c'est donc bien toujours exactement de la même chose qu'il s'agit en tout cela. Ajoutons à ce propos, avant d'aller plus loin, que, le grade de Maître représentant, virtuellement tout au moins, le terme des « petits mystères », ce qu'il faut envisager dans ce cas est proprement la réintégration au centre de l'état humain ; mais on sait que le même symbolisme est toujours applicable à

---

[537] Cf. aussi, dans les mystères grecs, le meurtre et le démembrement de *Za-greus* par les Titans ; on sait que ceux-ci sont l'équivalent des *Asuras* de la tradition hindoue. Il n'est peut-être pas inutile de remarquer, d'autre part, que le langage courant lui-même applique le même mot « victime » dans le cas du sacrifice et dans celui du meurtre.

des niveaux différents, en vertu des correspondances qui existent entre eux [538], de sorte qu'il peut être rapporté soit à un monde déterminé, soit à tout l'ensemble de la manifestation universelle ; et la réintégration dans l'« état primordial », qui d'ailleurs est aussi « adamique », est comme une figure de la réintégration totale et finale, bien qu'elle ne soit encore en réalité qu'une étape sur la voie qui mène à celle-ci.

Dans l'étude que nous avons citée plus haut, A. Coomaraswamy dit que « l'essentiel, dans le sacrifice, est en premier lieu de diviser, et en second lieu de réunir » ; il comporte donc les deux phrases complémentaires de « désintégration » et de « réintégration » qui constituent le processus cosmique dans son ensemble : le *Purusha*, « étant un, devient plusieurs, et étant plusieurs, il redevient un ». La reconstitution du *Purusha* est opérée symboliquement, en particulier, dans la construction de l'autel vêdique, qui comprend dans ses différentes parties une représentation de tous les mondes [539] ; et le sacrifice, pour être correctement accompli, demande une coopération de tous les arts, ce qui assimile le sacrifiant à *Vishwakarma* lui-même [540]. D'autre part, comme toute action rituelle, c'est-à-dire en somme toute action vraiment normale et conforme à l'« ordre » (*rita*), peut être regardée comme ayant en quelque sorte un caractère « sacrificiel », suivant le sens étymologique de ce mot (de *sacrum facere*), ce qui est vrai pour l'autel vêdique l'est aussi, d'une certaine façon et à quelque degré, pour toute construction édifiée conformément aux règles traditionnelles, celle-ci procédant toujours en réalité d'un même « modèle cosmique », ainsi que nous l'avons expliqué en d'autres occasions [541]. On voit

---

538 C'est de la même façon que, dans le symbolisme alchimique, il y a correspondance entre le processus de l'« œuvre au blanc » et celui de l'« œuvre au rouge », si bien que le second reproduit en quelque sorte le premier à un niveau supérieur.
539 Voir *Janua cæli*.
540 Cf. A. K. Coomaraswamy, *Hinduism and Buddhism*, p. 26.
541 Les rites de fondation d'un édifice comportent d'ailleurs généralement un sacrifice ou une oblation au sens strict de ces mots ; en Occident même, une certaine forme d'oblation s'est maintenue jusqu'à nos jours dans les cas où la pose de la première pierre est accomplie selon les rites maçonniques.

que ceci est en rapport direct avec un symbolisme « constructif » comme celui de la maçonnerie ; et d'ailleurs, même au sens le plus immédiat, le constructeur rassemble bien effectivement des matériaux épars pour en former un édifice qui, s'il est vraiment ce qu'il doit être, aura une unité « organique », comparable à celle d'un être vivant, si l'on se place au point de vue microcosmique, ou à celle d'un monde, si l'on se place au point de vue macrocosmique.

Il nous reste encore à parler quelque peu, pour terminer, d'un symbolisme d'un autre genre, qui peut sembler très différent quant aux apparences extérieures, mais qui pourtant n'en a pas moins, au fond, une signification équivalente : il s'agit de la reconstitution d'un mot à partir de ses éléments littéraux pris d'abord isolément [542]. Pour le comprendre, il faut se souvenir que le vrai nom d'un être n'est pas autre chose, au point de vue traditionnel, que l'expression de l'essence même de cet être ; la reconstitution du nom est donc, symboliquement, la même chose que celle de l'être lui-même. On sait aussi le rôle que jouent les lettres, dans un symbolisme tel que celui de la Kabbale, en ce qui concerne la création ou la manifestation universelle ; on pourrait dire que celle-ci est formée par les lettres séparées, qui correspondent à la multiplicité de ses éléments, et que, en réunissant ces lettres, on la ramène par là même à son Principe, si toutefois cette réunion est opérée de façon à reconstituer effectivement le nom du Principe [543]. À ce point de vue, « rassembler ce qui est épars » est la même chose que « retrouver la Parole perdue », car, en réalité et dans son sens le plus profond, cette « Parole perdue » n'est autre que le véritable nom du « Grand Architecte de l'Univers ».

---

542 Ceci correspond naturellement, dans le rituel maçonnique, au mode de communication des « mots sacrés ».
543 Tant qu'on reste dans la multiplicité de la manifestation, on ne peut qu'« épeler » le nom du Principe en discernant le reflet de ses attributs dans les créatures où ils ne s'expriment que d'une façon fragmentaire et dispersée. Le maçon qui n'est pas parvenu au grade de Maître est encore incapable de « rassembler ce qui est épars », et c'est pourquoi il « ne sait qu'épeler ».

Chapitre XLVII

LE BLANC ET LE NOIR [544]

Le symbole maçonnique du « pavé mosaïque » (*tessellated pavement*) est de ceux qui sont souvent insuffisamment compris ou mal interprétés ; ce pavé est formé de carreaux alternativement blancs et noirs, disposés exactement de la même façon que les cases de l'échiquier ou du damier. Nous ajouterons tout de suite que le symbolisme est évidemment le même dans les deux cas, car, ainsi que nous l'avons dit en diverses occasions, les jeux ont été, à l'origine, tout autre chose que les simples amusements profanes qu'ils sont devenus actuellement, et d'ailleurs le jeu d'échecs est certainement un de ceux où les traces du caractère « sacré » originel sont demeurées le plus apparentes en dépit de cette dégénérescence.

Au sens le plus immédiat, la juxtaposition du blanc et du noir représente naturellement la lumière et les ténèbres, le jour et la nuit, et, par suite, toutes les paires d'opposés ou de complémentaires (il est à peine besoin de rappeler que ce qui est opposition à un certain niveau devient complémentarisme à un autre niveau, de sorte que le même symbolisme est également applicable à l'une et à l'autre) ; on a donc là, à cet égard, un exact équivalent du symbole extrême-oriental du *yin-yang* [545]. On peut même remarquer que l'interpénétration et l'inséparabilité des deux aspects *yin* et *yang*, qui sont représentées dans ce dernier cas par le fait que les deux moitiés de la figure sont délimitées par une

---

544 Publié dans *É.T.*, juin 1947.
545 Voir *La Grande Triade*, ch. IV. — Nous avons eu l'occasion de lire un article dont l'auteur rapportait la partie blanche au *yin* et la partie noire au *yang*, alors que c'est le contraire qui est vrai, et prétendait appuyer cette opinion erronée par des expériences « radiesthésiques » ; que faut-il conclure de là, si ce n'est que, en pareil cas, le résultat obtenu est dû tout simplement à l'influence des idées préconçues de l'expérimentateur ?

ligne sinueuse, le sont ici aussi par la disposition enchevêtrée des deux sortes de carreaux, tandis qu'une autre disposition, comme par exemple celle de bandes rectilignes alternativement blanches et noires, ne rendrait pas aussi nettement la même idée et pourrait même plutôt faire penser à une juxtaposition pure et simple [546].

Il serait inutile de répéter à ce propos toutes les considérations que nous avons déjà exposées ailleurs en ce qui concerne le *yin-yang* ; nous rappellerons seulement d'une façon plus particulière qu'il ne faut voir dans ce symbolisme, non plus que dans la reconnaissance des dualités cosmiques dont il est l'expression, l'affirmation d'aucun « dualisme », car si ces dualités existent bien réellement dans leur ordre, leurs termes n'en sont pas moins dérivés de l'unité d'un même principe (le *Tai-Ki* de la tradition extrême-orientale). C'est là en effet un des points les plus importants, parce que c'est celui-là surtout qui donne lieu à de fausses interprétations ; certains ont cru pouvoir parler de « dualisme » au sujet du *yin-yang*, probablement par incompréhension, mais peut-être aussi quelquefois avec des intentions d'un caractère plus ou moins suspect ; en tout cas, pour ce qui est du « pavé mosaïque », une telle interprétation est le plus souvent le fait des adversaires de la maçonnerie, qui voudraient baser là-dessus une accusation de « manichéisme » [547]. Il est assurément très possible que certains « dualistes » aient eux-mêmes détourné ce symbolisme de son véritable sens pour l'interpréter conformément à leurs propres doctrines, comme ils ont pu altérer pour la même raison les symboles exprimant une unité et une immutabilité inconcevables pour eux ; mais ce ne sont là en tout cas que des déviations hétérodoxes qui n'affectent absolument en rien le symbolisme en lui-

---

546 Cette dernière disposition a cependant été employée aussi dans certains cas ; on sait qu'elle se trouvait notamment dans le *Beaucéant* des Templiers, dont la signification était encore la même.
547 Ces gens, s'ils étaient logiques, devraient, suivant ce que nous avons dit plus haut, avoir le plus grand soin de s'abstenir de jouer aux échecs pour ne pas risquer de tomber eux-mêmes sous cette accusation ; cette simple remarque ne suffit-elle pas à montrer toute l'inanité de leur argumentation ?

même, et, quand on se place au point de vue proprement initiatique, ce ne sont pas de telles déviations qu'il y a lieu d'envisager [548].

Maintenant, outre la signification dont nous avons parlé jusqu'ici, il y en a encore une autre d'un ordre plus profond, et ceci résulte immédiatement du double sens de la couleur noire, que nous avons expliqué en d'autres occasions ; nous venons de considérer seulement son sens inférieur et cosmologique, mais il faut aussi considérer son sens supérieur et métaphysique. On en trouve un exemple particulièrement net dans la tradition hindoue, où celui qui est initié doit être assis sur une peau aux poils noirs et blancs, symbolisant respectivement le non-manifesté et le manifesté [549] ; le fait qu'il s'agit ici d'un rite essentiellement initiatique justifie suffisamment le rapprochement avec le cas du « pavé mosaïque » et l'attribution expresse de la même signification à celui-ci, même si, dans l'état actuel des choses, cette signification a été complètement oubliée. On retrouve donc là un symbolisme équivalent à celui d'*Arjuna*, le « blanc », et de *Krishna*, le « noir », qui sont, dans l'être lui-même, le mortel et l'immortel, le « moi » et le « Soi » [550] ; et, puisque ceux-ci sont aussi les « deux

---

548 Nous rappellerons aussi, à ce propos, ce que nous avons dit ailleurs sur la question du « renversement des symboles », et plus spécialement la remarque que nous avons faite alors sur le caractère véritablement diabolique que présente l'attribution au symbolisme orthodoxe, et notamment à celui des organisations initiatiques, de l'interprétation à rebours qui est en réalité le fait de la « contre-initiation » (*Le Règne de la quantité et les signes des temps*, ch. XXX).
549 *Shatapata Brâhmana*, III, 2, I, 5-7. — À un autre niveau, ces deux couleurs représentent aussi ici le Ciel et la Terre, mais il faut faire attention à ce que, en raison de la correspondance de ceux-ci avec le non-manifesté et le manifesté, c'est alors le noir qui se rapporte au ciel et le blanc à la terre, de sorte que les relations existant dans le cas du *yin-yang* se trouvent interverties ; ce n'est d'ailleurs là qu'une application du sens inverse de l'analogie. L'initié doit toucher la jonction des poils noirs et blancs, unissant ainsi les principes complémentaires dont il va naître en tant que « Fils du Ciel et de la Terre » (cf. *La Grande Triade*, ch. IX).
550 Ce symbolisme est aussi celui des Dioscures ; le rapport de ceux-ci avec les deux hémisphères ou les deux moitiés de l'« Œuf du Monde » nous ramène d'ailleurs à la considération du ciel et de la terre que nous avons indiquée dans la note précédente (cf. *La Grande Triade*, ch. V).

oiseaux inséparablement unis » dont il est question dans les *Upanishads*, ceci évoque encore un autre symbole, celui de l'aigle blanc et noir à deux têtes qui figure dans certains hauts grades maçonniques, nouvel exemple qui, après tant d'autres, montre une fois de plus que le langage symbolique a un caractère véritablement universel.

Chapitre XLVIII

PIERRE NOIRE
ET PIERRE CUBIQUE [551]

Nous avons eu parfois à relever occasionnellement les diverses fantaisies linguistiques auxquelles a donné lieu le nom de Cybèle ; nous ne reviendrons pas ici sur celles qui sont trop évidemment dépourvues de tout fondement et qui ne sont dues qu'à l'imagination excessive de certains [552], et nous envisagerons seulement quelques rapprochements qui peuvent paraître plus sérieux à première vue, bien qu'ils soient aussi injustifiés. Ainsi, nous avons vu émettre récemment la supposition que Cybèle « semble tirer son nom » de l'arabe *qubbah*, parce qu'elle « était adorée dans les grottes » en raison de son caractère « chthonien ». Or, cette prétendue étymologie a deux défauts dont un seul serait suffisant pour la faire écarter ; d'abord, comme une autre dont nous allons parler tout à l'heure, elle ne tient compte que des deux premières lettres de la racine du nom de Cybèle, laquelle en contient trois, et il va de soi que la troisième lettre n'est pas plus négligeable que les deux autres ; ensuite, elle ne repose en réalité que sur un contresens pur et simple. En effet, *qubbah* n'a jamais voulu dire « voûte, salle voûtée, crypte », comme le croit l'auteur de cette hypothèse ; ce mot désigne une coupole ou un dôme, dont précisément le symbolisme est « céleste » et non pas « terrestre », donc exactement à l'opposé du caractère attribué à Cybèle ou à la « Grande Mère ». Comme nous l'avons expliqué dans d'autres études, la coupole surmonte un édifice à base carrée, donc de forme généralement

---

551 Publié dans *É.T.*, déc. 1947.

552 Nous ne reparlerons donc pas de l'assimilation de Cybèle à une « cavale », ni du rapprochement qu'on a voulu en tirer avec la désignation de la « chevalerie », non plus que de l'autre rapprochement non moins imaginaire avec la « Kabbale ».

cubique, et c'est cette partie carrée ou cubique qui, dans l'ensemble ainsi constitué, a un symbolisme « terrestre » ; ceci nous amène directement à examiner une autre hypothèse qui a été assez souvent formulée au sujet de l'origine du même nom de Cybèle, et qui a une importance plus particulière pour ce que nous nous proposons présentement.

On a voulu faire dériver *Kubelê* de *kubos*, et ici du moins il n'y a pas de contresens comme celui que nous venons de signaler ; mais, d'autre part, cette étymologie a en commun avec la précédente le défaut de ne prendre en considération que les deux premières des trois lettres qui constituent la racine de *Kubelê*, ce qui la rend également impossible au point de vue proprement linguistique [553]. Si l'on veut seulement voir entre les deux mots une certaine similitude phonétique qui peut, comme il arrive souvent, avoir quelque valeur au point de vue symbolique, c'est là tout autre chose ; mais, avant d'étudier ce point de plus près, nous dirons que, en réalité, le nom de *Kubelê* n'est pas d'origine grecque, et que d'ailleurs sa véritable étymologie n'a rien d'énigmatique ni de douteux. Ce nom, en effet, se rattache directement à l'hébreu *gebal* et à l'arabe *jabal*, « montagne » ; la différence de la première lettre ne peut donner lieu à aucune objection à cet égard, car le changement de *g* en *k* ou inversement n'est qu'une modification secondaire dont on peut trouver bien d'autres exemples [554]. Ainsi, Cybèle est proprement la « déesse de la

---

[553] Nous signalerons incidemment à ce propos qu'il est même fort douteux, malgré une synonymie exacte et une similitude phonétique partielle, qu'il puisse y avoir une véritable parenté linguistique entre le grec *Kubos* et l'arabe *Kaab*, en raison de la présence dans le second de la lettre *ayn* ; du fait que cette lettre n'a pas d'équivalent dans les langues européennes et ne peut pas réellement y être transcrite, les Occidentaux l'oublient ou la négligent trop souvent, ce qui a pour conséquence de nombreuses assimilations erronées entre des mots dont la racine est très nettement différente.

[554] Ainsi, le mot hébreu et arabe *ka-bir* a une parenté évidente avec l'hébreu *gibor* et l'arabe *jabbâr* ; il est vrai que le premier a surtout le sens de « grand » et les deux autres celui de « fort », mais ce n'est là qu'une simple nuance ; les *Giborim* de la Genèse sont à la fois les « géants » et les « hommes forts ».

montagne »⁵⁵⁵ ; et ce qui est très digne de remarque, c'est que, par cette signification, son nom est l'exact équivalent de celui de *Pârvatî* dans la tradition hindoue.

Cette même signification du nom de Cybèle est visiblement liée à celle de la « pierre noire » qui était son symbole ; en effet, on sait que cette pierre était de forme conique, et, comme tous les « bétyles » de même forme, elle doit être regardée comme une figuration réduite de la montagne en tant que symbole « axial ». D'autre part, les « pierres noires » sacrées étant des aérolithes, cette origine « céleste » donne à penser que le caractère « chthonien » auquel nous faisions allusion au début ne correspond en réalité qu'à un des aspects de Cybèle ; du reste, l'axe représenté par la montagne n'est pas « terrestre », mais relie entre eux le ciel et la terre ; et nous ajouterons que c'est suivant cet axe que, symboliquement, doivent s'effectuer la chute de la « pierre noire » et sa remontée finale, car il s'agit là aussi de relations entre le ciel et la terre⁵⁵⁶. Il ne saurait être question, bien entendu, de contester que Cybèle ait été souvent assimilée à la « Terre-Mère », mais seulement d'indiquer qu'elle avait aussi d'autres aspects ; il est d'ailleurs très possible que l'oubli plus ou moins complet de ceux-ci, par suite d'une prédominance attribuée à l'aspect « terrestre », ait donné naissance à certaines confusions, et notamment à celle qui a conduit à

---

555 Notons en passant que *Gebal* était aussi le nom de la ville phénicienne de Byblos ; ses habitants étaient appelés *Giblim*, et ce nom est resté comme « mot de passe » dans la maçonnerie. Il y a à ce propos un rapprochement qu'il ne semble pas qu'on ait jamais pensé à faire ; quelle qu'ait pu être l'origine historique de la dénomination des Gibelins (*Ghibellini*) au moyen âge, elle présente avec ce nom de *Giblim* une similitude des plus frappantes, et, si ce n'est là qu'une « coïncidence », elle est tout au moins assez curieuse.

556 Voir sur tout ceci *Lapsit exillis*. — Il existe dans l'Inde une tradition suivant laquelle les montagnes volaient autrefois ; *Indra* les précipita sur la terre et les y fixa en les frappant de la foudre : ceci est encore manifestement à rapprocher de l'origine des « pierres noires ».

assimiler la « pierre noire » et la « pierre cubique », qui sont cependant deux symboles très différents [557].

La « pierre cubique » est essentiellement une « pierre de fondation » ; elle est donc bien « terrestre », comme l'indique d'ailleurs sa forme et, de plus, l'idée de « stabilité » exprimée par cette même forme [558] convient bien à la fonction de Cybèle en tant que « Terre-Mère », c'est-à-dire comme représentant le principe « substantiel » de la manifestation universelle. C'est pourquoi, au point de vue symbolique, le rapport de Cybèle avec le « cube » n'est pas à rejeter entièrement, en tant que « convergence » phonétique ; mais, bien entendu, ce n'est pas une raison pour vouloir en tirer une « étymologie », ni pour identifier à la « pierre cubique » une « pierre noire » qui était conique en réalité. Il y a seulement un cas particulier dans lequel il existe un certain rapport entre la « pierre noire » et la « pierre cubique » : c'est celui où cette dernière est, non pas une des « pierres de fondation » posées aux quatre angles d'un édifice, mais la pierre *shetiyah* qui occupe le centre de la base de celui-ci, correspondant au point de chute de la « pierre noire », comme, sur le même axe vertical, mais à son extrémité opposée, la « pierre angulaire » ou « pierre du sommet », qui par contre, n'est pas de forme cubique, correspond à la situation « céleste » initiale et finale de cette même « pierre noire ». Nous n'insisterons pas davantage sur

---

557 Nous avons signalé dans un compte rendu l'incroyable supposition de l'existence d'une soi-disant « déesse *Kaabah* », qui aurait été représentée par la « pierre noire » de la Mecque, appelée également *Kaabah* ; c'est là un autre exemple de la même confusion, et, depuis lors, nous avons eu la surprise de lire encore la même chose ailleurs, d'où il semble bien résulter que cette erreur a cours dans certains milieux occidentaux. Nous rappellerons donc que la *Kaabah* n'est nullement le nom de la « pierre noire », celle-ci n'étant pas cubique, mais celui de l'édifice dans un des angles duquel elle est enchâssée et qui, lui, a effectivement la forme d'un cube ; et, si la *Kaabah* est aussi *Beyt Allah* (« maison de Dieu », comme le *Beith-El* de la Genèse), elle n'a pourtant jamais été considérée elle-même comme une divinité. Il est d'ailleurs très probable que la singulière invention de la prétendue « déesse *Kaabah* » a été suggérée en fait par le rapprochement de *Kubelê* et de *Kubos* dont nous avons parlé plus haut.
558 Voir *Le Règne de la quantité et les signes des temps*, ch. XX.

ces dernières considérations, les ayant déjà exposées plus en détail [559] ; et nous rappellerons seulement, pour terminer, que, d'une façon générale, le symbolisme de la « pierre noire », avec les différentes situations et les différentes formes qu'elle peut prendre, est, au point de vue « microcosmique », en relation avec les « localisations » diverses, dans l'être humain, du *luz* ou du « noyau d'immortalité ».

---

559 Voir encore *Lapsit exillis*.

Chapitre XLIX

PIERRE BRUTE ET PIERRE TAILLÉE [560]

Nous avons lu, dans un article où il était question des autels qui, chez les anciens Hébreux, devaient être formés exclusivement de pierres brutes, cette phrase plutôt stupéfiante : « Le symbolisme de la pierre brute a été altéré par la franc-maçonnerie, qui l'a transposé du domaine sacré au niveau profane ; un symbole, primitivement destiné à exprimer les rapports surnaturels de l'âme avec le Dieu "vivant" et "personnel", y exprime désormais des réalités d'ordre alchimique, moralisant, social et occultiste. ». L'auteur de ces lignes, d'après tout ce que nous savons de lui, est de ceux chez qui le parti pris peut assez facilement aller jusqu'à la mauvaise foi ; qu'une organisation initiatique ait fait descendre un symbole « au niveau profane », c'est là une chose tellement absurde et contradictoire que nous ne croyons pas que personne puisse la soutenir sérieusement ; et, d'autre part, l'insistance sur les mots « vivant » et « personnel » montre évidemment une intention bien arrêtée de prétendre limiter le « domaine sacré » au seul point de vue de l'exotérisme religieux ! Qu'actuellement la grande majorité des maçons ne comprennent plus le véritable sens de leurs symboles, pas plus que la plupart des chrétiens ne comprennent celui des leurs, c'est là une tout autre question ; en quoi la maçonnerie peut-elle, plus que l'Église, être rendue responsable d'un état de fait qui n'est dû qu'aux conditions mêmes du monde moderne, à l'égard duquel l'une et l'autre sont pareillement « anachroniques » par leur caractère traditionnel ? La tendance « moralisante », qui n'est en effet que trop réelle depuis le XVIIIe siècle, était en somme une conséquence à peu près inévitable, si l'on tient compte de la mentalité générale, de la

---

560 Publié dans É. T., sept. 1949.

dégénérescence « spéculative » sur laquelle nous avons si souvent insisté ; on peut en dire autant de l'importance excessive attribuée au point de vue social, et du reste, sous ce rapport, les maçons sont fort loin de constituer une exception à notre époque : qu'on veuille bien examiner impartialement ce qui s'enseigne aujourd'hui au nom de l'Église, et qu'on nous dise s'il est possible d'y trouver beaucoup autre chose que de simples considérations morales et sociales ! Pour en finir avec ces remarques, il est à peine besoin de souligner l'impropriété, probablement voulue, du mot « occultiste », car la maçonnerie n'a certes rien à voir avec l'occultisme, auquel elle est fort antérieure, même sous sa forme « spéculative » ; pour ce qui est du symbolisme alchimique, ou plus exactement hermétique, il n'a assurément rien de profane, et il se rapporte, comme nous l'avons expliqué ailleurs, au domaine des « petits mystères », qui est précisément le domaine propre des initiations de métier en général et de la maçonnerie en particulier.

Ce n'est pas simplement pour faire cette mise au point, si nécessaire qu'elle soit d'ailleurs, que nous avons cité la phrase ci-dessus, mais surtout parce qu'elle nous a paru susceptible de fournir l'occasion d'apporter quelques précisions utiles sur le symbolisme de la pierre brute et de la pierre taillée. Ce qui est vrai, c'est que, dans la maçonnerie, la pierre brute a un autre sens que dans les cas des autels hébraïques, auquel il faut joindre ici celui des monuments mégalithiques ; mais, s'il en est ainsi, c'est que ce sens ne se réfère pas au même type de tradition. Cela est facile à comprendre pour tous ceux qui ont connaissance des considérations que nous avons exposées sur les différences essentielles qui existent, d'une façon tout à fait générale, entre les traditions des peuples nomades et celles des peuples sédentaires ; et d'ailleurs, quand Israël passa du premier de ces états au second, l'interdiction d'élever des édifices en pierres taillées disparut, parce qu'elle n'avait plus de raison d'être pour lui, témoin la construction du Temple de Salomon, qui assurément ne fut pas une entreprise profane, et à laquelle se rattache, symboliquement tout au moins, l'origine même de la maçonnerie. Peu importe à cet égard que les autels aient dû alors continuer à être faits de pierres brutes, car c'est là un cas très particulier, pour lequel le symbolisme primitif pouvait être conservé sans aucun inconvénient, tandis qu'il est trop évidemment impossible de bâtir le plus modeste édifice avec de telles pierres. Qu'en outre « rien de métallique ne puisse se trouver » dans les autels, comme le signale aussi l'auteur de l'article en question, cela se rapporte encore à un autre ordre d'idées, que nous avons également expliqué, et qui se retrouve d'ailleurs dans la maçonnerie elle-même avec le symbole du « dépouillement des métaux ».

Maintenant il n'est pas douteux que, en vertu des lois cycliques, des peuples « préhistoriques » tels que ceux qui élevèrent les monuments mégalithiques, quels qu'ils aient pu être, étaient nécessairement dans un état plus proche du principe que ceux qui vinrent après eux, mais aussi que cet état ne pouvait pas se perpétuer indéfiniment, et que les changements survenant dans les conditions de l'humanité aux différentes époques de son histoire devaient exiger des adaptations successives de la tradition, ce qui a même pu arriver au cours de l'existence d'un même peuple et sans qu'il y ait eu dans celle-ci aucune solution de continuité, comme le montre l'exemple que nous venons de citer en ce qui concerne les Hébreux. D'autre part, il est bien certain aussi, et nous l'avons dit ailleurs, que, chez les peuples sédentaires, la substitution des constructions en pierre aux constructions en bois correspond à un degré plus accentué de « solidification », en conformité avec les étapes de la « descente » cyclique ; mais, dès lors qu'un tel mode de construction était rendu nécessaire par les nouvelles conditions du milieu, il fallait, dans une civilisation traditionnelle, que, par des rites et des symboles appropriés, il reçût de la tradition elle-même la consécration qui était seule susceptible de le légitimer, et par suite de l'intégrer à cette civilisation et c'est précisément pourquoi nous avons parlé à cet égard d'une adaptation. Une telle légitimation impliquait celle de tous les métiers, à commencer par la taille des pierres qui étaient requises pour cette construction, et elle ne pouvait être vraiment effective qu'à la condition que l'exercice de chacun de ces métiers fût rattaché à une initiation correspondante, puisque, conformément à la conception traditionnelle, il devait représenter l'application régulière des principes dans son ordre contingent. Il en fut ainsi partout et toujours, sauf naturellement dans le monde occidental moderne dont la civilisation a perdu tout caractère traditionnel, et cela n'est pas vrai seulement pour les métiers de la construction que nous envisageons plus spécialement ici, mais également pour tous les autres dont la constitution fut de même rendue nécessaire par certaines circonstances de temps ou de lieu ; et il importe de remarquer que cette légitimation, avec tout ce qu'elle comporte, fut toujours possible dans tous les cas, sauf pour les seuls métiers purement mécaniques qui ne prirent naissance qu'à l'époque moderne. Or, pour les tailleurs de pierre et pour ses constructeurs qui employaient les produits de leur travail, la pierre brute pouvait-elle représenter autre chose que la « matière première » indifférenciée, ou le « chaos » avec toutes les correspondances tant microcosmiques que macrocosmiques, tandis que la pierre complètement taillée sur toutes ses faces représente au contraire l'achèvement ou la perfection de l'« œuvre » ? Là est toute l'explication de la différence qui existe entre la signification symbolique de la pierre brute dans des cas comme ceux des monuments mégalithiques et des autels primitifs, et celle de cette même pierre brute dans la maçonnerie. Nous ajouterons, sans pouvoir y insister davantage ici, que cette différence correspond à un double aspect de la *materia prima*, suivant que celle-ci est envisagée comme la « Vierge universelle » ou comme le « chaos » qui est à l'origine de toute manifestation ; dans la tradition hindoue également, *Prakriti*, en même temps qu'elle est la pure potentialité qui est littéralement au-dessous de toute existence, est aussi un aspect de la *Shakti*, c'est-à-dire de la « Mère divine » ; et il est bien entendu que ces deux points de vue ne sont nullement exclusifs l'un de l'autre, ce qui justifie d'ailleurs la coexistence des autels en pierres brutes avec les édifices en pierres taillées. Ces quelques considérations montreront encore que, pour l'interprétation des symboles comme en toute autre chose, il faut toujours savoir tout situer à sa place exacte, faute de quoi l'on risque fort de tomber dans les plus grossières erreurs.

SEPTIÈME PARTIE

SYMBOLISME AXIAL ET SYMBOLISME DU PASSAGE

Chapitre L

LE SYMBOLISME DE L'ANALOGIE [561]

Il pourrait sembler étrange à certains qu'on parle des symboles de l'analogie, car, si le symbolisme lui-même est fondé sur l'analogie, comme on le dit souvent, tout symbole, quel qu'il soit, doit être l'expression d'une analogie ; mais cette façon d'envisager les choses n'est pas exacte : ce sur quoi le symbolisme est fondé, ce sont, de la façon la plus générale, les correspondances qui existent entre les différents ordres de réalité, mais toute correspondance n'est pas analogique. Nous entendons ici l'analogie exclusivement dans son acception la plus rigoureuse, c'est-à-dire, suivant la formule hermétique, comme le rapport de « ce qui est en bas » avec « ce qui est en haut » rapport qui, ainsi que nous l'avons souvent expliqué à propos des nombreux cas où nous avons eu l'occasion de l'envisager, implique essentiellement la considération du « sens inverse » de ses deux termes ; cette considération est d'ailleurs inscrite si clairement, et de façon si manifeste, dans les symboles dont nous allons parler, qu'on peut s'étonner qu'elle ait passé si souvent inaperçue, même de ceux qui prétendent se référer à ces symboles, mais qui montrent par là leur incapacité à les comprendre et à les interpréter correctement.

La construction des symboles dont il s'agit repose sur la figure de la roue à six rayons ; comme nous l'avons déjà dit, la roue en général est avant tout un symbole du monde, la circonférence représentant la manifestation qui est produite par les rayons émanés du centre ; mais, naturellement, le nombre des rayons qui y sont tracés, différent suivant les cas, y ajoute d'autres significations

---

561 Publié dans É. T., janv. 1939.

plus particulières. D'autre part, dans certains symboles dérivés, la circonférence elle-même peut n'être pas figurée ; mais, pour leur construction géométrique, ces symboles n'en doivent pas moins être considérés comme inscrits dans une circonférence, et c'est pourquoi on doit les regarder comme se rattachant à celui de la roue, même si la forme extérieure de celle-ci, c'est-à-dire la circonférence qui en détermine le contour et la limite, n'y apparaît plus de façon explicite et visible, ce qui indique seulement que ce n'est pas sur la manifestation en elle-même et sur le domaine spécial où elle se développe que l'attention doit se porter en pareil cas, ce domaine restant en quelque sorte dans un état d'indétermination antérieur au tracé effectif de la circonférence.

La figure la plus simple, et qui est la base de toutes les autres, est celle qui est constituée uniquement par l'ensemble des six rayons ; ceux-ci, étant opposés deux à deux à partir du centre, forment trois diamètres, l'un vertical, et les deux autres obliques et également inclinés de part et d'autre de celui-là. Si l'on considère le soleil comme occupant le centre, ce sont là les six rayons dont nous avons parlé dans une étude précédente ; et, dans ce cas, le « septième rayon » n'est pas représenté autrement que par le centre lui-même. Quant au rapport que nous avons indiqué avec la croix à trois dimensions, il s'établi d'une façon tout à fait immédiate : l'axe vertical demeurant inchangé, et les deux diamètres obliques sont la projection, dans le plan de la figure, des deux axes qui forment la croix horizontale ; cette dernière considération, bien nécessaire à l'intelligence complète du symbole, est d'ailleurs en dehors de celles qui en font proprement une représentation de l'analogie et pour lesquelles il suffit de le prendre sous la forme qu'il représente en lui-même, sans qu'il y ait besoin de le rapprocher d'autres symboles auxquels il s'apparente par des aspects différents de sa signification complexe.

Dans le symbolisme chrétien, cette figure est ce qu'on appelle le chrisme simple ; on la regarde alors comme formée par l'union des deux lettres I et X, c'est-à-dire des initiales grecques des deux mots *Jêsous Christos*, et c'est là un sens qu'elle paraît avoir reçu dès les premiers temps du christianisme ; mais il va de soi que ce symbole, en lui-même, est fort antérieur, et, en fait, il est un de ceux que l'on trouve répandus partout et à toutes les époques. Le chrisme constantinien, qui est formé par l'union des lettres grecques X et P, les deux premières de *Christos*, apparaît à première vue comme immédiatement dérivé du chrisme simple, dont il conserve exactement la disposition fondamentale, et dont il ne se distingue que par l'adjonction, à la partie supérieure du diamètre vertical, d'une boucle destinée à transformer l'I en P. Cette boucle, ayant naturellement une forme plus ou moins complètement circulaire, peut être considérée, dans cette position, comme correspondant à la figuration du disque solaire apparaissant au sommet de l'axe vertical ou de l'« Arbre du Monde » ; et cette remarque revêt une importance particulière en connexion avec ce que nous aurons à dire par la suite au sujet du symbole de l'arbre [562].

Il est intéressant de noter, en ce qui concerne plus spécialement le symbolisme héraldique, que les six rayons constituent une sorte de schéma général suivant lequel ont été disposées, dans le blason, les figures les plus diverses. Que l'on regarde, par exemple, un aigle ou tout autre oiseau héraldique, et il ne sera pas difficile de se rendre compte qu'on y trouve effectivement cette disposition, la tête, la queue, les extrémités des ailes et des pattes correspondant respectivement aux pointes des six rayons ; que l'on regarde ensuite un emblème tel que la fleur de lis, et l'on fera encore la même constatation. Peu importe d'ailleurs, dans ce dernier cas, l'origine historique de l'emblème en question, qui a donné lieu à nombre d'hypothèses différentes : que la fleur de lis soit vraiment une fleur, ce qui s'accorderait en outre avec l'équivalence de la roue et de certains symbole floraux tels que le lotus, la rose et le lis (ce dernier, du reste a en réalité six pétales), ou qu'elle ait été primitivement un fer de lance, ou un oiseau, ou une abeille, l'antique symbole

---

562 Certaines formes intermédiaires montrent par ailleurs une parenté entre le chrisme et la « croix ansée » égyptienne, ce qui peut d'ailleurs être facilement compris par ce que nous avons dit plus haut à propos de la croix à trois dimensions ; dans certains cas, la boucle du P prend aussi la forme particulière du symbole égyptien de la « boucle d'Horus ». Une autre variante du chrisme est représentée par le « quatre de chiffre » des anciennes marques corporatives, dont les significations multiples demandent d'ailleurs une étude spéciale. Signalons encore que le chrisme est parfois entouré d'un cercle, ce qui l'assimile aussi nettement que possible à la roue à six rayons.

chaldéen de la royauté (hiéroglyphe *sâr*), ou même un crapaud [563], ou encore, comme c'est plus probable, qu'elle résulte d'une sorte de « convergence » et de fusion de plusieurs de ces figures, ne laissant subsister que leurs traits communs, toujours est-il qu'elle est strictement conforme au schéma dont nous parlons et c'est là ce qui importe essentiellement pour en déterminer la signification principale.

D'autre part, si l'on joint les extrémités des six rayons de deux en deux, on obtient la figure bien connue de l'hexagramme ou « sceau de Salomon », formée de deux triangles équilatéraux opposés et entrelacés ; l'étoile à six branches proprement dite, qui en diffère en ce que le contour extérieur seul est tracé, n'est évidemment qu'une variante du même symbole. L'hermétisme chrétien du moyen âge voyait entre autres choses, dans les deux triangles de l'hexagramme, une représentation de l'union des deux natures divine et humaine dans la personne du Christ ; et le nombre six, auquel ce symbole se rapporte naturellement, a parmi ses significations celles d'union et de médiation, qui conviennent parfaitement ici [564]. Ce même nombre est aussi, suivant la Kabbale hébraïque, le nombre de la création (l'« œuvre des six jours » de la Genèse, en relation avec les six directions de l'espace), et, sous ce rapport encore, l'attribution de son symbole au Verbe ne se justifie pas moins bien : c'est en somme, à cet égard, comme une sorte de traduction graphique de l'*omnia per ipsum facta sunt* de l'Évangile de saint Jean.

---

563 Cette opinion, si bizarre qu'elle puisse paraître, a dû être admise assez anciennement, car, dans les tapisseries du XVe siècle de la cathédrale de Reims, l'étendard de Clovis porte trois crapauds. Il est d'ailleurs fort possible que, primitivement, ce crapaud ait été en réalité une grenouille, animal, qui en raison de ses métamorphoses, est un antique symbole de « résurrection », et qui avait gardé cette signification dans le christianisme des premiers siècles.
564 Dans le symbolisme extrême-oriental, six traits autrement disposés, sous la forme de lignes parallèles, représentent pareillement le terme moyen de la « Grande Triade », c'est-à-dire le Médiateur entre le ciel et la terre, l'« Homme véritable » unissant en lui les deux natures céleste et terrestre.

Maintenant, et c'est là surtout que nous voulions en venir dans la présente étude, les deux triangles opposés du « sceau de Salomon » représentent deux ternaires dont l'un est comme le reflet ou l'image inversée de l'autre ; et c'est en cela que ce symbole est une figuration exacte de l'analogie. On peut aussi, dans la figure des six rayons, prendre les deux ternaires formés respectivement par les extrémités des trois rayons supérieurs et par celles des trois rayons inférieurs ; étant alors entièrement situés de part et d'autre du plan de réflexion, ils sont séparés au lieu de s'entrelacer comme dans le cas précédent ; mais leur rapport inverse est exactement le même. Pour préciser davantage ce sens du symbole, une partie du diamètre horizontal est parfois indiquée dans l'hexagramme (et il est à remarquer qu'elle l'est aussi dans la fleur de lis) ; ce diamètre horizontal représente évidemment la trace du plan de réflexion de la « surface des Eaux ». Ajoutons qu'on aurait encore une autre représentation du « sens inverse » en considérant les deux diamètres obliques formant le contour apparent de deux cônes opposés par le sommet et ayant pour axe le diamètre vertical ; ici également, leur sommet commun, qui est le centre même de la figure, étant situé dans le plan de réflexion, l'un de ces deux cônes est l'image inversée de l'autre.

Enfin, la figure de six rayons, parfois quelque peu modifiée, mais toujours parfaitement reconnaissable, forme encore le schéma d'un autre symbole fort important, celui de l'arbre à trois branches et trois racines, où nous retrouvons manifestement les deux ternaires inverses dont nous venons de parler. Ce schéma peut d'ailleurs être envisagé dans les deux sens opposés, de telle sorte que les branches peuvent y prendre la place des racines et réciproquement ; nous reprendrons cette considération lorsque nous étudierons d'une façon plus complète quelques-uns des aspects du symbolisme de l'« Arbre du Monde ».

Chapitre LI

L'ARBRE DU MONDE[565]

Nous avons déjà parlé, en diverses occasions, de l'« Arbre du Monde » et de son symbolisme « axial »[566] ; sans revenir ici sur ce que nous en avons dit alors, nous y ajouterons quelques remarques portant sur certains points plus particuliers de ce symbolisme, et notamment sur les cas où l'arbre apparaît comme inversé, c'est-à-dire comme ayant les racines en haut et les branches en bas, question à laquelle Ananda K. Coomaraswamy a consacré une étude spéciale, *The Inverted Tree*[567]. Il est facile de comprendre que, s'il en est ainsi, c'est, avant tout parce que la racine représente le principe, tandis que les branches représentent le déploiement de la manifestation ; mais, à cette explication générale, il y a lieu d'ajouter certaines considérations d'un caractère plus complexe, reposant d'ailleurs toujours sur l'application du « sens inverse » de l'analogie, auquel cette position renversée de l'arbre se réfère manifestement. À cet égard, nous avons déjà indiqué que c'est précisément sur le symbole proprement dit de l'analogie, c'est-à-dire sur la figure des six rayons dont les extrémités sont groupées en deux ternaires inverses l'un de l'autre, que se construit le schéma de l'arbre à trois branches et trois racines, schéma qui peut d'ailleurs être envisagé dans les deux sens opposés, ce qui montre que les deux positions correspondantes de l'arbre doivent se rapporter à deux points de vue différents et complémentaires, suivant qu'on le regarde en quelque sorte de bas en haut ou de haut en bas, c'est-à-dire,

---

565 Publié dans *É. T.*, fév. 1939.
566 Voir notamment *Le Symbolisme de la Croix*, ch. IX et XXV.
567 Dans *L'homme et son devenir selon le Vêdânta*, ch. V, nous avons cité les textes de la *Katha Upanishad*, VI, 1, et de la *Bhagavad-Gîtâ*, XV, 1, où l'arbre est présenté sous cet aspect ; Coomaraswamy en cite en outre plusieurs autres qui ne sont pas moins explicites, notamment *Rig-Véda*, I, 24, 7 et *Maîtri Upanishad*, VI, 4.

en somme, suivant qu'on se place au point de vue de la manifestation ou à celui du principe [568].

À l'appui de cette considération, A. K. Coomaraswamy cite les deux arbres inversés décrits par Dante [569] comme étant proches du sommet de la « montagne », donc immédiatement au-dessous du plan où est situé le Paradis terrestre, tandis que, lorsque celui-ci est atteint, les arbres apparaissent redressés dans leur position normale ; et ainsi ces arbres, qui semblent bien n'être en réalité que des aspects différents de l'« Arbre » unique, « sont inversés seulement au-dessous du point où a lieu la rectification et la régénération de l'homme ». Il importe de remarquer que, quoique le Paradis terrestre soit encore effectivement une partie du « Cosmos », sa position est virtuellement « supra-cosmique » ; on pourrait dire qu'il représente le « sommet de l'être contingent » (*bha-vâgra*), de sorte que son plan s'identifie avec la « surface des Eaux ». Avec celle-ci, qui doit être considérée essentiellement comme un « plan de réflexion », nous sommes ramenés au symbolisme de l'image inversée par reflet, dont nous avons parlé à propos de l'analogie : « ce qui est en haut », ou au-dessus de la « surface des Eaux », c'est-à-dire le domaine principal ou « supra-cosmique », se reflète en sens inverse dans « ce qui est en bas », ou est au-dessous de cette même surface, c'est-à-dire dans le domaine « cosmique » ; en d'autres termes, tout ce qui est au-dessus du « plan de réflexion » est droit, et tout ce qui est au-dessous est inversé. Donc, si l'on suppose que l'arbre s'élève au-dessus des Eaux, ce que nous voyons tant que nous sommes dans le

---

568 Nous avons fait remarquer ailleurs que l'arbre ternaire peut être considéré comme synthétisant en lui l'unité et la dualité qui, dans le symbolisme biblique, sont représentées respectivement par l'« Arbre de Vie » et l'« Arbre de la Science » : la forme ternaire se trouve notamment dans les trois « colonnes » de l'« arbre séphirothique » de la Kabbale, et il va de soi que c'est la « colonne du milieu » qui alors est proprement « axiale » (voir *Le Symbolisme de la Croix*, ch. IX) ; pour ramener cette forme à celle du schéma que nous venons d'indiquer, il faut réunir les extrémités des colonnes latérales par deux lignes se croisant sur la « colonne du milieu » au point central, c'est-à-dire en *Tiphereth*, dont le caractère « solaire » justifie d'ailleurs entièrement cette position de centre « rayonnant ».

569 *Purgatorio*, XXII-XXV.

« cosmos » est son image inversée, avec les racines en haut et les branches en bas ; au contraire, si nous nous plaçons nous-même au-dessus des Eaux, nous ne voyons plus cette image, qui maintenant est pour ainsi dire sous nos pieds, mais bien sa source, c'est-à-dire l'arbre réel, qui naturellement se présente à nous dans sa position droite ; l'arbre est toujours le même, mais c'est notre situation par rapport à lui qui a changé, et aussi, par conséquent le point de vue auquel nous l'envisageons.

Ceci est encore confirmé par le fait que, dans certains textes traditionnels hindous, il est question de deux arbres, l'un « cosmique » et l'autre « supracosmique » ; comme ces deux arbres sont naturellement superposés, l'un peut être considéré comme le reflet de l'autre, et, en même temps, leurs troncs sont en continuité, de sorte qu'ils sont comme deux parties d'un tronc unique, ce qui correspond à la doctrine d'« une essence et deux natures » en *Brahma*. Dans la tradition avestique, on en retrouve l'équivalent avec les deux arbres *Haoma*, le blanc et le jaune, l'un céleste (ou plutôt « paradisiaque », puisqu'il croît au sommet de la montagne *Alborj*) et l'autre terrestre ; le second apparaît comme un « substitut » du premier pour l'humanité éloignée du « séjour primordial », comme la vision indirecte de l'image est un « substitut » de la vision directe de la réalité. Le *Zohar* parle aussi de deux arbres, l'un supérieur et l'autre inférieur ; et dans quelques figurations, notamment sur un sceau assyrien, on distingue clairement deux arbres superposés.

L'arbre inversé n'est pas seulement un symbole « macrocosmique » comme nous venons de le voir ; il est aussi parfois, et pour les mêmes raisons, un symbole « microcosmique », c'est-à-dire un symbole de l'homme ; ainsi, Platon dit que « l'homme est une plante céleste, ce qui signifie qu'il est comme un arbre inversé, dont les racines tendent vers le ciel et le branches en bas vers la terre ». À notre époque, les occultiste ont beaucoup abusé de ce symbolisme, qui n'est plus pour eux qu'une simple comparaison dont le sens profond leur échappe totalement, et qu'ils interprètent de la façon la plus grossièrement « matérialisée », essayant de la justifier par des considérations anatomiques ou plutôt « morphologiques » d'une extraordinaire puérilité ; c'est là un exemple, entre tant d'autres, de la déformation qu'ils font subir aux notions traditionnelles fragmentaires qu'ils ont cherché, sans les comprendre, à incorporer à leurs propres conceptions [570].

Des deux termes sanscrits qui servent principalement à désigner l'« Arbre du Monde », l'un, *nyagrodha*, donne lieu à une remarque intéressante sous le même rapport, car il signifie littéralement « croissant vers le bas », non pas seulement parce qu'une telle croissance est représentée en fait par celle de racines aériennes dans l'espèce d'arbre qui porte ce nom, mais aussi parce que, quand il s'agit de l'arbre symbolique, celui-ci est lui-même considéré comme inversé [571]. C'est donc à cette position de l'arbre que se réfère proprement le nom de *nyagrodha*, tandis que l'autre désignation, celle d'*ashwattha*, paraît être, tout au moins à l'origine, celle de l'arbre droit, bien que la distinction n'ait pas toujours été faite aussi nettement par la suite ; ce mot *ashwattha* est interprété comme signifiant la « station du cheval » (*ashwa-stha*), celui-ci, qui est ici le symbole d'*Agni* ou du Soleil, ou de l'un et de l'autre tout à la fois, devant être considéré comme parvenu au terme de sa course et s'arrêtant quand l'« Axe du Monde » a été atteint [572]. Nous rappellerons à ce propos que, dans diverses traditions, l'image du soleil est aussi liée à celle de l'arbre d'une autre façon, car il y est représenté comme le fruit de l'« Arbre du Monde » ; il quitte son arbre au début d'un cycle et vient s'y reposer à la fin, de sorte que, dans ce cas encore, l'arbre est effectivement la « station du Soleil » [573].

Pour ce qui est d'*Agni*, il y a encore quelque chose de plus : il est lui-même identifié à l'« Arbre du Monde », d'où son nom de *Vanaspati* ou « Seigneur des arbres » ; et cette identification, qui confère à l'« Arbre » axial une nature ignée, l'apparente visiblement au « Buisson ardent », qui, d'ailleurs, en tant que lieu et

---

570 L'assimilation de l'homme à un arbre, mais sans allusion à une position inversée de celui-ci, joue un assez grand rôle dans le rituel du Carbonarisme.
571 Cf. *Aitarêya Brahmana*, VII, 30 ; *Shatapatha Brâhmana*, XII, 2, 7, 3.
572 De même, suivant la tradition grecque, les aigles, autre symbole solaire, partis des extrémités de la terre, s'arrêtèrent à l'*Omphalos* de Delphes, représentant le « Centre du Monde ».
573 Voir *Le Symbolisme de la Croix*, ch. IX. — Le caractère chinois désignant le coucher du soleil le représente se reposant sur son arbre à la fin du jour.

support de manifestation de la Divinité, doit être conçu aussi comme ayant une position « centrale ». Nous avons parlé précédemment de la « colonne de feu » ou de la « colonne de fumée » d'*Agni* comme remplaçant, dans certains cas, l'arbre ou le pilier comme représentation « axiale » ; la remarque qui vient d'être faite achève d'expliquer cette équivalence et de lui donner toute sa signification [574]. A. K. Coomaraswamy cite à ce sujet un passage du *Zohar* où l'« Arbre de Vie », qui y est d'ailleurs décrit comme « s'étendant d'en haut vers le bas », donc comme inversé, est représenté comme un « Arbre de Lumière », ce qui s'accorde entièrement avec cette même identification ; et nous pouvons y ajouter une autre concordance tirée de la tradition islamique et qui n'est pas moins remarquable. Dans la *Sûrat En-Nûr* [575], il est parlé d'un « arbre béni », c'est-à-dire chargé d'influences spirituelles [576], qui n'est « ni oriental ni occidental », ce qui définit nettement sa position comme « centrale » ou « axiale [577] » ; et cet arbre est un olivier dont l'huile entretient la lumière d'une lampe ; cette lumière symbolise la lumière d'*Allah*, qui en réalité est *Allah* lui-même, car, ainsi qu'il est dit au début du même verset, « *Allah* est la Lumière des cieux et de la terre ». Il est évident que, si l'arbre est ici un olivier, c'est à cause du pouvoir éclairant de l'huile qui en est tirée, donc de la nature ignée et lumineuse qui est en lui ; c'est donc bien, ici encore, l'« Arbre de Lumière » dont il vient d'être question. D'autre part, dans l'un au moins des textes hindous qui décrivent l'arbre inversé [578], celui-ci est expressément identifié à *Brahma* ; s'il l'est par ailleurs à *Agni* il n'y a là aucune contradiction, car *Agni*, dans la tradition vêdique, n'est qu'un des noms et des aspects de *Brahma* ; dans le texte

---

[574] On peut remarquer que cette « colonne de feu » et cette « colonne de fumée » se retrouvent exactement dans celles qui guidèrent alternativement les Hébreux à leur sortie d'Égypte (*Exode*, XIV) et qui étaient d'ailleurs une manifestation de la *Shekinah* ou de la « Présence divine ».

[575] *Qorân*, XXIV, 35.

[576] Dans la Kabbale hébraïque, ces mêmes influences spirituelles sont symbolisées par la « rosée de lumière », qui émane de l'« Arbre de Vie ».

[577] De même, et au sens le plus littéralement « géographique », le Pôle n'est situé ni à l'orient ni à l'occident.

[578] *Maîtri Upanishad*, VI, 4.

coranique, c'est *Allah* sous l'aspect de la Lumière qui illumine tous les mondes [579] ; il serait assurément difficile de pousser plus loin la similitude, et nous avons encore là un exemple des plus frappants de l'accord unanime de toutes les traditions.

---

579 Cette Lumière est même, d'après la suite du texte, « lumière sur lumière », donc une double lumière superposée, ce qui évoque la superposition des deux arbres dont nous avons parlé plus haut ; on retrouve encore là « une essence », celle de la Lumière unique, et « deux natures », celle d'en haut et celle d'en bas, ou le non-manifesté et le manifesté, auxquels correspondent respectivement la lumière cachée dans la nature de l'arbre et la lumière visible dans la flamme de la lampe, la première étant le « support » essentiel de la seconde.

Chapitre LII

L'ARBRE ET LE VAJRA [580]

Nous avons considéré plus haut le schéma de l'arbre à trois branches et à trois racines, construit sur le symbole général de l'analogie et susceptible d'être envisagé dans les deux sens opposés ; nous ajouterons encore à ce sujet quelques remarques complémentaires, qui feront mieux ressortir l'étroite connexion existant entre des symboles apparemment différents de l'« Axe du Monde ». En effet, comme il est facile de s'en rendre compte d'après la figure ci-dessous, le schéma dont il s'agit est, au fond, identique à la

Fig. 17

figure du double *vajra*, dont les deux extrémités opposées reproduisent également le symbolisme analogique dont nous avons parlé. Dans une de nos précédentes études où il a été question du *vajra*, nous avions déjà indiqué cette similitude à propos de la triplicité qui se rencontre souvent dans le symbolisme « axial », pour représenter à la fois l'axe même, occupant naturellement la position centrale, et les deux courants cosmiques de droite et de gauche qui l'accompagnent, triplicité dont certaines figurations de l'« Arbre du Monde »

---

[580] Publié dans *É.T.*, mars 1939.

sont un exemple ; nous faisions remarquer que, « dans ce cas, la double triplicité des branches et des racines rappelle même encore plus exactement celle des deux extrémités du *vajra* », qui, comme on le sait, sont en forme de trident ou *trishûla* [581].

Cependant, on pourrait se demander si le rapprochement ainsi établi entre l'arbre et le symbole de la foudre, qui peuvent sembler à première vue être deux choses fort distinctes, est susceptible d'aller encore plus loin que le seul fait de cette signification « axiale » qui leur est manifestement commune ; la réponse à cette question se trouve dans ce que nous avons dit de la nature ignée de l'« Arbre du Monde », auquel *Agni* lui-même, en tant que *Vanas-pati*, est identifié dans le symbolisme vêdique, et dont, par suite, la « colonne de feu » est un exact équivalent comme représentation de l'axe. Il est évident que la foudre est également de nature ignée ou lumineuse ; l'éclair est d'ailleurs un des symboles les plus habituels de l'« illumination », entendue au sens intellectuel ou spirituel. L'« Arbre de Lumière » dont nous avons parlé traverse et illumine tous les mondes ; d'après le passage du *Zohar* cité à ce propos par A. Coomaraswamy, « l'illumination commence au sommet et s'étend en ligne droite à travers le tronc tout entier » ; et cette propagation de la lumière peut facilement évoquer l'idée de l'éclair. Du reste, d'une façon générale, l'« Axe du Monde » est toujours regardé plus ou moins explicitement comme lumineux ; nous avons déjà eu l'occasion de rappeler que Platon, notamment, le décrit comme un « axe lumineux de diamant », ce qui, précisément, se rapporte encore d'une façon directe à un des aspects du *vajra*, puisque celui-ci a à la fois le sens de « foudre » et celui de « diamant » [582].

---

581 *Les armes symboliques*. — Sur les figurations du *vajra*, voir A. K. Cooma-raswamy, *Elements of Buddhist Iconography*.
582 Nous avons aussi, à ce propos, fait un rapprochement avec le symbolisme bouddhique du « Trône de diamant » situé au pied de l'arbre axial ; en tout ceci, il faut considérer dans le diamant, d'un part, sa luminosité, et, de l'autre, le caractère d'indivisibilité et d'inaltérabilité qui est une image de l'immuta-bilité essentielle de l'axe.

Il y a encore autre chose : une des désignations les plus répandues de l'arbre axial, dans les diverses traditions, est celle d'« Arbre de Vie » ; or on sait quelle relation immédiate les doctrines traditionnelles établissent entre la « Lumière » et la « Vie » ; nous n'y insisterons pas davantage, ayant déjà traité cette question [583] ; nous rappellerons seulement encore, comme se rapportant immédiatement à notre sujet, le fait que la Kabbale hébraïque unit les deux notions dans le symbolisme de la « rosée de lumière » émanant de l'« Arbre de Vie ». De plus, dans d'autres passages du *Zohar* que M. Coomaraswamy cite également au cours de son étude sur l'« arbre inversé », et où il est question de deux arbres, l'un supérieur et l'autre inférieur, donc en quelque sorte superposés, ces deux arbres sont désignés respectivement comme l'« Arbre de Vie » et l'« Arbre de Mort ». Ceci, qui rappelle d'ailleurs le rôle des deux arbres symboliques du Paradis terrestre, est encore particulièrement significatif pour compléter le rapprochement que nous avons présentement en vue, car ces significations de « vie » et de « mort » sont effectivement attachées aussi au double aspect de la foudre, représenté par les deux directions opposées du *vajra*, ainsi que nous l'avons expliqué précédemment [584]. Comme nous l'avons dit alors, il s'agit là en réalité, au sens le plus général, du double pouvoir de production et de destruction dont la vie et la mort sont l'expression dans notre monde, et qui est en relation avec les deux phases d'« expir » et d'« aspir » de la manifestation universelle ; et la correspondance de ces deux phases est nettement indiquée aussi dans un des textes du *Zohar* auxquels nous venons de faire allusion, car les deux arbres y sont représentés comme montant et descendant, de façon à prendre en quelque sorte la place l'un de l'autre suivant l'alternance du jour et de la nuit ; cela n'achève-t-il pas de rendre évidente la parfaite cohérence de tout ce symbolisme ?

---

583 *Verbum, Lux et Vita.*
584 Voir *Les armes symboliques.*

Chapitre LIII

L'ARBRE DE VIE ET
LE BREUVAGE D'IMMORTALITÉ[585]

En parlant de l'« Arbre du Monde », nous avons mentionné notamment, parmi ses différentes figurations, l'arbre *Haoma* de la tradition avestique ; celui-ci (et plus précisément le *Haoma* blanc, arbre « paradisiaque », puisque l'autre, le *Haoma* jaune, n'en est qu'un « substitut » ultérieur) est particulièrement en relation avec son aspect d'« Arbre de Vie », car la liqueur qui en est extraite, et qui est appelée aussi *haoma*, est la même chose que le *soma* védique, qui, comme on le sait, s'identifie à l'*amrita* ou « breuvage d'immortalité ». Que le *soma* soit d'ailleurs donné comme extrait d'une simple plante plutôt que d'un arbre, il n'y a là aucune objection valable contre ce rapprochement avec le symbolisme de l'« Arbre du Monde » ; en effet, celui-ci est désigné par de multiples noms, et, à côté de ceux qui se rapportent à des arbres proprement dits, on rencontre aussi celui de « plante » (*oshadhi*) et même celui de « roseau » (*vêtasa* [586]).

Si l'on se reporte au symbolisme biblique du Paradis terrestre, la seule différence notable qu'on y constate à cet égard, c'est que l'immortalité est donnée, non par une liqueur tirée de l'« Arbre de Vie », mais par son fruit même ; il s'agit donc ici d'une « nourriture d'immortalité », plutôt que d'un breuvage [587] ; mais, dans tous les cas, c'est toujours un produit de l'arbre ou de la plante, et un produit dans lequel se trouve concentrée la sève qui est en

---

585 Publié dans *É. T.*, avril 1939.
586 Cf. A. K. Coomaraswamy, *The Inverted Tree*, p. 12.
587 Chez les Grecs, l'« ambroisie », en tant qu'elle est distinguée du « nectar », est aussi une nourriture, bien que son nom soit d'ailleurs étymologiquement identique à celui de l'*amrita*.

quelque sorte l'« essence » même du végétal [588]. Il est aussi à remarquer d'autre part que, de tout le symbolisme végétal du Paradis terrestre, l'« Arbre de Vie » seul subsiste avec ce caractère dans la description de la Jérusalem céleste, alors que tout le reste du symbolisme y est minéral ; et cet arbre porte alors douze fruits qui sont les douze « Soleils », c'est-à-dire l'équivalent des douze *Âdi-tyas* de la tradition hindoue, l'arbre lui-même étant leur commune nature, à l'unité de laquelle ils reviennent finalement [589] ; on se souviendra ici de ce que nous avons dit de l'arbre envisagé comme « station du Soleil », et des symboles figurant le soleil venant se reposer sur l'arbre à la fin d'un cycle. Les *Âdityas* sont les fils d'*Aditi*, et l'idée d'« indivisibilité » qu'exprime ce nom implique évidemment « indissolubilité », donc « immortalité » ; *Aditi* n'est d'ailleurs pas sans rapport, à certains égards, avec l'« essence végétative », par là même qu'elle est considérée comme « déesse de la terre [590] », en même temps qu'elle est par ailleurs la « mère des *Dêvas* » ; et l'opposition d'*Aditi* et de *Diti*, dont procède celle des *Dêvas* et des *Asuras*, peut être rattachée sous le même rapport à celle de l'« Arbre de Vie » et de l'« Arbre de Mort » dont nous avons parlé dans l'étude précédente. Cette opposition se retrouve d'ailleurs dans le symbolisme même du soleil, puisque celui-ci s'identifie aussi à la « Mort » (*Mrityu*) quant à l'aspect sous lequel il est tourné vers le « monde d'en bas [591] », et qu'en même temps il est la « porte d'immortalité », de sorte qu'on pourrait dire que son autre face, celle qui est tournée vers le domaine « extracosmique », s'identifie à l'immortalité même. Cette dernière remarque nous ramène à ce que nous avons dit précédemment au sujet du Paradis terrestre, qui est encore effectivement une partie du « cosmos », mais dont la position est pourtant virtuellement « supracosmique » : ainsi s'explique que, de là, le fruit de l'« Arbre de Vie » puisse être atteint, ce qui revient à dire que l'être qui est parvenu au centre de

---

[588] En sanscrit, le mot *rasa* a à la fois le sens de « sève » et celui d'« essence ».
[589] Cf. *Le Roi du Monde*, ch. IV et XI ; on pourra se reporter aussi à ce que nous y avons dit du « breuvage » d'immortalité, et de ses différents « substituts » traditionnels (*ibid.*, ch. V et VI).
[590] Cf. A. K. Coomaraswamy, *The Inverted Tree*, p. 28.
[591] On pourrait aussi développer à ce propos des considérations sur le rapport du soleil et de ses révolutions avec le temps (*Kâla*) qui « dévore » les êtres manifestés.

notre monde (ou de tout autre état d'existence) a déjà conquis l'immortalité par là même ; et ce qui est vrai du Paradis terrestre l'est naturellement aussi de la Jérusalem céleste, puisque l'un et l'autre ne sont en définitive que les deux aspects complémentaires que prend une seule et même réalité, suivant qu'elle est envisagée par rapport au commencement ou à la fin d'un cycle cosmique.

Il va de soi que toutes ces considérations doivent être rapprochées du fait que, dans les différentes traditions, des symboles végétaux apparaissent comme « gage de résurrection et d'immortalité » : le « rameau d'or » des Mystères antiques, l'acacia qui le remplace dans l'initiation maçonnique, ainsi que les rameaux ou les palmes dans la tradition chrétienne, et aussi du rôle que jouent d'une façon générale, dans le symbolisme, les arbres qui demeurent toujours verts et ceux qui produisent des gommes ou des résines incorruptibles [592]. D'un autre côté, le fait que le végétal est parfois considéré dans la tradition hindoue comme étant de nature « asurique » ne saurait constituer une objection ; en fait, la croissance du végétal est en partie aérienne, mais aussi en partie souterraine, ce qui implique en quelque sorte une double nature, correspondant encore en un certain sens à l'« Arbre de Vie » et à l'« Arbre de Mort ». C'est d'ailleurs la racine, c'est-à-dire la partie souterraine, qui constitue le « support » originel de la végétation aérienne, ce qui correspond à la « priorité » de nature des *Asuras* par rapport aux *Dêvas* ; au surplus, ce n'est assurément pas sans raison que la lutte des *Dêvas* et des *Asuras* est représentée comme se déroulant principalement autour de la possession du « breuvage d'immortalité ».

De la relation étroite du « breuvage d'immortalité » avec l'« Arbre de Vie », il résulte une conséquence fort importante au point de vue plus spécial des sciences traditionnelles : c'est que l'« élixir de vie » est plus proprement en rapport avec ce qu'on peut appeler l'aspect « végétal » de l'alchimie [593], où il correspond à ce qu'est la « pierre philosophale » pour son aspect « minéral » ;

---

592 Cf. *L'Ésotérisme de Dante*, ch. V, et *Le Roi du Monde*, ch. IV.
593 Cet aspect a été développé surtout dans la tradition taoïste, d'une façon plus explicite que partout ailleurs.

on pourrait dire en somme que l'« élixir » est l'« essence végétale » par excellence. On ne doit d'ailleurs pas objecter à cela l'emploi d'une expression telle que celle de « liqueur d'or », qui, tout comme celle de « rameau d'or » que nous rappelions tout à l'heure, fait en réalité allusion au caractère « solaire » de ce dont il s'agit ; il est évident que ce caractère doit avoir son expression dans l'ordre végétal aussi bien que dans l'ordre minéral ; et nous rappellerons encore à cet égard la représentation du soleil comme « fruit de l'Arbre de Vie », fruit qui d'ailleurs est aussi désigné précisément comme une « pomme d'or ». Il est bien entendu que, dès lors que nous envisageons ces choses dans leur principe, c'est surtout symboliquement que nous devons entendre ici le végétal et le minéral, c'est-à-dire qu'il s'agit avant tout de leurs « correspondances », ou de ce qu'ils représentent respectivement dans l'ordre cosmique ; mais d'ailleurs cela n'empêche nullement qu'on puisse aussi les prendre au sens littéral quand on en vient à certaines applications plus particulières. Sous ce dernier rapport, on retrouverait encore sans difficulté l'opposition dont nous avons parlé, liée à la double nature du végétal : c'est ainsi que l'alchimie végétale, dans l'application médicale dont elle est susceptible, a pour « envers », si l'on peut s'exprimer ainsi, la « science des poisons » ; du reste, en vertu même de cette opposition, tout ce qui est « remède » sous un certain aspect est en même temps « poison » sous un aspect contraire [594]. Nous ne pouvons naturellement songer à développer ici tout ce qu'on peut tirer de cette dernière remarque ; mais elle permettra tout au moins d'entrevoir les applications précises auxquelles peut donner lieu, dans un domaine tel que celui de la médecine traditionnelle, un symbolisme aussi « principiel » en lui-même que celui de l'« Arbre de Vie » et de l'« Arbre de Mort ».

---

594 En sanscrit, le mot *visha*, « poison » ou « breuvage de mort », est considéré comme l'antithèse d'*amrita* ou « breuvage d'immortalité ».

Chapitre LIV

LE SYMBOLISME DE L'ÉCHELLE [595]

Nous avons mentionné, précédemment, le symbolisme qui s'est conservé chez les Indiens de l'Amérique du Nord et suivant lequel, les différents mondes étant représentés comme une série de cavernes superposées, les êtres passent d'un monde à l'autre en montant le long d'un arbre central. Un symbolisme semblable se trouve, en divers cas, réalisé par des rites dans lesquels le fait de grimper à un arbre représente l'ascension de l'être suivant l'« axe » ; de tels rites sont védiques aussi bien que « chamaniques », et leur diffusion même est un indice de leur caractère véritablement « primordial ».

L'arbre peut être remplacé ici par quelque autre symbole « axial » équivalent ; le mât d'un navire en est un exemple ; il convient de remarquer, à ce propos, que, au point de vue traditionnel, la construction d'un navire est, au même titre que celle d'une maison ou d'un char, la réalisation d'un « modèle cosmique » ; et il est intéressant aussi de noter que la « hune », placée à la partie supérieure du mât et l'entourant circulairement, tient ici très exactement la place de l'« œil » du dôme, que l'axe est censé traverser en son centre même lorsqu'il n'est pas figuré matériellement. D'autre part, les amateurs de « folklore » pourront remarquer également que le vulgaire « mât de cocagne » des fêtes foraines n'est lui-même rien d'autre que le vestige incompris d'un rite similaire à ceux dont nous venons de parler ; dans ce cas aussi, un détail particulièrement significatif est constitué par le cercle suspendu au haut du mât et qu'il s'agit d'atteindre en y grimpant (cercle que le mât traverse et dépasse d'ailleurs comme celui du navire dépasse la hune et celui du *stûpa* le dôme) ; ce

---

595 Publié dans *É. T.*, mai 1939.

cercle est encore manifestement la représentation de l'« œil solaire », et l'on conviendra que ce n'est certes pas la soi-disant « âme populaire » qui a pu inventer un tel symbolisme !

Un autre symbole très répandu, et qui se rattache immédiatement au même ordre d'idées, est celui de l'échelle, et c'est là encore un symbole « axial » ; comme le dit A. K. Coomaraswamy, « l'Axe de l'Univers est comme une échelle sur laquelle s'effectue un perpétuel mouvement ascendant et descendant [596] ». Permettre l'accomplissement d'un tel mouvement, c'est là, en effet, la destination essentielle de l'échelle ; et puisque, comme nous venons de le voir, l'arbre ou le mât jouent aussi le même rôle, on peut bien dire que l'échelle est à cet égard leur équivalent. D'un autre côté, la forme plus particulière de l'échelle appelle quelques remarques ; ses deux montants verticaux correspondent à la dualité de l'« Arbre de la Science », ou, dans la Kabbale hébraïque, aux deux « colonnes » de droite et de gauche de l'arbre séphirothique ; ni l'un ni l'autre n'est donc proprement « axial », et la « colonne du milieu », qui est véritablement l'axe même, n'est pas figurée de façon sensible (comme dans les cas où le pilier central d'un édifice ne l'est pas davantage) ; mais, par ailleurs, l'échelle tout entière, dans son ensemble, est en quelque sorte « unifiée » par les échelons qui joignent les deux montants l'un à l'autre, et qui, étant placés horizontalement entre ceux-ci, ont forcément leur milieux situés dans l'axe même [597]. On voit que l'échelle offre ainsi un symbolisme très complet : elle est, pourrait-on dire, comme un « pont » vertical s'élevant à travers tous les mondes et permettant d'en parcourir toute la hiérarchie en passant d'échelon en échelon, et, en même temps, les échelons sont les mondes eux-mêmes, c'est-à-dire les différents niveaux ou degrés de l'Existence universelle [598].

---

596 *The Inverted Tree*, p. 20.
597 Dans l'ancien hermétisme chrétien, on trouve, comme équivalent à cet égard, un certain symbolisme de la lettre H, avec ses deux jambages verticaux et le trait horizontal qui les joint.
598 Le symbolisme du « pont », sous ses divers aspects, pourrait naturellement donner lieu à beaucoup d'autres considérations ; on pourrait aussi rappeler, comme ayant certains rapports avec ce dont il s'agit, le symbolisme islamique de la « table gardée » (*el-lawhul-mahfûz*),

Cette signification est évidente dans le symbolisme biblique de l'échelle de Jacob, le long de laquelle les anges montent et descendent ; et l'on sait que Jacob, au lieu où il avait eu la vision de cette échelle, posa une pierre qu'il « dressa comme un pilier », et qui est aussi une figure de l'« Axe du Monde », substituée ainsi en quelque sorte à l'échelle elle-même [599]. Les anges représentent proprement les états supérieurs de l'être ; c'est donc à ceux-ci que correspondent aussi plus particulièrement les échelons, ce qui s'explique par le fait que l'échelle doit être considérée comme ayant son pied posé sur la terre, c'est-à-dire que, pour nous, c'est nécessairement notre monde même qui est le « support » à partir duquel l'ascension doit s'effectuer. Si même on supposait que l'échelle se prolonge souterrainement pour comprendre la totalité des mondes comme elle le doit en réalité, sa partie inférieure serait en tout cas invisible, comme l'est, pour les êtres parvenus à une « caverne » située à un certain niveau, toute la partie de l'arbre central qui s'étend au dessous de celle-ci ; en d'autres termes, les échelons inférieurs ayant été déjà parcourus, il n'y a plus lieu de les envisager effectivement en ce qui concerne la réalisation ultérieure de l'être, dans laquelle ne pourra intervenir que le parcours des échelons supérieurs.

C'est pourquoi, surtout quand l'échelle est employée comme un élément de certains rites initiatiques, ses échelons sont expressément considérés comme représentant les différents cieux, c'est-à-dire les états supérieurs de l'être ; c'est ainsi que notamment, dans les mystères mithriaques, l'échelle avait sept échelons qui étaient mis en rapport avec les sept planètes, et qui, dit-on, étaient formés des métaux correspondant respectivement à celles-ci ; et le parcours de ces échelons figurait celui d'autant de grades successifs de l'initiation. Cette échelle à sept échelons se retrouve dans certaines organisations initiatiques du moyen âge, d'où elle passa sans doute plus ou moins directement dans les hauts grades de la maçonnerie écossaise, ainsi que nous l'avons dit ailleurs à propos

---

prototype « intemporel » des Écritures sacrées, qui, à partir du plus haut des cieux, descend verticalement en traversant tous les mondes.
599 Cf. *Le Roi du Monde*, ch. IX.

de Dante [600] ; ici, les échelons sont rapportés à autant de « sciences », mais cela ne fait aucune différence au fond, puisque, suivant Dante lui-même, ces « sciences » s'identifient aux « cieux [601] ». Il va de soi que, pour correspondre ainsi à des états supérieurs et à des degrés d'initiation, ces sciences ne pouvaient être que des science traditionnelles entendues en leur sens le plus profond et le plus proprement ésotérique, et cela même pour celles d'entre elles dont les noms, pour les modernes, ne désignent plus, en vertu de la dégénérescence à laquelle nous avons souvent fait allusion, que des sciences ou des arts profanes, c'est-à-dire quelque chose qui, par rapport à ces véritables sciences, n'est en réalité rien de plus qu'une écorce vide et un « résidu » privé de vie.

Dans certains cas, on trouve aussi le symbole d'une échelle double, ce qui implique l'idée que la montée doit être suivie d'une redescente ; on monte alors d'un côté par des échelons qui sont des « sciences », c'est-à-dire des degrés de connaissance correspondant à la réalisation d'autant d'états, et on redescend de l'autre ôté par des échelons qui sont des « vertus », c'est-à-dire les fruits de ces mêmes degrés de connaissance appliqués à leurs niveaux respectifs [602]. On peut d'ailleurs remarquer que, même dans le cas de l'échelle simple, l'un des montants peut aussi être regardé d'une certaine façon comme « ascendant » et l'autre comme « descendant », suivant la signification générale des deux courants cosmiques de droite et de gauche avec lesquels ces deux montants sont également en correspondance, en raison même de leur situation « latérale » par rapport à l'axe véritable, qui, pour être invisible, n'en est pas moins l'élément principal du symbole, celui auquel toutes les parties de celui-ci doivent toujours être rapportées si l'on veut en comprendre entièrement la signification.

---

600 *L'Ésotérisme de Dante*, ch. II et III.
601 *Convito*, t. II, ch. XIV.
602 Il faut dire que cette correspondance de la montée et de la redescente semble parfois inversée ; mais cela peut provenir simplement de quelque altération du sens primitif, ainsi qu'il arrive souvent dans l'état plus ou moins confus et incomplet où les rituels initiatiques occidentaux sont parvenus jusqu'à l'époque actuelle.

À ces diverses indications, nous ajouterons encore, pour terminer, celle d'un symbolisme un peu différent qui se rencontre aussi dans certains rituels initiatiques, et qui est la montée d'un escalier en spirale ; dans ce cas, il s'agit, pourrait-on dire, d'une ascension moins directe, puisque, au lieu de s'accomplir verticalement suivant la direction de l'axe même, elle s'accomplit suivant les détours de l'hélice qui s'enroule autour de cet axe, de sorte que son processus apparaît plutôt comme « périphérique » que comme « central » ; mais, en principe, le résultat final doit pourtant être le même, car il s'agit toujours d'une montée à travers la hiérarchie des états de l'être, les spires successives de l'hélice étant encore, comme nous l'avons amplement expliqué ailleurs[603], une représentation exacte des degrés de l'Existence universelle.

---

603 Voir *Le Symbolisme de la Croix.*

Chapitre LV

LE « TROU DE L'AIGUILLE »[604]

Ainsi que nous l'avons dit précédemment, une des représentations du symbole de la « porte étroite » est le « trou de l'aiguille », qui est notamment mentionné avec cette signification dans un texte évangélique bien connu [605]. L'expression anglaise *needle's eye*, littéralement « œil de l'aiguille », est particulièrement significative à cet égard, car elle relie plus directement ce symbole à quelques-uns de ses équivalents, comme l'« œil » du dôme dans le symbolisme architectural : ce sont là des figurations diverses de la « porte solaire », qui elle-même est aussi désignée comme l'« Œil du Monde ». On remarquera aussi que l'aiguille, quand elle est placée verticalement, peut être prise comme une figure de l'« Axe du Monde » ; et alors l'extrémité perforée étant en haut, il y a une exacte coïncidence entre cette position de l'« œil » de l'aiguille et celle de l'« œil » du dôme.

Ce même symbole a encore d'autres connexions intéressantes qui ont été signalées par Ananda K. Coomaraswamy [606] dans un *Jâtaka* où il est question d'une aiguille miraculeuse (qui d'ailleurs est en réalité identique au *vajra*), le trou de l'aiguille est désigné en pâli par le mot *pâsa* [607]. Ce mot est le même que le sanscrit *pâsha*, qui a originairement le sens de « nœud » ou de « boucle » ; ceci paraît tout d'abord indiquer, comme l'a remarqué Coomaraswamy, que, à une époque très ancienne, les aiguilles étaient, non pas perforées comme elles l'ont été plus tard, mais simplement recourbées à l'une de leurs extrémités, de façon à former une sorte de boucle dans laquelle on passait le fil ; mais ce qu'il

---

604 Publié dans *É. T.*, janv. 1940.
605 *Saint Matthieu*, XIX, 24.
606 *Some Pâli Words*, s. v. *Pâsa*, pp. 166-167.
607 *Jâtaka*, 3, 282, *pâsê vijjhiwâ*, « percée d'un trou » ou d'un « œil ».

y a de plus important à considérer pour nous, c'est le rapport qui existe entre cette application du mot *pâsha* au trou de l'aiguille et ses autres significations plus habituelles, qui d'ailleurs sont également dérivées de l'idée première de « nœud ».

Le *pâsha*, en effet, est le plus souvent, dans le symbolisme hindou, un « nœud coulant », ou un « lasso » servant à prendre les animaux à la chasse ; sous cette forme, il est un des principaux emblèmes de *Mrityu* ou de *Yama*, et aussi de *Varuna*, et les « animaux » qu'ils prennent au moyen de ce *pâsha*, ce sont en réalité tous les êtres vivants (*pashu*). De là aussi le sens de « lien » : l'animal, dès qu'il est pris, se trouve lié par le nœud coulant qui se resserre sur lui ; de même, l'être vivant est lié par les conditions limitatives qui le retiennent dans son état particulier d'existence manifestée. Pour sortir de cet état de *pashu*, il faut que l'être s'affranchisse de ces conditions, c'est-à-dire, en termes symboliques, qu'il échappe au *pâsha*, ou qu'il passe à travers le nœud coulant sans que celui-ci se resserre sur lui ; c'est encore la même chose que de dire que cet être passe par les mâchoires de la Mort sans qu'elles se referment sur lui [608]. La boucle du *pâsha* est donc bien, comme le dit Coomaraswamy, un autre aspect de la « porte étroite », exactement comme l'« enfilage de l'aiguille » représente le passage de cette même « porte solaire » dans le symbolisme de la broderie ; nous ajouterons que le fil passant par le trou de l'aiguille a aussi pour équivalent dans un autre symbolisme, celui du tir à l'arc, la flèche perçant la cible en son centre ; et celui-ci est d'ailleurs désigné proprement comme le « but », terme qui est encore très significatif sous le même rapport, puisque le passage dont il s'agit, et par lequel s'effectue la « sortie du cosmos », est aussi le but que l'être doit atteindre pour être finalement « délivré » des liens de l'existence manifestée.

Cette dernière remarque nous amène à préciser, avec Coomaraswamy, que c'est seulement en ce qui concerne la « dernière mort », celle qui précède immédiatement la « délivrance », et après laquelle il n'y a pas de retour à un

---

608 Cf. les figurations symboliques de *Shinje*, la forme thibétaine de *Yama*.

état conditionné, que l'« enfilage de l'aiguille » représente véritablement le passage par la « porte solaire », puisque, dans tout autre cas, il ne peut pas encore être question d'une « sortie du cosmos ». Cependant, on peut aussi, analogiquement et en un sens relatif, parler de « passer par le trou de l'aiguille » [609], ou d'« échapper au *pâsha* », pour désigner tout passage d'un état à un autre, un tel passage étant toujours une « mort » par rapport à l'état antécédent, en même temps qu'il est une « naissance » par rapport à l'état conséquent, ainsi que nous l'avons déjà expliqué en maintes occasions.

Il y a encore un autre aspect important du symbolisme du *pâsha* dont nous n'avons pas parlé jusqu'ici : c'est celui sous lequel il se rapporte plus particulièrement au « nœud vital [610] », et il nous reste à montrer comment ceci encore se rattache strictement au même ordre de considérations. En effet, le « nœud vital » représente le lien qui tient rassemblés entre eux les différents éléments constitutifs de l'individualité ; c'est donc lui qui maintient l'être dans sa condition de *pashu*, puisque, lorsque ce lien se défait ou se brise, la désagrégation de ces éléments s'ensuit, et cette désagrégation est proprement la mort de l'individualité, entraînant le passage de l'être à un autre état. En transposant ceci par rapport à la « délivrance » finale, on peut dire que, quand l'être parvient à passer à travers la boucle du *pâsha* sans qu'elle se resserre et le reprenne de nouveau, c'est comme si cette boucle s'était dénouée pour lui, et cela d'une façon définitive ; ce ne sont là, en somme, que deux manières différentes d'exprimer la même chose. Nous n'insisterons pas davantage ici sur cette question du « nœud vital », qui pourrait nous amener à beaucoup d'autres développements ; nous avons indiqué autrefois comment, dans le symbolisme architectural, il a sa correspondance dans le « point sensible » d'un édifice, celui-ci étant l'image d'un être vivant aussi bien que d'un monde, suivant qu'on l'envisage au point de vue « micro-cosmique » ou au point de vue

---

609 Cf. Dante, *Purgatorio*, X, 16.
610 Ce symbole du « nœud vital », dans les rites du compagnonnage, est représenté par une cravate nouée d'une façon spéciale ; l'équivalence avec le nœud coulant ou la boucle du *pâsha* est ici évidente.

« macrocosmique » ; mais, présentement, ce que nous venons d'en dire suffit pour montrer que la « solution » de ce nœud, qui est aussi le « nœud gordien » de la légende grecque, est encore, au fond, un équivalent du passage de l'être à travers la « porte solaire ».

Chapitre LVI

LE PASSAGE DES EAUX[611]

Ananda K. Coomaraswamy a signalé que, dans le bouddhisme comme dans le brâhmanisme, la « Voie du Pèlerin », représentée comme un « voyage », peut être mise de trois façons différentes en rapport avec la rivière symbolique de la vie et de la mort : le voyage peut être accompli, soit en remontant le courant vers la source des eaux, soit en traversant celles-ci vers l'autre rive, soit enfin en descendant le courant vers la mer[612]. Comme il le fait remarquer très justement, cet usage de différents symbolismes, contraires en apparence seulement, et ayant en réalité une même signification spirituelle, s'accorde avec la nature même de la métaphysique, qui n'est jamais « systématique », tout en étant toujours parfaitement cohérente ; il faut donc seulement prendre garde au sens précis dans lequel le symbole de la « rivière », avec sa source, ses rives et son embouchure, doit être entendu dans chacun des cas dont il s'agit.

Le premier cas, celui de la « remontée du courant », est peut-être le plus remarquable à certains égards, car il faut alors concevoir la rivière comme s'identifiant à l'« Axe du Monde » : c'est la « rivière céleste » qui descend vers la terre, et qui, dans la tradition hindoue, est désignée par des noms tels que ceux de *Gangâ* et de *Saraswatî*, qui sont proprement les noms de certains aspects de la *Shakti*. Dans la Kabbale hébraïque cette « rivière de vie » trouve sa correspondance dans les « canaux » de l'arbre séphirothique, par lesquels les influences du « monde d'en haut » sont transmises au « monde d'en bas », et qui sont aussi en relation directe avec la *Shekinah*, qui est en somme l'équivalent

---

611 Publié dans *É. T.*, fév. 1940.
612 *Some Pâli Words*, s. v. *Samudda*, pp. 184-188.

de la *Shakti* ; et il y est question également des eaux qui « coulent vers le haut », ce qui est une expression du retour vers la source céleste, représenté alors, non pas précisément par la remontée du courant, mais par un renversement de la direction de ce courant lui-même. De toute façon, il y bien là un « retournement », qui d'autre part, comme le remarque M. Coomaraswamy, était figuré dans les rites védiques par celui du poteau sacrificiel, autre image de l'« Axe du Monde » ; et l'on voit immédiatement par là que tout ceci se relie étroitement au symbolisme de l'« arbre inversé » dont nous avons parlé précédemment.

On peut encore remarquer qu'il y a là à la fois une ressemblance et une différence avec le symbolisme des quatre fleuves du Paradis terrestre : ceux-ci s'écoulent horizontalement sur la surface de la terre, et non pas verticalement suivant la direction axiale ; mais ils prennent leur source au pied de l'« Arbre de Vie », qui naturellement est encore l'« Axe du Monde », et qui est aussi l'arbre séphirothique de la Kabbale. On peut donc dire que les influences célestes, descendant par l'« Arbre de Vie » et arrivant ainsi au centre du monde terrestre, se répandent ensuite dans celui-ci suivant ces quatre fleuves, ou bien, en remplaçant l'« Arbre de Vie » par la « rivière céleste », que celle-ci, en arrivant à terre, s'y divise et s'écoule suivant les directions de l'espace. Dans ces conditions, la « remontée du courant » pourra être considérée comme s'effectuant en deux phases : la première, dans le plan horizontal, conduit au centre de ce monde ; la seconde, à partir de là, s'accomplit verticalement suivant l'axe, et c'est celle-ci qui était envisagée dans le cas précédent ; ajoutons que ces deux phases successives ont, au point de vue initiatique, leur correspondance dans les domaines respectifs des « petits mystères » et des « grands mystères ».

Le second cas, celui du symbolisme de la traversée d'une rive à l'autre, est sans doute plus habituel et plus généralement connu ; le « passage du pont » (qui peut être aussi celui d'un gué) se retrouve dans presque toutes les traditions, et aussi, plus spécialement, dans certains rituels initiatiques [613] ; la traversée peut aussi s'effectuer sur un radeau ou dans une barque, ce qui se rattache alors au symbolisme très général de la navigation [614]. La rivière qu'il s'agit de traverser ainsi est plus spécialement la « rivière de la mort » ; la rive dont on part est le monde soumis au changement, c'est-à-dire le domaine de l'existence manifestée (considérée le plus souvent en particulier dans son état humain et corporel, puisque c'est de celui-ci qu'actuellement nous devons partir en fait), et l'« autre rive » est le *Nirvâna*, l'état de l'être qui est définitivement affranchi de la mort.

Pour ce qui est enfin du troisième cas, celui de la « descente du courant », l'Océan [615] doit y être considéré, non comme une étendue d'eau à traverser, mais au contraire comme le but même à atteindre, donc comme représentant le *Nirvâna* ; le symbolisme des deux rives est alors différent de ce qu'il était tout à l'heure, et il y a même là un exemple du double sens des symboles, puisqu'il ne s'agit plus de passer de l'une à l'autre, mais bien de les éviter également l'une et l'autre : elles sont respectivement le « monde des hommes » et le « monde des dieux », ou encore les conditions « microcosmiques » (*adhyâtma*) et « macrocosmiques » (*adhidê-vata*). Il y a aussi, pour parvenir au but, d'autres dangers à éviter dans le courant lui-même ; ils sont symbolisés notamment par

---

613 De là la signification symbolique de mots tels que ceux de *Pontifex* et de *Tirthankara*, dont nous avons parlé ailleurs ; de là aussi, en sanscrit, divers termes contenant étymologiquement l'idée de « traverser », y compris celui d'*Avatâra*, qui exprime littéralement une « traversée descendante » (*avata-rana*), c'est-à-dire la « descente » d'un Sauveur.

614 Coomaraswamy note à ce propos que le symbole de la barque salvatrice (en sanscrit *nâvâ*, en latin *navis*) se retrouve dans la désignation de la « nef » d'une église ; cette barque est un attribut de saint Pierre après l'avoir été de Janus, de même que les clefs, ainsi que nous l'avons expliqué ailleurs.

615 *Samudra* (en pâli *samudda*) est littéralement le « rassemblement des eaux », ce qui rappelle la parole de la *Genèse* : « Que les eaux qui sont sous les cieux soient rassemblées en un seul lieu » ; c'est le lieu où vont se réunir toutes les rivières, de même que, dans les divers symbolismes du dôme, de la roue et du parasol, les poutres ou les rayons convergent tous vers la partie centrale.

le crocodile qui se tient « contre le courant », ce qui implique bien que le voyage s'effectue dans le sens de celui-ci ; ce crocodile, aux mâchoires ouvertes duquel il s'agit d'échapper, représente la Mort (*Mrityu*), et, comme tel, il est le « gardien de la Porte », celle-ci étant alors figurée par l'embouchure de la rivière (qu'on devrait plus exactement, comme le dit Coomaraswamy, considérer comme une « bouche » de la mer dans laquelle la rivière se déverse) ; nous avons donc ici encore un autre symbole de la « Porte », s'ajoutant à tous ceux que nous avons eu déjà l'occasion d'étudier.

Chapitre LVII

LES SEPT RAYONS ET L'ARC-EN-CIEL[616]

Nous avons déjà parlé en différentes occasions du symbolisme des « sept rayons » du soleil ; on pourrait se demander si ces « sept rayons » n'ont pas quelque rapport avec ce que l'on désigne ordinairement comme les « sept couleurs de l'arc-en-ciel », car celles-ci représentent littéralement les différentes radiations dont se compose la lumière solaire. Il y a bien un rapport en effet, mais, en même temps, ces soi-disant « sept couleurs » sont un exemple typique de la façon dont une donnée traditionnelle authentique peut être parfois déformée par l'incompréhension commune. Cette déformation, dans un cas comme celui-là, est d'ailleurs assez facilement explicable : on sait qu'il doit y avoir là un septénaire, mais, un de ses termes ne pouvant être trouvé, on lui en substitue un autre qui n'a en réalité aucune raison d'être ; le septénaire semble être ainsi reconstitué, mais il l'est de telle sorte que son symbolisme est entièrement faussé. Si maintenant l'on demande pourquoi un des termes du véritable septénaire échappe ainsi au vulgaire, la réponse est facile aussi : c'est que ce terme est celui qui correspond au « septième rayon », c'est-à-dire au rayon « central » ou « axial », qui passe « à travers le soleil », et que celui-ci, n'étant pas un rayon comme les autres, n'est pas susceptible d'être représenté comme eux [617] ; il a donc par là même, et aussi en raison de tout l'ensemble de ses connexions symboliques et proprement initiatiques, un caractère particulièrement mystérieux ; et, à ce point de vue, on pourrait dire que la substitution dont il s'agit a pour effet de dissimuler le mystère aux yeux des profanes ; peu importe d'ailleurs en cela que son origine

---

616 Publié dans *É. T.*, juin 1940.
617 On pourrait, en se référant au début du *Tao-te-king*, dire que chacun des autres rayons est « une voie », mais que le septième est « la Voie ».

ait été intentionnelle ou qu'elle n'ait été due qu'à une méprise involontaire, ce qui serait sans doute assez difficile à déterminer exactement [618].

En fait, l'arc-en-ciel n'a pas sept couleurs, mais six seulement ; et il n'est pas nécessaire de réfléchir bien longtemps pour s'en rendre compte, car il suffit pour cela de faire appel aux notions les plus élémentaires de la physique : il y a trois couleurs fondamentales, le bleu, le jaune, le rouge, et il y a trois couleurs complémentaires de celles-là, c'est-à-dire respectivement l'orangé, le violet et le vert, soit en tout six couleurs. Il y a aussi, naturellement, une indéfinité de nuances intermédiaires entre ces couleurs, la transition de l'une à l'autre s'opérant en réalité d'une façon continue et insensible ; mais il n'y a évidemment aucune raison valable d'ajouter l'une quelconque de ces nuances à la liste des couleurs, ou alors on pourrait tout aussi bien en considérer ainsi une multitude, et, dans ces conditions, la limitation même des couleurs à sept devient au fond incompréhensible ; nous ne savons si quelques adversaires du symbolisme ont jamais fait cette remarque, mais, en ce cas, il serait bien étonnant qu'ils n'en aient pas profité pour qualifier ce nombre d'« arbitraire ». L'indigo, qu'on a coutume d'énumérer parmi les couleurs de l'arc-en-ciel, n'est en réalité rien de plus qu'une simple nuance intermédiaire entre le violet et le

---

618 Nous avons trouvé, malheureusement sans référence précise, une indication qui est assez curieuse à cet égard : l'empereur Julien fait quelque part allusion au « dieu aux sept rayons » (*Heptaktis*), dont le caractère « solaire » est évident, comme étant, dans l'enseignement des Mystères, un sujet sur lequel il convenait d'observer la plus grande réserve ; s'il était établi que la notion erronée des « sept couleurs » remonte jusqu'à l'antiquité, on pourrait se demander si elle n'a pas été répandue volontairement par les initiés à ces mêmes Mystères, qui auraient trouvé ainsi le moyen d'assurer la conservation d'une donnée traditionnelle sans pourtant en faire connaître extérieurement le véritable sens, dans le cas contraire, il faudrait supposer que le terme substitué a été en quelque sorte inventée par le vulgaire lui-même, qui avait eu simplement connaissance de l'existence d'un septénaire et en ignorait la constitution réelle ; il se peut d'ailleurs que la vérité se trouve dans une combinaison de ces deux hypothèses, car il est très possible que l'opinion actuellement courante sur les « sept couleurs » représente l'aboutissement de plusieurs déformations successives de la donnée initiale.

bleu[619], et il n'y a pas plus de raison pour le regarder comme une couleur distincte qu'il n'y en aurait pour envisager de même tout autre nuance telle que, par exemple, un bleu vert ou jaune ; en outre, l'introduction de cette nuance dans l'énumération des couleurs détruit complètement l'harmonie de la répartition de celles-ci, qui, si l'on s'en rapporte au contraire à la notion correcte, s'effectue régulièrement suivant un schéma géométrique très simple, et en même temps très significatif au point de vue symbolique. En effet, on peut placer les trois couleurs fondamentales aux trois sommets d'un triangle, et les trois couleurs complémentaires à ceux d'un second triangle inverse du premier, de telle façon que chaque couleur fondamentale et sa complémentaire se trouvent placées en des points diamétralement opposés ; et l'on voit que la figure ainsi formée n'est autre que celle du « sceau de Salomon ». Si l'on trace le cercle dans lequel est inscrit le double triangle, chacune des couleurs complémentaires y occupera le point situé au milieu de l'arc compris entre ceux où sont placées les deux couleurs fondamentales par la combinaison desquelles elle est produite (celles-ci étant, bien entendu, les deux couleurs fondamentales autres que celle dont la couleur considérée est la complémentaire) ; les nuances intermédiaires correspondront naturellement à tous les autres points de la circonférence[620], mais, dans le double triangle qui est ici l'essentiel, il n'y a

---

[619] La désignation même de l'« indigo » est manifestement assez moderne, mais il se peut qu'elle ait remplacé ici quelque autre désignation plus ancienne, ou que cette nuance elle-même ait été, à une certaine époque, substituée à une autre pour compléter le septénaire vulgaire des couleurs ; pour le vérifier, il faudrait naturellement entreprendre des recherches historiques assez compliquées, pour lesquelles nous n'avons ni le temps ni les matériaux nécessaires à notre disposition ; mais ce point n'a d'ailleurs pour nous qu'une importance tout à fait secondaire, puisque nous nous proposons seulement de montrer en quoi la conception actuelle exprimée par l'énumération ordinaire des couleurs de l'arc-en-ciel est erronée et comment elle déforme la véritable donnée traditionnelle.

[620] Si l'on voulait envisager une couleur intermédiaire entre chacune des six couleurs principales, comme l'indigo l'est entre le violet et le bleu, on aurait en tout douze couleurs et non pas sept ; et, si l'on voulait pousser encore plus loin la distinction des nuances, il faudrait, toujours pour des raisons de symétrie évidentes, établir un même nombre de divisions dans chacun des intervalles compris entre deux couleurs ; ce n'est là, en somme, qu'une application tout à fait élémentaire du principe de raison suffisante.

évidemment place que pour six couleurs [621]. Ces considérations pourraient même paraître trop simples pour qu'il soit utile de tant y insister mais, à vrai dire, il faut bien souvent rappeler des choses de ce genre pour rectifier les idées communément admises, car ce qui devrait être le plus immédiatement apparent est précisément ce que la plupart des gens ne savent pas voir ; le « bon sens » véritable est bien différent du « sens commun » avec lequel on a la fâcheuse habitude de le confondre, et il est assurément fort loin d'être, comme l'a prétendu Descartes, « la chose du monde la mieux partagée » !

Pour résoudre la question du septième terme qui doit réellement s'ajouter aux six couleurs pour compléter le septénaire, il faut nous reporter à la représentation géométrique des « sept rayons », telle que nous l'avons expliquée en une autre occasion, par les six directions de l'espace, formant la croix à trois dimensions, et le centre lui-même d'où ces directions sont issues. Il importe de noter tout d'abord les étroites similitudes de cette représentation avec celle dont nous venons de parler en ce qui concerne les couleurs : comme celles-ci, les six directions y sont opposées deux à deux, suivant trois lignes droites qui, s'étendant de part et d'autre du centre, correspondent aux trois dimensions de l'espace ; et, si l'on veut en donner une représentation plane, on ne peut évidemment les figurer que par trois diamètres formant la roue à six rayons (schéma général du « chrisme » et des divers autres symboles équivalents) ; or, ces diamètres sont ceux qui joignent les sommets opposés des deux triangles du

---

621 Nous pouvons remarquer en passant que le fait que les couleurs visibles occupent ainsi la totalité de la circonférence et s'y rejoignent sans aucune discontinuité montre qu'elles forment bien réellement un cycle complet (le violet participant à la fois du bleu dont il est voisin et du rouge qui se trouve à l'autre bord de l'arc-en-ciel), et que, par conséquent les autres radiations solaires non visibles, telles que celles que la physique moderne désigne comme des rayons « infrarouges » et « ultraviolets », n'appartiennent aucunement à la lumière et sont d'une nature tout à fait différente de celle-ci ; il n'y donc pas là, comme certains semblent croire, des « couleurs » qu'une imperfection de nos organes nous empêcherait de voir, car ces prétendues couleurs ne pourraient trouver place en aucune partie de la circonférence, et l'on ne saurait assurément soutenir que celle-ci soit une figure imparfaite ou qu'elle présente une discontinuité quelconque.

« sceau de Salomon », de sorte que les deux représentations n'en font qu'une en réalité [622]. Il résulte de là que le septième terme devra, par rapport aux six couleurs, jouer le même rôle que le centre par rapport aux six directions ; et, en fait, il se placera aussi au centre du schéma, c'est-à-dire au point où les oppositions apparentes, qui ne sont réellement que des complémentarismes, se résolvent dans l'unité. Cela revient à dire que ce septième terme n'est pas plus une couleur que le centre n'est une direction, mais que, comme le centre est le principe dont procède tout l'espace avec six directions, il doit aussi être le principe dont les six couleurs sont dérivées et dans lequel elles sont contenues synthétiquement. Ce ne peut donc être que le blanc, qui est effectivement « incolore », comme le point est « sans dimensions » ; il n'apparaît pas dans l'arc-en-ciel, pas plus que le « septième rayon » n'apparaît dans une représentation géométrique ; mais toutes les couleurs ne sont que le produit d'une différenciation de la lumière blanche, de même que les directions de l'espace ne sont que le développement des possibilités contenues dans le point primordial.

Le véritable septénaire est donc formé ici par la lumière blanche et les six couleurs en lesquelles elle se différencie ; et il va de soi que le septième terme est en réalité le premier puisqu'il est le principe de tous les autres, qui sans lui ne pourraient avoir aucune existence ; mais il est aussi le dernier en ce sens que tous rentrent finalement en lui : la réunion de toutes les couleurs reconstitue la lumière blanche qui leur a donné naissance. On pourrait dire que, dans un septénaire ainsi constitué, un est au centre et six à la circonférence ; en d'autres termes, un tel septénaire est formé de l'unité et du sénaire, l'unité correspondant au principe non manifesté et le sénaire à l'ensemble de la manifestation. Nous

---

[622] Signalons encore qu'on pourrait considérer une multitude indéfinie de directions, en faisant intervenir toutes les directions intermédiaires, qui correspondent ainsi aux nuances intermédiaires entre les six couleurs principales ; mais il n'y a lieu d'envisager distinctement que les six directions « orientées » formant le système de coordonnées rectangulaires auquel tout l'espace est rapporté et par lequel il est en quelque sorte « mesuré » tout entier ; sous ce rapport encore, la correspondance entre les six directions et les six couleurs est donc parfaitement exacte.

pouvons faire un rapprochement entre ceci et le symbolisme de la « semaine » dans la *Genèse* hébraïque, car, là aussi, le septième terme est essentiellement différent des six autres : la création, en effet, est l'« œuvre des six jours » et non pas des sept ; et le septième jour est celui du « repos ». Ce septième terme, qu'on pourrait désigner comme le terme « sabbatique », est véritablement aussi le premier, car ce « repos » n'est pas autre chose que la rentrée du Principe créateur dans l'état initial de non-manifestation, état dont, d'ailleurs, il n'est sorti qu'en apparence, par rapport à la création et pour produire celle-ci suivant le cycle sénaire, mais dont, en soi, il n'est jamais sorti en réalité. De même que le point n'est pas affecté par le déploiement de l'espace, bien qu'il semble sortir de lui-même pour en décrire les six directions, ni la lumière blanche par l'irradiation de l'arc-en-ciel, bien qu'elle semble s'y diviser pour en former les six couleurs, de même le Principe non manifesté, sans lequel la manifestation ne saurait être en aucune façon, tout en paraissant agir et s'exprimer dans l'« œuvre des six jours », n'est pourtant aucunement affecté par cette manifestation ; et le « septième rayon » est la « Voie » par laquelle l'être, ayant parcouru le cycle de la manifestation, revient au non-manifesté et est uni effectivement au Principe, dont cependant, dans la manifestation même, il n'a jamais été séparé qu'en mode illusoire.

René Guénon

Chapitre LVIII

JANUA CAELI [623]

Dans son importante étude *Swayamâtrinnâ : Janua Cœli* [624], Ananda K. Coomaraswamy expose le symbolisme de la superstructure de l'autel védique, et plus spécialement des trois briques perforées (*swayamâtrinnâ*) qui en constituent une des parties essentielles. Ces briques, qui peuvent être aussi des pierres (*shar-kara*), devraient en principe, d'après leur désignation, être perforées « d'elles-mêmes », c'est-à-dire naturellement bien que, dans la pratique, cette perforation ait pu parfois être artificielle. Quoi qu'il en soit, il s'agit de trois briques ou pierres de forme annulaire, qui, superposées, correspondent aux « trois mondes » (Terre, Atmosphère et Ciel), et qui, avec trois autres briques représentant les « Lumières universelles » (*Agni*, *Vâyu* et *Âditya*), forment l'Axe vertical de l'Univers. On trouve d'ailleurs sur d'anciennes monnaies indiennes (et des figurations similaires se rencontrent aussi sur certains sceaux babyloniens) une représentation des « trois mondes » sous la forme de trois anneaux reliés entre eux par une ligne verticale qui passe par leurs centres [625].

---

623 Publié dans *É. T.*, janv.-févr. 1946.
624 Dans *Zalmoxis*, t. II (1939).
625 Dans l'architecture islamique, on voit très fréquemment, au sommet d'un minaret ou d'une *qubbah*, un ensemble de trois globes superposés et surmontés d'un croissant ; ces trois globes représentent également trois mondes, qui sont *âlam el-mulk*, *âlam el-malakût* et *âlam el-jabbarût*, et le croissant qui les domine, symbole de la Majesté divine (*El-Jalâl*), correspond au quatrième monde, *âlam el-ezzah* (lequel est « extra-cosmique », donc au-delà de la « porte » dont il est ici question) ; la tige verticale qui supporte tout est évidemment identique au mât d'un *stûpa*, ainsi qu'aux divers autres symboles axiaux similaires dont nous avons parlé en d'autres occasions.

De ces trois briques superposées, la plus basse correspond architecturalement au foyer (auquel l'autel lui-même est d'ailleurs identifié, étant également le lieu de la manifestation d'*Agni* dans le monde terrestre), et la plus haute à l'« œil » ou ouverture centrale du dôme [626] ; elles forment ainsi, comme le dit Coomaraswamy, à la fois une « cheminée » et un « chemin » (et le rapprochement de ces deux mots n'est certes pas dépourvu de signification, même si, comme il est possible, ils ne sont pas directement reliés par l'étymologie) [627], « par où *Agni* s'achemine et nous-mêmes devons nous acheminer vers le Ciel ». En outre, permettant le passage d'un monde à un autre, qui s'effectue nécessairement suivant l'Axe de l'Univers, et cela dans les deux sens opposés, elles sont la voie par laquelle les *Dêvas* montent et descendent à travers ces mondes, en se servant des trois « Lumières universelles » comme d'autant d'échelons, conformément à un symbolisme dont l'exemple le plus connu est celui de l'« échelle de Jacob [628] ». Ce qui unit ces mondes et leur est en quelque sorte commun, quoique sous des modalités diverses, c'est le « Souffle total » (*sarva-prâna*), auquel correspond ici le vide central des briques superposées [629] ; c'est aussi, suivant un autre mode d'expression équivalent au fond, le *sûtrâtmâ* qui, comme nous l'avons déjà expliqué ailleurs, relie tous les états de l'être entre eux et à son centre total, généralement symbolisé par le soleil, de sorte que le *sûtrâtmâ* lui-même est alors représenté comme un « rayon

---

626 Voir *La porte étroite*.

627 Coomaraswamy rappelle à ce propos le cas des personnages « folkloriques » tels que saint Nicolas et les diverses personnifications de Noël qui sont représentés comme descendant et remontant par la cheminée, ce qui, en effet, n'est pas sans présenter un certain rapport avec ce dont il s'agit ici.

628 Voir *Le symbolisme de l'échelle*. — Il est bien entendu que les *Dêvas* sont, dans la tradition hindoue, la même chose que les Anges dans les traditions judéo-chrétienne et islamique.

629 Ceci est évidemment en rapport avec le symbolisme général de la respiration et avec celui des « souffles vitaux ».

solaire », et plus précisément comme le « septième rayon » qui passe directement à travers le soleil [630].

C'est effectivement à ce passage « à travers le Soleil » que se réfère plus proprement le symbolisme de la brique supérieure, puisque celle-ci, comme nous le disions tout à l'heure, correspond à l'« œil » du dôme ou du « toit cosmique » (et nous rappelons à cet égard que le soleil est aussi désigné comme l'« Œil du Monde »), c'est-à-dire à l'ouverture par laquelle s'accomplit (et, en effet, elle ne peut s'accomplir que « par le haut ») la sortie du Cosmos, celui-ci, avec les divers mondes qu'il renferme, étant représenté par tout l'ensemble de l'édifice dans le symbolisme architectural. La correspondance de cette ouverture supérieure dans l'être humain est le *brahma-randhra*, c'est-à-dire l'orifice situé à la couronne de la tête et par lequel l'artère subtile axiale *sushumnâ* est en continuité constante avec le « rayon solaire » appelé également *sushumnâ*, lequel n'est pas autre chose que le *sûtrâtmâ* envisagé dans son rapport particulier avec cet être ; aussi la brique supérieure peut-elle encore être assimilée au crâne de l'« Homme cosmique », si l'on adopte un symbolisme « anthropomorphique » pour représenter l'ensemble du Cosmos. D'autre part, dans le symbolisme zodiacal, cette même ouverture correspond au Capricorne, qui est la « porte des dieux » et se rapporte au *dêva-yâna*, dans lequel est accompli le passage « au-delà du Soleil », tandis que le Cancer est la « porte des hommes » et se rapporte au *pitrî-yâna*, par lequel l'être ne sort pas du Cosmos [631] ; et l'on peut dire encore que ces deux « portes solsticiales » correspondent, pour les êtres qui passent par l'une ou par l'autre, aux cas où la « porte solaire » est respectivement ouverte ou fermée. Comme le précise Coomaraswamy, les deux *yânas*, qui sont ainsi mis en relation avec les deux

---

630 Tout ce symbolisme doit être entendu à la fois au sens macrocosmique et au sens microcosmique, puisqu'il s'applique aussi bien aux mondes envisagés dans leur ensemble, comme on le voit ici, qu'à chacun des êtres qui sont manifestés dans ces mondes. C'est naturellement par le « Cœur », c'est-à-dire par le centre, que s'établit cette connexion de toutes choses avec le soleil ; et l'on sait que le cœur lui-même correspond au soleil et en est comme l'image dans chaque être particulier.
631 Voir *Les portes solsticiales* et *Le symbolisme du Zodiaque chez les pythagoriciens*.

moitiés du cycle annuel, sont rapportés au nord et au sud en tant que le mouvement apparent du soleil est, d'une part, une montée vers le nord en partant du Capricorne, et, d'autre part, une descente vers le sud en partant du Cancer.

C'est donc le soleil, ou plutôt ce qu'il représente dans l'ordre principiel (car il va de soi que c'est du « Soleil spirituel » qu'il s'agit en réalité) [632], qui, en tant qu'« Œil du Monde », est véritablement la « porte du Ciel » ou *Janua Cœli*, décrite aussi en termes variés comme un « trou » [633], comme une « bouche [634] », et encore comme le moyeu de la roue d'un chariot ; la signification axiale de ce dernier symbole est d'ailleurs évidente [635]. Cependant, il y a lieu de faire ici une distinction, afin d'éviter ce qui pourrait, pour certains tout au moins, donner lieu à une confusion : nous avons dit en effet en d'autres occasions, à propos de l'aspect lunaire du symbolisme de Janus (ou plus exactement de *Janus-Jana*, identifié à *Lunus-Luna*), que la Lune est à la fois *Janua Cœli* et *Janua Inferni* ; dans ce cas, au lieu des deux moitiés ascendante et descendante du cycle annuel, il faudrait naturellement, pour établir une correspondance analogue [636], considérer les deux moitiés croissante et décroissante de la lunaison ou du cycle mensuel. Maintenant, si le soleil et la lune peuvent être regardés l'un et l'autre comme *Janua Cœli*, c'est que, en réalité, le ciel, dans les deux cas, n'est pas pris dans le même sens : d'une façon générale, en effet, ce terme peut être employé pour désigner tout ce qui se réfère aux états supra-humains ; mais il est évident qu'il y a une grande différence à faire entre ceux de ces états qui appartiennent

---

632 Coomaraswamy emploie souvent l'expression *Supernal Sun* qu'il ne nous semble pas possible de rendre exactement et littéralement en français.
633 Voir *Le « trou de l'aiguille »*.
634 Nous reviendrons plus particulièrement sur ce point.
635 Les deux roues du « chariot cosmique », placées aux deux extrémités de son essieu (qui est alors l'Axe de l'Univers), sont le ciel et la terre (voir *Le dôme et la roue*) ; c'est naturellement de la roue « céleste » qu'il s'agit ici.
636 Analogue, disons-nous, mais non pas équivalente, car, même dans le cas du *pitrî-yâna*, on ne peut jamais dire que le soleil soit *Janua Inferni*.

encore au Cosmos [637] et ce qui, au contraire, est au-delà du Cosmos. En ce qui concerne la « porte solaire », il s'agit du ciel qu'on peut dire suprême et « extra-cosmique » ; par contre, en ce qui concerne la « porte lunaire », il s'agit seulement du *Swarga*, c'est-à-dire de celui des « trois mondes » qui, tout en étant le plus élevé, est pourtant compris dans le Cosmos aussi bien que les deux autres. Pour revenir à la considération de la plus haute des trois briques perforées de l'autel védique, on peut dire que la « porte solaire » se situe à sa face supérieure (qui est le véritable sommet de l'édifice total), et la « porte lunaire » à sa face inférieure, puisque cette brique elle-même représente le *Swarga* ; d'ailleurs, la sphère lunaire est effectivement décrite comme touchant à la partie supérieure de l'atmosphère ou du monde intermédiaire (*Antariksha*), qui est ici représenté par la brique médiane [638]. On peut donc dire dans les termes de la tradition hindoue, que la « porte lunaire donne accès à l'*Indra-loka* (puisque *Indra* est le régent du *Swarga*) et la « porte solaire » au *Brahma loka* ; dans les traditions de l'antiquité occidentale, à l'*Indra-loka* correspond l'« Élysée » et au *Brahma loka* l'« Empyrée », le premier étant « intra-cosmique » et le second « extra-cosmique » ; et nous devons ajouter que c'est la « porte solaire » seule qui est proprement la « porte étroite » dont nous avons parlé précédemment, et par laquelle l'être, sortant du Cosmos et étant par là

---

[637] Ce sont proprement les états de manifestation informelle ; le Cosmos doit être considéré comme comprenant toute la manifestation tant informelle que formelle, tandis que ce qui est au-delà du Cosmos est le non-manifesté.

[638] Ce monde intermédiaire et la terre (*Bhûmi*) appartiennent tous deux au domaine de l'état humain, dont ils constituent respectivement les modalités subtile et grossière ; c'est pourquoi, comme le remarque très justement Coomaraswamy en signalant la correspondance du symbolisme védique des briques perforées avec celui des jades rituels *pi* et *tsung* de la tradition chinoise, qui représentent respectivement le ciel et la terre, le *pi*, qui est un disque percé en son centre, correspond à la brique supérieure, tandis que le *tsung*, dont la forme est celle d'un cylindre creux à l'intérieur et d'un parallélépipède à base carrée à l'extérieur, doit être considéré comme correspondant à l'ensemble des deux autres briques, le domaine humain tout entier étant ainsi figuré par un seul objet.

même définitivement affranchi des conditions de toute existence manifestée, passe véritablement « de la mort à l'immortalité ».

René Guénon

Chapitre LIX

KÂLA-MUKHA[639]

Au cours de l'étude dont nous venons de parler[640], A. K. Coomaraswamy examine incidemment un autre symbole dont la signification est en rapport avec la *Janua Cæli* : il s'agit d'une « tête de monstre » qui, sous des formes variées et souvent plus ou moins stylisées, se rencontre dans les pays les plus différents, où elle a reçu des noms également divers, notamment ceux de *Kâla-mukha* et *Kîrti-mukha* dans l'Inde, et celui de *T'ao-t'ie* en Chine ; on la retrouve aussi, non seulement au Cambodge et à Java, mais jusque dans l'Amérique centrale, et elle n'est même pas étrangère non plus à l'art européen du moyen âge. Ce qu'il importe de remarquer avant tout, c'est que cette figuration est généralement placée sur le linteau d'une porte ou la clef de voûte d'une arche, ou encore au sommet d'une niche (*torana*) contenant l'image d'une divinité ; d'une façon ou d'une autre, elle apparaît le plus souvent comme liée à l'idée de la porte, ce qui en détermine nettement la valeur symbolique[641].

On a donné de cette figure un certain nombre d'explications (nous ne parlons pas, bien entendu, de ceux qui ne veulent y voir qu'un motif simplement « décoratif »), qui peuvent contenir une part de vérité, mais dont la plupart sont insuffisantes, ne serait-ce qu'en ce qu'elles ne sauraient s'appliquer

---

639 Publié dans *É. T.*, mars-avril 1946.
640 *Swayamâtrinnâ : Janua Cæli*, dans *Zalmoxis*, t. II (1939).
641 Coomaraswamy donne la reproduction d'une figure de *T'ao-t'ie* de l'époque des Han, à laquelle un anneau est comme suspendu, et qui pourrait être regardée en quelque sorte comme le prototype de la forme commune des heurtoirs, en usage jusqu'à nos jours, celle d'un masque d'animal tenant un anneau dans sa bouche ; cet anneau est lui-même ici un symbole de la « porte étroite », comme la gueule ouverte du monstre l'est dans d'autres cas.

indistinctement à tous les cas. Ainsi, M. K. Marchal a remarqué que, dans les figurations qu'il a étudiées plus spécialement, la mâchoire inférieure manquait presque toujours ; joignant à ce fait la forme ronde des yeux [642] et la mise en évidence des dents, il en conclut qu'il a dû s'agir, à l'origine, de l'image d'un crâne humain [643]. Cependant, la mâchoire inférieure n'est pas toujours absente, et elle existe notamment dans le *T'ao-t'ie* chinois, bien qu'elle y présente une apparence assez singulière, comme si elle était coupée en deux parties symétriques qui auraient été rabattues de chaque côté de la tête, ce que M. Carl Hentze explique comme répondant à l'aspect de la dépouille étalée d'un tigre ou d'un ours [644] ; cela peut être exact dans ce cas particulier, mais ne le serait plus ailleurs, où le monstre a une bouche de forme normale et plus ou moins largement ouverte ; et, même en ce qui concerne le *T'ao-t'ie*, cette explication n'a en somme qu'une valeur « historique » et ne touche naturellement en rien à l'interprétation symbolique.

Le *T'ao-t'ie* n'est d'ailleurs en réalité ni un tigre ni un ours, non plus qu'aucun autre animal déterminé, et M. Hentze décrit ainsi le caractère composite de ce masque fantastique : « gueule de carnassier armée de grands crocs, cornes de buffle ou de bélier, face et aigrettes de hibou, moignons d'ailes et griffes d'oiseau de proie, ornement frontal en forme de cigale ». Cette figure est fort ancienne en Chine, puisqu'elle se trouve presque constamment sur les bronzes de la dynastie Chang [645] ; le nom de *T'ao-t'ie*, qu'on traduit habituellement par « glouton » ou par « ogre », paraît ne lui avoir été donné

---

[642] Cette forme est en réalité, très généralement, un caractère de la représentation traditionnelle des entités « terribles » ; c'est ainsi que la tradition hindoue l'attribue aux *Yakshas* et autres génies « gardiens » et la tradition islamique aux *Jinn*.

[643] *The Head of the Monster in Khmer and Far Eastern Decoration*, dans le *Journal of the Indian Society of Oriental Art* (1948).

[644] *Le Culte de l'ours et du tigre et le « T'ao-t'ie »*, dans *Zalmoxis*, t. I (1938).

[645] Cf. H. G. Creel, *Studies in Early Chinese Culture* ; cet auteur insiste particulièrement sur les éléments de cette représentation empruntés au bœuf et au bélier, et il y voit un rapport possible avec le fait que ces animaux étaient, à l'époque des Chang, ceux qui servaient le plus souvent aux sacrifices.

que beaucoup plus tard, mais cette appellation n'en est pas moins juste, car c'est bien d'un monstre « dévorateur » qu'il s'agit en effet. Ceci est également vrai pour ses équivalents appartenant à d'autres traditions, et qui, même s'ils ne présentent pas un caractère aussi composite que le *T'ao-t'ie*, semblent en tout cas ne jamais pouvoir se ramener à la représentation d'un animal unique : ainsi, dans l'Inde, ce peut être un lion (et c'est alors qu'on est convenu de lui donner plus particulièrement le nom de *Kâla*), ou un *Makara* (symbole de *Varuna*, ce qui est à retenir en vue des considérations qui vont suivre), ou même un aigle, c'est-à-dire un *Garuda* ; mais, sous toutes ce formes, la signification essentielle demeure toujours la même.

Quant à cette signification, M. Hentze, dans l'article que nous venons de citer, voit avant tout dans le *T'ao-t'ie* un « démon des ténèbres » ; cela peut être vrai en un certain sens, mais à la condition d'être expliqué et précisé, ainsi qu'il l'a d'ailleurs fait lui-même depuis lors dans un autre travail [646]. Ce n'est point un « démon » au sens ordinaire de ce mot, mais au sens originel de l'*Asura* védique, et les ténèbres dont il s'agit sont en réalité les « ténèbres supérieures [647] » ; en d'autre termes, il s'agit là d'un symbole de l'« Identité Suprême » en tant qu'absorbant et émettant tour à tour la « Lumière du Monde ». Le *T'ao-t'ie* et les autres monstres similaires correspondent donc à *Vritra* et à ses divers équivalents, et aussi à *Varuna*, par qui la lumière ou la pluie est alternativement retenue et relâchée, alternance qui est celle des cycles involutifs et évolutifs de la manifestation universelle [648] ; aussi Coomaraswamy a-t-il pu dire avec raison que cette face, quelles que soient ses apparences diverses, est véritablement la « Face de Dieu » qui à la fois « tue et vivifie » [649]. Ce n'est donc pas précisément une « tête de mort » comme le voudrait M.

---

646 *Die Sakralbronzen und ihre Be-deutung in der Frühchinesischen Kul-turen* (Anvers, 1941). — Nous ne connaissons pas directement cet ouvrage mais nous devons à Coomaraswamy l'indication du sens dans lequel le *T'ao-t'ie* y est interprété.
647 Voir notre étude sur *Les deux nuits*.
648 La lumière et la pluie sont deux symboles des influences célestes ; nous reviendrons sur cette équivalence.
649 *El-Muhyî et El-Mumît* sont deux noms divins dans la tradition islamique.

Marchal, à moins que celle-ci ne soit prise comme un symbole ; mais c'est plutôt, comme le dit encore Coomaraswamy, la « tête de la Mort », c'est-à-dire de *Mrityu*, dont *Kâla* est aussi un des noms [650].

Kâla est proprement le Temps « dévorateur » [651], mais désigne aussi, par transposition, le Principe même en tant que « destructeur », ou plutôt « transformateur », par rapport à la manifestation qu'il ramène à l'état non-manifesté en la résorbant en quelque sorte en lui-même, ce qui est le sens le plus élevé dans lequel la Mort puisse être entendue. Il est aussi assimilé symboliquement au soleil, et l'on sait d'ailleurs que le lion, dont il emprunte le masque (*sinha-mukha*), est plus particulièrement un symbole solaire ; ceci nous ramène à ce que nous avons exposé précédemment au sujet de la *Janua Cœli*, et Coomaraswamy rappelle à ce propos que le Christ, qui dit : « Je suis la Porte », est aussi à la fois le « Lion de Juda » et le « Soleil des hommes » [652]. Dans les églises byzantines, la figure du *Pantokrator* ou du Christ « en majesté » occupe à la voûte la position centrale, c'est-à-dire celle qui correspond précisément à l'« œil » du dôme ; or celui-ci, ainsi que nous l'avons expliqué ailleurs, représente, à l'extrémité supérieure de l'« Axe du Monde », la porte par laquelle s'effectue la « sortie du cosmos » [653].

---

650 Coomaraswamy signale à ce propos des poignées de sabres indonésiennes où sont figurés des monstres dévorateurs ; il est évident qu'un symbole de la Mort est ici particulièrement approprié. D'autre part, on peut aussi faire un rapprochement avec certaines représentations de *Shinje*, la forme thibétaine de *Yama*, tenant devant lui la « roue de l'Existence » et semblant s'apprêter à dévorer tous les êtres qui y sont figurés (voir M. Pallis, *Peaks and Lamas*, p. 146).
651 Ce mot a pour sens premier celui de « noir », ce qui nous ramène encore au symbolisme des « ténèbres », lequel est d'ailleurs applicable, à l'intérieur même de la manifestation, à tout passage d'un état à un autre.
652 La « porte solaire » (*sûrya-dwâ-ra*) est la « porte de la Délivrance » (*mukti-dwâra*) ; la porte (*dwâra*) et la bouche (*mukha*) sont ici des symboles équivalents. Le soleil, en tant que « Face de Dieu », est également représenté par un masque de lion sur un sarcophage chrétien de Ravenne.
653 Voir *La Porte étroite*.

Pour en revenir à *Kâla*, la figuration composite connue à Java sous le nom de *Kâla-makara*, et dans laquelle les traits du lion sont combinés avec ceux du *Makara*, a aussi une signification essentiellement solaire, et en même temps, par son aspect de *Makara*, elle se réfère plus précisément au symbolisme de *Varuna*. En tant que celui ci s'identifie à *Mrityu* ou à *Yama* [654], le *Makara* est le crocodile (*shishumâra* ou *shimshumârî*) aux mâchoires ouvertes qui se tient « contre le courant » représentant la voie unique par laquelle tout être doit passer nécessairement, et qui se présente ainsi comme le « gardien de la porte » qu'il doit franchir pour être libéré des conditions limitatives (symbolisées aussi par le *pâsha de Varuna*) qui le retiennent dans le domaine de l'existence contingente et manifestée [655]. D'autre part, ce même *Makara* est, dans le Zodiaque hindou, le signe du Capricorne, c'est-à-dire la « porte de Dieux » [656] ; il a donc deux aspects apparemment opposés, « bénéfique » et « maléfique » si l'on veut, qui correspondent aussi à la dualité de *Mitra* et de *Varuna* (réunis en un couple indissoluble sous la forme duelle *Mitrâvarunau*), ou du « Soleil diurne » et du « Soleil nocturne », ce qui revient à dire que, suivant l'état auquel est parvenu l'être qui se présente devant lui, sa bouche est pour celui-ci la « porte de la Délivrance » ou les « mâchoires de la Mort [657] ». Ce dernier cas est celui de l'homme ordinaire, qui doit, en passant par la mort, revenir à un autre état de manifestation, tandis que le premier est celui de l'être qui est « qualifié pour

---

654 Voir *Le « trou de l'aiguille »*.
655 Voir *Le passage des eaux*. — Ce crocodile est l'*Ammit* des anciens Égyptiens, monstre qui attend le résultat de la *psychostasis* ou « pesée des âmes » pour dévorer ceux qui n'auront pas satisfait à cette épreuve. C'est aussi ce même crocodile qui, la gueule béante, guette le « fou » de la vingt et unième lame du Tarot ; ce « fou » est généralement interprété comme l'image du profane qui ne sait ni d'où il vient ni où il va, et qui marche aveuglément sans avoir conscience de l'abîme dans lequel il est sur le point de se précipiter.
656 Voir *Quelques aspects du symbolisme du poisson*. — Au lieu de l'aspect du crocodile « dévorateur » le *Makara* revêt alors celui du dauphin « sauveur ».
657 À la dualité *Mitrâvarunau* corres-pond, dans certaines traditions, l'association des symboles de l'Amour et de la Mort, que nous avons eu l'occasion de signaler à propos des « Fidèles d'Amour ». Cette même dualité est aussi, en un certain sens, celle des « deux hémisphères » à laquelle se réfère notamment le symbolisme des Dioscures ; voir *La double spirale*.

passer à travers le milieu du Soleil [658] », par le moyen du « septième rayon », parce qu'il s'est déjà identifié au Soleil lui-même, et qu'ainsi, à la question « qui es-tu ? » qui lui est posée lorsqu'il arrive à cette porte, il peut répondre véritablement : « Je suis Toi. »

---

658 *Jaiminîya Upanishad Brâhma-na*, I, 6, 1.

Chapitre LX

LA LUMIÈRE ET LA PLUIE[659]

Nous venons de faire allusion à un certain rapport existant entre la lumière et la pluie, en tant que l'une et l'autre symbolisent également les influences célestes ou spirituelles. Cette signification est évidente en ce qui concerne la lumière ; pour ce qui est de la pluie, nous l'avons indiquée ailleurs [660], en précisant qu'il s'agit surtout alors de la descente de ces influences dans le monde terrestre, et en faisant remarquer que c'est là en réalité le sens profond, et entièrement indépendant de toute application « magique », des rites très répandus qui ont pour but de « faire la pluie [661] ». La lumière et la pluie ont d'ailleurs toutes deux un pouvoir « vivifiant », qui représente bien l'action des influences dont il s'agit [662] ; à ce caractère se rattache aussi plus particulièrement le symbolisme de la rosée, qui, comme il est naturel, est étroitement connexe de celui de la pluie, et qui est commun à de nombreuses formes traditionnelles, de l'hermétisme [663] et de la Kabbale hébraïque [664] à la tradition extrême orientale [665].

---

659 Publié dans *É. T.*, mai 1946.
660 *La Grande Triade*, ch. XIV.
661 Ce symbolisme de la pluie a été conservé, à travers la tradition hébraïque, jusque dans la liturgie catholique elle-même : *Rorate Cœli desuper, et nubes pluant Justum* (Isaïe, XLV, 8).
662 Voir à ce sujet, en ce qui concerne la lumière, *Aperçus sur l'Initiation*, ch. XLVII.
663 La tradition rosicrucienne associe même tout spécialement la rosée et la lumière, en établissant un rapprochement par assonance entre *Ros-Lux* et *Rosa-Crux*.
664 Nous rappellerons aussi, à ce propos, que le nom de *Metatron*, par les différentes interprétations qui en sont données, est rattaché à la fois à la « lumière » et à la « pluie » ; et le caractère proprement « solaire » de *Metatron* met ceci en rapport direct avec les considérations qui vont suivre.
665 Voir *Le Roi du Monde*, ch. III, et *Le Symbolisme de la Croix*, ch. IX.

Il importe de remarquer que la lumière et la pluie, quand elles sont ainsi envisagées, ne sont pas rapportées seulement au ciel d'une façon générale, mais aussi plus spécialement au soleil ; et ceci est strictement conforme à la nature des phénomènes physiques correspondants, c'est-à-dire de la lumière et de la pluie elles-mêmes entendues dans leur sens littéral. En effet, d'une part, le soleil est bien réellement la source directe de la lumière dans notre monde ; et, d'autre part, c'est lui aussi qui, en faisant évaporer les eaux, les aspire en quelque sorte vers les régions supérieures de l'atmosphère, d'où elles redescendent ensuite en pluie sur la terre. Ce qu'il faut encore noter à cet égard, c'est que l'action du soleil dans cette production de la pluie est due proprement à sa chaleur ; nous retrouvons ainsi les deux termes complémentaires, lumière et chaleur, en lesquels se polarise l'élément igné, ainsi que nous l'avons déjà dit en d'autres occasions ; et cette remarque fournit l'explication du double sens que présente une figuration symbolique qui semble avoir été généralement assez peu comprise.

Le soleil a été souvent représenté, en des temps et des lieux très divers, et jusqu'au moyen âge occidental, avec des rayons de deux sortes, alternativement rectilignes et ondulés ; un exemple remarquable de cette figuration se trouve sur un tablette assyrienne du *British Museum*, datant du Ier siècle avant l'ère chrétienne [666], où le soleil apparaît comme une sorte d'étoile à huit rayons [667] : chacun des quatre rayons verticaux et horizontaux est constitué par deux lignes droites formant entre elles un angle très aigu, et chacun des quatre rayons

---

666 Cette tablette est reproduite dans *The Babylonian Legends of the Creation and the Fight between Bel and the Dragon as told by Assurian Tablets from Nineveh* (publication du *British Museum*).
667 Ce nombre 8 peut avoir ici un certain rapport avec le symbolisme chrétien du *Sol Justitiae* (cf. le symbolisme de la 8ᵉ lame du Tarot) ; le Dieu solaire devant lequel est placée cette figuration tient d'ailleurs dans une de ses mains « un disque et une barre qui sont des représentations conventionnelles de la ligne à mesurer et de la verge de justice » ; au sujet du premier de ces deux emblèmes, nous rappellerons le rapport qui existe entre le symbolisme de la « mesure » et celui des « rayons solaires » (voir *Le Règne de la quantité et les signes des temps* ch. III).

intermédiaires par un ensemble de trois lignes ondulées parallèles. Dans d'autres figurations équivalentes, les rayons ondulés sont formés, comme les rayons droits, de deux lignes se rejoignant à leurs extrémités, et qui reproduisent alors l'aspect bien connu de l'« épée flamboyante [668] » ; dans tous les cas, il va de soi que les éléments essentiels à considérer sont respectivement la ligne droite et la ligne ondulée, auxquelles les deux sortes de rayons peuvent en définitive se réduire dans les représentations les plus simplifiées ; mais quelle est exactement ici la signification de ces deux lignes ?

Tout d'abord, suivant le sens qui peut paraître le plus naturel quand il s'agit d'une figuration du soleil, la ligne droite représente la lumière et la ligne ondulée la chaleur ; ceci correspond d'ailleurs au symbolisme des deux lettres hébraïques *resh* et *shin*, en tant qu'éléments respectifs des racines *ar* et *ash*, qui expriment précisément ces deux modalités complémentaires du feu [669]. Seulement, ce qui semble compliquer les choses, c'est que, d'un autre côté, la ligne ondulée est aussi très généralement un symbole de l'eau ; dans cette même tablette assyrienne que nous avons mentionnée tout à l'heure, les eaux sont figurées par une série de lignes ondulées tout à fait semblables à celles que l'on voit dans les rayons du soleil. La vérité est que, par suite de ce que nous avons déjà expliqué, il n'y a là aucune contradiction : la pluie, à laquelle convient naturellement le symbole général de l'eau, peut réellement être considérée comme procédant du soleil ; et en outre, comme elle est un effet de la chaleur solaire, sa représentation peut légitimement se confondre avec celle de cette chaleur elle-même [670]. Ainsi, la double radiation que nous envisageons est bien

---

668 Nous signalerons incidemment que cette forme ondulée est parfois aussi une représentation de l'éclair, lequel est d'ailleurs également en rapport avec la pluie, en tant que celle-ci apparaît comme une conséquence de l'action de la foudre sur les nuages, qui libère les eaux contenues dans ceux-ci.
669 Voir Fabre d'Olivet, *La Langue hébraïque restituée*.
670 Suivant le langage de la tradition extrême-orientale, la lumière étant *yang*, la chaleur, considérée comme obscure, est *yin* par rapport à elle, de même que l'eau, d'autre part, est *yin* par rapport au feu ; la ligne droite est donc ici *yang* et la ligne ondulée *yin* à ces deux points de vue également.

lumière et chaleur sous un certain rapport ; mais en même temps, sous un autre rapport, elle est aussi lumière et pluie, par lesquelles le soleil exerce sur toutes choses son action vivifiante.

À propos de cette question, il convient de remarquer encore ceci : le feu et l'eau sont deux éléments opposés, cette opposition n'étant d'ailleurs que l'apparence extérieure d'un complémentarisme ; mais, au-delà du domaine où s'affirment les oppositions, ils doivent, comme tous les contraires, se rejoindre et s'unir d'une certaine façon. Dans le Principe même, dont le soleil est une image sensible, ils s'identifient en quelque sorte, ce qui justifie encore plus complètement la figuration que nous venons d'étudier ; et, même à des niveaux inférieurs à celui-là, mais correspondant à des états de manifestation supérieur au monde corporel auquel appartiennent le feu et l'eau sous l'aspect « grossier » qui donne lieu proprement à leur opposition, il peut encore y avoir entre eux une association équivalent pour ainsi dire à une identité relative. Cela est vrai pour le « eaux supérieures », qui sont les possibilités de la manifestation informelle, et qui, en un certain sens, sont représentées symboliquement par les nuages d'où la pluie descend sur la terre [671], en même temps que le feu y réside sous l'aspect de la foudre [672] ; et cela l'est même encore, dans l'ordre de la

---

671 La pluie doit en effet, pour représenter les influences spirituelles, être regardée comme une eau « céleste », et l'on sait que les Cieux correspondent aux états informels ; l'évaporation des eaux terrestres par la chaleur solaire est d'ailleurs l'image d'une « transformation », de sorte qu'il y a là comme un passage alternatif des « eaux inférieures » aux « eaux supérieures » et inversement.

672 Ceci est à rapprocher de la remarque que nous avons faite plus haut au sujet de l'éclair, et achève de justifier la similitude qui existe entre la représentation de celui-ci et le symbole de l'eau. Dans l'antique symbolisme extrême-oriental, il n'y a qu'une très légère différence entre la figuration du tonnerre (*lei-wen*) et celle des nuages (*yun-wen*) ; l'une et l'autre consistent en des séries de spirales, quelquefois arrondies et quelquefois carrées ; on dit habituellement que les premières sont *yun-wen* et les secondes *lei-wen* mais il existe des formes intermédiaires qui rendent cette distinction très peu sensible en réalité ; et, au surplus, les unes et les autres sont également en connexion avec le symbolisme du Dragon (cf. H. G. Creel,

manifestation formelle, pour certaines possibilités appartenant au domaine subtil. Il est particulièrement intéressant de noter, sous ce rapport, que les alchimistes « entendent par les eaux, les rayons et la lueur de leur feu », et qu'ils donnent le nom d'« ablution » non pas à l'« action de laver quelque chose avec de l'eau ou autre liqueur », mais à une purification qui s'opère par le feu de sorte que « les anciens ont caché cette ablution sous l'énigme de la salamandre, qu'ils disent se nourrir dans le feu, et du lin incombustible [673], qui s'y purifie et s'y blanchit sans s'y consumer [674] ». On peut comprendre par là qu'il soit fait de fréquentes allusions, dans le symbolisme hermétique, à un « feu qui ne brûle pas » et à une « eau qui ne mouille pas les mains », et aussi que le mercure « animé », c'est-à-dire vivifié par l'action du soufre, soit décrit comme une « eau ignée », et parfois même comme un « feu liquide [675] ».

Pour en revenir au symbolisme du soleil, nous ajouterons seulement que les deux sortes de rayons dont nous avons parlé se retrouvent dans certaines figurations symboliques du cœur, et le soleil, ou ce qu'il représente, est en effet regardé comme le « Cœur du Monde », si bien que, là aussi, c'est de la même chose qu'il s'agit en réalité ; mais ceci, en tant que le cœur y apparaît comme un centre de lumière et de chaleur tout à la fois, pourra donner lieu encore à d'autres considérations.

Studies in Early Chinese Culture, pp. 236-237). Notons aussi que cette représentation du tonnerre par des spirales confirme encore ce que nous avons dit ailleurs du rapport existant entre le symbole de la double spirale et celui du *vajra* (*La Grand Triade*, ch. VI).
673 Ce « lin incombustible » (*asbestos*) est en réalité l'amiante.
674 Dom A.-J. Pernéty, *Dictionnaire mytho-hermétique*, p. 2.
675 Voir *La Grande Triade*, ch. XII.

Chapitre LXI

LA CHAÎNE DES MONDES[676]

Il est dit dans la *Bhagavad-Gîtâ* : « Sur Moi toutes choses [677] sont enfilées comme un rang de perles sur un fil [678]. » Il s'agit ici du symbolisme du *sûtrâtmâ*, dont nous avons déjà parlé en d'autres occasions : c'est *Âtmâ* qui, comme un fil (*sûtra*), pénètre et relie entre eux tous les mondes, en même temps qu'il est aussi le « souffle » qui, suivant d'autres textes, les soutient et les fait subsister, et sans lequel ils ne pourraient avoir aucune réalité ni exister en aucune façon. Nous parlons ici des mondes en nous plaçant au point de vue macrocosmique, mais il doit être bien entendu qu'on pourrait tout aussi bien envisager de même, au point de vue microcosmique, les états de manifestation d'un être, et que le symbolisme serait exactement le même dans l'une et l'autre de ces deux applications.

Chaque monde, ou chaque état d'existence, peut être représenté par une sphère que le fil traverse diamétralement, de façon à constituer l'axe qui joint les deux pôles de cette sphère ; on voit ainsi que l'axe de ce monde n'est à proprement parler qu'une portion de l'axe même de la manifestation universelle tout entière, et c'est par là qu'est établie la continuité effective de tous les états qui sont inclus dans cette manifestation. Avant d'aller plus loin dans l'examen de ce symbolisme, nous devons dissiper tout d'abord une assez fâcheuse confusion au sujet de ce qui, dans une telle représentation, doit être considéré comme le « haut » et le « bas » : dans le domaine des apparences « physiques »,

---

[676] Publié dans *É. T.*, juin-juill. et août 1946.
[677] *Sarvam idam*, « ce tout », c'est-à-dire la totalité de la manifestation, comprenant tous les mondes, et non pas seulement « tout ce qui est en ce monde » comme il est dit dans une traduction publiée récemment « d'après Shri Aurobindo ».
[678] *Bhagavad-Gîtâ*, VII, 7.

si l'on part d'un point quelconque de la surface d'une sphère, le bas y est toujours la direction allant vers le centre de cette sphère ; mais on a remarqué que cette direction ne s'arrête pas au centre, qu'elle se continue de là vers le point opposé de la surface, puis au-delà de la sphère elle-même, et on a cru pouvoir dire que la descente devait se poursuivre de même, d'où on a voulu conclure qu'il n'y aurait pas seulement une « descente vers la matière », c'est-à-dire, en ce qui concerne notre monde, vers ce qu'il y a de plus grossier dans l'ordre corporel, mais aussi une « descente vers l'esprit [679] », si bien que s'il fallait admettre une telle conception, l'esprit aurait lui-même un aspect « maléfique ». En réalité, les choses doivent être envisagées d'une tout autre façon : c'est le centre qui, dans une telle figuration, est le point le plus bas [680] et, au-delà de celui-ci, on ne peut que remonter, comme Dante remonta de l'Enfer en continuant à suivre la même direction suivant laquelle sa descente s'était effectuée tout d'abord, ou du moins ce qui paraît géométriquement être la même direction [681], puisque la montagne du Paradis terrestre est située, dans son symbolisme spatial, aux antipodes de Jérusalem [682]. Du reste, il suffit de réfléchir un instant pour se rendre compte qu'autrement la représentation ne saurait être cohérente, car elle ne s'accorderait nullement avec le symbolisme de la pesanteur, dont la considération est particulièrement importante ici, et, en outre, comment ce qui est le bas pour un point de la sphère pourrait-il être en même temps le haut pour le point diamétralement opposé à celui-là, et

---

[679] R.P. V. Poucel, *La Parabole du Monde*, p. III. — L'abus qu'on fait trop souvent de nos jours des mots « esprit » et « spirituel » est certainement pour quelque chose dans cette méprise ; mais il aurait justement fallu dénoncer cet abus au lieu de paraître l'accepter et d'en tirer ainsi des conséquences erronées.

[680] Il est au contraire le point le plus haut quand il y a lieu d'opérer une sorte de retournement de la figure pour faire l'application du « sens inverse », qui est d'ailleurs celui qui correspond au véritable rôle du centre comme tel (voir *La Grande Triade*, ch. XXIII).

[681] Nous faisons cette réserve parce que le passage même par le centre ou le point le plus bas implique en réalité un « redressement » (représenté chez Dante par la façon dont il contourne le corps de Lucifer), c'est-à-dire un changement de direction, ou, plus précisément encore, un changement du sens « qualitatif » dans lequel cette direction est parcourue.

[682] Voir *L'Ésotérisme de Dante*, ch. VII.

comment les choses se seraient-elles présentées si l'on était au contraire parti de ce dernier point [683] ? Ce qui est vrai seulement, c'est que le point d'arrêt de la descente ne se situe pas dans l'ordre corporel, car il y a très réellement de l'« infra-corporel » dans les prolongements de notre monde ; mais cet « infra-corporel », c'est le domaine psychique inférieur, qui non seulement ne saurait être assimilé à quoi que ce soit de spirituel, mais qui est même précisément ce qu'il y a de plus éloigné de toute spiritualité, à tel point qu'il paraîtrait en quelque sorte en être le contraire à tous les égards, si toutefois il était permis de dire que l'esprit a un contraire ; la confusion que nous venons de signaler n'est donc pas autre chose, en définitive, qu'un cas particulier de la confusion trop répandue du psychique et du spirituel [684].

On pourrait seulement objecter à ce que nous venons de dire que, par là même que les états de l'existence manifestée sont hiérarchisés, c'est-à-dire qu'il y a parmi eux des états supérieurs et des états inférieurs les uns par rapport aux autres, il y a aussi, sur le « fil » même qui les unit, une direction allant vers le haut et une direction opposée allant vers le bas. Cela est vrai en un certain sens, mais encore faut-il ajouter, tout d'abord, que cette distinction n'affecte aucunement le *sûtrâtmâ*, qui est partout et toujours identique à lui-même, quelle que soit la nature ou la qualité des états qu'il pénètre et soutient ; ensuite, ceci concerne l'enchaînement même des mondes, et non chacun de ces mondes pris à part et considéré isolément des autres. En fait, un quelconque de ces mondes, dans toute l'extension dont il est susceptible, ne constitue qu'un élément infinitésimal dans l'ensemble de la manifestation universelle, de sorte

---

683 C'est par une erreur tout à fait semblable, mais limitée à l'ordre « physique » et au sens littéral, qu'on s'est parfois représenté les habitants des antipodes comme ayant la tête en bas.
684 Ajoutons à ce propos que, contrairement à ce que dit aussi dans le même passage l'auteur que nous venons de citer, il ne peut y avoir d'« illusion spirituelle » ; la peur constante (et, il faut bien le dire, trop souvent justifiée dans une certaine mesure), qu'ont la plupart des mystiques d'être trompés par le diable, prouve très nettement qu'ils ne dépassent pas le domaine psychique, car, comme nous l'avons déjà expliqué ailleurs, le diable ne peut avoir prise directement que sur celui-ci (et indirectement par là sur le domaine corporel), et tout ce qui appartient réellement à l'ordre spirituel lui est, par sa nature même, absolument fermé.

qu'on devrait, en toute rigueur, regarder sa représentation comme se réduisant à un point ; on pourrait aussi, en appliquant le symbolisme géométrique du sens vertical et du sens horizontal, figurer les mondes par une série indéfinie de disques horizontaux enfilés sur un axe vertical [685] ; de toute façon, on voit ainsi que dans les limites de chaque monde, l'axe ne peut véritablement être atteint qu'en un seul point, et, par suite, ce n'est qu'en sortant de ces limites qu'on peut envisager sur l'axe un haut et un bas, ou une direction descendante.

Nous pouvons ajouter encore une autre remarque : l'axe dont il s'agit est assimilable, suivant un autre symbolisme dont nous avons déjà parlé, au « septième rayon » du soleil ; si l'on représente un monde par une sphère, il ne devrait donc être en réalité aucun des diamètres de cette sphère, car, si l'on envisage les trois diamètres rectangulaires qui forment les axes d'un système de coordonnées à trois dimensions, les six directions opposées deux à deux qu'ils déterminent ne sont que les six autres rayons du soleil ; le « septième rayon » devrait leur être perpendiculaire à tous également, car lui seul, en tant qu'axe de la manifestation universelle, est ce qu'on pourrait appeler la verticale absolue, par rapport à laquelle les axes de coordonnées du monde considéré sont tous relativement horizontaux. Il est évident que ceci n'est pas représentable géométriquement [686], ce qui montre que toute représentation est forcément inadéquate ; du moins, le « septième rayon » ne peut être représenté réellement que par un seul point, qui coïncide avec le centre même de la sphère ; et ceci indique encore que, pour tout être qui est enfermé dans les limites d'un certain monde, c'est-à-dire dans les conditions spéciales d'un certain état d'existence déterminée, l'axe lui-même est véritablement « invisible », et seul peut en être perçu le point qui est sa « trace » dans ce monde. Il va de soi, d'ailleurs, que

---

685 Cette représentation montre nettement aussi que, la continuité étant établie exclusivement par l'axe, la communication entre les différents états ne peut s'opérer effectivement que par leurs centres respectifs.

686 Certains pourraient être tentés de faire intervenir ici la « quatrième dimension », mais celle-ci elle-même n'est pas représentable, parce qu'elle n'est en réalité qu'une construction algébrique exprimée en langage géométrique.

cette dernière observation, nécessaire pour que le symbolisme de l'axe et de ses rapports avec les mondes qu'il relie entre eux puisse être conçu d'une façon aussi complète que possible, n'empêche nullement que, en fait, la « chaîne des mondes » soit représentée le plus habituellement, ainsi que nous l'avons dit en premier lieu, par une série de sphères [687] enfilées à la façon des perles d'un collier [688] ; et, à vrai dire, il ne serait guère possible d'en donner autrement une figuration sensible.

Ce qu'il importe de remarquer encore, c'est que la « chaîne » ne peut être parcourue en réalité que dans un seul sens, correspondant [350] à ce que nous avons appelé la direction ascendante de l'axe ; ceci est particulièrement net lorsqu'on fait usage d'un symbolisme temporel, assimilant les mondes ou les états d'existence à des cycles successifs, de telle sorte que, par rapport à un état donné, les cycles antérieurs représentent les états inférieurs et les cycles postérieurs les états supérieurs, ce qui implique que leur enchaînement doit être conçu comme irréversible. D'ailleurs, cette irréversibilité est également impliquée dans la conception de ce même enchaînement comme ayant un caractère proprement « causal », bien que celle-ci suppose essentiellement la simultanéité et non plus la succession, car dans un rapport entre cause et effet, les deux termes ne peuvent jamais être intervertis ; et, au fond, cette notion d'un enchaînement causal constitue le véritable sens de ce qui est traduit symboliquement par les apparences d'une succession cyclique, le point de vue de la simultanéité répondant toujours à un ordre de réalité plus profond que celui de la succession.

---

687 Dans certains cas, ces sphères sont remplacées par des rondelles perforées en leur centre, et qui correspondent aux disques, considérés comme horizontaux par rapport à l'axe, dont nous avons parlé tout à l'heure.
688 On peut du reste penser légitimement qu'un tel collier a dû lui-même, à l'origine, n'être pas autre chose qu'un symbole de la « chaîne des mondes » puisque, comme nous l'avons dit bien souvent, le fait de n'attribuer à un objet qu'un caractère simplement « décoratif » ou « ornemental » n'est jamais que le résultat d'une certaine dégénérescence entraînant une incompréhension du point de vue traditionnel.

La « chaîne des mondes » est généralement figurée sous une forme circulaire [689] car, si chaque monde est considéré comme un cycle, et symbolisé comme tel par une figure circulaire ou sphérique, la manifestation tout entière, qui est l'ensemble de tous les mondes, apparaîtra elle-même en quelque sorte comme un « cycle des cycles ». Ainsi, non seulement la chaîne pourra être parcourue d'une façon continue depuis son origine jusqu'à sa fin, mais elle pourra ensuite l'être de nouveau, et toujours dans le même sens, ce qui correspond d'ailleurs, dans le déploiement de la manifestation, à un autre niveau que celui où se situe le simple passage d'un monde à un autre [690], et, comme ce parcours peut être poursuivi indéfiniment, l'indéfinité de la manifestation elle-même est exprimée par là d'une façon plus sensible encore. Cependant, il est essentiel d'ajouter que, si la chaîne se ferme [691], le point même où elle se ferme n'est aucunement comparable à ses autres points, car il n'appartient pas à la série des états manifestés ; l'origine et la fin se rejoignent et coïncident, ou plutôt elles ne sont en réalité qu'une seule et même chose, mais il ne peut en être ainsi que parce qu'elles se situent, non point à un niveau

---

689 Cette forme ne s'oppose nullement à la « verticalité » de l'axe ou du fil qui le représente, car, celui-ci devant naturellement être supposé de longueur indéfinie, il est assimilable, en chacune de ses portions, à une droite qui est toujours verticale, c'est-à-dire perpendiculaire au domaine d'existence constitué par le monde qu'elle traverse, domaine qui n'est, comme nous l'avons déjà dit plus haut, qu'un élément infinitésimal de la manifestation, puisque celle-ci comprend nécessairement une multitude indéfinie de tels mondes.

690 Dans les termes de la tradition hindoue, ce passage d'un monde à un autre est un *pralaya*, et le passage par le point où les extrémités de la chaîne se rejoignent est un *mahâpralaya* ; ceci pourrait d'ailleurs s'appliquer aussi analogiquement, à un degré plus particularisé, si, au lieu d'envisager les mondes par rapport à la totalité de la manifestation, on envisageait seulement les différentes modalités d'un certain monde par rapport à l'intégralité de ce même monde.

691 Peut-être serait-il plus exact en un sens de dire qu'elle paraît se fermer, pour éviter de laisser supposer qu'un nouveau parcours de cette chaîne puisse n'être qu'une sorte de répétition du parcours précédent, ce qui est une impossibilité ; mais, en un autre sens ou sous un autre rapport, elle se ferme bien réellement, en ce que, au point de vue principiel (et non plus au point de vue de la manifestation), la fin est nécessairement identique à l'origine.

quelconque de la manifestation, mais au-delà de celle-ci et dans le Principe même [692].

Dans différentes formes traditionnelles, le symbole le plus habituel de la « chaîne des mondes » est le chapelet ou le rosaire ; et nous ferons tout d'abord remarquer à ce propos, en connexion avec ce que nous avons dit au début sur le « souffle » qui soutient les mondes, que la formule prononcée sur chaque grain correspond, en principe tout au moins, sinon toujours en fait, à une respiration, dont les deux phases symbolisent respectivement, comme on le sait, la production d'un monde et sa résorption. L'intervalle entre deux respirations, correspondant naturellement au passage d'un grain à un autre, en même temps qu'à un instant de silence, représente par là même un *pralaya* ; le sens général de ce symbolisme est donc assez clair, quelles que soient d'ailleurs les formes plus particulières qu'il peut revêtir suivant les cas. Il faut aussi remarquer que l'élément le plus essentiel, en réalité, est ici le fil qui relie les grains entre eux ; cela peut même sembler tout à fait évident, puisqu'il ne peut y avoir de rosaire s'il n'y a tout d'abord ce fil sur lequel les grains viennent ensuite s'enfiler « comme les perles d'un collier ». Si cependant, il est nécessaire d'attirer l'attention là-dessus, c'est que, au point de vue extérieur, on voit les grains plutôt que le fil ; et ceci même est encore très significatif, puisque ce sont les grains qui représentent la manifestation, tandis que le *sûtrâtmâ*, représenté par le fil, est en lui-même non manifesté.

Dans l'Inde, le rosaire est appelé *aksha-mâlâ* ou « guirlande d'*akshas* » (et aussi *aksha-sûtra*) ; mais que faut-il entendre exactement par *aksha* ? Cette question, à vrai dire, est assez complexe [693] ; la racine verbale *aksh*, dont ce mot est dérivé, signifie atteindre, pénétrer, passer à travers, d'où, pour *aksha*, le sens premier d'« axe » ; et d'ailleurs ce mot et celui d'« axe » lui-même sont manifestement identiques. On peut tout de suite, en se reportant aux

---

692 On pourra se reporter ici à ce que nous avons dit dans *La jonction des extrêmes*.
693 Nous devons les indications qui suivent, sur ce sujet, à l'obligeance d'A. K. Coomaraswamy.

considérations que nous avons déjà exposées, voir là un rapport direct avec la signification essentiellement « axiale » du *sûtrâtmâ* ; mais comment se fait-il qu'*aksha* en soit arrivé à désigner, non plus le fil, mais les grains mêmes du rosaire ? Il faut, pour le comprendre, se rendre compte que, dans la plupart de ses applications secondaires, cette désignation, de l'axe lui-même, a été en quelque sorte transférée (par un passage, pourrait-on dire, du sens actif au sens passif) à ce qu'il traverse, et plus particulièrement à son point de pénétration. C'est ainsi, par exemple, qu'*aksha* est l'« œil » d'une roue, c'est-à-dire son moyen [694] ; et l'idée de l'« œil » (sens que le mot *aksha* a surtout fréquemment dans ses composés) nous ramène d'ailleurs à la conception symbolique de l'axe comme « rayons solaires », illuminant les mondes par là même qu'il les pénètre. *Aksha* est aussi un dé à jouer, apparemment à cause des « yeux » ou points dont sont marquées ses différentes faces [695] ; et c'est également le nom d'une sorte de graine dont sont faits ordinairement les rosaires, parce que la perforation des grains de ceux-ci est aussi un « œil », destiné précisément à permettre le passage du fil « axial [696] ». Cela confirme d'ailleurs encore ce que nous disions tout à l'heure de l'importance primordiale de ce dernier dans le symbole de la « chaîne des mondes », puisque c'est en somme de lui que les grains dont elle se compose reçoivent secondairement leur désignation, de même, pourrait-on dire, que les mondes ne sont réellement « mondes » qu'en tant qu'ils sont pénétrés par le *sûtrâtmâ* [697].

---

694 On se souviendra ici de ce que nous avons dit précédemment sur plusieurs symboles apparentés, tels que l'« œil » du dôme et l'« œil » de l'aiguille.

695 Ce qui est aussi à remarquer, au point de vue de la doctrine des cycles, c'est que les désignations de ces faces, d'après le nombre de leurs points, sont les mêmes que celles des *Yugas*.

696 Le nom de la graine *rudrâksha* est expliqué comme signifiant « ayant un œil rouge » (naturellement et avant la perforation) ; le rosaire est encore appelé *rudrâksha-valaya*, anneau ou cercle de *rudrâkshas*.

697 On sait que le mot sanscrit *loka*, « monde », est étymologiquement en rapport avec la lumière et la vue, et par suite aussi avec le symbolisme de l'« œil » et celui du « rayon solaire ».

Le nombre des grains du rosaire est variable suivant les traditions, et il peut même l'être aussi suivant certaines applications plus spéciales ; mais, dans les formes orientales tout au moins, c'est toujours un nombre cyclique : c'est ainsi notamment, que, dans l'Inde et au Thibet, ce nombre est le plus habituellement 108. En réalité, les états qui constituent la manifestation universelle sont en multitude indéfinie, mais il est évident que cette multitude ne saurait être représentée adéquatement dans un symbole d'ordre sensible comme celui dont il s'agit, et il faut nécessairement que les grains soient en nombre défini [698]. Cela étant, un nombre cyclique convient tout naturellement pour une figure circulaire telle que celle que nous envisageons ici, et qui représente elle-même un cycle, ou plutôt, comme nous l'avons dit précédemment, un « cycle de cycles ».

Dans la tradition islamique, le nombre des grains est de 99, nombre qui est aussi « circulaire » par son facteur 9, et qui ici se réfère en outre aux noms divins [699] ; puisque chaque grain représente un monde, ceci peut également être rapporté aux anges considérés comme « recteurs des sphères [700] », chaque ange représentant ou exprimant en quelque sorte un attribut divin [701] auquel sera ainsi relié plus particulièrement celui des mondes dont il est l'« esprit ». D'autre part, il est dit qu'il manque un grain pour compléter la centaine (ce qui équivaut à ramener la multiplicité à l'unité), puisque $99 = 100 - 1$, et que ce grain, qui

---

698 C'est d'ailleurs d'une façon similaire que, dans le langage même, l'indéfinité est souvent exprimée symboliquement par un nombre tel que dix mille, ainsi que nous l'avons expliqué ailleurs (cf. *Les Principes du Calcul infinitésimal*, ch. I X).

699 Les 99 grains sont de plus partagés en trois séries de 33 ; on retrouve donc ici les multiples dont nous avons déjà signalé l'importance symbolique en d'autres occasions.

700 On se souviendra que, en Occident également, saint Thomas d'Aquin a enseigné expressément la doctrine suivant laquelle *angelus movet stellam* ; cette doctrine était d'ailleurs tout à fait courante au moyen âge, mais elle est de celles que les modernes, même quand ils se disent « thomistes », préfèrent passer sous silence pour ne pas trop heurter les conceptions « mécanistes » communément admises.

701 Bien que nous ayons déjà indiqué ceci à diverses reprises, nous nous proposons d'y revenir encore plus spécialement dans un prochain article.

est celui qui se rapporte au « Nom de l'Essence » (*Ismudh-Dhât*), ne peut être trouvé que dans le Paradis [702] ; c'est là un point qui demande encore quelques explications.

Le nombre 100, comme 10 dont il est le carré, ne peut normalement se référer qu'à une mesure rectiligne et non à un mesure circulaire [703], de sorte qu'il ne peut être compté sur la circonférence même de la « chaîne des mondes » ; mais l'unité manquante correspond précisément à ce que nous avons appelé le point de jonction des extrémités de cette chaîne, point qui, rappelons-le encore, n'appartient pas à la série des états manifestés. Dans le symbolisme géométrique, ce point, au lieu d'être sur la circonférence qui représente l'ensemble de la manifestation, sera au centre même de cette circonférence, la rentrée dans le Principe étant toujours figurée comme un retour au centre [704]. Le Principe, en effet, ne peut apparaître en quelque sorte dans la manifestation que par ses attributs, c'est-à-dire, suivant le langage de la tradition hindoue, par ses aspects « non suprêmes », qui sont, pourrait-on dire encore, les formes revêtues par le *sûtrâtmâ* par rapport aux différents mondes qu'il traverse (bien que, en réalité, le *sûtrâtmâ* ne soit aucunement affecté par ces formes, qui ne sont en définitive que des apparences dues à la manifestation elle-même) ; mais le Principe en soi, c'est-à-dire le « Suprême » (*Paramâtmâ* et non plus *sûtrâtmâ*), ou l'« Essence » envisagée comme absolument indépendante de toute attribution ou détermination quelconque, ne saurait être considéré comme entrant en rapport avec la manifestation, fût-ce en mode illusoire, quoique la manifestation en procède et en dépende entièrement dans

---

[702] Dans la correspondance angélique que nous venons de mentionner, ce centième grain devrait être rapporté à l'« Ange de la Face » (qui est en réalité plus qu'un ange), *Metatron* ou *Er-Rûh*.
[703] Cf. *La Grande Triade*, ch. VIII.
[704] C'est ce « retour » qui est exprimé dans le *Qorân* (II, 156) par les mots *innâ li'Llahi wa innâ ilayhi râjiûn*.

tout ce qu'elle est, sans quoi elle ne serait réelle à aucun degré [705] : la circonférence n'existe que par le centre ; mais le centre ne dépend de la circonférence en aucune façon ni sous aucun rapport. Le retour au centre peut d'ailleurs être envisagé à deux niveaux différents, et le symbolisme du « Paradis » dont nous parlions tout à l'heure est également applicable dans l'un et l'autre cas : si d'abord on considère seulement les modalités multiples d'un certain état d'existence tel que l'état humain, l'intégration de ces modalités aboutira au centre de cet état, lequel est effectivement le Paradis (*El-Jannah*) entendu dans son acception la plus immédiate et la plus littérale ; mais ce n'est là encore qu'un sens relatif, et, s'il s'agit de la totalité de la manifestation, il faut, pour en être affranchi sans aucune trace de l'existence conditionnée, effectuer une transposition du centre d'un état au centre de l'être total, qui est proprement ce qui est désigné par analogie comme le « Paradis de l'Essence » (*Jannatu-dh-Dhât*). Ajoutons que, dans ce dernier cas, le « centième grain » du rosaire est, à vrai dire, le seul qui subsiste, tous les autres étant finalement résorbés en lui : dans la réalité absolue, en effet, il n'y a plus place pour aucun des noms qui expriment « distinctement » la multiplicité des attributs ; il n'y a même plus *Allahumma* (nom équivalent à l'hébreu *Elohim*), qui synthétise cette multiplicité d'attributs dans l'unité de l'Essence ; il n'y a rien d'autre qu'*Allah*, exalté *ammâ yaçifûn*, c'est-à-dire au-delà de tous les attributs, qui sont seulement, de la Vérité divine, les aspects réfractés que les êtres contingents comme tels sont capables d'en concevoir et d'en exprimer.

---

[705] La transcendance absolue du Principe en soi entraîne nécessairement l'« irréciprocité de relation » qui, comme nous l'avons expliqué ailleurs, exclut formellement toute conception « panthéiste » ou « immanentiste ».

Chapitre LXII

LES « RACINES DES PLANTES »[706]

D'après la tradition kabbalistique, parmi ceux qui pénétrèrent dans le *Pardes*[707], il en est certains qui « ravagèrent le jardin », et il est dit que ces ravages consistèrent plus précisément à « couper les racines des plantes ». Pour comprendre ce que cela signifie, il faut se référer avant tout au symbolisme de l'arbre inversé, dont nous avons déjà parlé en d'autres occasions[708] : les racines sont en haut, c'est-à-dire dans le Principe même ; couper ces racines, c'est donc considérer les « plantes », ou les êtres qu'elles symbolisent, comme ayant en quelque sorte une existence et une réalité indépendantes du Principe. Dans le cas dont il s'agit, ces êtres sont principalement les anges, car ceci se rapporte naturellement à des degrés d'existence d'ordre supra-humain ; et il est facile de comprendre quelles peuvent en être les conséquences, notamment pour ce qu'on est convenu d'appeler la « Kabbale pratique ». En effet, l'invocation des anges envisagés ainsi, non comme les « intermédiaires célestes » qu'ils sont au point de vue de l'orthodoxie traditionnelle, mais comme de véritables puissances indépendantes, constitue proprement l'« association » (en arabe *shirk*), au sens que donne à ce mot la tradition islamique, puisque de telle puissances apparaissent alors inévitablement comme associées à la Puissance divine elle-

---

706 Publié dans *É. T.*, sept. 1946.
707 Le *Pardes*, figuré symboliquement comme un « jardin », doit être considéré ici comme représentant le domaine de la connaissance supérieure et réservée : les quatre lettres P R D S, mises en rapport avec les quatre fleuves de l'Éden, désignent alors respectivement les différents sens contenus dans les Écritures sacrées et auxquels correspondent autant de degrés de connaissance ; il va de soi que ceux qui « ravagèrent le jardin » n'étaient parvenus effectivement qu'à un degré où il demeure encore possible de s'égarer.
708 Voir notamment *L'Arbre du Monde*.

même, au lieu d'être simplement dérivées de celle-ci. Ces conséquences se retrouvent aussi, à plus forte raison, dans les applications inférieures qui relèvent du domaine de la magie, domaine où se trouvent d'ailleurs nécessairement enfermés tôt ou tard ceux qui commettent une telle erreur, car, par là même, il ne saurait plus être réellement question pour eux de « théurgie », toute communication effective avec le Principe devenant impossible dès lors que « les racines sont coupées ». Nous ajouterons que les mêmes conséquences s'étendent jusqu'aux formes les plus dégénérées de la magie telles que la « magie cérémonielle » ; seulement, dans ce dernier cas, si l'erreur est toujours essentiellement la même, les dangers effectifs en sont du moins atténués par l'insignifiance même des résultats qui peuvent être obtenus [709]. Enfin, il convient de remarquer que ceci donne immédiatement l'explication de l'un au moins des sens dans lesquels l'origine de semblables déviations est parfois attribuée aux « anges déchus » ; les anges, en effet, sont bien véritablement « déchus » lorsqu'ils sont envisagés de cette façon, puisque c'est de leur participation au Principe qu'ils tiennent en réalité tout ce qui constitue leur être, si bien que, quand cette participation est méconnue, il ne reste plus qu'un aspect purement négatif qui est comme une sorte d'ombre inversée par rapport à cet être même [710].

Suivant la conception orthodoxe, un ange, en tant qu'« intermédiaire céleste », n'est pas autre chose au fond que l'expression même d'un attribut

---

709 Sur la question de la « magie cérémonielle », cf. *Aperçus sur l'initiation*, ch. XX. — L'emploi des noms divins et angéliques sous leurs formes hébraïques est sans doute une des principales raisons qui ont amené A. E. Waite à penser que toute magie cérémonielle devait son origine aux Juifs (*The Secret Tradition in Freemasonry*, pp. 397-399) ; cette opinion ne nous paraît pas entièrement fondée, car la vérité est plutôt qu'il y a là des emprunts faits à des formes de magie plus anciennes et plus authentiques, et que celles-ci, dans le monde occidental, ne pouvait réellement disposer, pour leurs formules, d'aucune langue sacrée autre que l'hébreu.

710 On pourrait dire, et peu importe que ce soit littéralement ou symboliquement, que, dans ces conditions, celui qui croit faire appel à un ange risque fort de voir au contraire un démon apparaître devant lui.

divin dans l'ordre de la manifestation informelle, car c'est là seulement ce qui permet d'établir, à travers lui, une communication réelle entre l'état humain et le Principe même, dont il représente ainsi un aspect plus particulièrement accessible aux êtres qui sont dans cet état humain. C'est d'ailleurs ce que montrent très nettement les noms mêmes des anges, qui sont toujours, en fait, la désignation de tels attributs divins ; c'est ici surtout, en effet, que le nom correspond pleinement à la nature de l'être et ne fait véritablement qu'un avec son essence même. Tant que cette signification n'est pas perdue de vue, les « racines » ne peuvent donc pas être « coupées » ; on pourrait dire, par suite, que l'erreur à cet égard, faisant croire que le nom divin appartient en propre à l'ange comme tel et en tant qu'être « séparé », ne devient possible que quand l'intelligence de la langue sacrée vient à s'obscurcir, et, si l'on se rend compte de tout ce que ceci implique en réalité, on pourra comprendre que cette remarque est susceptible d'un sens beaucoup plus profond qu'il ne le paraît peut-être à première vue [711]. Ces considérations donnent aussi toute sa valeur à l'interprétation kabbalistique de *Malaki*, « Mon ange » ou « Mon envoyé [712] », comme « l'ange dans lequel est Mon nom », c'est-à-dire, en définitive, dans lequel est Dieu même, tout au moins sous quelqu'un de ses aspects « attributifs [713] ». Cette interprétation s'applique en premier lieu et par excellence à *Metatron*, l'« Ange de la Face [714] », ou à *Mikaèl* (dont *Malaki* est

---

[711] Nous rappellerons à ce propos ce que nous avons indiqué plus haut quant à la correspondance des différents degrés de la connaissance avec les sens plus ou moins « intérieurs » des Écritures sacrées ; il est évident qu'il s'agit là de quelque chose qui n'a rien de commun avec le savoir tout extérieur qui est tout ce que peut fournir l'étude d'une langue profane, et même aussi, ajouterons-nous, celle d'une langue sacrée par des procédés profanes tels que ceux des linguistes modernes.

[712] On sait que la signification étymologique du mot « ange » (en grec *aggelos*) est celle d'« envoyé » ou de « messager », et que le mot hébreu correspondant *maleak* a aussi le même sens.

[713] Cf. *Le Roi du Monde*, p. 33. — Au point de vue principiel, c'est l'ange ou plutôt l'attribut qu'il représente qui est en Dieu, mais le rapport apparaît comme inversé à l'égard de la manifestation.

[714] Le nom de *Metatron* est numériquement équivalent au Nom divin *Shaddaï*.

l'anagramme) en tant que, dans son rôle « solaire », il s'identifie d'une certaine façon à Metatron ; mais elle est applicable aussi à tout ange, puisqu'il est véritablement, par rapport à la manifestation, et au sens le plus rigoureux du mot, le « porteur » d'un nom divin, et que même, vu du côté de la « Vérité » (*El-Haqq*), il n'est réellement rien d'autre que ce nom même. Toute la différence n'est ici que celle qui résulte d'une certaine hiérarchie qui peut être établie entre les attributs divins, suivant qu'ils procèdent plus ou moins directement de l'Essence, de sorte que leur manifestation pourra être regardée comme se situant à des niveaux différents, et tel est en somme le fondement des hiérarchies angéliques ; ces attributs ou ces aspects doivent d'ailleurs nécessairement être conçus comme étant en multitude indéfinie dès lors qu'ils sont envisagés « distinctivement » et c'est à quoi correspond la multitude même des anges [715].

On pourrait se demander pourquoi, en tout cela, il est question uniquement des anges, alors que, à la vérité, tout être, quel qu'il soit et à quelque ordre d'existence qu'il appartienne, dépend aussi entièrement du Principe dans tout ce qu'il est, et que cette dépendance, qui est en même temps une participation, est, pourrait-on dire, la mesure même de sa réalité ; et, au surplus, tout être a aussi en lui-même, et plus précisément en son « centre », virtuellement tout au moins, un principe divin sans lequel son existence ne serait pas même une illusion, mais bien plutôt un néant pur et simple. Ceci correspond d'ailleurs exactement à l'enseignement kabbalistique suivant lequel les « canaux » par lesquels les influences émanées du Principe se communiquent aux êtres manifestés ne s'arrêtent point à un certain niveau, mais s'étendent de proche en proche à tous les degrés de l'Existence universelle, et jusqu'aux plus inférieurs [716], si bien que, pour reprendre le précédent symbolisme, il ne saurait

---

[715] Il doit être bien entendu qu'il s'agit ici d'une multitude « transcendantale », et non pas d'une indéfinité numérique (cf. *Les Principes du calcul infinitésimal*, ch. III) ; les anges ne sont aucunement « nombrables », puisqu'ils n'appartiennent pas au domaine d'existence qui est conditionné par la quantité.

[716] Le symbolisme de ces « canaux », descendant ainsi graduellement à travers tous les états, peut aider à comprendre, en les envisageant dans le sens ascendant, comment les êtres situés à un niveau supérieur peuvent, d'une façon générale, jouer un rôle d'« intermédiaire » pour

y avoir nulle part aucun être qui soit assimilable à une « plante sans racines ». Cependant, il est évident qu'il y a des degrés à envisager dans la participation dont il s'agit et que ces degrés correspondent précisément à ceux mêmes de l'Existence ; c'est pourquoi ceux-ci ont d'autant plus de réalité qu'ils sont plus élevés, c'est-à-dire plus proches du Principe (bien qu'il n'y ait assurément aucune commune mesure entre un état quelconque de manifestation, fût-il le plus élevé de tous, et l'état principiel lui-même). Il y a lieu de faire avant tout ici, comme d'ailleurs à tout autre égard, une différence entre le cas des êtres situés dans le domaine de la manifestation informelle ou supra-individuelle, auquel se rapportent les états angéliques, et celui des êtres situés dans le domaine de la manifestation formelle ou individuelle ; et ceci demande encore à être expliqué d'une façon un peu précise.

C'est seulement dans l'ordre informel qu'on peut dire qu'un être exprime ou manifeste véritablement, et aussi intégralement qu'il est possible, un attribut du Principe ; c'est la distinction de ces attributs qui fait ici la distinction même des êtres, et celle-ci peut être caractérisée comme une « distinction sans séparation » (*bhêdâbhêdâ* dans la terminologie hindoue [717]), car il va de soi que, en définitive, tous les attributs sont réellement « un » ; et c'est là aussi la moindre limitation qui soit concevable dans un état qui, étant manifesté, est encore conditionné par là même. D'autre part, la nature de chaque être se ramenant ici en quelque sorte tout entière à l'expression d'un attribut unique, il est évident que cet être possède ainsi, en lui-même, une unité d'un tout autre ordre et bien autrement réelle que l'unité toute relative, fragmentaire et « composite » à la fois, qui appartient aux êtres individuels comme tels ; et, au fond, c'est en raison de cette réduction de la nature angélique à un attribut défini, sans aucune « composition » autre que le mélange d'acte et de puissance

---

ceux qui sont situés à un niveau inférieur, puisque la communication avec le Principe n'est possible pour ceux-ci qu'en passant à travers leur domaine.
717 Cf. *Le Règne de la quantité et les signes des temps*, ch. IX.

qui est nécessairement inhérent à toute manifestation [718], que saint Thomas d'Aquin a pu considérer les différences existant entre les anges comme comparables à des différences spécifiques et non à des différences individuelles [719]. Si maintenant on veut trouver, dans l'ordre de la manifestation formelle, une correspondance ou un reflet de ce que nous venons de dire, ce n'est point les êtres individuels pris chacun en particulier qu'il faudra envisager (et cela résulte assez clairement de notre dernière remarque), mais bien plutôt les « mondes » ou les états d'existence eux-mêmes, chacun d'eux, dans son ensemble et comme « globalement », étant relié plus spécialement à un certain attribut divin dont il sera, s'il est permis de s'exprimer ainsi, comme la production particulière [720] ; et ceci rejoint directement la conception des anges comme « recteur des sphères » et les considérations que nous avons déjà indiquées à ce propos dans notre précédente étude sur la « chaîne des mondes ».

---

718 On pourrait dire que l'être angélique est en acte sous le rapport de l'attribut qu'il exprime, mais en puissance sous le rapport de tous les autres attributs.
719 Cf. *Le Règne de la quantité et les signes des temps*, ch. XI.
720 Il va de soi qu'une telle façon de parler n'est valable que dans la mesure et sous le point de vue où les attributs eux-mêmes peuvent être envisagés « distinctement » (et ils ne peuvent l'être que par rapport à la manifestation), et que l'invisible unité de l'Essence divine même, à laquelle tout se ramène finalement, n'en saurait être aucunement affectée.

René Guénon

Chapitre LXIII

LE SYMBOLISME
DU PONT[721]

Bien que nous ayons déjà parlé du symbolisme du pont en diverses occasions, nous ajouterons encore à ce que nous en avons dit quelques autres considérations, en connexion avec une étude de Doña Luisa Coomaraswamy, sur ce sujet[722], dans laquelle elle insiste particulièrement sur un point qui montre l'étroit rapport de ce symbolisme avec la doctrine du *sûtrâtmâ*. Il s'agit du sens originel du mot *sêtu*, qui est le plus ancien des différents termes sanscrits désignant le pont, et le seul qui se trouve dans le *Rig-Vêda* : ce mot, dérivé de la racine *si*, « attacher », signifie proprement un « lien » ; et, en effet, le pont jeté sur une rivière est bien ce qui relie l'une des rives à l'autre, mais, outre cette remarque d'ordre tout à fait général, il y a encore dans ce qui est impliqué par ce terme quelque chose de beaucoup plus précis. Il faut se représenter le pont comme constitué primitivement par des lianes, qui en sont le modèle naturel le plus orthodoxe, ou par une corde fixée de la même façon que celles-ci, par exemple à des arbres croissant sur les deux rives, qui paraissent ainsi effectivement « attachées » l'une à l'autre par cette corde. Les deux rives représentant symboliquement deux états différents de l'être, il est évident que la corde est ici la même chose que le « fil » qui unit ces états entre eux, c'est-à-dire le *sûtrâtmâ* lui-même ; le caractère d'un tel lien, à la fois ténu et résistant, est aussi une image adéquate de sa nature spirituelle ; et c'est pourquoi le pont, qui est aussi assimilé à un rayon de lumière, est souvent décrit traditionnellement comme aussi étroit que le

---

721 Publié dans *É. T.*, janv.-févr. 1947.
722 *The Perilous Bridge of Welfare*, ans le *Harvard Journal of Asiatic Studies*, numéro d'août 1944.

tranchant d'une épée, ou encore s'il est fait de bois, comme formé d'une seule poutre ou d'un seul tronc d'arbre [723]. Cette étroitesse fait également apparaître le caractère « périlleux » de la voie dont il s'agit, qui est d'ailleurs la seule possible, mais que tous ne réussissent pas à parcourir, et que bien peu même peuvent parcourir sans aide et par leurs propres moyens [724], car il y a toujours un certain danger dans le passage d'un état à un autre ; mais ceci se rapporte surtout au double sens, « bénéfique » et « maléfique », que le pont présente comme tant d'autres symboles, et sur lequel nous allons avoir à revenir tout à l'heure.

Les deux mondes représentés par les deux rives sont, au sens le plus général, le ciel et la terre, qui étaient unis au commencement, et qui furent séparés par le fait même de la manifestation, dont le domaine tout entier est alors assimilé à une rivière ou à une mer s'étendant entre eux [725]. Le pont équivaut donc exactement au pilier axial qui relie le ciel et la terre tout en les maintenant séparés ; et c'est en raison de cette signification qu'il doit être essentiellement conçu comme vertical [726], de même que tous les autres symboles de l'« Axe du Monde », par exemple l'essieu du « chariot cosmique » lorsque les deux roues

---

[723] Rappelons à ce propos le double sens du mot anglais *beam* qui désigne à la fois une poutre et un rayon lumineux, ainsi que nous l'avons déjà fait remarquer ailleurs (*Maçons et Charpentiers* dans *É. T.* de déc. 1946).

[724] C'est là un privilège des seuls « héros solaires » dans les mythes et les contes où figure le passage du pont.

[725] Dans toute application plus restreinte du même symbolisme, il s'agira toujours de deux états qui, à un certain « niveau de référence », seront entre eux dans un rapport correspondant à celui du ciel et de la terre.

[726] À cet égard, et en rapport avec ce qui vient d'être dit, nous rappellerons le « tour de la corde » si souvent décrit, dans lequel une corde lancée en l'air demeure ou paraît demeurer verticale tandis qu'un homme ou un enfant y grimpe jusqu'à disparaître à la vue ; même s'il ne s'agit là, tout au moins le plus habituellement, que d'un phénomène de suggestion, peu importe au point de vue où nous nous plaçons ici, et ce n'en est pas moins, au même titre que l'ascension à un mât, une figuration très significative de ce dont il s'agit.

de celui-ci représentent pareillement le ciel et la terre [727]; ceci établit également l'identité fondamentale du symbolisme du pont avec celui de l'échelle, dont nous avons parlé en un autre occasion [728]. Ainsi, le passage du pont n'est pas autre chose en définitive que le parcours de l'axe, qui seul unit en effet les différents états entre eux ; la rive dont il part est, en fait, ce monde, c'est-à-dire l'état dans lequel l'être qui doit le parcourir se trouve présentement, et celle à laquelle il aboutit, après avoir traversé les autres états de manifestation, est le monde principiel ; l'une des deux rives est le domaine de la mort, où tout est soumis au changement, et l'autre est le domaine de l'immortalité [729].

Nous rappelions tout à l'heure que l'axe relie et sépare tout à la fois le ciel et la terre ; de même, si le pont est bien réellement la voie qui unit les deux rives et permet de passer de l'une à l'autre, il peut cependant être aussi, en un certain sens, comme un obstacle placé entre elles, et ceci nous ramène à son caractère « périlleux ». Cela même est d'ailleurs impliqué encore dans la signification du mot *sêtu*, qui est un lien dans la double acception où on peut l'entendre : d'une

---

727 Mme Coomaraswamy fait remarquer que, s'il y a des cas où le pont est décrit comme ayant la forme d'une arche, ce qui l'identifie plus ou moins explicitement à l'arc-en-ciel, ces cas sont loin d'être en réalité les plus fréquents dans le symbolisme traditionnel. Nous ajouterons que cela même n'est d'ailleurs pas forcément en contradiction avec la conception du pont comme vertical, car, ainsi que nous l'avons dit à propos de la « chaîne des mondes », une ligne courbe de longueur indéfinie peut être assimilée, en chacune de ses portions, à une droite qui sera toujours « verticale », en ce sens qu'elle sera perpendiculaire au domaine d'existence qu'elle traverse ; au surplus, même là où il n'y a pas identification entre le pont et l'arc-en-ciel, ce dernier n'en est pas moins regardé aussi, d'une façon très générale, comme un symbole de l'union du ciel et de la terre.
728 *Le symbolisme de l'échelle*.
729 Il est évident que, dans le symbolisme général du passage des eaux, envisagé comme conduisant « de la mort à l'immortalité », la traversée au moyen d'un pont ou d'un gué ne correspond qu'au cas où ce passage est effectué en allant d'une rive à l'autre, à l'exclusion de ceux où il est décrit, soit comme la remontée d'un courant vers sa source, soit au contraire comme sa descente vers la mer, et où le voyage doit nécessairement s'accomplir par d'autres moyens, par exemple conformément au symbolisme de la navigation, lequel est d'ailleurs applicable à tous les cas (voir *Le passage des eaux*).

part, ce qui rattache deux choses l'une à l'autre, mais aussi, d'autre part, une entrave dans laquelle un être se trouve pris ; une corde peut servir également à ces deux fins, et le pont apparaîtra aussi sous l'un et l'autre aspect, c'est-à-dire en somme comme « bénéfique » ou comme « maléfique », suivant que l'être réussira ou non à le franchir. On peut remarquer que le double sens symbolique du pont résulte encore du fait qu'il peut être parcouru dans les deux directions opposées, alors qu'il ne doit pourtant l'être que dans une seule, celle qui va de « cette rive » vers « l'autre », tout retour en arrière constituant un danger à éviter [730] sauf dans le seul cas de l'être qui, étant déjà affranchi de l'existence conditionnée, peut désormais « se mouvoir à volonté » à travers tous les mondes, et pour lequel un tel retour en arrière n'est d'ailleurs plus qu'une apparence purement illusoire. Dans tout autre cas que celui-là, la partie du pont qui a été déjà parcourue doit normalement être « perdue de vue » et devenir comme si elle n'existait plus, de même que l'échelle symbolique est toujours regardée comme ayant son pied dans le domaine même où se trouve actuellement l'être qui y monte, sa partie inférieure disparaissant pour lui à mesure que s'effectue son ascension [731]. Tant que l'être n'est pas parvenu au monde principiel, d'où il pourra ensuite redescendre dans la manifestation sans en être aucunement affecté, la réalisation ne peut en effet s'accomplir que dans le sens ascendant ; et, pour celui qui s'attacherait à la voie pour elle-même, prenant ainsi le moyen pour la fin, cette voie deviendrait véritablement un obstacle, au lieu de le mener effectivement à la libération, ce qui implique une destruction continuelle des liens le rattachant aux stades qu'il a déjà parcourus,

---

730 De là les allusions qu'on rencontre très fréquemment, dans les mythes et les légendes de toute provenance, au danger de se retourner en chemin et de « regarder en arrière ».

731 Il y a là comme une « résorption » de l'axe par l'être qui le parcourt, ainsi que nous l'avons déjà expliqué dans *La Grande Triade*, à laquelle nous renverrons aussi sur quelques autres points connexes, notamment en ce qui concerne l'identification de cet être avec l'axe lui-même, quel que soit le symbole par lequel celui-ci est représenté, et par conséquent aussi avec le pont, ce qui donne le véritable sens de la fonction « pontificale », et à quoi fait très nettement allusion, entre autres formules traditionnelles, cette phrase du *Mabinogion* celtique citée en épigraphe par Mme Coomaraswamy : « Celui qui veut être Chef, celui-là doit être le Pont. »

jusqu'à ce que l'axe soit finalement réduit au point unique qui contient tout et qui est le centre de l'être total.

Chapitre LXIV

LE PONT ET L'ARC-EN-CIEL[732]

Nous avons signalé, à propos du symbolisme du pont et de sa signification essentiellement « axiale », que l'assimilation entre ce symbolisme et celui de l'arc-en-ciel n'est pas aussi fréquente qu'on le pense habituellement. Il y a assurément des cas où une telle assimilation existe, et un des plus nets est celui qui se rencontre dans la tradition scandinave, où le pont de *Byfrost* est expressément identifié à l'arc-en-ciel. Ailleurs, quand le pont est décrit comme s'élevant dans une partie de son parcours et s'abaissant dans l'autre, c'est-à-dire comme ayant la forme d'une arche, il semble plutôt que, bien souvent, ces descriptions aient été influencées par un rapprochement secondaire avec l'arc-en-ciel, sans impliquer pour cela une véritable identification entre ces deux symboles. Ce rapprochement s'explique d'ailleurs facilement, par là même que l'arc-en-ciel est généralement regardé comme symbolisant l'union du ciel et de la terre ; entre le moyen par lequel s'établit la communication de la terre avec le ciel et le signe de leur union, il y a une connexion évidente, mais qui n'entraîne pas nécessairement une assimilation ou une identification. Nous ajouterons tout de suite que cette signification même de l'arc-en-ciel, qui se retrouve sous une forme ou sous une autre dans la plupart des traditions, résulte directement de sa relation étroite avec la pluie, puisque celle-ci, comme nous l'avons expliqué ailleurs, représente la descente des influences célestes dans le monde terrestre [733].

L'exemple le plus connu en Occident de cette signification traditionnelle de l'arc-en-ciel est naturellement le texte biblique où elle est nettement

---

732 Publié dans *É. T.*, mars 1947.
733 Voir *La lumière et la pluie* ; cf. aussi *La Grande Triade*, ch. XIV.

exprimée [734] ; il y est dit notamment : « Je mettrai mon arc dans la nuée, et il sera pour signe de l'alliance entre moi et la terre » ; mais il est à remarquer que ce « signe d'alliance » n'y est aucunement présenté comme devant permettre le passage d'un monde à l'autre, passage auquel d'ailleurs, dans ce texte, il n'est même pas fait la moindre allusion. Dans d'autres cas, la même signification se trouve exprimée sous des formes très différentes : chez les Grecs, par exemple, l'arc-en-ciel était assimilé à l'écharpe d'Iris, ou peut-être à Iris elle-même à une époque où, dans les figurations symboliques, l'« anthropomorphisme » n'avait pas encore été poussé par eux aussi loin qu'il devait l'être plus tard ; ici, cette signification est impliquée dans le fait qu'Iris était la « messagère des Dieux » et jouait par conséquent un rôle d'intermédiaire entre le ciel et la terre ; mais il va de soi qu'une telle représentation est fort éloignée à tous égards du symbolisme du pont. Au fond, l'arc-en-ciel paraît bien, d'une façon générale, avoir été surtout mis en rapport avec les courants cosmiques par lesquels s'opère un échange d'influence entre le ciel et la terre, beaucoup plus qu'avec l'axe suivant lequel s'effectue la communication directe entre les différents états ; et d'ailleurs ceci s'accorde mieux avec sa forme courbe [735], car, bien que, comme nous l'avons fait remarquer précédemment, cette forme même ne soit pas forcément en contradiction avec une idée de « verticalité », il n'en est pas moins vrai que cette idée ne peut guère être suggérée par des apparences immédiates comme elle l'est au contraire dans le cas de tous les symboles proprement axiaux.

Il faut reconnaître que le symbolisme de l'arc-en-ciel est très complexe en réalité et présente de multiples aspects ; mais, parmi ceux-ci, un des plus importants peut-être, bien qu'il puisse paraître assez étonnant tout d'abord, et en tout cas celui qui se rapporte le plus manifestement à ce que nous venons d'indiquer en dernier lieu, est celui qui l'assimile à un serpent et qui se retrouve dans des traditions fort diverses. On a remarqué que les caractères chinois

---

734 *Genèse*, IX, 12-17.
735 Il est bien entendu qu'une forme circulaire, ou semi-circulaire comme celle de l'arc-en-ciel, peut toujours, à ce point de vue, être regardée comme la projection plane d'une portion d'hélice.

désignant l'arc-en-ciel ont le radical « serpent », bien que cette assimilation ne soit pas exprimée formellement par ailleurs dans la tradition extrême-orientale, de sorte qu'on pourrait voir là comme un souvenir de quelque chose qui remonte probablement très loin [736]. Il semblerait que ce symbolisme n'ait pas été entièrement inconnu des Grecs eux-mêmes, tout au moins dans la période archaïque, car, suivant Homère, l'arc-en-ciel était représenté sur la cuirasse d'Agamemnon par trois serpents azurés, « imitation de l'arc d'Iris, et signe mémorable aux humains que Zeus imprima dans les nues [737] ». En tout cas, dans certaines régions de l'Afrique, et notamment au Dahomey, le « serpent céleste » est assimilé à l'arc-en-ciel, et, en même temps, il est regardé comme le maître des pierres précieuses et de la richesse ; il peut d'ailleurs sembler qu'il y ait là une certaine confusion entre deux aspects différents du symbolisme du serpent, car, si le rôle de maître ou de gardien des trésors est assez souvent attribué en effet, entre autres entités décrites sous des formes variées, à des serpents ou à des dragons, ceux-ci ont alors un caractère souterrain bien plutôt que céleste ; mais il se peut aussi qu'il y ait entre ces deux aspects apparemment opposés une correspondance comparable à celle qui existe entre les planètes et les métaux [738]. D'un autre côté, il est au moins curieux de remarquer que, sous ce rapport, ce « serpent céleste » a une similitude assez frappante avec le « serpent vert » du conte symbolique bien connu de Goethe qui se transforme en pont, puis se fragmente en pierreries ; si ce dernier doit aussi être regardé comme ayant un rapport avec l'arc-en-ciel, on retrouverait dans ce cas l'identification de celui-ci avec le pont, ce qui en somme serait d'autant moins étonnant que Goethe peut fort bien, sur ce point, avoir pensé plus particulièrement à la tradition scandinave. Il faut dire, du reste, que le conte dont il s'agit est fort peu clair, soit quant à la provenance des divers éléments du symbolisme dont Goethe a pu s'inspirer, soit quant à sa signification même, et que toutes les interprétations

---

736 Cf. Arthur Waley, *The Book of Songs*, p. 328.

737 *Iliade*, XI. — Nous regrettons de n'avoir pu trouver la référence d'une façon plus précise, d'autant plus que cette figuration de l'arc-en-ciel par trois serpents semble assez étrange à première vue et mériterait sans doute d'être examinée de plus près.

738 Cf. *Le Règne de la quantité et les signes des temps*, ch. XXII.

qu'on a essayé d'en donner sont réellement peu satisfaisantes dans l'ensemble [739] ; nous ne voulons pas y insister davantage, mais il nous a paru qu'il pouvait n'être pas sans intérêt de marquer occasionnellement le rapprochement quelque peu inattendu auquel il donne lieu [740].

On sait qu'une des principales significations symboliques du serpent se rapporte aux courants cosmiques auxquels nous faisions allusion plus haut, courants qui, en définitive, ne sont pas autre chose que l'effet et comme l'expression des actions et réactions des forces émanées respectivement du ciel et de la terre [741]. C'est là ce qui donne la seule explication plausible de l'assimilation de l'arc-en-ciel au serpent, et cette explication s'accorde parfaitement avec le caractère reconnu d'autre part à l'arc-en-ciel d'être le signe de l'union du ciel et de la terre, union qui en effet est en quelque sorte manifestée par ces courants puisque sans elle ils ne pourraient se produire. Il faut ajouter que le serpent, quand il a cette signification, est le plus souvent associé à des symboles axiaux tels que l'arbre ou le bâton, ce qui est facile à comprendre, car c'est la direction même de l'axe qui détermine celle des courants cosmiques mais sans pourtant que celle-ci se confonde aucunement

---

739 Il y a d'ailleurs souvent quelque chose de confus et de nébuleux dans la façon dont Goethe met en œuvre le symbolisme, et on peut le constater aussi dans l'arrangement qu'il a fait de la légende de Faust ; ajoutons qu'il y aurait plus d'une question à se poser sur les sources auxquelles il a pu puiser plus ou moins directement, ainsi que sur la nature exacte des rattachements initiatiques qu'il a pu avoir en dehors de la maçonnerie.

740 Nous ne pouvons prendre en considération, pour l'assimilation plus ou moins complète du serpent de Goethe à l'arc-en-ciel, la couleur verte qui lui est attribuée, bien que certains aient voulu faire du vert une sorte de synthèse de l'arc-en ciel, parce qu'il en serait la couleur centrale ; mais, en fait, il n'y occupe une position vraiment centrale qu'à la condition d'admettre l'introduction de l'indigo dans la liste des couleurs, et nous avons expliqué précédemment les raisons pour lesquelles cette introduction est en réalité insignifiante et dépourvue de toute valeur au point de vue symbolique (*Les sept rayons et l'arc-en-ciel*). — À ce propos, nous ferons remarquer que l'axe correspond proprement au « septième rayon », et par conséquent à la couleur blanche, tandis que la différenciation même des couleurs de l'arc-en-ciel indique une certaine « extériorité » par rapport à ce rayon axial.

741 Voir *La Grande Triade*, ch. V.

avec celle-là, pas plus que, pour reprendre ici le symbolisme correspondant sous sa forme géométrique la plus rigoureuse, une hélice tracée sur un cylindre ne se confond avec l'axe même de ce cylindre. Entre le symbole de l'arc-en-ciel et celui du pont, une connexion similaire serait en somme celle qu'on pourrait regarder comme la plus normale ; mais, par la suite, cette connexion a amené dans certains cas une sorte de fusion des deux symboles, qui ne serait entièrement justifiée que si l'on considérait en même temps la dualité des courants cosmiques différenciés comme se résolvant dans l'unité d'un courant axial. Cependant, il faut aussi tenir compte du fait que les figurations du pont ne sont pas identiques suivant qu'il est assimilé ou non à l'arc-en-ciel et, à cet égard, on pourrait se demander s'il n'y a pas entre le pont rectiligne [742] et le pont en arche, en principe tout au moins, une différence de signification correspondant d'une certaine façon à celle qui existe, ainsi que nous l'avons indiqué ailleurs, entre l'échelle verticale et l'escalier en spirale [743], différence qui est celle de la voie « axiale » ramenant directement l'être à l'état principiel et de la voie plutôt « périphérique » impliquant le passage distinct à travers une série d'états hiérarchisés, bien que, dans l'un et l'autre cas, le but final soit nécessairement le même [744].

---

742 Nous rappellerons que cette forme rectiligne, et naturellement verticale, est celle qui correspond notamment au sens précis de l'expression *eç-çirâtul-mustaqîm* dans la tradition islamique (cf. *Le Symbolisme de la Croix*. ch. XXV).
743 Voir *Le symbolisme de l'échelle*.
744 L'usage initiatique de l'escalier en spirale s'explique par l'identification des degrés d'initiation à autant d'états différents de l'être ; on peut en citer comme exemple, dans le symbolisme maçonnique, l'escalier tournant (*win-ding stairs*) de 15 marches, réparties en 3 + 5 + 7, qui conduit à la « Chambre du Milieu ». Dans l'autre cas, les mêmes états hiérarchisés sont aussi représentés par les échelons, mais la disposition et la forme même de ceux-ci indiquent qu'on ne peut s'y arrêter et qu'ils ne sont que le moyen d'une ascension continue, tandis qu'il est toujours possible de séjourner plus ou moins longtemps sur les marches d'un escalier, ou tout au moins sur les « paliers » qui existent entre les différentes séries en lesquelles elles sont divisées.

Chapitre LXV

LA CHAÎNE D'UNION[745]

Parmi les symboles maçonniques qui semblent être le plus souvent assez peu compris de nos jours se trouve celui de la « chaîne d'union [746] », qui entoure la Loge à sa partie supérieure. Certains veulent y voir le cordeau dont les maçons opératifs se servaient pour tracer et délimiter le contour d'un édifice ; ils ont assurément raison, mais pourtant cela ne suffit pas, et il faudrait tout au moins se demander quelle était la valeur symbolique de ce cordeau lui-même [747]. On pourrait aussi trouver anormale la position assignée à un « outil » qui devait servir à effectuer un tracé sur le sol, et cela encore n'est pas sans exiger quelques explications.

Pour comprendre ce dont il s'agit, il faut avant tout se rappeler que, au point de vue traditionnel, tout édifice quel qu'il soit était toujours construit suivant un modèle cosmique ; il est d'ailleurs expressément spécifié que la Loge est une image du Cosmos, et c'est sans doute là le dernier souvenir de cette donnée qui ait subsisté jusqu'à aujourd'hui dans le monde occidental. Dès lors qu'il en était ainsi, l'emplacement d'un édifice devait être déterminé et « encadré » par quelque chose qui correspondait d'une certaine façon à ce qu'on pourrait appeler le « cadre » même du Cosmos ; nous allons voir tout à l'heure ce qu'est celui-ci, et nous pouvons dire tout de suite que le tracé « matérialisé » par le cordeau en représentait à proprement parler une projection terrestre.

---

745 Publié dans É. T., sept. 1947.
746 Dans le compagnonnage on dit « chaîne d'alliance ».
747 Ce symbole porte aussi une autre dénomination, celle de « houppe dentelée », qui paraît plutôt désigner proprement le pourtour d'un dais ; or, on sait que le dais est un symbole du ciel (par exemple le dais du char dans la tradition extrême-orientale) ; mais, comme on va le voir, il n'y a là en réalité aucune contradiction.

Nous avons d'ailleurs vu déjà quelque chose de semblable en ce qui concerne le plan des cités établies suivant les règles traditionnelles [748] ; en fait, ce cas et celui des édifices pris isolément ne diffèrent pas essentiellement à cet égard, car c'est bien toujours de l'imitation d'un même modèle cosmique qu'il s'agit en tout cela.

Quand l'édifice est construit, et même dès qu'il a commencé à s'élever, le cordeau n'a évidemment plus aucun rôle à jouer ; aussi la position de la « chaîne d'union » ne se réfère-t-elle pas précisément au tracé qu'il a servi à effectuer, mais bien plutôt à son prototype cosmique, dont le rappel, par contre, a toujours sa raison d'être pour déterminer la signification symbolique de la Loge et de ses différentes parties. Le cordeau lui-même, sous cette forme de la « chaîne d'union », devient alors le symbole du « cadre » du Cosmos ; et sa position se comprend sans peine si, comme il en est effectivement, ce « cadre » a un caractère céleste et non plus terrestre [749] ; par une telle transposition, ajouterons-nous, la terre ne fait en somme que restituer au ciel ce qu'elle lui avait tout d'abord emprunté.

Ce qui rend le sens du symbole particulièrement net, c'est que, tandis que le cordeau, en tant qu'« outil », est naturellement une simple ligne, la « chaîne d'union », au contraire, a des nœuds de distance en distance [750] ; ces nœuds sont ou doivent être normalement au nombre de douze [751], et ainsi ils correspondent

---

748 Voir *Le Zodiaque et les points cardinaux*.
749 C'est pourquoi l'assimilation au pourtour d'un dais est également justifiée, tandis qu'elle ne le serait évidemment pas pour la projection terrestre de ce « cadre » céleste.
750 Ces nœuds sont dits « lacs d'amour » ; ce nom, ainsi que leur forme particulière, porte peut-être en un certain sens la marque du XVIIIe siècle, mais il se peut cependant aussi qu'il y ait là un vestige de quelque chose qui remonte beaucoup plus loin, et qui pourrait même se rattacher assez directement au symbolisme des « Fidèles d'Amour ».
751 Le « Tableau de la Loge », d'ailleurs inusité en fait, qui figure en tête de la *Maçonnerie occulte* de Ragon, est manifestement incorrect, tant pour le nombre des nœuds de la « chaîne d'union », que pour la position assez étrange et même inexplicable qui est attribuée aux signes zodiacaux.

évidemment aux signes du Zodiaque [752]. C'est bien en effet le Zodiaque, à l'intérieur duquel se meuvent les planètes, qui constitue véritablement l'« enveloppe » du Cosmos, c'est-à-dire ce « cadre » dont nous avons parlé [753], et il est évident que c'est bien réellement là, comme nous l'avons dit, un « cadre » céleste.

Maintenant, il y a encore autre chose qui n'est pas moins important : c'est qu'un « cadre » a parmi ses fonctions, et peut-être même pour fonction principale, celle de maintenir à leur place les divers éléments qu'il contient ou renferme à son intérieur, de façon à en former un tout ordonné, ce qui est d'ailleurs, comme on le sait, la signification étymologique même du mot « Cosmos [754] ». Il doit donc en quelque manière « relier » ou « unir » ces éléments entre eux, ce qu'exprime du reste formellement la désignation de la « chaîne d'union », et c'est même de là que résulte, en ce qui concerne celle-ci, sa signification la plus profonde, car, comme tous les symboles qui se présentent sous la forme d'une chaîne, d'une corde ou d'un fils, c'est au *Sûtrâtmâ* qu'elle se rapporte en définitive. Nous nous bornerons à appeler l'attention sur ce point sans entrer pour cette fois dans de plus amples explications, parce que nous

---

752 Certains pensent que ces douze nœuds impliquent, au moins « idéalement », l'existence d'un nombre égal de colonnes, soit dix en outre des deux colonnes de l'Occident auxquelles correspondent les extrémités de la « chaîne d'union ». Il est à remarquer, à ce propos, qu'une disposition semblable, quoique sous une forme circulaire, se trouve dans certains monuments mégalithiques dont le rapport avec le Zodiaque est également évident.

753 Nous renverrons encore, au sujet de la division zodiacale des cités, à l'étude à laquelle nous nous sommes déjà référé plus haut ; il convient de noter, en rapport avec ce qui nous reste à dire ici, que c'est cette division même qui assigne leurs places respectives aux différents éléments dont la réunion constitue la cité. On trouve aussi un autre exemple d'« enveloppe » zodiacale dans le symbolisme extrême-oriental du *Ming-tang*, avec ses douze ouvertures, que nous avons expliqué ailleurs (*La Grande Triade*, ch. XVI).

754 On peut dire que notre monde est « ordonné » par l'ensemble des déterminations temporelles et spatiales qui sont liées au Zodiaque, d'une part par le rapport direct de celui-ci avec le cycle annuel, et, d'autre part, par sa correspondance avec les directions de l'espace (il va de soi que ce dernier point de vue est en étroite relation aussi avec la question de l'orientation traditionnelle des édifices).

aurons bientôt à y revenir, ce caractère étant encore plus clairement apparent dans le cas de certains autres « encadrements » symboliques que nous allons examiner maintenant.

Chapitre LXVI

ENCADREMENTS ET LABYRINTHES[755]

A. K. Coomaraswamy a étudié [756] la signification symbolique de certains « nœuds » qui se trouvent parmi les gravures d'Albert Dürer : ces « nœuds » sont des enchevêtrements très compliqués formés par le tracé d'une ligne continue, l'ensemble étant disposé en une figure circulaire ; dans plusieurs cas, le nom de Dürer est inscrit dans la partie centrale. Ces « nœuds » ont été rapprochés d'une figure similaire attribuée généralement à Léonard de Vinci, et au centre de laquelle se lisent les mots *Academia Leonardi Vinci* ; certains ont voulu voir dans cette dernière la « signature collective » d'une « Académie » ésotérique comme il en exista un certain nombre en Italie à cette époque, et ce n'est sans doute pas sans raison. En effet, ces dessins ont été quelquefois appelés « dédales » ou « labyrinthes », et, ainsi que le fait remarquer Coomaraswamy, malgré la différence des formes qui peut être due en partie à des raisons d'ordre technique, ils ont effectivement un rapport étroit avec les labyrinthes, et plus particulièrement avec ceux qui étaient tracés sur le dallage de certaines églises du moyen âge ; or, ceux-ci sont également regardés comme constituant une « signature collective » des corporations de constructeurs. En tant qu'ils symbolisent le lien unissant entre eux les membres d'une organisation initiatique ou tout au moins ésotérique, ces tracés offrent évidemment une similitude frappante avec la « chaîne d'union » maçonnique ; et, si l'on se souvient des nœuds de celle-ci, le nom de « nœuds » (*Knoten*) donné à ces dessins, apparemment par Dürer lui-même, est aussi très

---

755 Publié dans *É. T.*, oct.-nov. 1947.
756 *The Iconography of Dürer's « Knots » and Leonardo's « Concatenation »* dans *The Art Quarterly*, numéro du printemps 1944.

significatif. Pour cette raison, aussi bien que pour une autre sur laquelle nous reviendrons par la suite, il est encore important de noter qu'il s'agit de lignes ne présentant aucune solution de continuité [757] : les labyrinthes des églises pouvaient également être parcourus d'un bout à l'autre sans qu'on y rencontre nulle part aucun point d'interruption obligeant à s'arrêter ou revenir sur ses pas, de telle sorte qu'ils constituaient simplement en réalité un chemin très long qu'il fallait accomplir entièrement avant de parvenir au centre [758]. Dans certains cas, comme à Amiens, le « maître d'œuvre » s'était fait représenter lui-même dans la partie centrale, de même que Vinci et Dürer y ont inscrit leurs noms ; par là, ils se situaient symboliquement dans une « Terre Sainte » [759], c'est-à-dire dans un lieu réservé aux « élus », ainsi que nous l'avons expliqué ailleurs [760], ou dans un centre spirituel qui était, dans tous les cas, une image ou un reflet du véritable « Centre du Monde », comme, dans la tradition extrême-orientale, l'Empereur se situait toujours au lieu central [761].

Ceci nous amène directement à des considérations d'un autre ordre, qui se rapportent à un sens plus « intérieur » et plus profond de ce symbolisme : puisque l'être qui parcourt le labyrinthe ou toute autre figuration équivalente arrive finalement par là à trouver le « lieu central », c'est-à-dire, au point de vue

---

[757] On pourra se souvenir ici du *pentalpha* qui, comme signe de reconnaissance des pythagoriciens, devait être tracé d'une façon continue.
[758] Cf. W. R. Lethaby, *Architecture, Mysticism and Myth*, ch. VII. — Cet auteur, qui était lui-même un architecte, a réuni dans son livre un grand nombre d'informations intéressantes concernant le symbolisme architectural, mais malheureusement il n'a pas su en dégager la véritable signification.
[759] On sait que les labyrinthes en question étaient communément appelés « chemin de Jérusalem », et que leur parcours était considéré comme tenant lieu de pèlerinage en Terre sainte ; à Saint-Omer, le centre contenait une représentation du Temple de Jérusalem.
[760] *La Caverne et le Labyrinthe.*
[761] Voir *La Grande Triade*, ch. XVI — On pourrait rappeler, à l'occasion de ce rapprochement, le titre d'*Imperator* donné au chef de certaines organisations rosicruciennes.

de la réalisation initiatique, son propre centre [762], le parcours lui-même, avec toutes ses complications, est évidemment une représentation de la multiplicité des états ou des modalités de l'existence manifestée [763], à travers la série indéfinie desquels l'être a dû « errer » tout d'abord avant de pouvoir s'établir dans ce centre. La ligne continue est alors l'image du *sûtrâtmâ* qui relie entre eux tous les états, et d'ailleurs, dans le cas du « fil d'Ariane » en connexion avec le parcours du labyrinthe, cette image se présente avec une telle netteté qu'on s'étonne qu'il soit possible de ne pas s'en apercevoir [764] ; ainsi se trouve justifiée la remarque par laquelle nous avons terminé notre précédente étude sur le symbolisme de la « chaîne d'union ». D'autre part, nous avons insisté plus particulièrement sur le caractère d'« encadrement » que présente celle-ci ; or, il suffit de regarder les figures de Dürer et de Vinci pour se rendre compte qu'elles forment aussi de véritables « encadrements » autour de la partie centrale, ce qui constitue encore une similitude de plus entre ces symboles : et il est d'autres cas où nous allons retrouver également ce même caractère, d'une façon qui fait ressortir une fois de plus la parfaite concordance des différentes traditions.

Dans un livre dont nous avons déjà parlé ailleurs [765], Jackson Knight a signalé qu'on avait trouvé en Grèce, près de Corinthe, deux modèles réduits en argile de maisons remontant à l'époque archaïque dite « âge géométrique [766] » ;

---

762 Il peut naturellement s'agir, suivant les cas, soit du centre d'un état particulier d'existence, soit de celui de l'être total, le premier correspondant au terme des « petits mystères » et le second à celui des « grands mystères ».

763 Nous disons « modalités » pour le cas où l'on n'envisage que l'ensemble d'un seul état de manifestations, ainsi qu'il en est nécessairement en ce qui concerne les « petits mystères ».

764 Il importe aussi, sous le même rapport, de noter que les dessins de Dürer et de Vinci ont une ressemblance manifeste avec les « arabesques » comme l'a signalé Coomaraswamy ; les derniers vestiges de tracés de ce genre dans le monde occidental se trouvent dans les paraphes et autres ornements compliqués, toujours formés d'une seule ligne continue, qui demeurèrent chers aux calligraphes et aux maîtres d'écriture jusque vers le milieu du XIXe siècle, bien qu'alors le symbolisme n'en ait sans doute plus été compris par eux.

765 *Cumaean Gates* ; voir à ce sujet notre étude sur *La Caverne et le Labyrinthe*.

766 La reproduction de ces deux modèles se trouve à la page 67 du livre cité.

sur les murs extérieurs se voient des méandres qui entourent la maison, et dont le tracé paraît avoir constitué en quelque sorte un « substitut » du labyrinthe. Dans la mesure où celui-ci représentait une défense, soit contre les ennemis humains, soit surtout contre les influences psychiques hostiles, on peut aussi regarder ces méandres comme ayant une valeur de protection, et même doublement, en empêchant non seulement les influences maléfiques de pénétrer dans la demeure, mais aussi les influences bénéfiques d'en sortir et de se disperser au dehors. Il se peut d'ailleurs que, à certaines époques, on n'y ait rien vu de plus ; mais il ne faut pas oublier que la réduction des symboles à un usage plus ou moins « magique » correspond déjà à un état de dégénérescence au point de vue traditionnel, état dans lequel leur sens profond a été oublié [767]. Il a donc dû y avoir autre chose à l'origine, et il est facile de comprendre de quoi il s'agit en réalité si l'on se souvient que, traditionnellement, tout édifice est construit suivant un modèle cosmique ; tant qu'il n'y eut aucune distinction de « sacré » et de « profane », c'est-à-dire tant que le point de vue profane n'eut pas pris naissance par l'effet d'un amoindrissement de la tradition, il en fut partout et toujours ainsi pour les maisons particulières elles-mêmes. La maison était alors une image du Cosmos, c'est-à-dire comme un « petit monde » fermé et complet en lui-même ; et, si l'on remarque qu'elle est « encadrée » par le méandre exactement de la même façon que la Loge, dont la signification cosmique n'a pas été perdue, est « encadrée » par la « chaîne d'union », l'identité des deux symboles apparaît comme tout à fait évidente : dans l'un et l'autre cas, ce dont il s'agit en définitive n'est pas autre chose qu'une représentation du « cadre » même du Cosmos.

Un autre exemple remarquable, au point de vue du symbolisme des « encadrements », nous est fourni par certains caractères chinois, se rapportant

---

[767] Naturellement, ce sens profond n'exclut pas plus une application « magique » que toute autre application légitime, mais la dégénérescence consiste en ce que le principe a été perdu de vue et qu'on n'envisage plus exclusivement qu'une simple application isolée et d'ordre inférieur.

primitivement à des rites de fixation ou de stabilisation [768] qui consistaient à tracer des cercles concentriques ou une spirale autour des objets ; le caractère *hêng*, désignant un tel rite, était, dans l'ancienne écriture, formé d'une spirale ou de deux cercles concentriques entre deux lignes droites. Dans tout l'ancien monde, les nouvelles fondations, qu'il s'agît de camps, de cités ou de villages, étaient « stabilisées » en traçant des spirales ou des cercles autour d'elles [769], et nous ajouterons qu'on peut encore voir là l'identité réelle des « encadrements » avec les labyrinthes. Au sujet du caractère *chich*, que les commentateurs récents rendent simplement par « grand », l'auteur que nous venons de citer dit qu'il dénote la magie qui assure l'intégrité des espaces en les « encadrant » de signes protecteurs ; tel est le but des dessins de bordures dans les anciennes œuvres d'art. Un *chich fu* est une bénédiction qui a été directement ou symboliquement « encadrée » de cette façon ; un fléau peut aussi être « encadré » pour l'empêcher de se répandre. Ici encore, il n'est explicitement question que de « magie », ou de ce qu'on suppose être tel ; mais l'idée de « fixation » ou de « stabilisation » montre assez clairement ce qu'il en est au fond : il s'agit de la fonction qu'a essentiellement le « cadre », ainsi que nous l'avons dit précédemment, de rassembler et de maintenir à leur place les divers éléments qu'il entoure. Il y a d'ailleurs chez Lao-tseu des passages où figurent les caractères en question et qui sont très significatifs à cet égard : « Lorsqu'on fait en sorte d'encadrer (ou circonscrire, *ying*, caractère évoquant une idée similaire à celle de *hêng*) les sept esprits animaux et d'embrasser l'Unité, on peut être clos, étanche et incorruptible [770] » ; et ailleurs : « Grâce à une connaissance convenablement encadrée (*chich*), nous marchons de plain-pied dans la grande Voie [771]. » Dans le premier de ces deux passages, il s'agit évidemment d'établir ou de maintenir l'ordre normal des différents éléments constitutifs de l'être afin

---

768 Ces rites correspondent évidemment à un cas particulier de ce qui est désigné dans le langage hermétique comme la « coagulation » (Voir *La Grande Triade*, ch. VI).
769 A. Waley, *The Book of Changes*, dans le *Bulletin of the Museum of Far Eastern Antiquities*, n° 5, Stockholm, 1934.
770 *Tao-te-king*, ch. X, traduction inédite M Jacques Lionnet.
771 *Ibid.*, ch. LIII, même traduction.

d'unifier celui-ci ; dans le second, une « connaissance bien encadrée » est proprement une connaissance où chaque chose est mise exactement à la place qui lui convient. Du reste, la signification cosmique du « cadre » n'a elle-même nullement disparu en pareil cas ; en effet, l'être humain, suivant toutes les conceptions traditionnelles, n'est-il pas le « microcosme », et la connaissance ne doit-elle pas, elle aussi, comprendre d'une certaine façon la totalité du Cosmos ?

Chapitre LXVII

LE « QUATRE DE CHIFFRE »[772]

Parmi les anciennes marques corporatives, il en est une qui a un caractère particulièrement énigmatique : c'est celle à laquelle on donne le nom de « quatre de chiffre », parce qu'elle a en effet la forme du chiffre 4, auquel s'ajoutent souvent des lignes supplémentaires, horizontales ou verticales, et qui se combine généralement, soit avec divers autres symboles, soit avec des lettres ou des monogrammes, pour former un ensemble complexe dans lequel il occupe toujours la partie supérieure. Ce signe était commun à un grand nombre de corporations, sinon même à toutes, et nous ne savons pourquoi un écrivain occultiste, qui par surcroît en attribue fort gratuitement l'origine aux Cathares, a prétendu récemment qu'il appartenait en propre à une « société secrète » d'imprimeurs et de libraires ; il est exact qu'il se trouve dans beaucoup de marques d'imprimeurs, mais il n'est pas moins fréquent chez les tailleurs de pierres, les peintres de vitraux, les tapissiers, pour ne citer que quelques exemples qui suffisent à montrer que cette opinion est insoutenable. On a même remarqué que des particuliers ou des familles avaient fait figurer ce même signe sur leurs maisons, sur leurs pierres tombales ou dans leurs armoiries ; mais ici, dans certains cas, rien ne prouve qu'il ne doive pas être attribué à un tailleur de pierres plutôt qu'au propriétaire lui-même, et, dans les autres, il s'agit certainement de personnages qui étaient unis par quelques liens, parfois héréditaires, à certaines corporations [773]. Quoi qu'il en soit, il n'est pas douteux que le signe dont il s'agit a un caractère corporatif et est en relation directe avec les initiations du métier ; et même, à en juger par l'emploi qui en

---

772 Publié dans *É. T.*, juin 1948.

773 Nous avons fait allusion ailleurs à des liens de ce genre à propos des maçons « acceptés » (*Aperçus sur l'initiation*, ch. XXIX).

est fait, il y a tout lieu de penser que ce fut essentiellement une marque de maîtrise.

Quant à la signification du « quatre de chiffre », qui est évidemment ce qui offre pour nous le plus d'intérêt, les auteurs qui en ont parlé sont loin d'être d'accord entre eux, d'autant plus qu'ils semblent généralement ignorer qu'un symbole peut fort bien être réellement susceptible de plusieurs interprétations différentes, mais qui ne s'excluent nullement. Il n'y a là rien dont on doive s'étonner, quoi qu'en puissent penser ceux qui s'en tiennent à un point de vue profane, car non seulement la multiplicité des sens est, d'une façon générale, inhérente au symbolisme lui-même, mais de plus, dans ce cas comme dans bien d'autres, il peut y avoir eu superposition et même fusion de plusieurs symboles, en un seul. M. W. Deonna, ayant été jadis amené à citer le « quatre de chiffre » parmi d'autres symboles figurant sur des armes anciennes [774], et parlant à cette occasion, assez sommairement d'ailleurs, de l'origine et de la signification de cette marque, a mentionné l'opinion d'après laquelle elle représente ce qu'il appelle assez bizarrement « la valeur mystique du chiffre 4 » ; sans rejeter entièrement cette interprétation, il en préfère cependant une autre, et il suppose « qu'il s'agit d'un signe astrologique », celui de Jupiter. Celui-ci présente en effet, dans son aspect général, une ressemblance avec le chiffre 4 ; il est certain aussi que l'usage de ce signe peut avoir quelque rapport avec l'idée de « maîtrise » ; mais, malgré cela, nous pensons, contrairement à l'avis de M. Deonna, que ce n'est là qu'une association secondaire qui, si légitime qu'elle soit [775], ne fait pourtant que s'adjoindre à la signification première et principale du symbole.

Il ne nous paraît pas douteux, en effet, qu'il s'agit avant tout d'un symbole quaternaire, non pas tant à cause de sa ressemblance avec le chiffre 4, qui

---

774 *Armes avec motifs astrologiques et talismaniques*, dans la *Revue de l'Histoire des Religions*, numéro de juill.-oct. 1924.
775 Nous trouvons d'ailleurs un autre cas de la même association du symbolisme de Jupiter à celui du quaternaire dans la quatrième lame du Tarot.

pourrait en somme n'être qu'« adventice » en quelque sorte, que pour une autre raison plus décisive : ce chiffre 4, dans toutes les marques où il figure, a une forme qui est exactement celle d'une croix dont l'extrémité supérieure de la branche verticale et une des extrémités de la branche horizontale sont jointes par une ligne oblique ; or, il n'est pas contestable que la croix, sans préjudice de toutes ses autres significations, est essentiellement un symbole du quaternaire [776]. Ce qui confirme encore cette interprétation, c'est qu'il y a des cas où le « quatre de chiffre », dans son association avec d'autres symboles, tient manifestement une place qui est occupée par la croix dans d'autres figurations plus habituelles, identiques à celles-là à l'exception de cette seule différence ; il en est notamment ainsi quand le « quatre de chiffre » se rencontre dans la figure du « globe du Monde », ou encore quand il surmonte un cœur, ainsi qu'il arrive surtout fréquemment dans des marques d'imprimeurs [777].

Ce n'est pas tout, et il y a encore autre chose qui n'est peut-être pas moins important, bien que M. Deonna se soit refusé à l'admettre : dans l'article auquel nous nous sommes référés plus haut, après avoir signalé qu'on a voulu « dériver cette marque du monogramme constantinien, déjà librement interprété et défiguré sur les documents mérovingiens et carolingiens [778] » ; il dit que « cette hypothèse apparaît tout à fait arbitraire » et qu'« aucune analogie ne l'impose ». Nous sommes fort loin d'être de cet avis ; il est d'ailleurs curieux de constater que, parmi les exemples reproduits par M. Deonna lui-même, il en est deux qui figurent le chrisme complet, dans lequel le P est remplacé purement et

---

[776] La croix représente le quaternaire sous son aspect « dynamique » tandis que le carré le représente sous son aspect « statique ».

[777] Le cœur surmonté d'une croix est naturellement, dans l'Iconographie chrétienne, la représentation du « Sacré-Cœur », qui est d'ailleurs, au point de vue symbolique, une image du « Cœur du Monde » ; il est à remarquer que, le schéma géométrique du cœur étant un triangle dont la pointe est dirigée vers le bas, celui du symbole entier n'est autre que le symbole alchimique du soufre dans une position inversée, qui représente l'accomplissement du « Grand Œuvre ».

[778] Il faudrait d'ailleurs avoir soin de distinguer entre les déformations accidentelles, dues à l'incompréhension des symboles, et les déformations intentionnelles et significatives.

simplement par le « quatre de chiffre » ; cela n'aurait-il pas dû tout au moins l'inciter à plus de prudence ? Il faut aussi remarquer qu'on rencontre indifféremment deux orientations opposées du « quatre de chiffre [779] » ; or, quand il est tourné vers la droite au lieu de l'être vers la gauche suivant la position normale du chiffre 4, il présente avec le P une similitude particulièrement frappante. Nous avons déjà expliqué [780] qu'on distingue le chrisme simple et le chrisme dit « constantinien » : le premier est composé de six rayons opposés deux à deux à partir d'un centre, c'est-à-dire de trois diamètres, l'un vertical et les deux autres obliques, et, en tant que « Chrisme » il est regardé comme formé par l'union des deux lettres grecques I et X ; le second, qui est considéré de même comme réunissant les deux lettres X et P, en est immédiatement dérivé par l'adjonction, à la partie supérieure du diamètre vertical, d'une boucle destinée à transformer l'I en P, mais qui a aussi d'autres significations, et qui se présente du reste sous plusieurs formes diverses [781], ce qui rend encore moins étonnant son remplacement par le « quatre de chiffre », qui n'est en somme qu'une variante de plus [782]. Tout cela s'éclaire d'ailleurs dès

---

779 Nous disons indifféremment, mais il se peut que cela ait correspondu à quelque différence de rites ou de corporations ; ajoutons incidemment à ce propos que, même si la présence d'un signe quaternaire dans les marques indiquait la possession du quatrième degré d'une organisation initiatique, ce qui n'est pas impossible, bien que ce soit sans doute difficile à établir, cela n'affecterait évidemment en rien la valeur symbolique inhérente à ce signe.
780 *Les symboles de l'analogie.*
781 Nous avons mentionné le cas où cette boucle du P prend la forme particulière du symbole égyptien de la « boucle d'Horus » ; dans ce cas, le P a en même temps une ressemblance particulièrement nette avec certaines aiguilles « préhistoriques » qui, comme l'a signalé Coomaraswamy, au lieu d'être perforées comme elles l'ont été plus tard, étaient simplement recourbées à une de leurs extrémités, de façon à former une sorte de boucle dans laquelle on passait le fil (cf. *Le « trou de l'aiguille »*).
782 À propos du Chrisme « constantinien », nous signalerons que la réunion des lettres initiales des quatre mots de l'inscription *In hoc signo vinces* qui l'accompagne donne IHSV, c'est-à-dire le nom de Jésus ; ce fait semble passer généralement inaperçu, mais il est expressément indiqué dans le symbolisme de l'« Ordre de la Croix-Rouge de Rome et de Constantin », qui est un *side-degree*, c'est-à-dire une « annexe » des hauts grades de la maçonnerie anglaise.

qu'on remarque que la ligne verticale, dans le chrisme aussi bien que dans le « quatre de chiffre », est en réalité une figure de l'« Axe du Monde » ; à son sommet, la boucle du P est, comme l'« œil » de l'aiguille, un symbole de la « porte étroite » ; et, pour ce qui est du « quatre de chiffre », il suffit de se rappeler son rapport avec la croix et le caractère également « axial » de celle-ci, et de considérer en outre que l'adjonction de la ligne oblique qui complète la figure en joignant les extrémités de deux des bras de la croix, et en fermant ainsi un des angles de celle-ci, combine ingénieusement à la signification quaternaire, qui n'existe pas dans le cas du chrisme, le même symbolisme de la « porte étroite » ; et l'on reconnaîtra qu'il y a là quelque chose de parfaitement approprié pour une marque de maîtrise.

Chapitre LXVIII

LIEN ET NŒUDS[783]

Nous avons déjà parlé à maintes reprises du symbolisme du fil, qui présente de multiples aspects, mais dont la signification essentielle et proprement métaphysique est toujours la représentation du *sûtrâtmâ* qui, tant au point de vue macrocosmique qu'au point de vue microcosmique, relie tous les états d'existence entre eux et à leur Principe. Peu importe d'ailleurs que, dans les différentes figurations auxquelles ce symbolisme donne lieu, il s'agisse d'un fil à proprement parler, d'une corde ou d'une chaîne, ou d'un tracé graphique comme ceux que nous avons signalés précédemment [784], ou encore d'un chemin réalisé par des procédés architecturaux comme dans le cas des labyrinthes [785], chemin dont un être est astreint à suivre le parcours d'un bout à l'autre pour parvenir à son but ; ce qui est l'essentiel dans tous les cas, c'est qu'on ait toujours affaire à une ligne ne présentant aucune solution de continuité. Le tracé de cette ligne peut aussi être plus ou moins compliqué, ce qui correspond habituellement à des modalités ou à des applications plus particulières de son symbolisme général : ainsi, le fil ou son équivalent peut se replier sur lui-même de façon à former des entrelacs ou des nœuds ; et, dans la structure de l'ensemble, chacun de ces nœuds représente le point où agissent les forces déterminant la condensation et la cohésion d'un « agrégat » qui correspond à tel ou tel état de manifestation, de sorte qu'on pourrait dire que c'est ce nœud qui maintient l'être dans l'état envisagé et que sa solution entraîne immédiatement la mort à cet état ; c'est ce qu'exprime d'ailleurs très nettement un terme comme celui de « nœud vital ».

---

783 Publié dans *É. T.*, mars 1950.
784 Voir *Encadrements et labyrinthes*.
785 Voir *La Caverne et le Labyrinthe*.

Naturellement, le fait que les nœuds se rapportant à des états différents figurent tous à la fois et d'une façon permanente dans le tracé symbolique ne doit pas être regardé comme une objection à ce que nous venons de dire, car, outre qu'il est évidemment imposé par les conditions techniques de la figuration elle-même, il répond en réalité au point de vue où tous les états sont envisagés en simultanéité, point de vue qui est toujours plus principiel que celui de la succession. Nous ferons remarquer, à ce propos que, dans le symbolisme du tissage que nous avons étudié ailleurs [786], les points de croisement des fils de la chaîne et de ceux de la trame, par lesquels est formé le tissu tout entier, ont aussi une signification similaire, ces fils étant en quelque sorte les « lignes de force » qui définissent la structure du Cosmos.

Dans un article récent [787], M. Mircea Eliade a parlé de l'« ambivalence » du symbolisme des liens et des nœuds, et c'est là un point qui mérite d'être examiné avec quelque attention ; on peut naturellement y voir un cas particulier du double sens qui est très généralement inhérent aux symboles, mais encore faut-il se rendre compte de ce qui en justifie l'existence en ce qui concerne plus précisément ceux dont il s'agit ici [788]. Tout d'abord, il y a lieu de remarquer à cet égard qu'un lien peut être conçu comme ce qui enchaîne ou comme ce qui unit, et, même dans le langage ordinaire, le mot a également ces deux significations ; il y correspond, dans le symbolisme des liens, deux points de vue

---

786 Voir *Le Symbolisme de la Croix*, ch. XIV.
787 *Le « Dieu lieur » et le symbolisme des nœuds*, dans la *Revue de l'Histoire des Religions*, numéro de juill.-déc. 1948 (voir notre compte rendu dans *É. T.* de juill.-août 1949).
788 Nous signalerons accessoirement que, dans les applications rituelles et plus spécialement « magiques », à ce double sens correspond un usage « bénéfique » ou « maléfique », suivant les cas, des liens et des nœuds ; mais ce qui nous intéresse ici est le principe de cette ambivalence, en dehors de toute application particulière qui n'en est toujours qu'une simple dérivation. M. Eliade a d'ailleurs insisté lui-même avec raison sur l'insuffisance des interprétations « magiques » auxquelles certains veulent se borner, par une méconnaissance complète du sens profond des symboles, qui, comme aussi dans le cas des interprétations « sociologiques », entraîne une sorte de renversement des rapports entre le principe et ses applications contingentes.

qu'on pourrait dire inverses l'un de l'autre, et, si le plus immédiatement apparent de ces deux points de vue est celui qui fait du lien une entrave, c'est qu'il est en somme celui de l'être manifesté comme tel, en tant qu'il se regarde comme « attaché » à certaines conditions spéciales d'existence et comme enfermé par elles dans les limites de son état contingent. À ce même point de vue, le sens du nœud est comme un renforcement de celui du lien en général, puisque, comme nous le disions plus haut, le nœud représente plus proprement ce qui fixe l'être dans un état déterminé ; et la portion du lien par laquelle il est formé est, pourrait-on dire, tout ce que peut en voir cet être tant qu'il est incapable de sortir des bornes de cet état, la connexion que ce même lien établit avec les autres états lui échappant alors nécessairement. L'autre point de vue peut être qualifié de véritablement universel, car il est celui qui embrasse la totalité des états, et il suffit, pour le comprendre, de se reporter à la notion du *sûtrâtmâ* : le lien, envisagé alors dans toute son extension [789], est ce qui les unit, non seulement entre eux, mais aussi, redisons-le encore, à leur Principe même, de sorte que, bien loin d'être encore une entrave, il devient au contraire le moyen par lequel l'être peut rejoindre effectivement son Principe et la voie même qui le conduit à ce but. Dans ce cas, le fil ou la corde a une valeur proprement « axiale », et l'ascension à une corde tendue verticalement peut, tout comme l'ascension à un arbre ou à un mât, représenter le processus de retour au Principe [790]. D'autre part, la connexion avec le Principe par le *sûtrâtmâ* est illustrée d'une façon particulièrement frappante par le jeu des marionnettes [791] : une marionnette représente ici un être individuel, et l'opérateur qui la fait mouvoir au moyen d'un fil est le « Soi » ; sans ce fil, la marionnette demeurerait inerte, de même que, sans le *sûtrâtmâ* toute existence

---

789 Il est bien entendu que cette extension doit être considérée comme indéfinie, bien qu'elle ne puisse jamais l'être en fait dans une figuration quelconque.
790 C'est là, dans l'Inde, la véritable signification de ce que les voyageurs ont appelé le « tour de la corde », quoi qu'on puisse d'ailleurs penser de celui-ci en tant que phénomène plus ou moins authentiquement « magique », ce qui n'a évidemment aucune importance quant à son caractère symbolique qui seul nous intéresse.
791 Cf. A. K. Coomaraswamy, « *Spiritual Paternity* » and the « *Puppet-complex* » dans *Psychiatry*, numéro d'août 1945 (voir notre compte rendu dans *É. T.* d'oct.-nov. 1947).

ne serait qu'un pur néant, et, suivant une formule extrême-orientale, « tous les êtres seraient vides ».

Dans le premier même des deux points de vue dont nous venons de parler, il y a encore une certaine ambivalence d'un autre ordre, qui tient à la différence des façons dont un être, suivant son degré spirituel, peut apprécier l'état dans lequel il se trouve, et que le langage rend assez bien par les significations qu'il donne au mot « attachement ». En effet, si on éprouve de l'attachement pour quelqu'un ou pour quelque chose, on considère naturellement comme un mal d'en être séparé, même si cette séparation doit en réalité entraîner l'affranchissement de certaines limitations, dans lesquelles on se trouve ainsi maintenu par cet attachement même. D'une façon plus générale l'attachement d'un être à son état, en même temps qu'il l'empêche de se libérer des entraves qui y sont inhérentes, lui fait considérer comme un malheur de le quitter, ou, en d'autres termes, attribuer un caractère « maléfique » à la mort à cet état, résultant de la rupture du « nœud vital » et de la dissolution de l'agrégat qui constitue son individualité [792]. Seul, l'être à qui un certain développement spirituel permet d'aspirer au contraire à dépasser les conditions de son état peut les « réaliser » comme les entraves qu'elles sont effectivement, et le « détachement » qu'il éprouve dès lors à leur égard est déjà, au moins virtuellement, une rupture de ces entraves, ou, si l'on préfère une autre façon de parler qui est peut-être plus exacte, car il n'y a jamais de rupture au sens propre du mot, une transmutation de « ce qui enchaîne » en « ce qui unit », qui n'est autre chose au fond que la reconnaissance ou la prise de conscience de la véritable nature du *sûtrâtmâ*.

---

792 Il est à remarquer qu'on dit communément que la mort est le « dénouement » de l'existence individuelle ; cette expression, qui par ailleurs est aussi en relation avec le symbolisme du théâtre, est littéralement exacte, bien que ceux qui l'emploient ne s'en rendent sans doute pas compte.

Symboles de la Science Sacrée

René Guénon

HUITIÈME PARTIE

SYMBOLISME DU COEUR

Chapitre LXIX

LE CŒUR RAYONNANT ET
LE CŒUR ENFLAMMÉ[793]

En parlant, à propos de « la lumière et la pluie », des représentations du soleil avec des rayons alternativement rectilignes et ondulés, nous avons signalé que ces deux sortes de rayons se retrouvent aussi, d'une façon toute semblable, dans certaines figurations symboliques du cœur ; un des exemples les plus intéressants qu'on puisse en donner est celui du cœur figuré sur un petit bas-relief de marbre noir, datant apparemment du XVIe siècle et provenant de la Chartreuse de Saint-Denis d'Orques, qui a été étudié autrefois par L. Charbonneau-Lassay [794]. Ce cœur rayonnant est placé au centre de deux cercles sur lesquels se trouvent respectivement les planètes et les signes du Zodiaque, ce qui le caractérise expressément comme le « Centre du Monde », sous le double rapport du symbolisme spatial et du symbolisme temporel [795] ; cette figuration est évidemment « solaire », mais, d'ailleurs, le fait que le soleil, entendu au sens « physique », se trouve lui-même placé sur le cercle planétaire, ainsi qu'il doit l'être normalement dans le symbolisme astrologique, montre bien qu'il s'agit proprement ici du « Soleil spirituel ».

---

[793] Publié dans *É. T.*, juin-juill. 1946.
[794] *Le Marbre astronomique de Saint-Denis d'Orques*, dans *Reg.*, février 1924 [repris dans *Le Bestiaire du Christ*, ch. X].
[795] Il y a aussi, dans cette même figuration, d'autres détails qui ont un grand intérêt au point de vue symbolique : ainsi, notamment, le cœur porte une blessure ou du moins ce qui présente l'apparence extérieure d'une blessure, ayant la forme d'un *iod* hébraïque, ce qui se réfère à la fois à l'« Œil du cœur » et au « germe » avatârique résidant au « centre », que celui-ci soit d'ailleurs entendu au sens macrocosmique (ce qui est manifestement le cas ici) ou au sens microcosmique (cf. *Aperçus sur l'Initiation*, ch. XLVIII).

Il est à peine besoin de rappeler que l'assimilation du soleil et du cœur, en tant que l'un et l'autre ont également une signification « centrale », est commune à toutes les doctrines traditionnelles, en Occident aussi bien qu'en Orient ; c'est ainsi, par exemple, que Proclus dit en s'adressant au soleil : « Occupant au-dessus de l'éther le trône du milieu, et ayant pour figure un cercle éblouissant qui est le Cœur du Monde, tu remplis tout d'une providence à même de réveiller l'intelligence »[796]. Nous citons plus particulièrement ce texte ici, de préférence à bien d'autres, en raison de la mention formelle qui y est fait de l'intelligence ; et, comme nous avons eu souvent l'occasion de l'expliquer, le cœur est considéré aussi avant tout, dans toutes les traditions, comme le siège de l'intelligence [797]. D'ailleurs selon Macrobe, « le nom d'Intelligence du Monde que l'on donne au Soleil répond à celui de Cœur du Ciel [798] ; source de la lumière éthérée, le Soleil est pour ce fluide ce que le cœur est pour l'être animé [799] » ; et Plutarque écrit que le Soleil, « ayant la force d'un cœur, disperse et répand de lui-même la chaleur et la lumière, comme si c'était le sang et le souffle [800] ». Nous retrouvons dans ce dernier passage, tant pour le cœur que pour le soleil, l'indication de la chaleur et de la lumière, correspondant aux deux sortes de rayons que nous avons envisagés ; si le « souffle » y est rapporté à la lumière, c'est qu'il est proprement le symbole de l'esprit, qui est essentiellement la même chose que l'intelligence ; quant au sang, il est

---

[796] *Hymne au Soleil*, traduction Mario Meunier.

[797] Il est bien entendu (et nous y reviendrons d'ailleurs plus loin) qu'il s'agit ici de l'intelligence pure, au sens universel, et non de la raison, qui n'en est qu'un simple reflet dans l'ordre individuel, et qui est rapportée au cerveau, celui-ci étant alors par rapport au cœur, dans l'être humain, l'analogue de ce que la lune est par rapport au soleil dans le monde.

[798] Cette expression de « Cœur du Ciel », appliquée au soleil, se retrouve aussi dans les anciennes traditions de l'Amérique centrale.

[799] *Songe de Scipion*, I, 20.

[800] *De la face que l'on voit dans le cercle de la lune*, 15, 4. — Ce texte et le précédent sont cités en note par le traducteur à propos du passage de Proclus que nous venons de reproduire.

évidemment le véhicule de la « chaleur animatrice », ce qui se réfère plus spécialement au rôle « vital » du principe centre de l'être [801].

Dans certains cas, en ce qui concerne le cœur, la figuration ne comporte qu'un seul des deux aspects de lumière et de chaleur : la lumière est naturellement représentée par un rayonnement du type ordinaire, c'est-à-dire formé uniquement de rayons rectilignes ; quant à la chaleur, elle est représentée le plus habituellement par des flammes sortant du cœur. On peut d'ailleurs remarquer que le rayonnement, même quand les deux aspects y sont réunis, paraît suggérer, d'une façon générale, une prépondérance reconnue à l'aspect lumineux ; cette interprétation est confirmée par le fait que les représentations du cœur rayonnant, avec ou sans la distinction de deux sortes de rayons, sont les plus anciennes, datant pour la plupart d'époques où l'intelligence était encore rapportée traditionnellement au cœur, tandis que celles du cœur enflammé se sont répandues surtout avec les idées modernes réduisant le cœur à ne plus correspondre qu'au sentiment [802]. On ne sait que trop, en effet, qu'on en est arrivé à ne plus donner au cœur d'autre signification que celle-là, et à oublier entièrement sa relation avec l'intelligence ; l'origine de cette déviation est d'ailleurs sans doute imputable pour une grande part au rationalisme, en tant que celui-ci prétend identifier purement et simplement l'intelligence à la raison, car ce n'est point avec cette dernière que le cœur est en rapport, mais bien avec l'intellect transcendant, qui précisément est ignoré et même nié par le

---

801 Aristote assimile la vie organique à la chaleur, en quoi il est d'accord avec toutes les doctrines orientales ; Descartes lui-même place dans le cœur un « feu sans lumière », mais qui n'est pour lui que le principe d'une théorie physiologique exclusivement « mécaniste » comme toute sa physique, ce qui, bien entendu, n'a rien de commun avec le point de vue traditionnel des anciens.

802 Il est remarquable, à cet égard, que, dans le symbolisme chrétien en particulier, les plus anciennes figurations connues du Sacré-Cœur appartiennent toutes au type du cœur rayonnant, tandis que, dans celles qui ne remontent pas au-delà du XVIIe siècle, c'est le cœur enflammé qu'on rencontre d'une façon constante et à peu près exclusive ; il y a là un exemple assez significatif de l'influence exercée par les conceptions modernes jusque dans le domaine religieux.

rationalisme. Il est vrai, d'autre part, que, dès lors que le cœur est considéré comme le centre de l'être, toutes les modalités de celui-ci peuvent en un certain sens lui être rapportées au moins indirectement, y compris le sentiment, ou ce que les psychologues appellent l'« affectivité » ; mais il n'y en a pas moins lieu d'observer en cela les relations hiérarchiques, et de maintenir que l'intellect seul est véritablement « central », tandis que toutes les autres modalités n'ont qu'un caractère plus ou moins « périphérique ». Seulement, l'intuition intellectuelle qui réside dans le cœur étant méconnue [803], et la raison qui réside dans le cerveau ayant usurpé son rôle « illuminateur [804] », il ne restait plus au cœur que la seule possibilité d'être regardé comme le siège de l'affectivité [805] ; d'ailleurs, le monde moderne devait aussi voir naître, comme une sorte de contrepartie du rationalisme, ce qu'on peut appeler le sentimentalisme, c'est-à-dire la tendance à voir dans le sentiment ce qu'il y a de plus profond et de plus élevé dans l'être, à affirmer sa suprématie sur l'intelligence ; et il est bien évident qu'une telle chose, comme tout ce qui n'est en réalité qu'exaltation de l'« infra-rationnel » sous une forme ou sous une autre, n'a pu se produire que parce que l'intelligence avait été tout d'abord réduite à la seule raison.

Maintenant, si l'on veut, en dehors de la déviation moderne dont nous venons de parler, établir, dans des limites légitimes, un certain rapport du cœur avec l'affectivité, on devra regarder ce rapport comme résultant directement de la considération du cœur comme « centre vital » et siège de la « chaleur animatrice », vie et affectivité étant deux choses très proches l'une de l'autre, sinon même tout à fait connexes, tandis que le rapport avec l'intelligence est évidemment d'un tout autre ordre. Du reste, cette étroite relation de la vie et de l'affectivité est nettement exprimée par le symbolisme lui-même, puisque l'une

---

[803] C'est cette intuition intellectuelle qui est symbolisée proprement par l' « œil du cœur ».
[804] Cf. ce que nous avons dit ailleurs sur le sens rationaliste donné aux « lumières » au XVIIIe siècle, notamment en Allemagne, et sur la signification connexe de la dénomination des Illuminés de Bavière (*Aperçus sur l'Initiation*, ch. XII).
[805] C'est ainsi que Pascal, contemporain des débuts du rationalisme proprement dit, entend déjà le « cœur » au sens exclusif de « sentiment ».

et l'autre y sont également représentées sous l'aspect de la chaleur [806]; et c'est en vertu de cette même assimilation, mais faite alors d'une façon assez peu consciente, que, dans le langage ordinaire, on parle couramment de la chaleur du sentiment ou de l'affection [807]. Il faut aussi remarquer à ce propos que, quand le feu se polarise en ces deux aspects complémentaires qui sont la lumière et la chaleur, ceux-ci sont pour ainsi dire dans leur manifestation, en raison inverse l'un de l'autre ; et l'on sait que, même au simple point de vue de la physique, une flamme est en effet d'autant plus chaude qu'elle est moins éclairante. De même, le sentiment n'est véritablement qu'une chaleur sans lumière [808], et l'on peut aussi trouver dans l'homme une lumière sans chaleur, celle de la raison, qui n'est qu'une lumière réfléchie, froide comme la lumière lunaire qui la symbolise. Dans l'ordre des principes, au contraire, les deux aspects, comme tous les complémentaires, se rejoignent et s'unissent indissolublement, puisqu'ils sont constitutifs d'une même nature essentielle ; il en est donc ainsi en ce qui concerne l'intelligence pure, qui appartient proprement à cet ordre principiel, et ceci confirme encore que, comme nous l'indiquions précédemment, le rayonnement symbolique sous sa double forme peut lui être rapporté intégralement. Le feu qui réside au centre de l'être est bien à la fois lumière et chaleur ; mais, si l'on veut traduire ces deux termes respectivement par intelligence et amour, bien qu'ils ne soient au fond que deux aspects inséparables d'une seule et même chose, il faudra, pour que cette traduction soit acceptable et légitime, ajouter que l'amour dont il s'agit alors diffère tout autant du sentiment auquel on donne le même nom que l'intelligence pure diffère de la raison.

---

806 Il s'agit naturellement ici de la vie organique, dans son acception la plus littérale, et non du sens supérieur dans lequel la « vie » est au contraire mise en rapport avec la lumière, ainsi qu'on le voit notamment au début de l'Évangile de saint Jean (cf. *Aperçus sur l'initiation*, ch. XLVII).

807 Chez les modernes, le cœur enflammé est d'ailleurs pris assez ordinairement pour représenter l'amour, non pas seulement en un sens religieux, mais aussi au sens purement humain ; cette représentation était tout à fait courante surtout au XVIIIe siècle.

808 C'est pourquoi les anciens représentaient l'amour comme aveugle.

On peut facilement comprendre, en effet, que certains termes empruntés à l'affectivité soient, aussi bien que d'autres, susceptibles d'être transposés analogiquement dans un ordre supérieur, car toutes choses ont effectivement, outre leur sens immédiat et littéral, une valeur de symboles par rapport à des réalités plus profondes ; et il en est manifestement ainsi, en particulier, toutes les fois que, dans les doctrines traditionnelles, il est question de l'amour. Chez les mystiques eux-mêmes, malgré certaines confusions inévitables, le langage affectif apparaît surtout comme un mode d'expression symbolique, car, quelle que soit chez eux la part incontestable du sentiment au sens ordinaire de ce mot, il est pourtant inadmissible, quoi qu'en puissent prétendre les psychologues modernes, qu'il n'y ait là rien d'autre que des émotions et des affections purement humaines rapportées telles quelles à un objet suprahumain. Cependant la transposition devient encore beaucoup plus évidente lorsqu'on constate que les applications traditionnelles de l'idée de l'amour ne sont pas bornées au domaine exotérique et surtout religieux, mais qu'elles s'étendent également au domaine ésotérique et initiatique ; il en est ainsi notamment dans de nombreuses branches ou écoles de l'ésotérisme islamique, et il en est de même dans certaines doctrines du moyen âge occidental, notamment les traditions propres aux Ordres de chevalerie [809], et aussi la doctrine initiatique, d'ailleurs connexe, qui a trouvé son expression chez Dante et les « Fidèles d'Amour ». Nous ajouterons que la distinction de l'intelligence et de l'amour, ainsi entendue, a sa correspondance dans la tradition hindoue avec la distinction de *Jnâna-mârga* et *Bhakti-mârga* ; l'allusion que nous venons de faire aux Ordres de chevalerie indique d'ailleurs que la voie de l'amour est plus particulièrement appropriée aux Kshatriyas, tandis que la voie de l'intelligence ou de la connaissance est naturellement celle qui convient surtout aux Brahmanes ; mais, en définitive, il ne s'agit là que d'une différence qui porte seulement sur la façon d'envisager le Principe, en conformité avec la différence

---

[809] On sait que la base principale de ces traditions était l'Évangile de saint Jean : « Dieu est Amour », dit saint Jean, ce qui ne peut assurément se comprendre que par la transposition dont nous parlons ici, et le cri de guerre des Templiers était : « Vive Dieu Saint Amour. »

même des natures individuelles, et qui ne saurait aucunement affecter l'indivisible unité du Principe lui-même.

Chapitre LXX

CŒUR ET CERVEAU[810]

Nous avons lu dans la revue *Vers l'Unité* (juillet-août et septembre-octobre 1926), sous la signature de madame Th. Darel, une étude où se trouvent quelques considérations assez proches, à certains égards, de celles que nous avons eu, de notre côté, l'occasion d'exposer. Peut-être y aurait-il des réserves à faire sur certaines expressions, qui ne nous paraissent pas avoir toute la précision souhaitable ; mais nous n'en croyons pas moins intéressant de reproduire divers passages de cette étude.

« … S'il est un mouvement essentiel, c'est celui qui a fait de l'homme un être vertical, à stabilité volontaire, un être dont les élans d'idéal, les prières, les sentiments les plus élevés et les plus purs montent comme un encens vers le ciel. De cet être, l'Être suprême fit un temple dans le Temple et pour cela le dota d'un *cœur*, c'est-à-dire d'un point d'appui immuable, d'un centre de mouvement rendant l'homme adéquat à ses origines, semblable à sa Cause première. En même temps, il est vrai, l'homme fut pourvu d'un *cerveau* ; mais ce cerveau, dont l'innervation est propre au règne animal tout entier, se trouve, *de facto*, soumis à un ordre de mouvement secondaire (par rapport au mouvement initial). Le cerveau, instrument de la pensée enclose dans le monde et transformateur à l'usage de l'homme et du monde de cette *pensée latente*, la rend ainsi réalisable par son intermédiaire. Mais le cœur seul, par un aspir et un expir secret, permet à l'homme, en demeurant uni à son Dieu, d'être *pensée vivante*. Aussi, grâce à cette pulsation royale, l'homme conserve-t-il sa parole de divinité et œuvre-t-il sous l'égide de son Créateur, soucieux de sa Loi, heureux d'un bonheur qu'il lui appartient uniquement de se ravir à lui-même, en se

---

810 Publié dans *Reg.*, janv. 1927.

détournant de la voie secrète qui conduit de son cœur au Cœur universel, au Cœur divin... Retombé au niveau de l'animalité, toute supérieure qu'il soit en droit de l'appeler, l'homme n'a plus à faire usage que du cerveau et de ses annexes. Ce faisant, il vit de ses seules possibilités transformatrices ; il vit de la pensée latente répandue dans le monde ; mais il n'est plus en son pouvoir d'être pensée vivante. Pourtant, les religions, les saints, les monuments même élevés sous le signe d'une ordination spirituelle disparue, parlent à l'homme de son origine et des privilèges qui s'y rattachent. Pour peu qu'il le veuille, son attention portée exclusivement sur les besoins inhérents à son état relatif peut s'exercer à rétablir chez lui l'équilibre, à recouvrer le bonheur... L'excès de ses égarements amène l'homme à en reconnaître l'inanité. À bout de souffle, le voici qui par un mouvement instinctif se replie sur lui-même, se réfugie en son propre cœur, et, timidement, s'essaie à descendre en sa crypte silencieuse. Là, les vains bruits du monde se taisent. S'il en demeure, c'est que la profondeur muette n'est point encore atteinte, que le seuil auguste n'est point encore franchi... Le monde et l'homme sont *un*. Et le Cœur de l'homme, le Cœur du monde sont un *seul* Cœur. »

Nos lecteurs retrouveront là sans peine l'idée du cœur comme centre de l'être, idée qui, ainsi que nous l'avons expliqué (et nous y reviendrons encore), est commune à toutes les traditions antiques, issues de cette tradition primordiale dont les vestiges se rencontrent encore partout pour qui sait les voir. Ils y retrouveront aussi l'idée de la chute rejetant l'homme loin de son centre originel, et interrompant pour lui la communication directe avec le « Cœur du Monde », telle qu'elle était établie de façon normale et permanente dans l'état édénique [811]. Ils y retrouveront enfin, en ce qui concerne le rôle central du cœur, l'indication du double mouvement centripète et centrifuge comparable aux deux phases de la respiration [812] ; il est vrai que dans le passage que nous allons citer maintenant, la dualité de ces mouvements est rapportée à celle du cœur et du cerveau, ce qui semble à première vue introduire quelque

---

811 Voir *Le Sacré-Cœur et la légende du Saint Graal*.
812 Voir *L'idée du Centre dans les traditions antiques*.

confusion, bien que cela puisse aussi se soutenir quand on se place à un point de vue un peu différent, où cœur et cerveau sont envisagés comme constituant en quelque sorte deux pôles dans l'être humain.

« Chez l'homme, la force centrifuge a pour organe le *Cerveau*, la force centripète, le *Cœur*. Le Cœur, siège et conservateur du mouvement initial, est représenté dans l'organisme corporel par le mouvement de diastole et de systole qui ramène continûment à son propulseur le sang générateur de vie physique et l'en chasse pour irriguer le champ de son action. Mais le Cœur est autre chose encore. Comme le soleil qui, tout en répandant les effluves de vie, garde le secret de sa royauté mystique, le Cœur revêt des fonctions subtiles non discernables pour qui ne s'est point penché sur la vie profonde et n'a point concentré son attention sur le royaume intérieur dont il est le Tabernacle... Le Cœur est, à notre sens, le siège et le conservateur de la vie cosmique. Les religions le savaient qui ont fait du Cœur le symbole sacré, et les bâtisseurs de cathédrales qui ont érigé le lieu saint au cœur du Temple. Ils le savaient aussi ceux qui, dans les traditions les plus anciennes, dans les rites les plus secrets, faisaient abstraction de l'intelligence discursive, imposaient le silence à leur cerveau pour entrer dans le Sanctuaire et s'y élever par-delà leur être relatif jusqu'à l'Être de l'être. Ce parallélisme du Temple et du Cœur nous ramène au double mode de mouvement qui, d'une part (mode vertical), élève l'homme au-delà de lui-même et le dégage du processus propre à la manifestation, et, d'autre part (mode horizontal ou circulaire), le fait participer à cette manifestation tout entière. »

La comparaison du Cœur et du Temple, à laquelle il est fait ici allusion, nous l'avions trouvée plus particulièrement dans la Kabbale hébraïque[813], et, comme nous l'indiquions précédemment, on peut y rattacher les expressions de certains théologiens du moyen âge assimilant le Cœur du Christ au Tabernacle ou à l'arche d'Alliance[814]. D'autre part, pour ce qui est de la considération du mouvement vertical et horizontal, elle se rapporte à un aspect du symbolisme

---

813 *Le Cœur du Monde dans la Kabbale hébraïque.*
814 *À propos des signes corporatifs de leur sens original.*

de la croix, spécialement développé dans certaines écoles d'ésotérisme musulman et dont nous parlerons peut-être quelque jour[2] ; c'est en effet de ce symbolisme qu'il est question dans la suite de la même étude, et nous en extrairons une dernière citation, dont le début pourra être rapproché de ce que nous avons dit, à propos des symboles du centre, sur la croix dans le cercle et sur le *swastika* [815].

« La Croix est le signe cosmique par excellence. Aussi loin qu'il est possible de remonter dans les temps, la Croix représente ce qui unit dans leur double signification le vertical et l'horizontal ; elle fait participer le mouvement qui leur est propre d'un seul centre, d'un même générateur... Comment ne pas accorder un sens métaphysique à un signe susceptible de répondre aussi complètement à la nature des choses ? Pour être devenue le symbole presque exclusif du divin crucifiement, la Croix n'a fait qu'accentuer sa signification sacrée. En effet, si dès les origines ce signe fut représentatif des rapports du monde et de l'homme avec Dieu, il devenait impossible de ne point identifier la Rédemption à la Croix, de ne point clouer sur la Croix l'Homme dont le Cœur est au plus haut degré représentatif du divin dans un monde oublieux de ce mystère. Si nous faisions ici de l'exégèse, il serait facile de montrer à quel point les Évangiles et leur symbolisme profond sont significatifs à cet égard. Le Christ est plus qu'un fait, que le grand Fait d'il y a deux mille ans. Sa figure est de tous les siècles. Elle surgit du tombeau où descend l'homme relatif, pour ressusciter incorruptible dans l'Homme divin, dans l'Homme racheté par le Cœur universel qui bat au cœur de l'Homme, et dont le sang est répandu pour le salut de l'homme et du monde. »

La dernière remarque, bien qu'exprimée en termes un peu obscurs, s'accorde au fond avec ce que nous avons dit de la valeur symbolique qu'ont, en outre de leur réalité propre (et, bien entendu, sans que celle-ci en soit aucunement affectée), les faits historiques, et surtout les faits de l'histoire

---

815 *L'idée du Centre dans les traditions antiques.*

sacrée [816] ; mais ce n'est pas sur ces considérations que nous nous proposons d'insister présentement. Ce que nous voulons, c'est revenir, en profitant de l'occasion qui nous en est ainsi fournie, sur la question des rapports du cœur et du cerveau, ou des facultés représentées par ces deux organes ; nous avons déjà donné quelques indications sur ce sujet [817], mais nous croyons qu'il ne sera pas inutile d'y apporter de nouveaux développements.

Nous avons vu tout à l'heure qu'on peut, en un sens, considérer le cœur et le cerveau comme deux pôles, c'est-à-dire comme deux éléments complémentaires ; ce point de vue du complémentarisme correspond effectivement à une réalité dans un certain ordre, à un certain niveau si l'on peut dire ; il est même moins extérieur et moins superficiel que le point de vue de l'opposition pure et simple, qui renferme pourtant aussi une part de vérité, mais seulement lorsqu'on s'en tient aux apparences les plus immédiates. Avec la considération du complémentarisme, l'opposition se trouve déjà conciliée et résolue au moins jusqu'à un certain point, ses deux termes s'équilibrant en quelque sorte l'un par l'autre. Cependant, ce point de vue est encore insuffisant, par là même qu'il laisse malgré tout subsister une dualité : dire qu'il y a dans l'homme deux pôles ou deux centres, entre lesquels il peut d'ailleurs y avoir antagonisme ou harmonie suivant les cas, cela est vrai quand on l'envisage dans un certain état ; mais n'est-ce pas là un état que l'on pourrait dire « décentré » ou « désuni » et qui, comme tel, ne caractérise proprement que l'homme déchu, donc séparé de son centre original comme nous le rappelions plus haut ? C'est au moment même de la chute qu'Adam devient « connaissant le bien et le mal » (*Genèse*, III, 22), c'est-à-dire commence à considérer toutes choses sous l'aspect de la dualité ; la nature duelle de l'« Arbre de la Science » lui apparaît lorsqu'il

---

[816] *Les Arbres du Paradis*, dans *Reg.*, mars 1926, p. 295.
[817] *Le Cœur rayonnant et le Cœur enflammé*, dans *Reg.*, mars 1926.

se trouve rejeté hors du lieu de l'unité première, à laquelle correspond l'« Arbre de Vie [818] ».

Quoi qu'il en soit, ce qui est certain, c'est que, si la dualité existe bien dans l'être, ce ne peut être qu'à un point de vue contingent et relatif ; si l'on se place à un autre point de vue plus profond et plus essentiel, ou si l'on envisage l'être dans l'état qui correspond à celui-ci, l'unité de cet être doit se trouver rétablie [819]. Alors, le rapport entre les deux éléments qui étaient apparus d'abord comme opposés, puis comme complémentaires, devient autre : c'est un rapport, non plus de corrélation ou de coordination, mais de subordination. Les deux termes de ce rapport, en effet, ne peuvent plus être placés sur le même plan comme s'il y avait entre eux une sorte d'équivalence ; l'un dépend au contraire de l'autre comme ayant en lui son principe ; et tel est bien le cas pour ce que représentent respectivement le cerveau et le cœur.

Pour faire comprendre ceci, nous reviendrons au symbolisme que nous avons déjà indiqué [820], et suivant lequel le cœur est assimilé au soleil et le cerveau à la lune. Or le soleil et la lune, ou plutôt les principes cosmiques qui sont représentés par ces deux astres, sont souvent figurés comme complémentaires, et ils le sont en effet à un certain point de vue ; on établit alors entre eux une sorte de parallélisme ou de symétrie, dont il serait facile de trouver des exemples dans toutes les traditions. C'est ainsi que l'hermétisme fait du soleil et de la lune (ou de leurs équivalents alchimiques, l'or et l'argent) l'image des deux principes actif et passif, ou masculin et féminin suivant un autre mode d'expression, qui sont bien les deux termes d'un véritable complémentarisme [821]. D'ailleurs, si l'on

---

818 Voir *Les Arbres du Paradis*. — De certaines comparaisons qu'on peut établir entre le symbolisme biblique et apocalyptique et le symbolisme hindou, il résulte très clairement que l'essence de l'« Arbre de Vie » est proprement l'« Indivisible » (en sanscrit *Aditi*) ; mais ceci nous éloignerait trop de notre sujet.
819 On peut se souvenir ici de l'adage scolastique : « Esse et unum convertuntur. »
820 *Le Cœur rayonnant et le Cœur enflammé.*
821 Il faut d'ailleurs remarquer que, sous un certain rapport, chacun des deux termes peut à son tour se polariser en actif et passif, d'où les figurations du soleil et de la lune comme

considère les apparences de notre monde, ainsi qu'il est légitime de le faire, le soleil et la lune ont effectivement des rôles comparables et symétriques, étant, suivant l'expression biblique, « les deux grands luminaires dont l'un préside au jour et l'autre à la nuit » (*Genèse*, I, 16) ; et certaines langues extrême-orientales (chinois, annamite, malais) les désignent par des termes qui sont pareillement symétriques, signifiant « œil du jour » et « œil de la nuit ». Pourtant, si l'on va au-delà des apparences, il n'est plus possible de maintenir cette sorte d'équivalence, puisque le soleil est par lui-même une source de lumière, tandis que la lune ne fait que réfléchir la lumière qu'elle reçoit du soleil [822]. La lumière lunaire n'est en réalité qu'un reflet de la lumière solaire ; on pourrait donc dire que la lune, en tant que « luminaire », n'existe que par le soleil.

Ce qui est vrai pour le soleil et la lune l'est aussi pour le cœur et le cerveau, ou, pour mieux dire, pour les facultés auxquelles correspondent ces deux organes et qui sont symbolisées par eux, c'est-à-dire l'intelligence intuitive et l'intelligence discursive ou rationnelle. Le cerveau, en tant qu'organe ou instrument de cette dernière, ne joue véritablement qu'un rôle de « transmetteur » et, si l'on veut, de « transformateur » ; et ce n'est pas sans motif que le mot de « réflexion » est appliqué à la pensée rationnelle, par laquelle les choses ne sont vues que comme dans un miroir, *quasi per speculum*, comme dit saint Paul. Ce n'est pas sans motif non plus qu'une même racine *man* ou *men* a servi, dans des langues diverses, à former de nombreux mots qui désignent

---

androgynes ; c'est ainsi que *Janus*, sous un de ses aspects, est *Lunus-Luna*, comme nous l'avons signalé précédemment. On peut comprendre par des considérations analogues que la force centrifuge et la force centripète soient, à un point de vue, rapportées respectivement au cerveau et au cœur, et que, à un autre point de vue, elles le soient toutes deux au cœur, comme correspondant à deux phases complémentaires de sa fonction centrale.

822 Ceci pourrait être généralisé : la « réceptivité » caractérise partout et toujours le principe passif, de sorte qu'il n'y a pas une véritable équivalence entre celui-ci et le principe actif, bien que, dans un sens, ils soient nécessaires l'un à l'autre, n'étant l'un actif et l'autre passif que dans leur relation même.

d'une part la lune (grec *mênê*, anglais *moon*, allemand *mond*) [823], et d'autre part la faculté rationnelle ou le « mental » (sanscrit *manas*, latin *mens*, anglais *mind*) [824], et aussi, par suite, l'homme considéré plus spécialement dans la nature rationnelle par laquelle il se définit spécifiquement (sanscrit *mânava*, anglais man, allemand *mann* et *mensch* [825]). La raison, en effet, qui n'est qu'une faculté de connaissance médiate, est le mode proprement humain de l'intelligence ; l'intuition intellectuelle peut être dite supra-humaine, puisqu'elle est une participation directe de l'intelligence universelle, qui, résidant dans le cœur, c'est-à-dire au centre même de l'être, là où est son point de contact avec le Divin, pénètre cet être par l'intérieur et l'illumine de son rayonnement.

La lumière est le symbole le plus habituel de la connaissance ; il est donc naturel de représenter par la lumière solaire la connaissance directe, c'est-à-dire intuitive, qui est celle de l'intellect pur, et par la lumière lunaire la connaissance réfléchie, c'est-à-dire discursive, qui est celle de la raison. Comme la lune ne peut donner sa lumière que si elle est elle-même éclairé par le soleil, de même la raison ne peut fonctionner valablement, dans l'ordre de réalité qui est son domaine propre, que sous la garantie de principes qui l'éclairent et la dirigent, et qu'elle reçoit de l'intellect supérieur. Il y a sur ce point une équivoque qu'il importe de dissiper : les philosophes modernes [826] se trompent étrangement en

---

823 De là aussi le nom du mois (latin *mensis*, anglais *month*, allemand *mo-nat*) qui est proprement la « lunaison ». À la même racine se rattachent également l'idée de mesure (latin *mensura*) et celle de division ou de partage ; mais ceci encore nous entraînerait trop loin.

824 La mémoire se trouve aussi désignée par des mots similaires (grec *mnesis*, *mnêmosunè*) ; elle n'est en effet, elle aussi, qu'une faculté « réfléchissante », et la lune, dans un certain aspect de son symbolisme, est considérée comme représentant la « mémoire cosmique ».

825 De là vient également le nom de la *Minerva* (ou *Menerva*) des Étrusques et des Latins ; il est à remarquer que l'*Athéna* des Grecs, qui lui est assimilée, est dite issue du cerveau de *Zeus*, et qu'elle a pour emblème la chouette, qui, par son caractère d'oiseau nocturne, se rapporte encore au symbolisme lunaire ; à cet égard, la chouette s'oppose à l'aigle, qui, pouvant regarder le soleil en face, représente souvent l'intelligence intuitive, ou la contemplation directe de la lumière, intelligible.

826 Précisons que, par cette expression, nous entendons ceux qui représentent la mentalité moderne, telle que nous avons eu souvent l'occasion de la définir (voir notamment notre

parlant comme ils le font de « principes rationnels », comme si ces principes appartenaient en propre à la raison, comme s'ils étaient en quelque sorte son œuvre, alors que, pour la gouverner, il faut au contraire nécessairement qu'ils s'imposent à elle, donc qu'ils viennent de plus haut ; c'est là un exemple de l'erreur rationaliste, et l'on peut se rendre compte par là de la différence essentielle qui existe entre le rationalisme et le véritable intellectualisme. Il suffit de réfléchir un instant pour comprendre qu'un principe, au vrai sens de ce mot, par là même qu'il ne peut se tirer ou se déduire d'autre chose, ne peut être saisi qu'immédiatement, donc intuitivement, et ne saurait être l'objet d'une connaissance discursive comme celle qui caractérise la raison ; pour nous servir ici de la terminologie scolastique, c'est l'intellect pur qui est *habitus principiorum*, tandis que la raison est seulement *habitus conclusionum*.

Une autre conséquence résulte encore des caractères fondamentaux de l'intellect et de la raison : une connaissance intuitive, parce qu'elle est immédiate, est nécessairement infaillible par elle-même [827] ; au contraire, l'erreur peut toujours s'introduire dans toute connaissance qui n'est qu'indirecte ou médiate comme l'est la connaissance rationnelle ; et l'on voit par là combien Descartes avait tort de vouloir attribuer l'infaillibilité à la raison. C'est ce qu'Aristote exprime en ces termes [828] : « Parmi les avoirs de

---

communication parue dans le numéro de juin 1926) ; le point de vue même de la philosophie moderne et sa façon spéciale de poser les questions sont incompatibles avec la métaphysique vraie.

827 Saint Thomas note cependant (*S. Th.*, I, q. 58, a. 5 et q. 85, a. 6) que l'intellect peut errer dans la simple perception de son objet propre ; mais cette erreur ne se produit que *per accidens*, à cause d'une affirmation d'ordre discursif qui est intervenue ; ce n'est donc plus, à vrai dire, de l'intellect pur qu'il s'agit dans ce cas. Il est d'ailleurs bien entendu que l'infaillibilité ne s'applique qu'à la saisie même des vérités intuitives, et non à leur formulation ou à leur traduction en mode discursif.

828 *Derniers Analytiques*.

l'intelligence [829], en vertu desquels nous atteignons la vérité, il en est qui sont toujours vrais, et d'autres qui peuvent donner dans l'erreur. Le raisonnement est dans ce dernier cas ; mais l'intellect est toujours conforme à la vérité et rien n'est plus vrai que l'intellect. Or, les principes étant plus notoires que la démonstration, et toute science étant accompagnée de raisonnement, la connaissance des principes n'est pas une science (mais elle est un mode de connaissance supérieur à la connaissance scientifique ou rationnelle, et qui constitue proprement la connaissance métaphysique). D'ailleurs, l'intellect est seul plus vrai que la science (ou que la raison qui édifie la science) ; donc les principes relèvent de l'intellect. » Et, pour mieux affirmer le caractère intuitif de cet intellect, Aristote dit encore : « On ne démontre pas les principes, mais on en perçoit directement la vérité [830]. »

Cette perception directe de la vérité, cette intuition intellectuelle et supra-rationnelle dont les modernes semblent avoir perdu jusqu'à la simple notion, c'est véritablement la « connaissance du cœur », suivant une expression qui se rencontre fréquemment dans les doctrines orientales. Cette connaissance est d'ailleurs, en elle-même, quelque chose d'incommunicable ; il faut l'avoir « réalisée », au moins dans une certaine mesure, pour savoir ce qu'elle est vraiment ; et tout ce qu'on en peut dire n'en donne qu'une idée plus ou moins approchée, toujours inadéquate. Surtout, ce serait une erreur de croire qu'on peut comprendre effectivement ce qu'est le genre de connaissance dont il s'agit quand on se contente de l'envisager « philosophiquement », c'est-à-dire du dehors, car il ne faut jamais oublier que la philosophie n'est qu'une connaissance purement humaine ou rationnelle, comme l'est tout « savoir profane ». Au contraire, c'est sur la connaissance supra-rationnelle que se fonde

---

829 On rend ordinairement par « avoir » le mot grec *exis*, qui est à peu près intraduisible en français, et qui correspond plus exactement au latin *habitus*, signifiant à la fois nature, disposition, état, manière d'être.
830 Rappelons aussi des définitions de saint Thomas d'Aquin : « *Ratio* discursum quemdam designat, quo ex uno in aliud cognoscendum anima humana pervenit ; *intellectus* vero simplicem et absolutam cognitionem (sine aliquo motu vel discursu, statim in prima et subita acceptione) designare videtur » (*De Veritate*, q. XV, a. I).

essentiellement la « science sacrée », au sens où nous employons cette expression dans nos écrits ; et tout ce que nous avons dit de l'usage du symbolisme et de l'enseignement qui y est contenu se rapporte aux moyens que les doctrines traditionnelles mettent à la disposition de l'homme pour lui permettre d'arriver à cette connaissance par excellence, dont toute autre connaissance, dans la mesure où elle a aussi quelque réalité, n'est qu'une participation plus ou moins lointaine, un reflet plus ou moins indirect, comme la lumière de la lune n'est qu'un pâle reflet de celle du soleil. La « connaissance du cœur », c'est la perception directe de la lumière intelligible, de cette Lumière du Verbe dont parle saint Jean au début de son Évangile, Lumière rayonnant du « Soleil spirituel » qui est le véritable « Cœur du Monde ».

Chapitre LXXI

L'EMBLÈME DU SACRÉ-CŒUR DANS UNE SOCIÉTÉ SECRÈTE AMÉRICAINE[831]

On sait que l'Amérique du Nord est la terre de prédilection des sociétés secrètes et demi secrètes, qui y pullulent tout autant que les sectes religieuses ou pseudo-religieuses de tout genre, lesquelles, d'ailleurs, y prennent elles-mêmes assez volontiers cette forme. Dans ce besoin de mystère, dont les manifestations sont souvent bien étranges, faut-il voir comme une sorte de contrepoids au développement excessif de l'esprit pratique, qui, d'autre part, est regardé généralement, et à juste titre, comme une des principales caractéristiques de la mentalité américaine ? Nous le pensons pour notre part, et nous voyons effectivement dans ces deux extrêmes, si singulièrement associés, deux produits d'un seul et même déséquilibre, qui a atteint son plus haut point dans ce pays, mais qui, il faut bien le dire, menace actuellement de s'étendre à tout le monde occidental.

Cette remarque générale étant faite, on doit reconnaître que, parmi les multiples sociétés secrètes américaines, il y aurait bien des distinctions à faire ; ce serait une grave erreur que de s'imaginer que toutes ont le même caractère et tendent à un même but. Il en est quelques-unes qui se déclarent spécifiquement catholiques, comme les « Chevaliers de Colomb » ; il en est aussi de juives, mais surtout de protestantes ; et, même dans celles qui sont neutres au point de vue religieux, l'influence du protestantisme est souvent prépondérante. C'est là une raison de se méfier : la propagande protestante est fort insinuante et prend toutes les formes pour s'adapter aux divers milieux où

---

831 Publié dans *Reg.*, mars 1927.

elle veut pénétrer ; il n'y a donc rien d'étonnant à ce qu'elle s'exerce d'une façon plus ou moins dissimulée, sous le couvert d'associations comme celles dont il s'agit.

Il convient de dire aussi que certaines de ces organisations ont un caractère peu sérieux, voire assez puéril ; leurs prétendus secrets sont parfaitement inexistants, et n'ont d'autre raison d'être que d'exciter la curiosité et d'attirer des adhérents ; le seul danger que représentent celles-là, en somme, c'est qu'elles exploitent et développent ce déséquilibre mental auquel nous faisions allusion tout à l'heure. C'est ainsi qu'on voit de simples sociétés de secours mutuels faire usage d'un rituel soi-disant symbolique, plus ou moins imité de formes maçonniques, mais éminemment fantaisiste, et trahissant l'ignorance complète où étaient ses auteurs des données les plus élémentaires du véritable symbolisme.

À côté de ces associations simplement « fraternelles », comme disent les Américains, et qui semblent être les plus largement répandues, il en est d'autres qui ont des prétentions initiatiques ou ésotériques, mais qui, pour la plupart, ne méritent pas davantage d'être prises au sérieux, tout en étant peut-être plus dangereuses en raison de ces prétentions mêmes, propres à tromper et à égarer les esprits naïfs ou mal informés. Le titre de « Rose-Croix », par exemple, paraît exercer une séduction toute particulière et a été pris par un bon nombre d'organisations dont les chefs n'ont même pas la moindre notion de ce que furent autrefois les véritables Rose-Croix ; et que dire des groupements à étiquettes orientales, ou de ceux qui prétendent se rattacher à d'antiques traditions, et où l'on ne trouve exposées, en réalité, que les idées les plus occidentales et les plus modernes ?

Parmi d'anciennes notes concernant quelques-unes de ces organisations, nous en avons retrouvé une qui a retenu notre attention, et qui, à cause d'une des phrases qu'elle contient, nous a paru mériter d'être reproduite ici, bien que les termes en soient fort peu clairs et laissent subsister un doute sur le sens précis qu'il convient d'attribuer à ce dont il s'agit. Voici, exactement reproduite, la note en question, qui se rapporte à une société intitulée *Order of Chylena*, sur laquelle nous n'avons d'ailleurs pas d'autres renseignements [832] : « Cet ordre fut fondé par Albert Staley, à Philadelphie (Pennsylvanie), en 1879. Son manuel a pour titre *The Standart United States Guide*. L'ordre a cinq points de compagnonnage, dérivés du vrai point *E Pluribus Unum* (devise des États-Unis). Son étendard porte les mots *Evangel* et *Evangeline*, inscrits dans des étoiles à six pointes. *La Philosophie de la vie universelle* paraît être son étude fondamentale, et la parole perdue du Temple en est un élément. *Ethiopia*, Elle, est la Fiancée ; *Chylena*, Lui, est le Rédempteur. Le "Je Suis" semble être le (ici un signe formé de deux cercles concentriques). "Vous voyez ce Sacré-Cœur ; le contour vous montre ce Moi (ou plus exactement ce 'Je') [833]", dit *Chylena*. »

À première vue, il semble difficile de découvrir là-dedans rien de net ni même d'intelligible : on y trouve bien quelques expressions empruntées au langage maçonnique, comme les « cinq points de compagnonnage » et la « parole perdue du Temple » ; on y trouve aussi un symbole bien connu et d'usage très général, celui de l'étoile à six pointes ou « sceau de Salomon », dont nous avons déjà eu l'occasion de parler ici [834] ; on y reconnaît encore l'intention de donner à l'organisation un caractère proprement américain ; mais que peut bien signifier tout le reste ? Surtout, que signifie la dernière phrase, et faut-il y voir l'indice de quelque contrefaçon du Sacré-Cœur, à joindre à celles dont M. Charbonneau-Lassay a entretenu autrefois les lecteurs de *Regnabit* [835] ?

Nous devons avouer que nous n'avons pu découvrir jusqu'ici ce que signifie le nom de *Chylena*, ni comment il peut être employé pour désigner le « Rédempteur », ni même en quel sens, religieux ou non, ce dernier mot doit être entendu. Il semble pourtant qu'il y ait, dans la phrase où il est question de la « Fiancée » et du « Rédempteur », une allusion biblique, probablement

---

832 C'est la traduction d'une notice extraite d'une brochure intitulée *Arcane Associations*, éditée par la *Societas Rosicruciana* d'Amérique (Manchester, N. H., 1905).
833 Le texte anglais : « You see this Sacred Heart ; the outline shows you that I. »
834 *Le Chrisme et le Cœur dans les anciennes marques corporatives*.
835 *Les Représentations blasphématoires du Cœur de Jésus*, août-sept. 1924.

inspirée du *Cantique des Cantiques* ; et il est assez étrange que ce même « Rédempteur » nous montre le Sacré-Cœur (est-ce son propre cœur ?) comme s'il était véritablement le Christ lui-même ; mais, encore une fois, pourquoi ce nom de *Chylena* ? D'autre part, on peut se demander aussi ce que vient faire là le nom d'*Evangeline*, l'héroïne du célèbre poème de Longfellow ; mais il paraît être pris comme une forme féminine de celui d'*Evangel* en face duquel il est placé ; est-ce l'affirmation d'un esprit « évangélique », au sens quelque peu spécial où l'entendent les sectes protestantes, qui se parent si volontiers de cette dénomination ? Enfin, si le nom d'*Ethiopia* s'applique à la race noire, ce qui en est l'interprétation la plus naturelle [836], peut-être faudrait-il en conclure que la « rédemption » plus ou moins « évangélique » (c'est-à-dire protestante) de celle-ci est un des buts que se proposent les membres de l'association. S'il en était ainsi, la devise *E Pluribus Unum* pourrait logiquement s'interpréter dans le sens d'une tentative de rapprochement sinon de fusion, entre les races diverses qui constituent la population des États-Unis, et que leur antagonisme naturel a toujours si profondément séparés ; ce n'est là qu'une hypothèse, mais elle n'a du moins rien d'invraisemblable.

S'il s'agit d'une organisation d'inspiration protestante, ce n'est pas une raison suffisante pour penser que l'emblème du Sacré-Cœur y soit nécessairement détourné de sa véritable signification ; certains protestants, en effet, ont eu pour le Sacré-Cœur une dévotion réelle et sincère [837]. Cependant dans le cas actuel, le mélange d'idées hétéroclites dont témoignent les quelques lignes que nous avons reproduites nous incite à la méfiance ; nous nous demandons ce que peut être cette *Philosophie de la vie universelle* qui semble avoir pour centre le principe du « Je Suis » (*I Am*). Tout cela, assurément, pourrait s'entendre en un sens très légitime, et même se rattacher d'une certaine

---

836 Le *Nigra sum, sed formosa* du *Cantique des Cantiques* justifierait peut-être le fait que cette appellation est appliquée à la « Fiancée ».
837 Nous avons déjà cité l'exemple du chapelain de Cromwell, Thomas Goodwin, qui consacra un livre à la dévotion au Cœur de Jésus (*Le Chrisme et le Cœur dans les anciennes marques corporatives* dans *Reg.*, nov. 1925, p. 402, note 1).

façon à la conception du cœur comme centre de l'être ; mais, étant données les tendances de l'esprit moderne, dont la mentalité américaine est l'expression la plus complète, il est fort à craindre que cela ne soit pris que dans le sens tout individuel (ou « individualiste » si l'on préfère) et purement humain. C'est là ce sur quoi nous voulons appeler l'attention en terminant l'examen de cette sorte d'énigme.

La tendance moderne, telle que nous la voyons s'affirmer dans le protestantisme, est tout d'abord la tendance à l'individualisme, qui se manifeste clairement par le « libre examen », négation de toute autorité spirituelle légitime et traditionnelle. Ce même individualisme, au point de vue philosophique, s'affirme également dans le rationalisme, qui est la négation de toute faculté de connaissance supérieure à la raison, c'est-à-dire au mode individuel et purement humain de l'intelligence ; et ce rationalisme, sous toutes ses formes, est plus ou moins directement issu du cartésianisme, auquel le « Je Suis » nous fait songer tout naturellement, et qui prend le sujet pensant, et rien de plus, comme unique point de départ de toute réalité. L'individualisme, ainsi entendu dans l'ordre intellectuel, a pour conséquence presque inévitable ce qu'on pourrait appeler une « humanisation » de la religion qui finit par dégénérer en « religiosité », c'est-à-dire par n'être plus qu'une simple affaire de sentiment, un ensemble d'aspirations vagues et sans objet défini ; le sentimentalisme, du reste, est pour ainsi dire complémentaire du rationalisme [838]. Sans même parler de conception telles que celle de l'« expérience religieuse » de William James, on trouverait facilement des exemples de cette déviation plus ou moins accentuée dans la plupart des multiples variétés du protestantisme, et notamment du protestantisme anglo-saxon, où le dogme se dissout en quelque sorte et s'évanouit pour ne laisser subsister que ce « moralisme » humanitaire dont les manifestations plus ou moins bruyantes sont un des traits caractéristiques de notre époque. De ce « moralisme » qui est l'aboutissement logique du protestantisme au « moralisme » purement laïque et « areligieux » (pour ne pas dire antireligieux), il n'y a qu'un pas, et certains le franchissent assez aisément ;

---

838 Voir *Le Cœur rayonnant et le Cœur enflammé.*

ce ne sont là, en somme que des degrés différents dans le développement d'une même tendance.

Dans ces conditions, il ne faut pas s'étonner qu'il soit parfois fait usage d'une phraséologie et d'un symbolisme dont l'origine est proprement religieuse, mais qui se trouvent dépouillés de ce caractère et détournés de leur première signification, et qui peuvent tromper facilement ceux qui ne sont pas avertis de cette déformation ; que cette tromperie soit intentionnelle ou non, le résultat est le même. C'est ainsi qu'on a contrefait la figure du Sacré-Cœur pour représenter le « Cœur de l'Humanité » (entendue d'ailleurs au sens exclusivement collectif et social) comme l'a signalé M. Charbonneau-Lassay dans l'article auquel nous faisions allusion plus haut, et dans lequel il citait à ce propos un texte où il est parlé « du Cœur de Marie symbolisant le cœur maternel de la Patrie humaine, cœur féminin, et du Cœur de Jésus symbolisant le cœur paternel de l'Humanité, cœur masculin ; cœur de l'homme, cœur de la femme, tous deux divins dans leur principe spirituel et naturel [839] ». Nous ne savons trop pourquoi ce texte nous est revenu invinciblement à la mémoire en présence du document relatif à la société secrète américaine dont il vient d'être question ; sans pouvoir être absolument affirmatif là-dessus, nous avons l'impression de nous trouver là devant quelque chose du même genre. Quoi qu'il en soit, ce travestissement du Sacré-Cœur en « Cœur de l'Humanité » constitue, à proprement parler, du « naturalisme », ce qui risque de dégénérer bien vite en une grossière idolâtrie ; la « religion de l'Humanité » n'est pas, à l'époque contemporaine, le monopole exclusif d'Auguste Comte et de quelques-uns de ses disciples positivistes, à qui il faut reconnaître tout au moins le mérite d'avoir exprimé franchement ce que d'autres enveloppent dans des formules perfidement équivoques. Nous avons déjà noté les déviations que certains, de nos jours, font subir couramment au mot même de « religion » en l'appliquant à des choses purement humaines [840] ; cet abus, souvent inconscient, ne serait-il

---

839 Citation de *L'Écho de l'Invisible* (1917), dans *Les Représentations blasphématoires du Cœur de Jésus*, Reg., août-sept. 1924, pp. 192-193.
840 Voir notre communication sur *La réforme de la mentalité moderne*.

pas le résultat d'une action qui, elle, est parfaitement consciente et voulue, action exercée par ceux, quels qu'il soient, qui semblent avoir pris à tâche de déformer systématiquement la mentalité occidentale depuis le début des temps modernes ? On est parfois tenté de le croire, surtout quand on voit, comme cela a lieu depuis la dernière guerre, s'instaurer un peu partout une sorte de culte laïque et « civique », une pseudo-religion dont toute idée du Divin est absente ; nous ne voulons pas insister davantage pour le moment, mais nous savons que nous ne sommes pas seul à estimer qu'il y a là un symptôme inquiétant. Ce que nous dirons pour conclure cette fois, c'est que tout cela se rattache à une même idée centrale, qui est la divinisation de l'humanité, non pas au sens où le christianisme permet de l'envisager d'une certaine manière, mais au sens d'une substitution de l'humanité à Dieu ; cela étant, il est facile de comprendre que les propagateurs d'une telle idée cherchent à s'emparer de l'emblème du Sacré-Cœur, de façon à faire de cette divinisation de l'humanité une parodie de l'union des deux natures divine et humaine dans la personne du Christ.

René Guénon

Chapitre LXXII

L'ŒIL QUI VOIT TOUT[841]

Un des symboles qui sont communs au christianisme et à la maçonnerie est le triangle dans lequel est inscrit le Tétragramme hébraïque[842], ou quelquefois seulement un *iod*, première lettre du Tétragramme, qui peut en être regardé ici comme une abréviation[843], et qui d'ailleurs, en vertu de sa signification principielle[844], constitue aussi par lui-même un nom divin, et même le premier de tous suivant certaines traditions[845]. Parfois aussi, le *iod* lui-même est remplacé par un œil, qui est généralement désigné comme « Œil qui voit tout » (*The All-Seeing Eye*) ; la similitude de forme entre le *iod* et l'œil peut en effet se prêter à une assimilation, qui a d'ailleurs de nombreuses significations sur lesquelles, sans prétendre les développer ici entièrement, il peut être intéressant de donner tout au moins quelques indications.

---

841 Publié dans *É. T.*, avril-mai 1948.
842 Dans la maçonnerie, ce triangle est souvent désigné sous le nom de *delta* parce que la lettre grecque ainsi appelée a effectivement une forme triangulaire ; mais nous ne pensons pas qu'il faille voir dans ce rapprochement une indication quelconque quant aux origines du symbole dont il s'agit ; d'ailleurs, il est évident que la signification de celui-ci est essentiellement ternaire, tandis que le *delta* grec, malgré sa forme, correspond à 4 par son rang alphabétique et sa valeur numérique.
843 En hébreu, le tétragramme est parfois représenté aussi abréviativement par trois *iod*, qui ont un rapport manifeste avec le triangle lui-même ; lorsqu'ils sont disposés triangulairement, ils correspondent nettement aux trois points compagnonniques et maçonniques.
844 Le *iod* est regardé comme l'élément premier à partir duquel sont formées toutes les lettres de l'alphabet hébraïque.
845 Voir à ce sujet *La Grande Triade*, ch. XXV.

Tout d'abord, il y a lieu de remarquer que le triangle dont il s'agit occupe toujours une position centrale [846] et que de plus, dans la maçonnerie, il est expressément placé entre le soleil et la lune. Il résulte de là que l'œil contenu dans ce triangle ne devrait pas être représenté sous la forme d'un œil ordinaire droit ou gauche, puisque ce sont en réalité le soleil et la lune qui correspondent respectivement à l'œil droit et à l'œil gauche de l'« Homme Universel » en tant que celui-ci s'identifie au Macrocosme [847]. Pour que le symbolisme soit entièrement correct, cet œil devrait être un œil « frontal » ou « central » c'est-à-dire un « troisième œil », dont la ressemblance avec le *iod* est encore plus frappante ; et c'est effectivement ce « troisième œil » qui « voit tout » dans la parfaite simultanéité de l'éternel présent [848]. À cet égard, il y a donc dans les figurations ordinaires une inexactitude, qui y introduit une asymétrie injustifiable, et qui est due sans doute à ce que la représentation du « troisième œil » semble plutôt inusitée dans l'iconographie occidentale, mais quiconque comprend bien ce symbolisme peut facilement la rectifier.

Le triangle droit se rapporte proprement au Principe ; mais, quand il est inversé par reflet dans la manifestation, le regard de l'œil qu'il contient apparaît en quelque sorte comme dirigé « vers le bas [849] », c'est-à-dire du Principe vers la manifestation elle-même, et, outre son sens général d'« omniprésence », il prend alors plus nettement la signification spéciale de « Providence ». D'autre part, si ce reflet est envisagé plus particulièrement dans l'être humain, on doit

---

846 Dans les églises chrétiennes où il figure, ce triangle est placé normalement au-dessus de l'autel ; celui-ci étant d'ailleurs surmonté de la croix, l'ensemble de cette croix et du triangle reproduit assez curieusement le symbole alchimique du soufre.

847 Voir *L'Homme et son devenir selon le Vêdânta*, ch. XII. — À ce propos, et plus particulièrement en connexion avec le symbolisme maçonnique, il est bon de remarquer que les yeux sont proprement les « lumières » qui éclairent le microcosme.

848 Au point de vue du « triple temps », la lune et l'œil gauche correspondent au passé, le soleil et l'œil droit à l'avenir, et le « troisième œil » au présent, c'est-à-dire à l'instant indivisible qui, entre le passé et l'avenir, est comme un reflet de l'éternité dans le temps.

849 On peut faire un rapprochement entre ceci et la signification du nom d'*Avalokitêshwara*, interprété habituellement comme « le Seigneur qui regarde en bas ».

noter que la forme du triangle inversé n'est autre que le schéma géométrique du cœur [850] ; l'œil qui est en son centre est alors proprement l'« œil du cœur » (*aynul-qalb* de l'ésotérisme islamique), avec toutes les significations qui y sont impliquées. De plus, il convient d'ajouter que c'est par là que, suivant une autre expression connue, le cœur est « ouvert » (*el-qalbul-maftûh*) ; cette ouverture, œil ou *iod*, peut être figurée symboliquement comme une « blessure », et nous rappellerons à ce propos le cœur rayonnant de Saint Denis d'Orques, dont nous avons déjà parlé précédemment [851], et dont une des particularités les plus remarquables est précisément que la blessure, ou ce qui en présente extérieurement l'apparence, affecte visiblement la forme d'un *iod*.

Ce n'est pas tout encore : en même temps qu'il figure l'« œil du cœur » comme nous venons de le dire, le *iod*, suivant une de ses significations hiéroglyphiques, représente aussi un « germe », contenu dans le cœur assimilé symboliquement à un fruit ; et ceci peut d'ailleurs être entendu aussi bien au sens macrocosmique qu'au sens microcosmique [852]. Dans son application à l'être humain, cette dernière remarque est à rapprocher des rapports du « troisième œil » avec le *luz* [853], dont l'« œil frontal » et l'« œil du cœur » représentent en somme deux « localisations » différentes, et qui est aussi le « noyau » ou le « germe d'immortalité [854] ». Ce qui est encore très significatif à

---

850 En arabe, le cœur est *qalb*, et « inversé » se dit *maqlûb*, mot qui est un dérivé de la même racine.
851 Voir *Le Cœur rayonnant et le Cœur enflammé*.
852 Voir *Aperçus sur l'Initiation*, ch. XLVIII. — Au point de vue macro-cosmique, l'assimilation dont il s'agit est équivalente à celle du cœur à l' « Œuf du Monde » ; dans la tradition hindoue, le « germe » contenu dans celui-ci est *Hiranyagarbha*.
853 *Le Roi du Monde*, ch. VII.
854 À propos des symboles ayant un rapport avec le *luz*, nous ferons remarquer que la forme de la *mandorla* (« amande » ce qui est aussi la signification du mot *luz*) ou *vesica piscis* du moyen âge (cf. *La Grande Triade*, ch. II) évoque aussi celle du « troisième œil » ; la figure du Christ glorieux, à son intérieur, apparait ainsi comme s'identifiant au « *Purusha* dans l'œil » de la tradition hindoue ; l'expression *insâ-nul-ayn*, employée en arabe pour désigner la pupille de l'œil, se réfère également au même symbolisme.

certains égards c'est que l'expression arabe *aynul-khuld* présente le double sens d'« œil d'immortalité » et de « fontaine d'immortalité » ; et ceci nous ramène à l'idée de la « blessure » dont nous parlions plus haut, car, dans le symbolisme chrétien, c'est aussi à la « fontaine d'immortalité » que se rapporte le double jet de sang et d'eau s'échappant de l'ouverture du cœur du Christ [855]. C'est cette « liqueur d'immortalité » qui, suivant la légende, fut recueillie dans le Graal par Joseph d'Arimathie ; et nous rappellerons enfin à ce sujet que la coupe elle-même est un équivalent symbolique du cœur [856], et que, tout comme celui-ci, elle est aussi un des symboles qui sont schématisés traditionnellement par la forme du triangle inversé.

---

855 Le sang et l'eau sont ici deux complémentaires ; on pourrait dire, en employant le langage de la tradition extrême orientale, que le sang est *yang* et l'eau *yin* l'un par rapport à l'autre (sur la nature ignée du sang, cf. *L'Homme et son devenir selon le Vêdân-ta*, ch. XIII).

856 En outre, la légende de l'émeraude tombée du front de Lucifer met aussi le Graal en relation directe avec le « troisième œil » (cf. *Le Roi du Monde*, ch. V). — Sur la « pierre tombée des cieux », voir également *Lapsit exillis*.

René Guénon

Chapitre LXXIII

LE GRAIN DE SÉNEVÉ[857]

À propos du symbolisme de la lettre hébraïque *iod* figurée à l'intérieur du cœur[858], nous avons signalé que, dans le cœur rayonnant du marbre astronomique de Saint-Denis d'Orques, la blessure a la forme d'un *iod*, et cette ressemblance est trop frappante et trop significative pour n'être pas intentionnelle ; d'autre part, dans une estampe dessinée et gravée par Callot pour une thèse soutenue en 1625, on voit le cœur du Christ contenant trois *iod*. Que cette lettre, la première du Nom tétragrammatique et celle à partir de laquelle sont formées toutes les autres lettres de l'alphabet hébraïque, soit seule pour représenter l'Unité divine[859], ou qu'elle soit répétée trois fois avec une signification « trinitaire[860] », elle est

---

857 Publié dans *É. T.*, janv.-févr. 1949. — Cet article, qui avait été écrit autrefois pour la revue *Regnabit*, mais qui ne put y paraître, l'hostilité de certains milieux « néo-scolastiques » nous ayant obligé alors à cesser notre collaboration, se place plus spécialement dans la « perspective » de la tradition chrétienne, avec l'intention d'en montrer le parfait accord avec les autres formes de la tradition universelle ; il complète les quelques indications que nous avons données sur le même sujet dans *L'Homme et son devenir selon le Vêdânta*, ch. III. Nous n'y avons apporté que très peu de modifications, pour préciser davantage quelques points, et surtout pour ajouter des références à nos différents ouvrages là où cela nous a paru pouvoir présenter quelque utilité pour les lecteurs.
858 Cf. *L'Œil qui voit tout*.
859 Cf. *La Grande Triade*, pp. 169-171.
860 Cette signification existe du moins certainement quand la figuration des trois *iod* est due à des auteurs chrétiens, comme dans le cas de l'estampe que nous venons de mentionner ; d'une façon plus générale (car il ne faut pas oublier que les trois *iod* se rencontrent aussi comme forme abrégée du tétragramme dans la tradition judaïque elle-même), elle est en rapport avec le symbolisme universel du triangle dont nous avons indiqué aussi, d'autre part, la relation avec celui du cœur.

toujours essentiellement l'image du Principe. Le *iod* dans le cœur, c'est donc le Principe résidant au centre, soit, au point de vue macrocosmique, au « Centre du Monde » qui est le « Saint Palais » de la Kabbale [861], soit aussi, au point de vue microcosmique, et virtuellement tout au moins, au centre de tout être, qui est toujours symbolisé par le cœur dans les différentes doctrines traditionnelles [862], et qui est le point le plus intérieur, le point de contact avec le Divin. Suivant la Kabbale, la *Shekinah* ou la « Présence divine », qui est identifiée à la « Lumière du Messie [863] », habite (*shakan*) à la fois dans le tabernacle, appelé pour cette raison *mishkan*, et dans le cœur des fidèles [864] ; et il existe un rapport très étroit entre cette doctrine et la signification du nom d'*Emmanuel*, appliqué au Messie et interprété comme « Dieu en nous ». Mais il y a encore, à cet égard, bien d'autres considérations à développer, surtout en partant de ce fait que le *iod*, en même temps que le sens de « principe », a aussi celui de « germe » : le *iod* dans le cœur, c'est donc en quelque sorte le germe enveloppé dans le fruit ; il y a là l'indication d'une identité, au moins sous un certain rapport, entre le symbolisme du cœur et celui de l'« Œuf du Monde », et l'on peut aussi comprendre par là pourquoi le nom de « germe » est appliqué au Messie en divers passages de la Bible [865]. C'est surtout l'idée du germe dans le cœur qui doit ici retenir notre attention ; elle le mérite d'ailleurs d'autant plus qu'elle est en relation directe avec la signification profonde d'une des plus célèbres paraboles évangéliques, celle du grain de sénevé.

Pour bien comprendre cette relation, il faut se reporter tout d'abord à la doctrine hindoue, qui donne au cœur, en tant que centre de l'être, le nom de « Cité divine » (*Brahma-pura*), et qui, chose très remarquable, applique à cette « Cité divine » des expressions identiques à quelques-unes de celles qui sont

---

861 Cf. *Le Symbolisme de la Croix*, ch. IV.
862 Cf. *L'Homme et son devenir selon le Vêdânta*, ch. III.
863 Cf. *Le Roi du Monde*, ch. III.
864 Cf. *Le Symbolisme de la Croix*, ch. VII. — La résidence d'*Es-Sakinah* dans le cœur des fidèles est également affirmée par la tradition islamique.
865 *Isaïe*, IV, 2 ; *Jérémie*, XXIII, 5 ; *Zacharie*, III, 8, et VI, 12. — Cf. *Aperçus sur l'initiation*, ch. XLVII et XLVIII, et aussi notre étude déjà citée sur *L'Œil qui voit tout*.

employées dans l'*Apocalypse* pour décrire la « Jérusalem Céleste [866] ». Le Principe divin, en tant qu'il réside au centre de l'être, est souvent désigné symboliquement comme « l'Éther dans le cœur », l'élément primordial dont procèdent tous le autres étant pris naturellement pour représenter le Principe ; et cet « Éther » (*Âkâsha*) est la même chose que l'*Avir* hébraïque du mystère duquel jaillit la lumière (*Aor*), qui réalise l'étendue par son rayonnement à l'extérieur [867], « faisant du vide (*thohû*) quelque chose et de ce qui n'était pas ce qui est [868] », tandis que par une concentration corrélative à cette expansion lumineuse, il reste à l'intérieur du cœur le *iod*, c'est-à-dire « le point caché devenu manifesté », un en trois et trois en un [869]. Mais nous laisserons maintenant de côté ce point de vue cosmogonique pour nous attacher de préférence au point de vue qui concerne un être particulier, tel que l'être humain, tout en ayant d'ailleurs bien soin de remarquer qu'il y a entre ces deux points de vue macrocosmique et microcosmique une correspondance analogique en vertu de laquelle une transposition de l'un à l'autre est toujours possible.

Dans les textes sacrés de l'Inde, nous trouvons ceci : « Cet *Âtmâ* (l'Esprit divin), qui réside dans le cœur, est plus petit qu'un grain de riz, plus petit qu'un grain d'orge, plus petit qu'un grain de moutarde, plus petit qu'un grain de millet, plus petit que le germe qui est dans un grain de millet ; cet *Âtmâ*, qui réside dans le cœur, est aussi plus grand que la terre, plus grand que l'atmosphère, plus grand que le ciel, plus grand que tous ces mondes ensemble [870]. » Il est impossible de ne pas être frappé de la similitude des termes de ce passage avec ceux de la parabole évangélique à laquelle nous faisions

---

866 Cf. *L'Homme et son devenir selon Vêdânta*, ch. III.
867 Cf. *Le Règne de la quantité et les signes des temps*, ch. III.
868 C'est le *Fiat Lux* (*Yehi Aor*) de la Genèse, première affirmation du Verbe divin dans l'œuvre de la création ; vibration initiale qui ouvre la voie au développement des possibilités contenues potentiellement, à l'état « informe et vide » (*thohû va-bohû*), dans le chaos originel (cf. *Aperçus sur l'Initiation*, ch. XLVI).
869 Cf. *Le Symbolisme de la Croix*, ch. IV.
870 *Châmdogya Upanishad*, 3ᵉ Pra-pâthaka, 14ème Khanda, shruti 3.

allusion tout à l'heure ; « Le Royaume des Cieux est semblable à un grain de sénevé, qu'un homme prend et sème dans son champ ; ce grain est la plus petite de toutes les semences, mais, lorsqu'il est crû. il est plus grand que tous les autres légumes, et il devient un arbre, de sorte que les oiseaux du ciel viennent se reposer sur ses branches [871]. »

À ce rapprochement qui semble s'imposer, une seule objection pourrait être faite : est-il vraiment possible d'assimiler à « l'*Âtmâ* qui réside dans le cœur » ce que l'Évangile désigne comme le « Royaume des Cieux » ou le « Royaume de Dieu » ? C'est l'Évangile lui-même qui fournit la réponse à cette question, et cette réponse est nettement affirmative ; en effet, aux Pharisiens qui demandaient quand viendrait le « Royaume de Dieu », l'entendant dans un sens extérieur et temporel, le Christ dit ces paroles : « Le Royaume de Dieu ne vient pas de manière à frapper les regards ; on ne dira point : Il est ici, ou : Il est là ; car le royaume de Dieu est au-dedans de vous, *Regnum Dei intra vos est* [872]. L'action divine s'exerce toujours de l'intérieur [873], et c'est pourquoi elle ne frappe point les regards, qui sont nécessairement tournés vers les choses extérieures ; c'est aussi pourquoi la doctrine hindoue donne au Principe l'épithète d'« ordonnateur interne » (*antar-yâmî* [874]), son opération s'accomplissant du dedans au dehors, du centre à la circonférence, du non-manifesté à la manifestation, de telle sorte que son point de départ échappe à toutes les facultés qui appartiennent à l'ordre sensible ou qui en procèdent plus

---

[871] *Saint Matthieu*, XIII, 31-32 ; cf. *Saint Marc*, IV, 30-32 ; *Saint Luc*, XIII, 18-19.
[872] *Saint Luc*, XVIII, 21. — Rappelons à ce propos ce texte taoïste (déjà cité par nous plus complètement dans *L'Homme et son devenir selon le Vêdân-ta*, ch. X) : « Ne demandez pas si le Principe est dans ceci ou dans cela. Il est dans tous les êtres. C'est pour cela qu'on lui donne les épithètes de grand, de suprême, d'entier, d'universel, de total... Il est dans tous les êtres, par une terminaison de norme (le point central ou l'« invariable milieu ») mais il n'est pas identique aux êtres, n'étant ni diversifié (dans la multiplicité) ni limité » (*Tchoang-tseu*, ch. XXII).
[873] « Au centre de toutes choses, et supérieure à toutes, est l'action productrice du Principe suprême » (*Tchoang-tseu*, ch. IX).
[874] Cf. *L'Homme et son devenir selon le Vêdânta*, ch. XV.

ou moins directement [875]. Le « Royaume de Dieu », de même que la « maison de Dieu » (*Beith-El* [876]), s'identifie naturellement au centre, c'est-à-dire à ce qu'il y a de plus intérieur, soit par rapport à l'ensemble de tous les êtres, soit par rapport à chacun d'eux pris en particulier.

Cela étant dit, on voit clairement que l'antithèse contenu dans le texte évangélique, la figure du grain de sénevé qui est « la plus petite de toutes les semences », mais qui devient « le plus grand de tous les légumes », correspond exactement à la double gradation descendante et ascendante qui, dans le texte hindou, exprime l'idée de l'extrême petitesse et celle de l'extrême grandeur. Il y a du reste, dans l'Évangile, d'autres passages où le grain de sénevé est pris aussi pour représenter ce qu'il y a de plus petit : « Si vous aviez de la foi comme un grain de sénevé... » [877] ; et ceci n'est pas sans se rattacher à ce qui précède, car la foi, par laquelle sont saisies d'une certaine manière les choses de l'ordre suprasensible, est habituellement rapportée au cœur [878]. Mais que signifie cette opposition suivant laquelle le « Royaume des Cieux », ou « l'*Âtmâ* qui réside dans le cœur », est à la fois ce qu'il y a de plus petit et ce qu'il y de plus grand ? Il est évident que cela doit s'entendre sous deux rapports différents ; mais encore quels sont ces deux rapports ? Pour le comprendre, il suffit en somme de savoir que, lorsqu'on passe analogiquement de l'inférieur au supérieur, de l'extérieur à l'intérieur, du matériel au spirituel, une telle analogie, pour être correctement appliquée, doit être prise en sens inverse : ainsi, de même que l'image d'un objet dans un miroir est inversée par rapport à l'objet, ce qui est le premier ou le plus grand dans l'ordre principiel est, du moins en apparence, le dernier ou le plus petit dans l'ordre de la manifestation [879]. Cette application du

---

[875] L'action « ordonnatrice », qui fait sortir le monde du chaos (on sait que *kosmos*, en grec, signifie à la fois « ordre » et « monde »), s'identifie essentiellement à la vibration initiale dont nous parlions plus haut.

[876] Cf. *Le Roi du Monde*, ch. IX.

[877] *Saint Luc*, XVII, 6.

[878] On pourrait même trouver là plus particulièrement à cet égard un certain rapport avec le symbolisme de l'« œil du cœur ».

[879] Cf. *L'Homme et son devenir selon le Vêdânta*, ch. III.

sens inverse, d'une façon générale, est aussi indiquée par d'autres paroles évangéliques, tout au moins dans une de leurs significations : « Les derniers seront les premiers, et les premiers seront les derniers [880] » ; « Quiconque s'élève sera abaissé, et quiconque s'abaisse sera élevé [881] » ; « Celui qui se fera humble comme un petit enfant est le premier dans le Royaume des Cieux [882] » ; « Si quelqu'un veut être le premier, il se fera le dernier de tous, et le serviteur de tous [883] » ; « Celui d'entre vous qui est le plus petit, c'est celui-là qui est grand [884]. »

Pour nous borner au cas qui nous occupe spécialement ici, et pour rendre la chose plus facilement compréhensible, nous pouvons prendre des termes de comparaison dans l'ordre mathématique, en nous servant des deux symbolismes géométrique et arithmétique, entre lesquels il y a à cet égard une parfaite concordance. C'est ainsi que le point géométrique est nul quantitativement [885] et n'occupe aucun espace, bien qu'il soit le principe par lequel est produit l'espace tout entier, qui n'est que le développement de ses propres virtualités, étant « effectué » par son irradiation suivant les « six directions [886] », C'est ainsi également que l'unité arithmétique est le plus petit des nombres si on l'envisage comme située dans leur multiplicité, mais qu'elle est le plus grand en principe, car elle les contient tous virtuellement et produit toute leur série par la seule répétition indéfinie d'elle-même. C'est ainsi encore, pour revenir au symbolisme dont il a été question au début, que le *iod* est la plus petite de toutes les lettres de l'alphabet hébraïque, et que pourtant, c'est de

---

880 *Saint Matthieu*, XX, 16 ; cf. *ibid.*, XIX, 30, *Saint Marc*, X, 31.
881 *Saint Luc*, XVIII, 14.
882 *Saint Matthieu*, XVIII, 4.
883 *Saint Marc*, IX, 34.
884 *Saint Luc*, IX, 48.
885 Cette nullité correspond à ce que le taoïsme appelle le « néant de forme ».
886 Sur les rapports du point et de l'étendue, cf. *Le Symbolisme de la Croix*, ch. XVI.

lui que sont dérivées les formes de toutes les autres lettres [887]. À ce double rapport se rattache d'ailleurs le double sens hiéroglyphique du *iod*, comme « principe » et comme « germe » : dans le monde supérieur, c'est le principe, qui contient toutes choses ; dans le monde inférieur, c'est le germe, qui est contenu dans toutes choses ; c'est le point de vue de la transcendance et celui de l'immanence, conciliés dans l'unique synthèse de l'harmonie totale [888]. Le point est à la fois principe et germe des étendues ; l'unité est à la fois principe et germe des nombres ; de même, le Verbe divin, suivant qu'on l'envisage comme subsistant éternellement en soi-même ou comme se faisant le « centre du Monde [889] », est à la fois principe et germe de tous les êtres [890].

Le Principe divin qui réside au centre de l'Être est représenté par la doctrine hindoue comme une graine ou une semence (*dhâtu*), comme un germe (*bhija*) [891], parce qu'il n'est en quelque sorte que virtuellement dans cet être, tant que l'« Union » n'est pas effectivement réalisée [892]. D'autre part, ce même être,

---

[887] De là cette parole : « Jusqu'à ce que passent le ciel et la terre un seul *iota*, (c'est-à-dire un seul *iod*) ou un seul trait (partie de lettre, forme élémentaire assimilée au *iod*) de la Loi ne passera pas que tout ne soit accompli » (*Saint-Mat-thieu*, V, 18).

[888] L'identité essentielle des deux aspects est représentée aussi par l'équivalence numérique des noms *El Eliôn*, « le Dieu Très-Haut » et *Emmanuel*, « Dieu en nous » (cf. *Le Roi du Monde*, ch. VI).

[889] Dans la tradition hindoue, le premier de ces deux aspects du Verbe est *Swayambhû*, et le second est *Hiranya-garbha*.

[890] À un autre point de vue, cette considération du sens inverse pourrait aussi être appliquée aux deux phases complémentaires de la manifestation universelle : développement et enveloppement, expiration et aspiration, expansion et concentration, « solution » et « coagulation » (cf. *La Grande Triade*, ch. VI).

[891] On remarquera, à ce propos, la parenté des mots latins *gramen*, grain, et *germen*, germe. En sanscrit, le mot *dhâtu* sert aussi à désigner la racine verbale, comme étant la « semence » dont le développement donne naissance au langage tout entier (cf. *L'Homme et son devenir selon le Védânta*, ch. XI).

[892] Nous disons « virtuellement » plutôt que « potentiellement », parce qu'il ne peut y avoir rien de potentiel dans l'ordre divin ; c'est seulement du côté de l'être individuel et par rapport à lui qu'on pourrait parler ici de potentialité. La pire potentialité, c'est l'indifférenciation

et la manifestation tout entière à laquelle il appartient, ne sont que par le Principe, n'ont de réalité positive que par participation à son essence et dans la mesure même de cette participation. L'Esprit divin (*Âtmâ*), étant le Principe unique de toutes choses, dépasse immensément toute existence [893] ; c'est pourquoi, il est dit plus grand que chacun des « trois mondes », terrestre, intermédiaire et céleste (les trois termes du *Tribhuvana*), qui sont les différents modes de la manifestation universelle, et aussi plus grand que l'ensemble de ces « trois mondes », puisqu'il est au-delà de toute manifestation, étant le Principe immuable, éternel, absolu et inconditionné [894].

Il y a encore, dans la parabole du grain de sénevé, un point qui demande une explication en rapport avec ce qui précède [895] : il est dit que la graine, en se développant, devient un arbre ; or, on sait que l'arbre est, dans toutes les traditions, un des principaux symboles de l'« Axe du Monde [896] ». Cette signification convient parfaitement ici : la graine est le centre ; l'arbre qui en sort est l'axe, directement issu de ce centre, et il étend à travers tous les mondes ses branches, sur lesquelles viennent se reposer les « oiseaux du ciel », qui, comme dans certains textes hindous, représentent les états supérieurs de l'être. Cet axe invariable, en effet, est le « support divin » ; de toute existence ; il est, comme l'enseignent les doctrines extrême-orientales, la direction selon laquelle s'exerce l'« Activité du Ciel », le lieu de manifestation de la « Volonté du

---

absolue de la « matière première » au sens aristotélicien, identique à l'indistinction du chaos primordial.

893 Nous prenons le mot « existence » dans son acception étymologique rigoureuse : *existere*, c'est *ex-stare*, tenir son être d'autre chose que soi-même, être dépendant d'un principe supérieur ; l'existence ainsi entendue, c'est donc proprement l'être contingent, relatif, conditionné, le mode d'être de ce qui n'a pas en soi-même sa raison suffisante.

894 Les « trois mondes » ne sont pas mentionnés dans la parabole du grain de sénevé, mais ils sont représentés par les trois mesures de farine dans la parabole du levain, qui la suit immédiatement (*Saint Mathieu*, XIII, 33 ; *Saint Luc* XIII, 20-21).

895 Signalons aussi que le « champ » (*kshêtra*) est, dans la terminologie hindoue, la désignation symbolique du domaine dans lequel se développent les possibilités d'un être.

896 Cf. *Le Symbolisme de la Croix*, ch. IX.

Ciel [897] ». N'est-ce pas là une des raisons pour lesquelles, dans le *Pater*, aussitôt après cette demande : « Que votre règne arrive » (c'est bien du « Royaume de Dieu » qu'il s'agit ici), vient celle-ci : « Que votre volonté soit faite sur la terre comme au ciel », expression de l'union « axiale » de tous les mondes entre eux et au Principe divin, de la pleine réalisation de cette harmonie totale à laquelle nous avons fait allusion, et qui ne peut s'accomplir que si tous les êtres font concerter leurs aspirations suivant une direction unique, celle de l'axe lui-même [898] ? « Que tous ils soient un, dit le Christ, comme vous, mon Père, vous êtes en moi, et moi en vous, qu'eux aussi ils soient un en nous... Qu'ils soient un comme nous sommes un, moi en eux, et vous en moi, qu'ils soient consommés en un [899]. » C'est cette union parfaite qui est le véritable avènement du « Royaume des Cieux », venu du dedans et s'épanouissant au-dehors, dans la plénitude de l'ordre universel, achèvement de toute manifestation et restauration de l'intégrité de l'« état primordial ». C'est la venue de la « Jérusalem Céleste à la fin des temps [900] » : « Voici le tabernacle de Dieu avec les hommes : il habitera avec eux, et ils seront son peuple, et Dieu même sera avec eux comme leur Dieu [901]. Il essuiera toute larme de leurs yeux, et la mort ne sera plus [902]... ». « Il n'y aura plus d'anathème. Le trône de Dieu et de l'Agneau sera dans la ville ; ses serviteurs le serviront ; ils verront sa face, et son

---

897 Cf. *Le Symbolisme de la Croix*, ch. XXIII. — Nous emploierions volontiers ici l'expression de « lieu métaphysique » par analogie avec celle de « lieu géométrique », qui donne un symbole aussi exact que possible de ce dont il s'agit.

898 Il est à remarquer que le mot « concorde » signifie littéralement « union des cœurs » (*cum-cordia*) ; dans ce cas, le cœur est pris pour représenter principalement la volonté.

899 *Saint Jean*, XVII, 21-23.

900 Pour rattacher plus étroitement ceci à ce que nous venons de dire sur le symbolisme de l'arbre, nous rappelle-rons encore que l'« Arbre de Vie » est placé au centre de la « Jérusalem Céleste » (cf. *Le Roi du Monde*, ch. XI, et *Le Symbolisme de la Croix*, ch. IX).

901 On pourra naturellement se reporter ici à ce que nous avons dit plus haut sur la *Shekinah* et sur *Emmanuel*.

902 *Apocalypse*, XXI, 3-4. — La « Jérusalem Céleste », en tant que « Centre du Monde », s'identifie effectivement au « séjour d'immortalité » (cf. *Le Roi du Monde*, ch. VII).

nom sera sur leurs fronts [903]. Il n'y aura plus de nuit [904], et ils n'auront besoin ni de lampe ni de lumière, parce que le Seigneur Dieu les illuminera ; et ils régneront aux siècles des siècles [905]. »

---

903 On peut voir là une allusion au « troisième œil », celui-ci ayant la forme d'un *iod* comme nous l'avons expliqué dans notre étude sur *L'Œil qui voit tout* : dès lors qu'ils seront rétablis dans l'« état primordial », ils posséderont effectivement par là même le « sens de l'éternité ».
904 La nuit est naturellement prise ici dans son sens inférieur, où elle est assimilée au chaos, et il est évident que la perfection du « cosmos » est à l'opposé de celui-ci (on pourrait dire à l'autre extrême de la manifestation), de sorte qu'elle peut être considérée comme un « jour » perpétuel.
905 *Apocalypse*, XXII, 3-5. — Cf. aussi *ibid.*, XXI, 23 : « Et cette ville n'a pas besoin d'être éclairée par le soleil ou par la lune, parce que c'est la gloire de Dieu qui l'éclaire, et que l'Agneau en est la lampe. » La « gloire de Dieu » est encore une désignation de la *Shekinah*, dont la manifestation est en effet toujours représentée comme « Lumière » (cf. *Le Roi du Monde*, ch. III).

Chapitre LXXIV

L'ÉTHER DANS LE CŒUR[906]

Ayant fait allusion précédemment à ce que la doctrine hindoue appelle symboliquement « l'Éther dans le cœur », nous avons indiqué que ce qui est ainsi désigné est en réalité le Principe divin qui réside, tout au moins virtuellement, au centre de tout être. Le cœur, ici comme d'ailleurs dans toutes les doctrines traditionnelles, est regardé en effet comme représentant le centre vital de l'être[907], et cela au sens le plus complet qui se puisse concevoir, car il ne s'agit pas uniquement de l'organe corporel et de son rôle physiologique, mais cette notion s'applique également, par transposition analogique, à tous les points de vue et dans tous les domaines où s'étendent les possibilités de l'être envisagé, de l'être humain par exemple, puisque son cas, par là même qu'il est le nôtre, est évidemment celui qui nous intéresse de la façon la plus directe. Plus précisément encore, le centre vital est considéré comme correspondant au plus petit ventricule du cœur ; et il est clair que ceci (où nous retrouvons d'ailleurs l'idée de « petitesse » dont nous avons parlé au sujet du grain de sénevé) prend une signification toute symbolique quand on le transpose au-delà du domaine corporel ; mais il doit être bien entendu que, comme tout symbolisme vrai et authentiquement traditionnel, celui-là est fondé dans la réalité, par une relation effective existant entre le

---

906 Publié dans *É. T.*, avril-mai 1949. — Comme notre article sur *Le grain de sénevé*, celui-ci, qui devait lui faire suite, avait été écrit primitivement pour *Regnabit* ; il donne donc lieu aux mêmes remarques et, bien que la plupart des considérations qu'il contient ne soient sans doute pas entièrement nouvelles pour les lecteurs des *Études Traditionnelles*, nous avons pensé qu'il pouvait n'être pas sans intérêt pour eux de les retrouver ainsi présentées sous un jour quelque peu différent.
907 Voir *L'Homme et son devenir selon le Vêdânta*, ch. III.

centre pris au sens supérieur ou spirituel et le point déterminé de l'organisme qui lui sert de représentation.

Pour revenir à « l'Éther dans le cœur », voici un des textes fondamentaux qui s'y rapportent : « Dans ce séjour de *Brahma* (c'est-à-dire dans le centre vital dont il vient d'être question) est un petit lotus, une demeure dans laquelle est une petite cavité (*dahara*) occupée par l'Éther (*Âkâsha*) ; on doit rechercher ce qui est dans ce lieu, et on le connaîtra [908]. » Ce qui réside ainsi en ce centre de l'être, ce n'est pas simplement l'élément éthéré, principe des quatre autres éléments sensibles, comme pourraient le croire ceux qui s'arrêteraient au sens le plus extérieur, c'est-à-dire à celui qui se réfère uniquement au monde corporel, dans lequel cet élément joue bien le rôle de principe, puisque c'est à partir de lui que, par différenciation des qualités complémentaires (devenant opposées en apparence dans leur manifestation extérieure) et par rupture de l'équilibre primordial où elles étaient contenues à l'état « indistingué », se sont produites et développées toutes les choses de ce monde [909]. Seulement, ce n'est là qu'un principe relatif, comme ce monde lui-même est relatif, n'étant qu'un mode spécial de la manifestation universelle ; il n'en est pas moins vrai que c'est ce rôle de l'Éther, en tant que premier des éléments, qui rend possible la transposition qu'il convient d'effectuer ; tout principe relatif, par là même qu'il n'en est pas moins véritablement principe dans son ordre, est une image naturelle, quoique plus ou moins lointaine, et comme un reflet du Principe absolu et suprême. Ce n'est même qu'à titre de « support » pour cette transposition que l'Éther est ici désigné, comme la fin du texte que nous avons cité l'indique expressément, puisque, s'il ne s'agissait pas d'autre chose que de ce que les mots employés expriment d'une façon littérale et immédiate, il n'y aurait évidemment rien à rechercher ; ce qui doit être recherché, c'est la réalité spirituelle qui correspond analogiquement à l'Éther, et dont celui-ci est pour ainsi dire l'expression par rapport au monde sensible. Le résultat de cette recherche, c'est ce qui est appelé proprement la « connaissance du cœur »

---

908 *Chhândogya Upanishad*, 8ᵉ Pra-pâthaka, 1ᵉʳ Khanda, shruti 2.
909 Voir notre étude sur *La Théorie hindoue des cinq éléments* (É. T. d'août-sept. 1935).

(*hârda vidyâ*), et celle-ci est en même temps la « connaissance de la cavité » (*dahara-vidyâ*), équivalence qui se traduit en sanscrit par le fait que les mots correspondants (*hârda* et *dahara*) sont formés des mêmes lettres placées simplement dans un ordre différent ; c'est, en d'autres termes, la connaissance de ce qu'il y a de plus profond et de plus intérieur dans l'être [910].

De même que la désignation de l'Éther, les termes comme ceux de « lotus » et de « cavité » que nous rencontrons ici doivent aussi, bien entendu, être pris symboliquement ; dès lors qu'on dépasse l'ordre sensible, il ne peut d'ailleurs plus être aucunement question de localisation au sens propre du mot, ce dont il s'agit n'étant plus soumis à la condition spatiale. Les expressions qui se rapportent à l'espace, et aussi au temps, prennent alors une valeur de purs symboles ; et ce genre de symbolisme est d'ailleurs naturel et inévitable dès lors qu'on doit nécessairement faire usage d'un mode d'expression adapté à l'état humain individuel et terrestre, d'un langage qui est celui d'êtres vivant actuellement dans l'espace et dans le temps. Aussi ces deux formes, spatiale et temporelle, qui sont en quelque sorte complémentaires l'une de l'autre à certains égards, sont-elles d'un emploi très général et presque constant, soit concurremment dans une même représentation, soit pour donner deux représentations différentes d'une même réalité [911] qui est pourtant, en elle-même, au-delà de l'espace et du temps. Lorsqu'il est dit par exemple que l'intelligence réside dans le cœur, il va de soi qu'il ne s'agit nullement de localiser l'intelligence, de lui assigner des « dimensions » et une position déterminée dans l'espace ; il était réservé à la philosophie moderne et purement profane, avec Descartes, de poser la question, contradictoire dans les termes mêmes, d'un « siège de l'âme », et de prétendre situer celle-ci littéralement en une certain région du cerveau ; les antiques doctrines traditionnelles n'ont assurément

---

910 Au sujet de la cavité ou « caverne » du cœur, considérée plus spécialement comme le « lieu » où s'accomplit la naissance de l'*Avatâra*, voir aussi *Aperçus sur l'Initiation*, ch. XLVIII.
911 Par exemple la représentation géométrique des états multiples de l'être et leur représentation sous la forme d'une série de « cycles » successifs.

jamais donné lieu à de semblables confusions, et leurs interprètes autorisés ont toujours su parfaitement à quoi s'en tenir sur ce qui devait être entendu symboliquement, en faisant correspondre entre eux les divers ordres de réalité sans les mêler, et en observant strictement leur répartition hiérarchique selon les degrés de l'existence universelle. Toutes ces considérations nous paraissent d'ailleurs si évidentes que nous serions tenté de nous excuser de tant y insister ; si nous le faisons, c'est que nous savons trop bien ce que les orientalistes, dans leur ignorance des données les plus élémentaires du symbolisme, sont arrivés à faire des doctrines qu'ils étudient du dehors, sans chercher jamais à en acquérir une connaissance directe, et comment, en prenant tout dans le sens le plus grossièrement matériel, ils déforment ces doctrines jusqu'à en présenter parfois une véritable caricature ; et c'est que nous savons aussi que l'attitude de ces orientalistes n'est point quelque chose d'exceptionnel, mais qu'elle procède au contraire d'une mentalité qui est, du moins en Occident, celle de la grande majorité de nos contemporains, et qui au fond n'est rien d'autre que la mentalité spécifiquement moderne elle-même.

Le lotus a un symbolisme dont les aspects sont multiples, et nous avons déjà parlé de certains d'entre eux en d'autres occasions [912] ; dans un de ces aspects, celui auquel se réfère le texte que nous citons tout à l'heure, il est employé pour représenter les divers centres, même secondaires, de l'être humain, soit centres physiologiques (plexus nerveux notamment), soit surtout centres psychiques (correspondant à ces mêmes plexus en vertu de la liaison qui existe entre l'état corporel et l'état subtil dans le composé qui constitue proprement l'individualité humaine). Ces centres, dans la tradition hindoue, sont appelés habituellement « lotus » (*pad-mas* ou *kamalas*), et ils sont figurés avec différents nombres de pétales, qui tous ont également une signification symbolique, de même que les couleurs qui y sont en outre attachées (sans parler de certains sons qu'on y fait encore correspondre, et qui sont les *mantras* se rapportant à diverses modalités vibratoires, en harmonie avec les faculté spéciales qui sont régies respectivement par les centres en question et qui

---

912 Voir notamment *Les fleurs symboliques*.

procèdent en quelque sorte de leur irradiation, figurée par l'épanouissement des pétales du lotus [913]) ; ils sont aussi appelés « roues » (*chakras*), ce qui, remarquons-le en passant, confirme encore la relation très étroite, que nous avons indiquée ailleurs comme existant, d'une façon générale, entre le symbolisme de la roue et celui des fleurs telles que le lotus et la rose.

Une autre remarque s'impose encore avant d'aller plus loin : c'est que, dans ce cas comme dans tous les autres du même genre, on aurait le plus grand tort de croire que la considération des sens supérieurs s'oppose à l'admission du sens littéral, qu'elle annule ou détruise celui-ci, ou qu'elle le rende faux en quelque manière ; la superposition d'une pluralité de sens qui, loin de s'exclure, s'harmonisent et se complètent au contraire, est, comme nous l'avons déjà expliqué bien souvent, un caractère tout à fait général du véritable symbolisme. Si l'on se borne à envisager le monde corporel, c'est bien réellement l'Éther, en tant que premier des éléments sensibles, qui y joue le rôle « central » qu'on doit reconnaître à tout ce qui est principe dans un ordre quelconque : son état d'homogénéité et d'équilibre parfait peut être représenté par le point primordial neutre, antérieur à toutes les distinctions et à toutes les oppositions, d'où celles-ci partent et où elles reviennent finalement se résoudre, dans le double mouvement alternatif d'expansion et de concentration, d'expiration et d'aspiration, de diastole et de systole, en lequel consistent essentiellement les deux phases complémentaires de tout processus de manifestation. Ceci se retrouve d'ailleurs très exactement dans les anciennes conceptions cosmologiques de l'Occident, où l'on a représenté les quatre éléments différenciés comme se disposant aux extrémités des quatre branches d'une croix et s'opposant ainsi deux à deux : feu et eau, air et terre, selon leur participation aux qualités fondamentales également opposées par couples : chaud et froid, sec et humide, conformément à la théorie aristotélicienne [914] ; et, dans certaines de ces figurations, ce que les alchimistes appelaient la « quintessence » (*quinta*

---

913 Sur tout ceci, voir *Kundalinî-Yoga* (*É. T.* d'oct. et nov. 1933).
914 Là-dessus encore, nous renverrons, pour plus de détails, à notre étude déjà mentionnée plus haut sur *La Théorie hindoue des cinq éléments*.

essentia), c'est-à-dire le cinquième élément, qui n'est autre que l'Éther (premier dans l'ordre de développement de la manifestation, mais dernier dans l'ordre inverse qui est celui de la résorption ou du retour à l'homogénéité primordiale), apparaît au centre de la croix sous la forme d'une rose à cinq pétales, qui rappelle évidemment, en tant que fleur symbolique, le lotus des traditions orientales (le centre de la croix correspondant ici à la « cavité » du cœur, que ce symbolisme soit d'ailleurs appliqué au point de vue macrocosmique ou au point de vue microcosmique), tandis que, d'autre part, le schéma géométrique sur lequel elle est tracée n'est autre que l'étoile pentagrammatique ou le *pentalpha* pythagoricien [915]. C'est là une application particulière du symbolisme de la croix et de son centre, parfaitement conforme à sa signification générale telle que nous l'avons exposée ailleurs [916] ; et, en même temps, ces considérations relatives à l'Éther doivent naturellement être rapprochées aussi de la théorie cosmogonique que l'on trouve dans la Kabbale hébraïque, en ce qui concerne l'*Avir*, et que nous avons rappelée précédemment [917].

Mais, dans les doctrines traditionnelles, une théorie physique (au sens ancien de ce mot) ne peut jamais être regardée comme se suffisant à elle-même ; elle est seulement un point de départ, un « support » permettant, par le moyen des correspondances analogiques, de s'élever à la connaissance des ordres supérieurs ; c'est d'ailleurs là, on le sait, une des différences essentielles qui existent entre le point de vue de la science sacrée ou traditionnelle et celui de la science profane telle que la conçoivent les modernes. Ce qui réside dans le cœur, ce n'est donc pas seulement l'Éther au sens propre de ce mot ; en tant que le cœur est le centre de l'être humain envisagé dans son intégralité, et non pas dans sa seule modalité corporelle, ce qui est en ce centre, c'est l'« âme vivante » (*jîvâtmâ*), contenant en principe toutes les possibilités qui se développent au

---

915 Nous rappellerons qu'une telle figure, d'un caractère nettement hermétique et rosicrucien, et qui est proprement celle de la *Rota Mundi*, a été placée par Leibniz en tête de son traité *De Arte combinatoria* (voir *Les Principes du Calcul infinitésimal*, avant-propos).
916 Voir *Le Symbolisme de la Croix*, ch. VII.
917 Voir *Le grain de sénevé*.

cours de l'existence individuelle, comme l'Éther contient en principe toutes les possibilités de la manifestation corporelle ou sensible. Il est très remarquable, sous le rapport des concordances entre les traditions orientales et occidentales, que Dante parle aussi de « l'esprit de la vie, qui demeure dans la plus secrète chambre du cœur [918] », c'est-à-dire précisément dans cette même « cavité » dont il est question dans la doctrine hindoue ; et, ce qui est peut-être le plus singulier, c'est que l'expression qu'il emploie à ce propos, *spirito della vita*, est une traduction aussi rigoureusement littérale que possible du terme sanscrit *jîvâtmâ*, dont il est cependant fort peu vraisemblable qu'il ait pu avoir connaissance par une voie quelconque.

Ce n'est pas tout : ce qui se rapporte à l'« âme vivante » comme résidant dans le cœur ne concerne, directement tout au moins, qu'un domaine intermédiaire, constituant ce qu'on peut appeler proprement l'ordre psychique (au sens original du mot grec *psu-chê*), et qui ne dépasse pas la considération de l'individualité humaine comme telle ; de là, il faut donc s'élever encore à un sens supérieur, qui est le sens purement spirituel ou métaphysique, et il est à peine besoin de faire remarquer que la superposition de ces trois sens correspond exactement à la hiérarchie des « trois mondes ». Ainsi, ce qui réside dans le cœur, à un premier point de vue, c'est l'élément éthéré, mais ce n'est pas cela seulement ; à un second point de vue, c'est l'« âme vivante », mais ce n'est pas seulement cela non plus, car ce qui est représenté par le cœur est essentiellement le point de contact de l'individu avec l'universel, ou, en d'autres termes, de l'humain avec le Divin, point de contact qui s'identifie naturellement avec le centre même de l'individualité. Par conséquent, il faut faire intervenir ici un troisième point de vue qu'on peut dire « supra-individuel », puisque, exprimant les rapports de l'être humain avec le Principe, il sort par là même des limites de la condition individuelle, et c'est à ce point de vue qu'il est dit enfin que ce qui réside dans le cœur c'est *Brahma* même, le Principe divin dont procède et dépend entièrement toute existence, et qui, de l'intérieur, pénètre,

---

918 « In quel punto dice veracementa che le sipirito della vita, le quale dimora nella segretissima camera del cuore... » (*Vita Nuova*, 2).

soutient et illumine toutes choses. L'Éther aussi, dans le monde corporel, peut être considéré comme produisant tout et comme pénétrant tout, et c'est pourquoi tous les textes sacrés de l'Inde et leurs commentaires autorisés le présentent comme un symbole de *Brahma*[919]; ce qui est désigné comme « l'Éther dans le cœur », au sens le plus élevé, c'est donc *Brahma*, et, par suite, la « connaissance du cœur », lorsqu'elle atteint son degré le plus profond, s'identifie véritablement à la « connaissance divine » (*Brahma-vidyâ*)[920].

Le Principe divin est d'ailleurs considéré comme résidant ainsi d'une certaine façon au centre de tout être, ce qui est conforme à ce que dit saint Jean lorsqu'il parle de « la vraie Lumière qui illumine tout homme venant en ce monde » ; mais cette « présence divine », assimilable à la *Shekinah* hébraïque, peut n'être que virtuelle, en ce sens que l'être peut n'en avoir pas actuellement conscience ; elle ne devient pleinement effective pour cet être que lorsqu'il en a pris conscience et l'a « réalisée » par l'« Union », entendue au sens du sanscrit *Yoga*. Alors, cet être sait, par la plus réelle et la plus immédiate de toutes les connaissances, que « l'*Âtmâ* qui réside dans le cœur » ce n'est pas simplement le *jîvâtmâ*, l'âme individuelle et humaine, mais que c'est aussi l'*Âtmâ* absolu et inconditionné, l'Esprit universel et divin, et que l'un et l'autre, en ce point central, sont dans un contact indissoluble et d'ailleurs inexprimable, car en vérité ils ne sont qu'un, comme, suivant la parole du Christ, « mon Père et moi nous sommes un ». Celui qui est parvenu effectivement à cette connaissance a véritablement atteint le centre et non seulement son propre centre mais aussi, et par là même, le centre de toutes choses ; il a réalisé l'union de son cœur avec le « Soleil spirituel » qui est le véritable « Cœur du Monde ». Le cœur ainsi

---

[919] « *Brahma* est comme l'Éther, qui est partout, et qui pénètre simultanément l'extérieur et l'intérieur des choses » (Sankarâchârya, *Âtmâ-Bo-dha*).

[920] Cette connaissance divine elle-même peut être encore de deux sortes, « non suprême » (*apara*) ou « suprême » (*para*), correspondant respectivement au monde céleste et à ce qui est au-delà des « trois mondes » ; mais cette distinction, malgré son extrême importance au point de vue de la métaphysique pure, n'a pas à intervenir dans les considérations que nous exposons présentement, non plus que celle des deux degrés différents où, corrélativement, l'« Union » elle-même peut être aussi envisagée.

envisagé est, suivant les enseignements de la tradition hindoue, la « Cité divine » (*Brahma-pura*) ; et celle-ci est décrite, comme nous l'avons déjà indiqué précédemment, avec des termes semblables à ceux que l'*Apocalypse* applique à la « Jérusalem Céleste », qui est bien en effet, elle aussi, une des figurations du « Cœur du Monde ».

Chapitre LXXV

LA CITÉ DIVINE[921]

Nous avons déjà parlé en plusieurs occasions du symbolisme de la « Cité divine » (*Brahma-pura* dans la tradition hindoue)[922] : on sait que ce qui est désigné proprement ainsi est le centre de l'être, représenté par le cœur qui lui correspond d'ailleurs effectivement dans l'organisme corporel, et que ce centre est la résidence de *Purusha*, identifié au Principe divin (*Brahma*) en tant que celui-ci est l'« ordonnateur interne » (*antar-yâmî*) qui régit tout l'ensemble des facultés de cet être par l'activité « non-agissante » qui est la conséquence immédiate de sa seule présence. Le nom de *Purusha* est interprété, pour cette raison, comme signifiant *puri-shaya*, c'est-à-dire celui qui réside ou repose (*shaya*) dans l'être comme dans une ville (*pura*) ; cette interprétation relève évidemment du *Nirukta*, mais A. K. Coomaraswamy a fait remarquer que, bien qu'il n'en soit pas ainsi dans la plupart des cas, elle pouvait aussi représenter en même temps une véritable dérivation étymologique[923], et ce point, à cause de tous les rapprochements auxquels il donne lieu, mérite que nous nous arrêtions un peu plus longuement.

Tout d'abord, il est à remarquer que le grec *polis* et le latin *civitas*, qui désignent la cité, correspondent respectivement, par leurs racines, aux deux éléments dont est formé le mot *puru-sha*, bien que, en raison de certains changements phonétiques d'une langue à l'autre, ceci puisse ne pas apparaître

---

921 Publié dans *É. T.*, sept. 1950.
922 Voir *L'Homme et son devenir selon le Vêdânta*, ch. III ; cf. aussi nos études sur *Le grain de sénevé* et *L'Éther dans le cœur*.
923 *What is civilization ?* (Albert Schweitzer Festschrift) ; nous empruntons à cette étude une partie des considérations qui suivent, notamment en ce qui concerne le point de vue linguistique.

à première vue. En effet, la racine sanscrite *pri* ou *pur* devient dans les langues européennes *ple* ou *pel*[924], de sorte que *pura* et *polis* sont strictement équivalents ; cette racine exprime, au point de vue qualitatif, l'idée de plénitude (sanscrit *puru* et *pûrna*, grec *pleos*, latin *plenus*, anglais *full*), et, au point de vue quantitatif, celle de pluralité (grec *polus*, latin *plus*, allemand *viel*). Une cité n'existe évidemment que par le rassemblement d'une pluralité d'individus qui l'habitent et en constituent la « population » (le mot *populus* étant également de même origine), ce qui pourrait déjà justifier l'emploi, pour la désigner, de termes tels que ceux dont il s'agit ; mais ce n'est cependant là que l'aspect le plus extérieur, et ce qui est beaucoup plus important quand on veut aller au fond des choses, c'est la considération de l'idée de plénitude. À cet égard, on sait que le plein et le vide, envisagés comme corrélatifs, sont une des représentations symboliques traditionnelles du complémentarisme du principe actif et du principe passif ; dans le cas présent, on peut dire que *Purusha* remplit par sa présence la « Cité divine » avec toutes ses extensions ou ses dépendances, c'est-à-dire l'intégralité de l'être, qui sans cette présence ne serait qu'un « champ » (*kshêtra*) vide, ou, en d'autres termes, une pure potentialité dépourvue de toute existence actualisée. C'est *Purusha* qui, selon les textes upanishadiques, éclaire « ce tout » (*sarvam idam*) par son rayonnement, image de son activité « non-agissante » par laquelle est réalisée toute manifestation, suivant la « mesure » même qui est déterminée par l'étendue effective de ce rayonnement[925], de même que, dans le symbolisme apocalyptique de la tradition chrétienne, la « Jérusalem Céleste » est éclairée tout entière par la lumière de l'Agneau qui repose en son centre « comme immolé », donc dans un état de « non-agir[926] ». Nous pouvons encore ajouter, à ce propos, que l'immolation de l'Agneau « dès le commencement du monde » est en réalité la même chose que le sacrifice védique de *Purusha* se divisant en apparence, à

---

924 On sait que les lettres *r* et *l* sont phonétiquement très proches et se changent facilement d'une en l'autre.

925 Voir *Le Règne de la Quantité et les Signes des Temps*, ch. III.

926 Nous rappellerons encore que la manifestation de la *Shekinah* ou « présence divine » est toujours représentée comme une lumière.

l'origine de la manifestation, pour résider à la fois dans tous les êtres et dans tous les mondes [927], de sorte que, bien qu'étant toujours essentiellement un et contenant tout principiellement dans son unité même, il apparaît extérieurement comme multiple, ce qui correspond encore exactement aux deux idées de plénitude et de pluralité dont il a été question tout à l'heure ; et c'est aussi pourquoi il est dit qu'« il y a dans le monde deux *Purushas*, l'un destructible et l'autre indestructible : le premier est réparti entre tous les êtres ; le second est l'immuable [928] ».

D'autre part, le latin *civitas* dérive d'une racine *kei* qui, dans les langues occidentales, équivaut à la racine sanscrit *shî* (d'où *shaya*) ; son sens premier est celui de repos (grec *keisthai*, être couché), dont celui de résidence, ou de demeure stable comme le sont celles d'une ville, n'est en somme qu'une conséquence directe. *Purusha*, reposant dans la « Cité divine », peut en être dit l'unique « citoyen » (*civis*) [929], puisque la multitude des habitants qui la « peuplent » n'existe véritablement que par lui, étant tout entière produite par sa propre lumière et animée par son propre souffle (*prâna*), rayons lumineux et souffle vital n'étant d'ailleurs ici, en fait, que deux aspects du *sûtrâtmâ*. Si l'on considère la « Cité divine » (ou le « Royaume de Dieu » qui est « en nous », suivant la parole évangélique), dans son acception la plus stricte, comme étant uniquement le centre même de l'être, il va de soi que c'est *Purusha* seul qui y réside en réalité ; mais l'extension de ce terme à l'être tout entier, avec toutes ses facultés et tous ses éléments constitutifs, est également légitime pour les raisons que nous venons d'expliquer, et elle ne change rien à cet égard, puisque tout cela dépend entièrement de *Purusha* et tient de lui jusqu'à son existence même. Les fonctions vitales et les facultés de l'être sont souvent comparées, dans

---

927 Voir *Rassembler ce qui est épars*.
928 *Bhagavad-Gîtâ*, XV, 16 ; d'après la suite de ce texte, *Purushottama*, qui est identique à *Paramâtmâ*, est au-delà de ces deux aspects, car il est le Principe suprême, transcendant par rapport à toute manifestation : il n'est pas « dans le monde », mais ce sont au contraire tous les mondes qui sont en lui.
929 L'expression grecque équivalente *monos politès* a été appliquée à Dieu par Philon.

leur rapport avec *Purusha*, aux sujets ou aux serviteurs d'un roi, et il y a parmi elles une hiérarchie similaire à celle des différentes castes dans la société humaine [930] ; le palais où réside le roi et d'où il dirige tout est le centre ou le cœur de la cité [931], sa partie essentielle dont tout le reste n'est en quelque sorte que prolongements ou « extensions » (sens qui est aussi contenu dans la racine *kei*) ; mais, bien entendu, les sujets ne sont jamais vis-à-vis du roi dans un état de dépendance absolue comme celui dont il s'agit, parce que, bien que la fonction royale soit unique dans la cité et que la situation du « gouvernant » soit essentiellement autre que celle des « gouvernés [932] », le roi lui-même est cependant un être humain comme ses sujets, et non un principe d'un autre ordre. Aussi une autre image plus exacte est-elle donnée par le jeu des marionnettes, puisque celles-ci ne sont animées que par la volonté d'un homme qui les fait mouvoir à son gré (et le fil au moyen duquel il les fait mouvoir est naturellement encore un symbole du *sûtrâtmâ*) ; et l'on trouve à cet égard un « mythe » particulièrement frappant dans le *Kathâ-Sarit-Sâgara* [933]. Il y est question d'une cité entièrement peuplée d'automates en bois, qui se comportent en tout comme des êtres vivants, sauf qu'il leur manque la parole ; au centre est un palais où réside un homme qui est l'« unique conscience » (*êkakam chêtanam*) de la cité et la cause de tous les mouvements de ces automates qu'il a fabriqués lui-même ; et il y a lieu de remarquer que cet homme est dit être un

---

[930] Ce point de vue a été notamment développé par Platon dans sa *République*.

[931] À l'origine, ce palais était en même temps un temple ; ce double caractère se retrouve encore parfois aux époques « historiques », et nous rappellerons notamment ici l'exemple du *Ming-Tang* en Chine (voir *La Grande Triade*, ch. XVI).

[932] Dans leur relation, le « gouvernant » est « en acte » et les « gouvernés » sont « en puissance », suivant le langage aristotélicien et scolastique ; c'est pourquoi dans la conception traditionnelle, le roi et son royaume sont dans le rapport d'un principe actif et d'un principe passif ; mais, par contre, le roi, en tant qu'il exerce le pouvoir temporel, devient à son tour principe passif par rapport à l'autorité spirituelle (cf. A. K. Coomaraswamy, *Spiritual Authority and Temporal Power in the Theory of Indian Governement*).

[933] Voir A. K. Coomaraswamy, « *Spiritual Paternity* » and the « *Puppet-Complex* », dans *Psychiatry*, numéro d'août 1945.

charpentier, ce qui l'assimile à *Vishwakarma*, c'est-à-dire au Principe divin en tant qu'il construit et ordonne l'Univers [934].

Cette dernière remarque nous amène à préciser que le symbolisme de la « Cité divine » est susceptible d'une application « macrocosmique » aussi bien que d'une application « micro-cosmique », bien que ce soit celle-ci que nous avons envisagée presque exclusivement dans tout ce qui précède ; on pourrait même parler de plusieurs applications « macrocosmiques » à des niveaux différents, suivant qu'il s'agit d'un monde particulier, c'est-à-dire d'un état déterminé d'existence (et c'est à ce cas que se rapporte proprement le symbolisme de la « Jérusalem Céleste » que nous avons rappelé plus haut), ou de tout l'ensemble de la manifestation universelle. Dans tous les cas, que l'on considère le centre d'un monde ou le centre de tous les mondes, il y a en ce centre un Principe divin (le *Purusha* résidant dans le soleil, qui est le *Spiritus Mundi* des traditions occidentales) qui joue, pour tout ce qui est manifesté dans le domaine correspondant, le même rôle d'« ordonnateur interne » que le *Purusha* qui réside dans le cœur de chaque être pour tout ce qui est inclus dans les possibilités de cet être. Il n'y a alors qu'à transposer sans autre modification, pour l'appliquer à la multitude des êtres manifestés, ce qui, dans l'application « microcosmique », est dit des différentes facultés d'un être en particulier ; le symbolisme du soleil comme « Cœur du Monde [935] » explique d'ailleurs pourquoi le *sûtrâtmâ* qui relie chaque être au Purusha central est alors représenté par le « rayon solaire » appelé *sushumnâ* [936]. Les diverses représentations du *sûtrâtmâ* montrent aussi que la division apparente de *Purusha*, dans l'ordre « macrocosmique » aussi bien que dans l'ordre « microcosmique », ne doit pas être conçue comme une fragmentation qui

---

934 Voir *Maçons et Charpentiers*, dans *É. T.* de déc. 1946.
935 Il est bien entendu qu'il ne s'agit pas de « ce soleil que voient tous les hommes », mais du soleil spirituel « que peu connaissent par l'intellect » (*Athar-va Vêda*, X, 8, 14) et qui est représenté comme étant immuablement au zénith.
936 Cf. *L'Homme et son devenir selon le Vêdânta*, ch. XX ; ce « rayon solaire » est aussi la même chose que la « corde d'or » dont parle Platon.

serait en contradiction avec son unité essentielle, mais comme une « extension » comparable à celle des rayons à partir du centre ; et en même temps, comme le *sûtrâtmâ* est assimilé à un fil (*sûtra*) par sa désignation même, ce symbolisme est aussi en rapport étroit avec celui du tissage [937].

Il nous reste encore un point à indiquer brièvement : c'est que, pour être légitime et valable au point de vue traditionnel, c'est-à-dire en somme pour être vraiment « normale », la constitution et l'organisation de toute cité ou société humaine doit autant que possible prendre pour modèle la « Cité divine » ; nous disons autant que possible, car, dans les conditions actuelles de notre monde tout au moins, l'imitation de ce modèle (qui est proprement un « archétype ») sera forcément toujours imparfaite, comme le montre ce que nous avons dit plus haut au sujet de la comparaison de *Purusha* avec un roi ; mais, quoi qu'il en soit, c'est seulement dans la mesure où elle sera réalisée qu'on sera strictement en droit de parler de « civilisation ». C'est assez dire que tout ce qu'on appelle ainsi dans le monde moderne, et dont on prétend même faire « la civilisation » par excellence, ne saurait en être qu'une caricature, et même souvent tout le contraire sous bien des rapports ; non seulement une civilisation antitraditionnelle comme celle-là ne mérite pas ce nom en réalité, mais elle est même, en toute rigueur, l'antithèse de la véritable civilisation.

---

[937] Voir *Le Symbolisme de la Croix*, ch. XIV : nous rappellerons plus particulièrement ici le symbolisme de l'araignée au centre de sa toile, image du soleil dont les rayons, qui sont des émanations ou des « extensions » de lui-même (comme la toile de l'araignée est formée de sa propre substance), constituent en quelque sorte le « tissu » du monde, qu'ils actualisent à mesure qu'ils s'étendent dans toutes les directions à partir de leur source.

Déjà parus

Omnia Veritas Ltd présente :

RENÉ GUÉNON
Aperçus sur l'Ésotérisme Chrétien

« Ce changement qui fit du Christianisme une religion au sens propre du mot et une forme traditionnelle... »

Les vérités d'ordre ésotérique, étaient hors de la portée du plus grand nombre...

Omnia Veritas Ltd présente :

RENÉ GUÉNON
Aperçus sur l'Ésotérisme Islamique et le Taoïsme

« Dans l'Islamisme, la tradition est d'essence double, religieuse et métaphysique »

On les compare souvent à l'« écorce » et au « noyau » (el-qishr wa el-lobb)

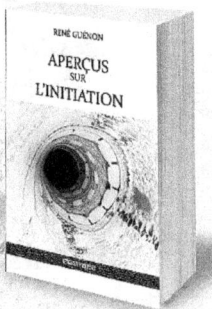

Omnia Veritas Ltd présente :

RENÉ GUÉNON
APERÇUS SUR L'INITIATION

« Nous nous étendons souvent sur les erreurs et les confusions qui sont commises au sujet de l'initiation...»

On se rend compte du degré de dégénérescence auquel en est arrivé l'Occident moderne...

René Guénon

« la distinction des castes constitue, dans l'espèce humaine, une véritable classification naturelle à laquelle doit correspondre la répartition des fonctions sociales »

Omnia Veritas Ltd présente :
RENÉ GUÉNON
Autorité spirituelle et pouvoir temporel

L'égalité n'existe nulle part en réalité

« En considérant la contemplation et l'action comme complémentaires, on se place à un point de vue déjà plus profond et plus vrai »

Omnia Veritas Ltd présente :
RENÉ GUÉNON
ÉTUDES SUR L'HINDOUISME

... la double activité, intérieure et extérieure, d'un seul et même être

« Sottise et ignorance peuvent en somme être réunies sous le nom commun d'incompréhension »

Omnia Veritas Ltd présente :
RENÉ GUÉNON
INITIATION ET RÉALISATION SPIRITUELLE

Le peuple est comme un « réservoir » d'où tout peut être tiré, le meilleur comme le pire

OMNIA VERITAS LTD PRÉSENTE :

RENÉ GUÉNON

INTRODUCTION GÉNÉRALE
À L'ÉTUDE DES DOCTRINES HINDOUES

« Bien des difficultés s'opposent, en Occident, à une étude sérieuse et approfondie des doctrines hindoues »

... ce dernier élément qu'aucune érudition ne permettra jamais de pénétrer

OMNIA VERITAS LTD PRÉSENTE :

RENÉ GUÉNON

LE RÈGNE DE LA QUANTITÉ
ET LES SIGNES DES TEMPS

« Car tout ce qui existe en quelque façon que ce soit, même l'erreur, a nécessairement sa raison d'être »

... et le désordre lui-même doit finalement trouver sa place parmi les éléments de l'ordre universel

OMNIA VERITAS LTD PRÉSENTE :

RENÉ GUÉNON

LE ROI DU MONDE

« Un principe, l'Intelligence cosmique qui réfléchit la Lumière spirituelle pure et formule la Loi »

Le Législateur primordial et universel

OMNIA VERITAS LTD PRÉSENTE :

RENÉ GUÉNON
LE THÉOSOPHISME
HISTOIRE D'UNE PSEUDO-RELIGION

« Notre but, disait alors Mme Blavatsky, n'est pas de restaurer l'Hindouïsme, mais de balayer le Christianisme de la surface de la terre »

Le vocable de théosophie servait de dénomination commune à des doctrines assez diverses

Omnia Veritas Ltd présente :

RENÉ GUÉNON
ORIENT & OCCIDENT

« La civilisation occidentale moderne apparaît dans l'histoire comme une véritable anomalie... »

... cette civilisation est la seule qui se soit développée dans un sens purement matériel

Omnia Veritas Ltd présente :

RENÉ GUÉNON
L'ERREUR SPIRITE

« Il y a, à notre époque, bien des « contrevérités », qu'il est bon de combattre... »

Parmi toutes les doctrines « néo-spiritualistes », le spiritisme est certainement la plus répandue

www.ingramcontent.com/pod-product-compliance
Lightning Source LLC
Chambersburg PA
CBHW060314230426
43663CB00009B/1697